Koprivnica
Sisak
SLAVONIE ET BARANJA
Osijek
Đakovo
Slavonski Brod
LA SLAVONIE ET LA BARANJA
p. 180-197
LES COMTÉS DU NORD
p. 198-215
LA CROATIE CENTRALE
p. 166-179
Split
Dubrovnik
0
50 km

GUIDES VOIR

CROATIE

GUIDES VOIR

CROATIE

HACHETTE

HACHETTE

HACHETTE TOURISME
43, quai de Grenelle, 75905 Paris Cedex 15

DIRECTION
Nathalie Pujo

RESPONSABLE DE PÔLE ÉDITORIAL
Cécile Petiau

RESPONSABLE DE COLLECTION
Catherine Laussucq

ÉDITION
Sophie Berger

TRADUIT ET ADAPTÉ DE L'ANGLAIS PAR
Dominique Brotot,
avec la collaboration d'Isabelle de Jaham

MISE EN PAGES (PAO)
Anne-Marie Le Fur

CRÉATION GRAPHIQUE COUVERTURE
Laurent Muller

CE GUIDE VOIR A ÉTÉ ÉTABLI PAR
Leandro Zoppé et Gian Enrico Venturini

DK

Publié pour la première fois en Grande-Bretagne en 2003,
sous le titre :
Eyewitness Travel Guides : Croatia

IMPRIMÉ ET RELIÉ EN CHINE PAR TOPPAN PRINTING

Dépôt légal : 89290, janvier 2008
ISBN : 978-2-01-244106-4
ISSN : 1246-8134
COLLECTION 32 – Édition 01
N° de codification : 24-4106-1

Aussi soigneusement qu'il ait été établi, ce guide
n'est pas à l'abri des changements de dernière heure.
Faites-nous part de vos remarques par courrier éléctronique
voir@hachette-livre.fr : nous accordons
la plus grande attention au courrier de nos lecteurs.

◁ **Splendide plage de sable de Bol, sur l'île de Brač**

Anse protégée de l'île de Mljet

SOMMAIRE

Bûcherons **par Mijo Kovačić, musée d'Art naïf de Zagreb**

LA CROATIE RÉGION PAR RÉGION

Amphithéâtre romain de Pula

LES BONNES ADRESSES

Langoustines en sauce tomate, ou *buzara*, une spécialité dalmate

RENSEIGNEMENTS PRATIQUES

Sur le port de Makarska

Église Saint-Donat de Zadar

COMMENT UTILISER CE GUIDE

Ce guide a pour but de vous aider à profiter au mieux de vos séjours en Croatie. L'introduction, *Présentation de la Croatie,* situe le pays dans son contexte géographique, historique et culturel. Dans les six chapitres régionaux, dont un consacré à Zagreb, textes, plans et illustrations présentent en détail les principaux sites et monuments. En Istrie, dans le golfe du Kvarner et en Dalmatie, deux noms peuvent désigner une même ville. Quand ils sont tous les deux officiellement reconnus, le nom croate est donné en premier, l'italien apparaissant entre parenthèses. Les *Bonnes Adresses* conseillent hôtels et restaurants et fournissent des informations sur les achats et les distractions. Dans tous les domaines, des transports à la sécurité, les *Renseignements pratiques* vous faciliteront la vie quotidienne.

LA CROATIE RÉGION PAR RÉGION

Nous avons divisé la Croatie en six grandes régions (dont Zagreb) identifiées chacune par un code de couleur indiqué sur la carte de la première couverture intérieure. Au début de chaque chapitre, des numéros situent les sites de visite sur une *Carte touristique*.

Un repère de couleur correspond à chaque région.

1 Introduction
Elle présente les principaux attraits touristiques de chaque région en mettant en lumière la manière dont paysages et histoire ont forgé son caractère.

2 La carte touristique
Elle offre une vue de toute la région et de son réseau routier. Les principaux centres d'intérêt y sont répertoriés et numérotés, et des informations sont fournies sur les modes de transport.

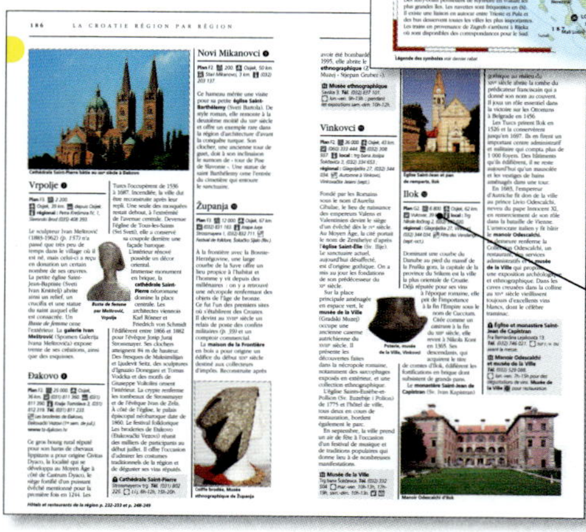

3 Renseignements détaillés
Les localités et les sites importants sont décrits individuellement dans l'ordre de la numérotation de la Carte touristique. *Textes, plans et illustrations présentent en détail ce qui mérite d'être vu dans chaque région.*

Le mode d'emploi vous aide à organiser votre visite : il informe des modes de transports et indique les jours de fête, les horaires d'ouverture, etc.

4 Renseignements détaillés sur chaque site

Chacun des principaux sites est décrit. Pour les grandes îles, une carte montre les localités et les plages les plus intéressantes.

5 Les principales localités

Elles sont présentées une par une. Les notices décrivent les musée et monuments. Le plan de la ville situe les principaux sites ainsi que les rues principales, les gares, les parcs de stationnement et les offices du tourisme.

Le plan de la ville indique les rues principales, les gares et les offices du tourisme.

6 Plan du quartier pas à pas

Il offre une vue aérienne des quartiers à ne pas manquer dans les principales villes. Des photographies et des légendes aident à se repérer.

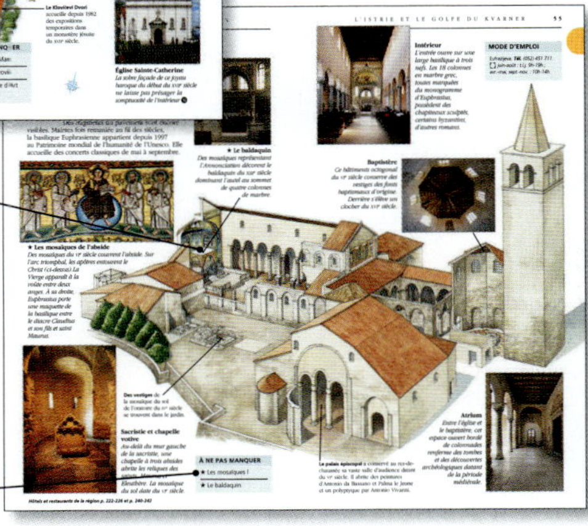

7 Les principaux sites

Deux pleines pages ou plus leur sont consacrées. La représentation des édifices historiques en dévoile l'intérieur. Les plans des grands musées situent les pièces les plus intéressantes. Les cartes de parcs nationaux indiquent les équipements et les sentiers.

Des étoiles signalent les sites à ne pas manquer.

PRÉSENTATION DE LA CROATIE

DÉCOUVRIR LA CROATIE

Avec plus de 4 800 km de littoral méditerranéen et 1 185 îles, la Croatie compte parmi les grandes destinations de vacances en Europe. À proximité des plages, de charmants ports historiques se prêtent à la promenade ou à un repas en terrasse face à la mer. L'intérieur des terres abrite deux villes d'une grande richesse culturelle, Zagreb et Varaždin, des zones rurales jalonnées de magnifiques châteaux et de villes thermales et de splendides parcs naturels. Ces pages recensent les visites à ne pas manquer dans l'ensemble du pays.

Mosaïque byzantine de Poreč

Vacanciers sur la plage de sable blanc de Makarska en Dalmatie

ISTRIE ET GOLFE DU KVARNER

- **Villes portuaires anciennes**
- **Opatija impériale**
- **Parc national des lacs de Plitvice**
- **Île de Rab**

Les villes portuaires d'Istrie ont beaucoup de cachet avec leurs robustes remparts, leurs campaniles et leurs maisons anciennes bordant des ruelles pavées descendant en pente raide jusqu'aux quais. **Rovinj** *(p. 56)* est la plus jolie mais aucun de ses monuments ne peut rivaliser avec la **basilique Euphrasienne** de **Poreč** *(p. 53-55)* et l'**amphithéâtre romain** de **Pula** *(p. 60-63)*. Pour apprécier pleinement **Opatija** *(p. 67)*, descendez dans l'un des grands hôtels aménagés sur la promenade du front de mer dans les villas dont l'aristocratie austro-hongroise commanda la construction à la fin du XIXe siècle. Lustres et stucs y entretiennent la nostalgie d'une époque révolue. Le **parc national des lacs de Plitvice** *(p. 86-87)* protège un écosystème exceptionnel. Ses plans et chutes d'eau au cœur des bois sont magnifiques. La plage de sable de Lopar jouit d'un isolement bienvenu sur l'île de **Rab** *(p. 82-83)*, l'une des plus agréables du golfe du Kvarner.

Port de Rovinj au pied de la cathédrale, Istrie

DALMATIE

- **Liberté de passer d'île en île**
- **Restaurants de poissons**
- **Plages à profusion**
- **Cités côtières antiques**

Des dessertes en bateau régulières rendent les îles de l'archipel de Dalmatie aisément accessibles aux visiteurs : ne manquez pas **Hvar** *(p. 126-127)*, où embaume la lavande, ni **Korčula** *(p. 132-134)*, fortifiée par les Vénitiens, ni **Mljet** *(p. 136-137)*, avec ses criques bordées de pinèdes et son charmant monastère en bord de lac. La région la plus chère de Croatie permet de dîner sur une terrasse dominant la mer. Nager dans ses eaux limpides est aussi une source de délices. Les remparts de **Dubrovnik** *(p. 140-147)* se prêtent à une promenade surprenante au-dessus de la mosaïque des toits aux tuiles orangées. À **Split** *(p. 118-123)*, le **palais de Dioclétien** offre un raccourci de près de deux millénaires d'architecture. Protégée de l'écoulement du temps sur son île, la petite ville médiévale de **Trogir** *(p. 112-115)* constitue elle aussi une étape indispensable.

ZAGREB

- **Vie nocturne sophistiquée**
- **Ville haute enchanteresse**
- **Cathédrale et églises**
- **Musées**

Depuis sa sortie de l'ombre historique de Belgrade, la capitale de la Croatie a retrouvé toute son assurance.

◁ ***Midi à Koločep*** **(1931) par Jerolim Miše**

C'est particulièrement visible le soir quand ses habitants se distraient dans ses nombreux bars, clubs, casinos, restaurants, théâtres et salles de concert. La partie la plus agréable de Zagreb est incontestablement sa **ville haute** *(p. 151-157),* avec ses ruelles médiévales accueillantes et Kaptol, le quartier de la **cathédrale Saint-Étienne** *(p. 152)* aux hautes flèches néogothiques. Les amateurs d'art apprécieront les musées, notamment la **galerie des Maîtres anciens** *(p. 164-165),* l'**atelier Meštrović** *(p. 156-157)* et le **musée national d'Art naïf** *(p. 159).*

Imposant château de Veliki Tabor, dans les comtés du nord

Vue nocturne de la cathédrale Saint-Étienne de Zagreb

CROATIE CENTRALE

- **Samobor baroque**
- **Manoirs et châteaux**
- **Parc naturel du Lonjsko Polje**

La partie la moins visitée de la Croatie recèle plusieurs joyaux. À quelques kilomètres à l'ouest de Zagreb, parmi les collines boisées typiques de la région, **Samobor** *(p. 170)* paraît sortie d'un conte de fées avec ses maisons aux couleurs pastel et ses ponts de bois enjambant une jolie petite rivière. La région permet de belles randonnées et les restaurants servent des spécialités réputées comme le *kremsnita,* un gâteau à la crème. Près de Zagreb subsistent les **manoirs** *(p. 172-173)* édifiés par l'aristocratie croate, tandis qu'à **Sisak, Ogulin** et **Kostajnica** *(p. 174-175),* des châteaux fortifiés se dessinent. Au sud-est s'étendent les marécages du **parc naturel du Lonjsko Pole** *(p. 176),* foyer des chevaux de Posavina. De pitoresques cabanes en chaume y servent d'abri aux porcs tachetés de race Turopolje.

Cigogne, parc naturel du Lonjsko Pole

SLAVONIE ET BARANJA

- **Parc naturel de Kopački Rit**
- **Splendide Osijek**
- **Charme rural de Topolje**

Dans la fertile plaine de Slavonie, le **parc naturel de Kopački Rit** *(p. 194-195)* offre à des dizaines de milliers d'oiseaux, sédentaires ou de passage, une vaste zone humide où nicher ou faire étape. À **Osijek** *(p. 192-193),* après avoir admiré l'architecture baroque du centre, le **Tvrda** *(p. 191-193),* les visiteurs peuvent se promener le long de la Drave et même, en été, se rafraîchir en se baignant dans la rivière. Dans la campagne autour de **Topolje** *(p. 189),* les fermes montrent des influences hongroises. Dans une grande partie de la région, les conséquences de la guerre restent évidentes mais les progrès de la reconstruction délivrent un message d'espoir.

LES COMTÉS DU NORD

- **Varaždin baroque**
- **Châteaux spectaculaires**
- **Villes thermales historiques**

La voiture constitue le meilleur moyen de découvrir cette contrée vallonnée. Vous pourrez en louer une à **Varaždin** *(p. 202-203).* Cette ancienne capitale de la Croatie possède des origines médiévales, comme en témoigne son château, mais ses rues pavées, ses églises et ses cafés doivent leur cachet au baroque autrichien. **Veliki Tabor** *(p. 210)* possède une forteresse du XIVe siècle bien conservée, tandis qu'un remaniement au XIXe siècle a donné à celle de **Trakošćan** *(p. 206-207)* un aspect typiquement romantique. Au sein d'une épaisse forêt, **Varaždinske Toplice** *(p. 213)* était déjà une ville thermale pendant l'Antiquité.

Piments séchant au soleil à Topolje en Baranja

La Croatie dans son environnement

D'une superficie de 56 542 km², la Croatie possède environ 4 535 000 habitants, soit une densité moyenne de 80 habitants au kilomètre carré. Depuis son accession à l'indépendance et l'éclatement de la Yougoslavie, elle est bordée par la Slovénie, la Hongrie, la Bosnie-Herzégovine et les républiques de Serbie et du Monténégro.

Malgré une étendue relativement modeste, elle présente une grande variété d'environnements naturels et artificiels. D'un point de vue topographique, trois formes de terrain dominent. Des reliefs montagneux recouverts de forêts et de pâturages occupent une grande partie du territoire. Entre le Danube, la Drave et la Save se déploie la vaste plaine pannonienne. Longue de près de 600 km, la Croatie côtière possède un littoral tellement découpé qu'il mesure plus de 2 000 km. Un chiffre que l'on peut doubler si l'on tient compte des centaines d'îles qui le jalonnent.

Vue satellite de la Croatie

LA CROATIE ET L'EUROPE
OCÉAN ATLANTIQUE
FINLANDE
NORVÈGE
SUÈDE
ESTONIE
LETTONIE
LITHUANIE
RUSSIE
IRLANDE
UNITED KINGDOM
ROYAUME-UNI
DANEMARK
BIÉLO-RUSSIE
PAYS-BAS
BELGIQUE
ALLEMAGNE
POLOGNE
LUXEMBOURG
RÉP. TCHÈQUE
UKRAINE
FRANCE
SLOVAQUIE
AUTRICHE
SUISSE
HONGRIE
SLOVÉNIE
Zagreb
ROUMANIE
BOSNIE-HERZÉGOVINE
CROATIE
SERBIE & MONTÉNEGRO
BULGARIE
PORTUGAL
ANDORRE
ESPAGNE
CORSE
ALBANIE
SARDAIGNE
ITALIE
GRÈCE
MAROC
ALGÉRIE
TUNISIE
HONGRIE
Györ
Lac Balaton
SERBIE
BOSNIE-HERZÉGOVINE
Čakovec
Varaždin
Koprivnica
ZAGREB
Bjelovar
Čazma
Virovitica
Drava
Daruvar
Kutina
Sisak
Našice
Osijek
Vukovar
Glina
Požega
Đakovo
Vinkovci
Novi Sad
Nova Gradiška
Slavonski Brod
Sava
Danubio
Banja Luka
Knin
Sinj
Šibenik
SARAJEVO
Split
Šolta
Brač
Hvar
Vis
Mostar
Opuzen
Korčula
Lastovo
Parc national de Mljet
Dubrovnik
Bari
0
75 km
LÉGENDE
Aéroport international
Port de passagers
Autoroute
Route principale
En construction
Voie ferrée
Frontière internationale
Liaison maritime

CD SHOP
New York
VASCO
URAR
CASIO

UNE IMAGE DE LA CROATIE

Au point de rencontre entre la Méditerranée et l'Europe centrale, et entre les Alpes et la plaine de Pannonie, la Croatie offre une diversité de paysages surprenante pour sa faible étendue. Le pays est d'une beauté frappante et il redevient une destination touristique recherchée tout en se remettant lentement des années de conflit qui marquèrent son accession à l'indépendance.

Drapeau national de la Croatie

La Croatie a fait sécession de la République fédérale socialiste de Yougoslavie en 1990 après les premières élections libres depuis la Seconde Guerre mondiale. Le conflit brutal qui en a résulté a eu des effets désastreux sur l'économie et entraîné la destruction de nombreux monuments et trésors historiques. Les territoires disputés sont restés sous administration de l'ONU jusqu'en 1995, et jusqu'en janvier 1998 pour la Slavonie orientale.

Le règlement du conflit a permis la renaissance d'une nation qui n'avait pas connu l'indépendance depuis 1102, année où la noblesse croate avait réglé un problème de succession en remettant la couronne au roi hongrois Koloman. Cette décision valut à la Croatie de rester de fait une partie de la Hongrie jusqu'à la dissolution de l'Empire austro-hongrois en 1918. Elle se retrouva alors intégrée à une première mouture d'un État des Slaves du Sud (Yougoslaves) où ne cessèrent jamais d'exister des tensions entre un pouvoir centralisateur et des aspirations locales à l'autonomie.

Plus de la moitié de la population réside dans les villes. Dans les régions montagneuses peu peuplées, les forêts comptent parmi les plus belles d'Europe méridionale. Ce sont toutefois les îles et le littoral qui attirent la majorité des visiteurs. Malgré son importance économique, le tourisme reste sous contrôle, ce qui permet fort heureusement de respecter les sites et l'environnement.

Marchande de fruits dans le port de Mali Lošinj

◁ Promeneurs sur Krešimirova ulica dans le centre de Split

Pêcheur réparant ses filets dans le port de Fažana

POPULATION

Selon un recensement mené en 2000 (les statistiques complètes ne sont pas encore disponibles aujourd'hui), la Croatie possède une population de 4 535 054 habitants, dont 4 380 352 résidents. Ces chiffres, comparables à ceux de 1968, marquent une baisse de 5,2 % de la population et de 7 % des résidents par rapport à 1991. Ils reflètent les bouleversements des années 1990. Deux facteurs explique cette évolution : le départ de près de 400 000 Serbes (en partie compensé par l'arrivée de Croates venant d'autres régions de l'ancienne Yougoslavie) et l'émigration de nombreux jeunes gens en quête de travail dans d'autres pays d'Europe, aux États-Unis et en Australie. La diaspora croate est estimée à plus de deux millions de personnes.

Costume traditionnel de Konavle

Les événements tragiques de la dernière décennie du XXe siècle ont aussi modifié la répartition démographique. Les villages ont perdu leur population au profit des grands centres urbains. Des villes comme Zagreb, Rijeka, Split, Osijek et Zadar, dont les populations ont pratiquement doublé, ont connu une extension territoriale dont l'impact reste encore aujourd'hui difficile à évaluer.

ÉCONOMIE

Vingt pour cent des salariés travaillent pour les industries manufacturières concentrées dans les agglomérations les plus importantes. En pleine modernisation, les industries de service fournissent un nombre croissant d'emplois, notamment dans le secteur du tourisme (7 % de la population active) qui s'est bien rétabli d'une décennie de crise.

La demande en poisson frais pour alimenter les stations touristiques a relancé l'activité de la pêche. L'élevage de moules est également en pleine expansion, en particulier le long du canal de Lim et autour de Ston. La privatisation d'une grande part des terres cultivées, l'introduction de machines modernes et la rationalisation des cultures ont réduit le nombre d'ouvriers agricoles. La production de raisin et des fruits autres a augmenté en quantité et en qualité.

La reconstruction des édifices publics et privés endommagés au cours du conflit et les besoins croissants en infrastructures d'accueil entretiennent le dynamisme du secteur du bâtiment. Celui-ci emploie 7 % de la population active. Cependant, même si le niveau de vie augmente, le taux de chômage reste très élevé. L'Union européenne a participé au financement de grands travaux d'équipement routier, de modernisation du réseau ferroviaire et d'amélioration des installations portuaires. La Croatie négocie actuellement son adhésion à l'Union mais elle est encore loin d'avoir atteint les critères de convergence. Au quotidien, de nombreux Croates dépendent encore malheureusement de petits boulots et du système D pour survivre.

TRADITIONS ET COUTUMES

Toutes sortes de fêtes traditionnelles ont retrouvé droit de cité depuis l'indépendance. Ces réjouissances cérémonies ou jeux commémorent des événements historiques, religieux et militaires. Certaines des célébrations religieuses restent empreintes de croyances anciennes et mêlent rites chrétiens et païens. Ces manifestations offrent aux participants l'occasion de porter les costumes folkloriques et les bijoux soigneusement conservés de génération en génération. Et même quand les matériaux sont neufs, les modèles sont d'une authenticité scrupuleuse.

La culture populaire s'exprime aussi dans les fêtes liées aux travaux agricoles : la récolte, les transhumances, l'abattage d'arbres… À Dubrovnik, la fête de saint Blaise, patron de la ville, donne lieu à une somptueuse célébration que même les communistes n'abolirent pas. Les habitants des villages des alentours y participent en costumes traditionnels et défilent en arborant la bannière de leur paroisse. Ce ne sont pas les seules festivités spectaculaires. Pour les rencontres de sports anciens de Brodanci, des jeunes gens paradent en vêtements brodés d'or suivis par des groupes de musiciens. La fête des Bumbari de Vodnjan a pour temps fort une course d'ânes. La dentelle est à l'honneur au festival folklorique de Đakovo et l'île de Korčula doit une partie de sa renommée aux danses martiales de la Moreška et de la Kumpajina.

Cérémonie religieuse à Split

Le centre de Split, un lieu de rencontre animé

LANGUE

Pendant plus d'un siècle, le pouvoir a tenté d'imposer une fusion des langues serbe et croate, mais depuis 1991, le croate est la seule langue officielle de la Croatie. Il a toujours joué un rôle symbolique essentiel dans un pays soumis à des dominations étrangères. Tous les locuteurs comprennent ses trois principaux dialectes : le chtokavien (štokavski) du Sud et de l'Est, le tchakavien (čakavski) d'Istrie et d'une partie de la Dalmatie et le kaïkavien (kajkavski) de Zagreb et du Nord. Un dialecte proche du vénitien est parlé sur la côte.

RELIGION

Reléguée au second plan pendant la période communiste, la religion a retrouvé toute sa place et les grands sanctuaires sont redevenus des centres spirituels influents. Lors du recensement de 1991, 90 % de Croates se déclaraient chrétiens (77 % catholiques et 11 % orthodoxes), les rares protestants étant en majorité d'origine hongroise. Il existait aussi une minorité musulmane, principalement des Bosniaques. Le départ des Serbes a considérablement réduit la communauté orthodoxe.

Paysages et faune de Croatie

Bassins fertiles, profondes vallées fluviales, gorges escarpées, littoral découpé d'une beauté hors du commun… La Croatie présente des visages d'une grande diversité. Plaines et collines dominent dans ses régions intérieures, les principaux reliefs courant parallèlement au littoral. Depuis la péninsule istrienne, au nord-ouest, le haut plateau de la Lika s'étend entre le massif du Gorski Kotar et celui du Velebit tombant abruptement dans la mer. L'ensemble est formé de calcaire karstique dans lequel l'eau et le vent ont sculpté d'étranges formes appelées *kukovi*. De nombreux surnoms et légendes s'attachent à ces rochers. Les quelque 1 200 îles et îlots au large de la côte sont les sommets d'une zone montagneuse submergée lors de l'élévation du niveau de la mer à la fin de la dernière ère glaciaire.

Mouette perchée sur un point d'amarrage près de l'île de Pag

MONTAGNES

Les massifs montagneux couvrent 40 % de la superficie de la Croatie et s'élèvent jusqu'à près de 2000 m d'altitude. Sur les terres les plus hautes s'étendent des alpages. Dans les forêts, dont l'exploitation est contrôlée, se mêlent en proportions variables pins, sapins, châtaigniers et hêtres. La faune sauvage comprend des ours, des loups, des sangliers, des lynx, des blaireaux, des renards, des chevreuils et des chamois.

La forêt *constitue une ressource précieuse dans un pays où une épaisse végétation couvre 30 % du territoire.*

Le chamois *avait disparu mais une douzaine de ces animaux, venus de Slovénie, vivent aujourd'hui en Croatie.*

PLAINE

Bordée par les grands cours d'eau qui donnent aux pays la majeure partie de ses frontières, la plaine pannonienne est le grenier à blé de la Croatie où s'étendent des champs de froment, de maïs, de soja et de tabac. En périphérie, des vignobles couvrent les coteaux. Des forêts, dont subsistent quelques vestiges, couvraient jadis ces sols fertiles. Le chêne de Slavonie, très recherché en Europe pour la qualité de son bois, y dominait.

Le chêne de Slavonie, *renommé depuis l'Antiquité pour sa robustesse, servit à la construction des navires des flottes de Venise et de Dubrovnik.*

La plaine croate, *l'une des plus fertiles d'Europe, produit des céréales, entre autres pour l'exportation.*

PARCS NATIONAUX

Le parc national de Risnjak abrite d'épaisses forêts de sapins et des hêtres.

La Croatie a commencé en 1949 à protéger des sites naturels particulièrement précieux en créant le parc national des lacs de Plitvice sur le plateau de la Lika. Quelques années plus tard furent fondés le parc national de Risnjak, au nord de Rijeka, puis celui de la Krka au nord de Šibenik. Le parc national de Paklenica, au cœur du massif du Velebit, date de 1959. Déclaré réserve de la biosphère par l'Unesco en 1978, il appartient aujourd'hui au patrimoine mondial de l'humanité. Il abrite plus de 2 400 variétés de plantes. Il existe quatre parcs nationaux dans l'Adriatique : celui de Mljet, fondé en 1949, celui des îles Kornati (1980), celui de Brijuni (1983) et le récent parc du Velebit septentrional. Dix parcs naturels protègent en outre des oasis, des biotopes et deux marécages : le Kopački Rit et le Lonjsko Polje. Les réserves protègent non seulement l'environnement mais font aussi partie des principales attractions touristiques du pays.

LE LITTORAL

L'aspect des paysages côtiers dépend de leur exposition à la bora, un vent du nord-est souvent violent. Les zones abritées permettent des cultures méditerranéennes comme l'olivier et le citronnier, et le vignoble. Dans la région centrale et sur certaines îles, des murs de pierre protègent des plantations de vignes basses. Le genêt est l'une des plantes les plus courantes, avec la lavande répandue sur Hvar.

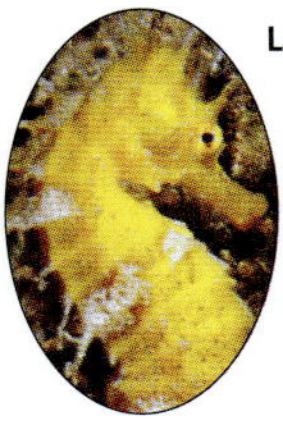

La faune marine, *qui compte l'hippocampe parmi ses espèces, est d'une étonnante variété.*

Le genêt *se pare d'odorantes fleurs jaunes au printemps.*

LACS ET RIVIÈRES

La Croatie ne renferme pas de vastes lacs, mais certains de ses plans d'eau, tels ceux de Plitvice et ceux formés par la Krka, sont réellement spectaculaires. Les plus grands fleuves et rivières, le Danube, la Drave, la Save, la Kupa et la Mura, sont entièrement navigables même si le trafic est partiellement interrompu à l'heure actuelle. Des cours d'eau poissonneux attirent les pêcheurs à la ligne, nombreux dans le pays.

Les nénuphars *fleurissent à la fin du printemps au Lonjsko Pole et au Kopački Rit.*

Des échassiers *vivent près des rivières et dans les réserves naturelles. Les marais croates offrent un habitat idéal à la rare cigogne noire.*

Art et artistes en Croatie

Depuis des siècles, l'art conjugue en Croatie des apports venus de l'Europe de l'Ouest comme de l'Est. Venise régna sur la côte pendant près de 400 ans et, du Moyen Âge au XVIIe siècle, la région fut en contact régulier avec l'autre rive de l'Adriatique. Les peintres italiens venaient travailler dans les îles et les Dalmates traversaient la mer pour découvrir les dernières évolutions des styles roman, gothique et Renaissance. Après l'expulsion des Turcs à la fin du XVIIe siècle, de nombreuses églises reçurent une riche ornementation lors de leur reconstruction dans le style baroque. Au XXe siècle, l'école croate de peinture naïve et les sculptures d'Ivan Meštrović *(p. 157)* acquirent une renommée dépassant largement le cadre du pays.

***Maria Banac*, sculpture par Ivan Meštrović**

SCULPTURE

L'art de la sculpture a des origines très anciennes dans une région où la pierre locale servit à la construction d'importants monuments romains à Pula et à Split.

La sculpture sur pierre connut son apogée à l'époque romane. De cette période datent les portails des cathédrales de Trogir et de Split, les rosaces de Zadar et de Rab, les chapiteaux des cloîtres de Dubrovnik et Zadar, ainsi qu'une riche statuaire d'église. La cathédrale de Šibenik, qui abrite des chefs-d'œuvre de Juraj Dalmatinac, Nikola Firentinac et Andrija Aleši, témoigne de la maîtrise technique acquise à la Renaissance.

Les tailleurs de pierre qui ont donné leur élégance à de nombreux bâtiments dans des centaines de villes et villages de la Croatie ne doivent pas non plus être oubliés, en particulier ceux qui travaillèrent pendant des dizaines d'années à l'ornementation de la cathédrale de Korčula. Le génie d'Ivan Meštrović domine la sculpture croate au XXe siècle. Son élève le plus talentueux, Antun Augustinčić, se forgea également une réputation internationale.

MAÎTRE BUVINA

On ne sait rien de ce sculpteur si ce n'est qu'il naquit à Split et vécut au XIIIe siècle. Il exécuta son œuvre maîtresse, les vantaux de la cathédrale de sa ville natale, en 1214. 28 panneaux sculptés dans le noyer illustrent des épisodes de la vie du Christ dans un style encore marqué par le hiératisme de l'art byzantin.

Sculpture sur bois de Maître Buvina, cathédrale de Split

MAÎTRE RADOVAN

D'origine dalmate, l'auteur du portail de la cathédrale Saint-Laurent de Trogir termina son chef-d'œuvre, et le chef-d'œuvre de l'art roman croate, en 1240.

La décoration des arcs retrace la vie du Christ depuis l'Annonciation jusqu'à l'Ascension. La Crucifixion en occupe le centre.

Sur les colonnes figurent des effigies des apôtres, des créatures fantastiques et des scènes de la vie quotidienne comme les travaux agricoles. Une Nativité domine le tympan.

De part et d'autre de l'entrée, les représentations d'Adam et Ève portés par deux lions témoignent de la force d'expression de l'artiste.

Portail de la cathédrale de Trogir par Maître Radovan

JURAJ DALMATINAC

Également connu sous le nom de Georges le Dalmate, Juraj Dalmatinac naquit à Zadar vers 1410 et exerça en Dalmatie et en Italie comme sculpteur et architecte jusqu'à sa mort en 1473. Son style appartient à la Renaissance mais reste marqué par le gothique vénitien. Il travailla à la cathédrale Saint-Jacques de Šibenik *(p. 108-109)*, l'une des merveilles de l'architecture Renaissance. Il y sculpta les visages au sommet de la base de l'abside et les statues d'Adam et Ève de part et d'autre de la porte des Lions.

Visage par Dalmatinac, cathédrale de Šibenik

PEINTURE

L'histoire de la peinture en Croatie n'est pas aussi riche que celle de la sculpture car elle ne prit véritablement son essor qu'à la fin du XVIe siècle après que l'Istrie et la Dalmatie eurent été soumises à l'influence de Venise. C'est en s'inspirant des maîtres vénitiens à qui monastères et cathédrales commandaient des retables que se formèrent les grands artistes de Dubrovnik.
À la fin du XVIIe siècle et au XVIIIe, le style baroque s'imposa à l'intérieur des terres à l'instigation des pauliniens et d'artistes comme l'Autrichien Ivan Ranger *(p. 206)*. Les thèmes religieux perdirent leur prédominance à compter du XIXe siècle où les grandes évolutions de l'art européen se propagèrent depuis Vienne. Au XXe siècle, son école de peinture naïve fit connaître le nom de Hlebine bien au-delà des frontières du pays.

Polyptyque de Lovro Dobričević, église Sainte-Marie de Danče

VINCENT OD KASTAV

La petite église Sainte-Marie (Sv. Marija na Škriljinah) de Beram abrite un cycle de fresques exceptionnelles exécutées vers 1471 par Vincent de Kastav et ses assistants. D'un style primitif mais vigoureux, elles mettent en scène des personnages vêtus de costumes de l'époque. Les tableaux des murs latéraux illustrent la vie du Christ et de la Vierge. Une *Chevauchée des rois mages* montre ces derniers en Istrie. Le panneau de plus célèbre occupe le sommet du mur du fond. Dans cette *Danse macabre,* la mort réserve le même sort à tous les membres de la société, depuis le pape et le roi jusqu'à l'enfant et l'estropié.

***Danse macabre* par Vincent od Kastav**

Même le marchand ne parvient pas à acheter son salut.

LOVRO DOBRIČEVIĆ

On sait peu de chose de Lovro Marinov Dobričević (Lorenzo De Boninis), si ce n'est que cet élève de Paolo Veneziano vécut au XVe siècle et qu'il est considéré comme l'un des meilleurs représentants de l'école de Dubrovnik. La ville renferme deux de ses œuvres : le *Baptême du Christ* (v. 1448) au Musée dominicain et le *Polyptyque de la Vierge, du Christ et des saints Julien et Nicolas* (1465) de l'église Sainte-Marie de Danče (Sv. Marije na Dancama).

JULIJE KLOVI

Julije Klovi (Giulio Clovio) compte parmi les miniaturistes les plus réputés de la Renaissance. Il est né à Grizane en 1498 mais ses œuvres les plus significatives se trouvent hors de Croatie. En effet, après avoir achevé son apprentissage à Venise, il travailla dans de nombreux monastères italiens et mourut à Rome en 1578.

Miniature de Klovi

L'ÉCOLE DE HLEBINE

C'est à l'instigation de Krsto Hegedušić (1901-1975), peintre expressionniste converti à l'art naïf, que se constitue le groupe appelé Zemlja (Terre). Séduit par le style frais et coloré avec lequel ils représentent leur univers sur verre et sur toile, Hegedušić soutient le travail de deux amateurs du village de Hlebine, près de Koprivnica : Ivan Generalić et Franjo Mraz. Avec Mirko Virius, ils fondent l'école de Hlebine qui prospère de 1930 au début de la Seconde Guerre mondiale, puis acquiert un renom international grâce à la biennale de Venise de 1952 et des expositions au Brésil et à Bruxelles. De nombreux autres peintres, dont Ivan Večenaj, Dragan Gaži, Franjo Filipović et Josip Generalić, suivent la voie ouverte, mettant au cœur de leur inspiration les marginaux, les pauvres et les ouvriers. La galerie de Hlebine à Koprivnica et le musée d'Art naïf de Zagreb présentent des sélections de leurs œuvres.

***Bûcherons* par Generalić, musée d'Art naïf de Zagreb**

L'architecture en Croatie

Comme l'art, l'architecture offre en Croatie le reflet de rayonnements croisés dus à la situation géographique du pays et à son histoire. Le début du deuxième millénaire vit ainsi les édifices religieux s'éloigner des modèles byzantins pour adopter le style roman qui se développait en Europe occidentale. Introduit par les Vénitiens, le gothique marque principalement les villes de la côte, à l'instar du style Renaissance dont la cathédrale Saint-Jacques de Šibenik offre un superbe exemple. À l'intérieur des terres, l'exubérant baroque domine. Il est souvent marqué d'influences autrichiennes et allemandes.

Basilique Euphrasienne de style byzantin, Poreč

PRÉROMAN ET ROMAN

Les débuts d'une architecture véritablement croate remontent à l'époque du duc Branimir (879-892), le fondateur du premier État croate reconnu par le pape. De cette période subsistent en Dalmatie et en Istrie de petites églises encore très proches dans leur structure des monuments antiques et byzantins. Les premiers bâtiments romans datent de la fondation de Šibenik (1066). Le style, introduit par les cisterciens, s'imposa dans tout le pays et connut une longévité exceptionnelle puisqu'il resta populaire jusqu'à la fin du XVIe siècle, y compris pour des édifices séculiers tels qu'hôtels de ville et loggias. Avec leurs trois nefs prolongées d'une abside, les églises obéissent à un plan caractéristique.

L'église de Sainte-Croix, à Nin (p. 100), *compte parmi les exemples les plus intéressants d'art préroman. Construite au IXe siècle, ce fut la première cathédrale de Croatie. Elle possède un plan en croix grecque et trois absides. De par son orientation, les rayons du soleil qui tombent sur le sol permettent de mesurer le temps.*

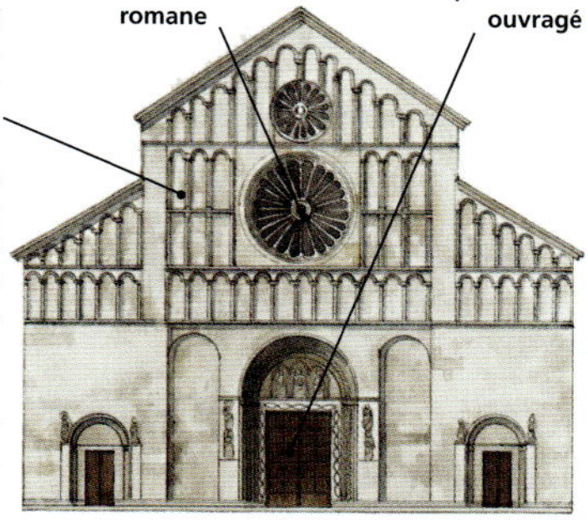

La cathédrale Sainte-Anastasie de Zadar (p. 94), *fondée au IXe siècle mais reconstruite aux XIIe et XIIIe siècles, montre une nette influence italienne, en particulier dans sa façade directement inspirée de celle du Duomo de Pise.*

GOTHIQUE

Le gothique s'est principalement répandu sur les côtes et les îles istriennes et dalmates après leur acquisition par Venise au début du XVe siècle. Les édifices gothiques possèdent des éléments typiques de sa déclinaison vénitienne, des fenêtres trilobées en particulier. Parmi les plus remarquables figurent des églises, des loggias municipales et des demeures patriciennes à Pula, Rab, Pag, Zadar, Šibenik et Split.

Façade de l'hôtel de ville de Split

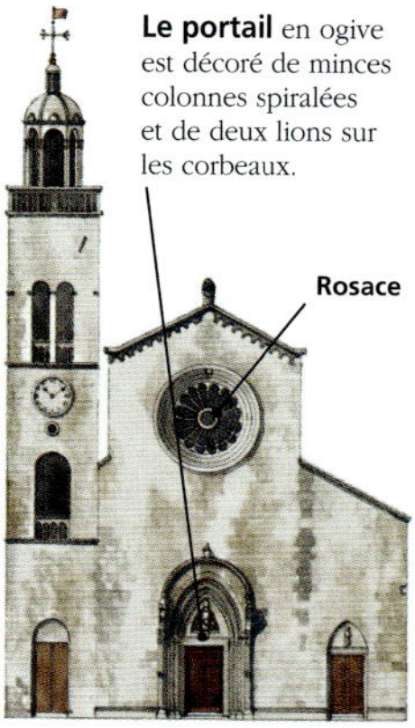

La cathédrale Saint-Marc de Korčula (p. 132) *est d'origine romane comme en témoigne son clocher. Sa façade présente des similitudes avec celles d'églises des Pouilles. Œuvre de Bonino de Milan, le portail possède des voussures en ogive typiques du gothique.*

RENAISSANCE

Le style Renaissance n'a pu s'implanter que dans les régions du pays qui échappèrent à la domination turque. Les architectes et artistes les plus les importants de la période, Juraj Dalmatinac *(p. 20),* Nikola Firentinac et Andrija Aleši, travaillèrent principalement sur la côte Adriatique où ils élevèrent des églises et des édifices publics séculiers. La cathédrale Saint-Jacques de Šibenik *(p. 108-109)* devint un modèle pour les églises Saint-Étienne de Hvar, Sainte-Marie de Zadar et Saint-Sauveur de Dubrovnik. Le nord de la Croatie renferme aussi des bâtiments Renaissance, notamment d'anciennes demeures patriciennes à Varaždin et Čakovec, et les châteaux de Trakošćan et Veliki Tabor.

Le deuxième étage, orné d'une statue de saint Blaise, est un attique de taille plus petite que celle des niveaux inférieurs.

Les fenêtres possèdent un décor en feuille de trèfle caractéristique du gothique vénitien.

Le palais Sponza de Dubrovnik (p. 144), *entrepris en 1312, associe des éléments gothiques, comme les splendides fenêtres du premier étage, et des apports Renaissance datant d'un remaniement entre 1516 et 1522, dont la galerie d'arcades du rez-de-chaussée et la niche centrale à fronton du deuxième étage.*

BAROQUE

Après l'expulsion des Turcs à la fin du XVIIe siècle, les jésuites introduisirent ce style issu de la Contre-Réforme. La somptuosité de l'ornementation s'oppose à l'austérité défendue par les protestants. Les architectes baroques qui travaillèrent en Croatie furent souvent d'origine germanique. Ils y construisirent ou remanièrent de très nombreuses églises, ainsi que des châteaux et des maisons de ville. On peut en voir les exemples les plus brillants à Varaždin, Požega, Osijek, Križevci, Ludbreg et Krapina.

Le palais Vojković-Oršić *édifié en 1764 compte parmi les nombreux édifices baroques de Zagreb. La façade et l'intérieur possèdent l'opulente décoration caractéristique de l'époque. Il abrite aujourd'hui le musée d'Histoire croate* (p. 158).

MODERNISME

Zagreb devint au XIXe siècle le pôle de la vie politique et culturelle de Croatie, ce qui lui donna un rôle moteur sur le plan architectural. L'historicisme, c'est-à-dire la reproduction de styles anciens, domina jusqu'au début du XXe siècle où s'imposèrent les innovations de la Sécession viennoise puis du modernisme dont l'église Saint-Blaise et la villa Krauss offrent des exemples intéressants.

Musée Mimara néo-Renaissance de Zagreb

La sobriété de la façade ne nuit pas à son élégance

Les ornements de style Sécession sont stylisés.

Des sculptures et bas-reliefs par Robert Frangeš-Mihanović et Rudolf Valdec ornent la façade.

L'ancienne Bibliothèque nationale *et universitaire, édifiée par l'architecte Rudolf Lubinsky au centre de la place Marulić de Zagreb, est considérée comme la plus belle réussite du style Sécession en Croatie.*

LA CROATIE AU JOUR LE JOUR

Les bouleversements de la dernière décennie du XXe siècle ne pouvaient manquer d'affecter le calendrier des manifestations culturelles. Néanmoins, les saisons musicales, théâtrales et sportives ont pratiquement retrouvé leur régularité d'antan, tout comme les cérémonies religieuses et les célébrations traditionnelles ont retrouvé leur faste.

Costume traditionnel de Pag

Zagreb propose en toutes saisons une riche programmation culturelle, tandis qu'en été, de nombreux festivals sont organisés sur la côte. Chaque localité, petite ou grande, possède sa fête patronale et sa « fête de la ville » commémorant des événements historiques. Des réjouissances liées aux vendanges, au battage des céréales, à la pêche ou à la chasse rythment la vie des campagnes.

PRINTEMPS

L'arrivée des beaux jours coïncide avec une série de dates importantes du calendrier religieux. Les églises catholiques sont particulièrement fréquentées pendant la semaine sainte et à Pâques, une période ponctuée en Dalmatie par des processions de confréries. De nombreux festivals sont organisés au mois de mai.

Procession de la semaine sainte sur l'île de Korčula

MARS

Semaine sainte (*Pâques*). Le soir du vendredi saint, les trois confréries religieuses de Korčula défilent en procession dans la vieille ville.

AVRIL

Jour du sonnet d'Hanibal Lucić, Hvar (*mi-avr.*). Des poètes européens et croates donnent des lectures à la mémoire du grand poète local du XVIe siècle.
Biennale de musique de Zagreb (*2e moitié d'avr.*). Festival de musique contemporaine.
Saint-Georges, Senj (*23 avr.*).
Saint-Vincent, Korčula (*28 avr.*). La danse des épées de la Kumpanija rend hommage aux compagnies de volontaires qui assuraient jadis la défense de l'île contre les pirates et les Turcs.

MAI

Régate Rovinj-Pesaro-Rovinj, Rovinj.
Rencontres de théâtre de marionnettes, Osijek (*déb. mai*). Spectacles de marionnettes de compagnies amateurs et professionnelles.
Tournoi de Rab (*9 mai*). Cavalcade en costumes et concours de tir à l'arbalète.
Festival du Petit Théâtre, Rijeka (*1re moitié de mai*). Des troupes de toute l'Europe y participent.
Commémoration de Josip Štolcer Slavenski, Čakovec (*1re moitié de mai*). Festival de musique à la mémoire du compositeur du XXe siècle.
Festival de musique Tambura, Osijek (*mi-mai*). Ce festival met à l'honneur l'instrument à cordes traditionnel appelé *tambura*.
Concours international de chant choral, Zadar (*fin mai*). Il rassemble des chorales de toute l'Europe
Festival du film et de la vidéo amateurs, Požega (*fin mai*). Projections de courts-métrages de tous les horizons.

ÉTÉ

La saison où le plus de visiteurs affluent en Croatie, notamment en Istrie et en Dalmatie, est aussi la période la plus riche en manifestations de toutes sortes car des festivals de musique, de théâtre et de danse s'ajoutent aux célébrations traditionnelles. Les fêtes folkloriques sont particulièrement hautes en couleur.

JUIN

Festival d'opéra de Pula, Pula (*tout l'été*). Il se déroule dans l'amphithéâtre romain.
Brodsko Kolo, Slavonski Brod (*mi-juin*). Danses folkloriques en costumes et exposition de produits locaux.
Festival international des jeunes musiciens, Grožnjan (*mi-juin-mi-sept.*). Une

Danseurs du Brodsko Kolo, Slavonski Brod

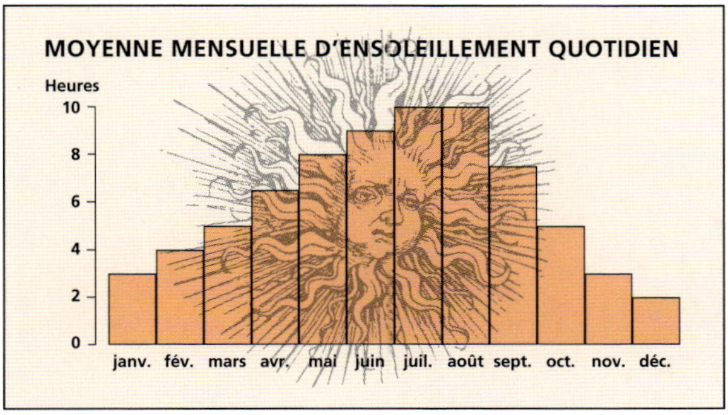

Ensoleillement
La côte dalmate compte parmi les plus ensoleillées d'Europe et l'île de Hvar jouit de 2 700 heures d'ensoleillement par an. Les étés sont chauds et secs sur le littoral. L'intérieur des terres possède un climat continental avec des étés chauds et des hivers rudes.

Đakovski Vezovi, fête folklorique et de la broderie à Đakovo

occasion de rencontre pour de jeunes artistes qui ne sont pas tous musiciens.
Festival d'été, Hvar (*mi-juin-fin sept.*). Musique, théâtre, folklore et danse.
Été de Margherita, Bakar (*der. sem. de juin*). Concerts et spectacles en dialecte čakavski.
Festival international de l'enfant, Šibenik (*fin juin-déb. juil.*). Une manifestation consacrée à la créativité des plus jeunes. Musique, danse, théâtre et cinéma.

JUILLET

Festival de klapa dalmate, Omiš. L'occasion d'écouter les meilleurs groupes de *klapa,* un chant a cappella.
Festival d'été de Labin, Labin (*juil.-août*). Concerts classiques et musique folklorique.
Concerts dans la basilique Euphrasienne, Poreč (*juil.-mi-sept.*). Le programme comprend aussi de la musique séculière. Les interprètes sont croates et européens.
Semaine de la danse, Zagreb (*déb. juil.*). Festival international de danse et d'expression corporelle organisé en collaboration avec des associations européennes
Tournoi de Rab (*20 juil.*). Cette reconstitution costumée d'une joute comprend un concours de tir à l'arbalète. Elle a aussi lieu en mai.
Festival de musique, Zadar (*déb. juil.-déb. août*). Musique d'église, de théâtre et instrumentale.
Đakovski Vezovi, Đakovo (*1re sem. de juil.*). Manifestation folklorique et exposition de broderies
Festival de la satire, Zagreb (*1re moitié de juil.*). Une rencontre internationale d'humour mordant.
Festival de musique d'Osor (*mi-juil-mi-août*). Musique de chambre.
Étés de Split (*mi-juil.-mi août*). Les premières pièces écrites en croates sont au programme de cette saison d'opéra, de concerts, de danse et de théâtre.
Festival international de théâtre, Pula (*mi-juil.-mi-août*). Ce festival multimédia a une vocation européenne.
Festival d'été de Dubrovnik (*mi-juil.-fin août*). Musique, théâtre, spectacles folkloriques et ballets sont au programme du plus vieux festival international de Croatie.
Festival d'été de Krk (*mi-juil.-fin août*). Prose en musique, concerts classiques, ballets, spectacles de jeunes artistes et folklore.
Saint-Théodore, Korčula (*27 juil.*). La moreška, une danse des épées, oppose des chevaliers chrétiens et maures.
Tournoi international de tennis, Umag (*fin juil.*).
Carnaval de Pag (*30-31 juil.*). Danses folkloriques « kolo » et « tanac » et spectacles en costumes traditionnels
Festival international du folklore, Zagreb (*fin juil.*). Groupes de danse et musique croates et étrangers se mêlent.

Danse de la Moreška, Saint-Théodore, Korčula

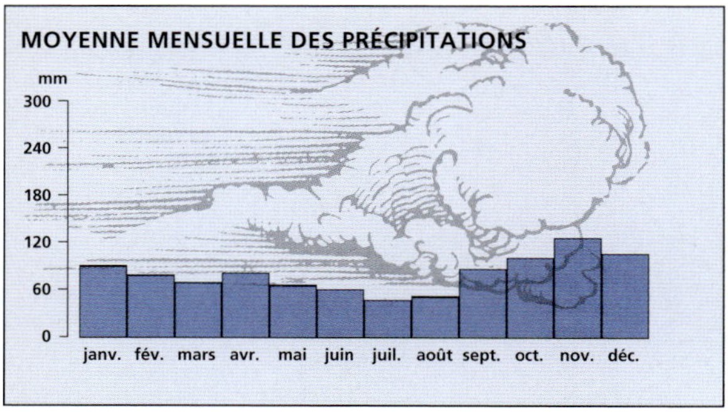

Précipitations
Il pleut très peu sur la côte, en particulier en été où la sécheresse menace souvent. Les précipitations sont beaucoup plus abondantes en montagne. Le nord-est du pays est soumis à des orages en été. Avec l'hiver vient la neige.

Cavaliers en costume pour Sinjska Alka, Sinj

AOÛT

Carnaval d'été, Novi Vinodolski *(août)*.
Fête des Bumbari, Vodnjan *(août)*. Cette fête traditionnelle, baptisée d'après le nom que se donnent les habitants de la région, comprend une course d'ânes et la préparation de *crostoli,* gâteaux d'origine vénitienne.
Rencontre de sports anciens, Brodanci *(août)*. Cette fête populaire donne lieu à des défilés en costume et en musique.
Symposium méditerranéen de la sculpture, Labin *(août-sept.)*. Des artistes du monde entier se retrouvent à Labin depuis les années 1960.
Baljanska Noć, Bale *(1er dim. d'août)*. Fête de la ville.
Trka na prstenac, Barban *(1er dim. d'août)*. Les origines de ces joutes remontent à 1696.
Sinjska Alka, Sinj *(déb. août)*. Défilés, danses, concerts de musique folklorique, exposition de produits régionaux et joutes à cheval marquent cette fête populaire commémorant une victoire sur les Turcs
Saint-Roch, Žrnovo et Postrana (sur Korčula) *(16 août)*. Les festivités ont pour temps fort la mostra, une danse des épées, et s'achevaient jadis par le sacrifice d'un bœuf.

Vinkovačke Jeseni, Vinkovci

AUTOMNE

Un séjour en cette saison permet d'échapper à la foule, y compris sur la côte Adriatique. L'automne en Croatie n'en est pas moins riche en manifestations variées. Elles comprennent de nombreux événements culturels et plusieurs fêtes célébrant le vin et la cuisine. Ces dernières offrent une excellente occasion de découvrir les spécialités culinaires locales.

SEPTEMBRE

Festival international de théâtre de marionnettes, Zagreb *(déb. sept.)*.
Vinkovačke Jeseni, Vinkovci *(sept.-oct.)*. Festival de musique et de traditions populaires. Défilés costumés.
Programme d'art de Rovinj *(2e moitié de sept.)*. Des artistes internationaux participent à ce festival multimédia.
Soirées baroques de Varaždin, cathédrale de Varaždin *(mi-sept.-mi-oct.)*. Ce festival de musique baroque réunit de grands musiciens croates et européens.
Fête du raisin, Buje *(der. dim. de sept.)*.
Festival du nouveau cinéma, Dubrovnik *(fin sept.-déb. oct.)*. Projections de films et de vidéos de réalisateurs amateurs.
Exposition de dentelles, Lepoglava *(sept.)*. Les pièces présentées restent fabriquées

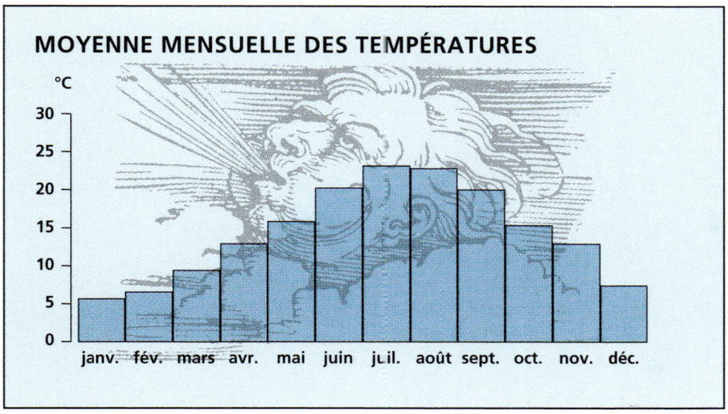

Températures
Le climat est typiquement méditerranéen sur le littoral, avec des hivers doux et des étés chauds et secs. Il est continental à l'intérieur des terres, avec des saisons contrastées, et alpin dans les zones montagneuses.

à la main selon des techniques traditionnelles.

OCTOBRE

Commémoration de Dora Pejačević, Našice (*oct.*) Festival de musique en l'honneur de la diva croate qui composa dans le château de Našice.
Bela Nedeja, Kastav (*1er dim. d'oct.*). Fête du vin.
Maronada, Lovran (*1er dim. d'oct.*). Fête du marron.
Triennale mondiale de la petite céramique, Zagreb (*mi-oct.-mi-nov.*)

NOVEMBRE

Festival international de musique, Pula (*1re moitié de nov.*). Des musiciens du monde entier profitent cette occasion de se rencontrer.
Fête de la ville, Lipik (*4 nov.*). Festivités traditionnelles dans une ville d'eau.

HIVER

Le froid se fait sentir dans tout le pays. À Zagreb et en Slavonie, les températures descendent bien en dessous de zéro, tandis que la bora balaye l'Istrie et la Dalmatie. Les Croates n'en restent pas pour autant calfeutrés même si les manifestations culturelles sont moins nombreuses.

DÉCEMBRE

Fête de la ville, Osijek (*2 déc.*). Musique et danses relèvent la plus importante fête de la ville.

JANVIER

Concours international des jeunes pianistes, Osijek (*2e moitié de janv.*). Les compétiteurs ont moins de 21 ans.

FÉVRIER

Shrovetide Sezona, Kraljevica. Bal masqué traditionnel.
Carnaval de Rijeka, Rijeka. Un grand carnaval.
Carnaval de la Riviera, Opatija.
Les jeunes virtuoses, Zagreb (*2e moitié de fév.*). Concours international de violonistes de moins de 30 ans.
Carnaval, Lastovo.
Saint-Blaise, Dubrovnik (*2 fév.*). Les confréries participent aux processions.

Participant du carnaval de Lastovo

Concert de musique baroque dans la cathédrale de Varaždin

JOURS FÉRIÉS

Nouvel an (1er janv.)
Épiphanie (6 janv.)
Lundi de Pâques (mars ou avr.)
Fête du Travail (1er mai)
Fête-Dieu (2e jeu. apr. la Pentecôte)
Résistance antifasciste (22 juin)
Fête nationale (25 juin)
Jour du Souvenir national (5 août)
Assomption (15 août)
Jour de l'Indépendance (8 oct.)
Toussaint (1er nov.)
Fêtes de Noël (25 et 26 déc.)

HISTOIRE DE LA CROATIE

Sur un territoire de peuplement très ancien, la Croatie s'est longtemps trouvée à la charnière entre Europe occidentale et orientale. Pendant près d'un millénaire, son histoire a été marquée par sa soumission à des pouvoirs étrangers : royaume de Hongrie, empire des Habsbourg, république de Venise puis royaume et république de Yougoslavie. Son indépendance récente lui permet aujourd'hui de choisir librement son destin et de revendiquer sa place dans l'Union européenne.

PRÉHISTOIRE

Des fouilles menées au début du XIXe siècle ont mis au jour à Krapina, dans le nord de la Croatie, des restes humains datant du paléolithique moyen. Cet « homme de Krapina », le plus ancien occupant connu du territoire, était de type néandertalien. Des traces de cultures préhistoriques ont été découvertes dans d'autres sites. Le plus riche est sans doute celui de Vučedol *(p. 188)*, près de Vukovar.

Vase en poterie trouvé à Vučedol, 2800-2500 av. J.-C.

LES ILLYRIENS

Vers 1200 av. J.-C., des tribus d'origine indo-européenne s'établissent dans la plaine de Pannonie, sur les plus grandes îles et le long de la côte. Elles portent des noms variés (Histres, Liburnes, Dalmates, Japodes) selon leur lieu d'implantation, mais la région prend à l'Antiquité un nom unique : Illyrie. Les « Illyriens » font le commerce de l'ambre et entretiennent des relations avec d'autres peuples méditerranéens et des négociants du nord de l'Europe.

LES CELTES

Au IVe siècle av. J.-C., la surpopulation de la Gaule pousse les Celtes à chercher de nouveaux territoires. Le Danube leur offre une voie de pénétration et certaines tribus en suivent le cours jusque dans l'actuelle Bohême. À la même époque, des Grecs fondent des colonies fortifiées sur des îles de la Dalmatie comme Vis et Hvar, ainsi que dans la région de Trogir et Salona. Selon les historiens grecs, les Celtes combattent Alexandre le Grand en 335 av. J.-C. sur la rive sud du Danube. Leur migration les entraîne ensuite jusqu'à Delphes qu'ils attaquent un siècle plus tard. Sur le chemin du retour, ils se fixent dans la région de Paludes Volcae située entre la Save, la Drave et le Danube. Sous le nom de Scordisci, ils se mêlent aux Illyriens. Finalement vaincus par les Romains à la fin du IIe siècle av. J.-C., ces peuples adoptent leur mode de vie après plusieurs révoltes qui se soldent par des échecs. Ils donneront à Rome plusieurs empereurs.

CHRONOLOGIE

50 000-30 000 av. J.-C. Homo sapiens neanderthalensis vit à Krapina

Homme de Krapina, paléolithique moyen

1200 av. J.-C. Implantation des Illyriens dans les Balkans

279 av. J.-C. Des Celtes installés dans les Balkans battent les Grecs

6500 av. J.-C. — 3500 av. J.-C. — 500 av. J.-C.

6000-2500 av. J.-C. Sites néolithiques de Danilo, Hvar et Butmir

2200-1800 av. J.-C. Néolithique : sites de Lasinje et Vučedol

Coiffe en bronze, VIIe-VIe s. av. J.-C.

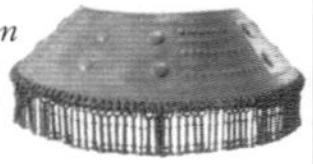

390 av. J.-C. Denys l'Ancien de Syracuse s'empare de l'île de Vis et fonde un comptoir

◁ **Saint Paul et saint Blaise, patrons de Dubrovnik, selon un triptyque de Nikola Božidarević**

LA CONQUÊTE ROMAINE

Symbole de l'Empire romain, Sisak

Les Romains procèdent par étapes pendant plus de deux siècles pour prendre le contrôle du territoire croate. Afin d'en finir avec les attaques des Liburnes et des Dalmates contre leurs navires marchands, ils commencent par soumettre les villes côtières grâce à des troupes amenées à pied d'œuvre par bateau. La première bataille a lieu en 229 av. J.-C. après que Teuta, la reine des Illyriens, eut mis à mort un ambassadeur qui tentait de la persuader de mettre un terme aux actes de piraterie. En représailles, Rome investit les villes d'Epidaurum (Cavtat), d'Issa (Vis) et de Pharos (Hvar) et les contraint à payer tribut. Malgré les engagements pris, les arraisonnements ne cessent pas. Elle décide alors de déployer ses légions depuis Aquileia, une ville fortifiée fondée en 181 avant J.-C. à l'est de l'actuelle Venise.

En 177 av. J.-C., celles-ci ont achevé la conquête de l'Istrie. Vingt ans plus tard, Publius Scipio Nasica prend aux Dalmates leur capitale, Delminium, puis leur inflige une deuxième défaite après qu'ils se furent alliés aux Japodes qui habitent la région du delta de la Neretva. En 107 av. J.-C., les Romains battent les Scordisci et les Illyriens et prennent la ville de Segestica (Sisak). En 87, un nouveau conflit éclate avec les Illyriens. Ils le perdent trois ans plus tard puis, en 48 av. J.-C., ils se rangent du côté de Pompée et lui fournissent navires et hommes dans sa lutte contre Jules César. Son échec apparaît au début comme un désastre pour eux mais ils sont nombreux à s'enfuir dans les forêts de l'intérieur, gardant intacte leur détermination de ne pas se soumettre. Quelques décennies plus tard, en 6 apr. J.-C., ils s'unissent sous l'autorité de Batone pour leur plus grand soulèvement. Ils remportent les premiers affrontements et se mettent bientôt en marche vers l'Italie. Trois ans de combats plus tard, l'art de l'organisation militaire fait la différence et les Romains viennent à bout de l'armée épuisée et affamée de Batone.

Au cours des années suivantes, César intègre les Balkans à l'Empire romain. Une campagne militaire menée par Tibère en 12 apr. J.-C. achève le démantèlement des défenses illyriennes et permet la fondation de cités reliées par des routes assez larges pour le déplacement des légions. Les habitants de l'actuelle Croatie deviennent citoyens romains et acquièrent le droit de postuler à des fonctions publiques. Pas moins de sept empereurs romains, Septime Sévère, Aurélien, Claude II, Probe, Dioclétien, Valens et Valentinien, seront d'origine illyrienne.

LES VOIES ROMAINES

Les premiers ouvrages publics construits par les Romains sont des

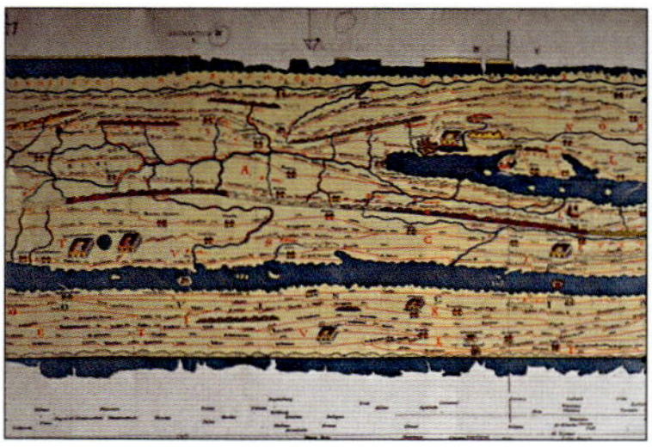

La Tabula Peutingeriana montrant les voies romaines

CHRONOLOGIE

229 av. J.-C. Les Romains détruisent les forts des Illyriens à qui ils imposent un tribut ; ils soumettent les colonies grecques d'Issa et Pharos

107 av. J.-C. Grâce à Quintus Minucius Rufus, Rome remporte une victoire décisive sur les Scordisci qui sont chassés de la région

300 av. J.-C. | **200 av. J.-C.** | **100 av. J.-C.**

177 av. J.-C. Les Istriens attaquent la flotte romaine. Rome envoie une armée qui les vainc et les refoule

Fragment architectural romain de Sisak

119 av. J.-C. Le Dalmate Lucius Metellus bat les Scordisci et les tribus dalmates près de Segestica (Sisak). Les Romains s'établissent à Salona et commencent la Via Gabina entre Salona et Andretium.

routes assez larges pour autoriser des interventions militaires rapides. Ces voies romaines resteront pendant des siècles une infrastructure essentielle de la région.

Deux axes importants partent d'Aquileia : l'un vers la péninsule istrienne jusqu'à Pula, l'autre en direction d'Aemona (Ljubljana). La principale voie de communication en Dalmatie longe la côte. Elle relie Aenona (Nin) à Zadar et continue en direction de Scardona (Skradin), Tragurium (Trogir), Salona, Narona, Epidaurum et enfin Catarum (Kotor). Parmi les routes qui s'enfoncent à l'intérieur des terres, la plus empruntée rejoint l'actuelle Bosnie depuis Salona et passe par Klis et Sinj, près d'Aequum (Čitluk). Une autre suit la Narenta (Neretva) jusqu'à Sirmium dont les empereurs Galère, Constant Ier et Valentinien II font leur capitale au IVe siècle. C'est aujourd'hui Sremska Mitrovica.

Les routes intérieures suivent les cours de la Save, de la Drave et du Danube. Au centre de la Pannonie, une ville acquiert une grande importance : Siscia (Sisak). Elle est située au carrefour des voies menant à Andautonia (Ščitarjevo), Mursa (Osijek), Cuccium (Ilok), Marsonia (Vinkovci) et trois villes thermales fréquentées par les empereurs : Aquae Salissae (Daruvar), Aquae Valissae (Lipik) et Aquae Iasae (Varaždinske Toplice).

Relief des thermes de Varaždinske Toplice

DÉVELOPPEMENT URBAIN

Les Romains créent les villes istriennes de Poreč, Rovinj et Pula. Cette dernière connaît un grand développement au IIe siècle. Ils transforment également en cités romaines les localités illyriennes existant sur les plus grandes îles et le long de la côte. Les principaux centres urbains comprennent Senia (Senj), Aenona (Nin), Jadar (Zadar), Delminium (aujourd'hui un village abritant quelques vestiges à l'est de Salona), Promona (un village conservant des fragments de remparts près de Makarska), Burnum (les ruines de la ville antique se trouvent près de Kistanje sur la route entre Knin et Benkovac), Blandona (qui n'existe plus, près du lac de Vrana), Scardona (Skradin), Narona (à l'embouchure de la Neretva, près de Vid), Tragurium (Trogir) et Salona (près de Split). Toutes ces villes possèdent des fortifications et ont pour cœur un forum, pôle de la vie publique. L'aqueduc le mieux conservé alimentait Salona. Étendu par Dioclétien jusqu'à Split, il reste en majeure partie utilisé.

Les principaux édifices romains subsistant en Croatie se trouvent à Pula, réputée pour son splendide amphithéâtre *(p. 62-63)*, et à Split, site de l'extraordinaire palais de Dioclétien *(p. 120-121)*.

Pula à l'époque romaine, selon une gravure de 1819

6-9 apr. J.-C. Auguste conquiert la totalité de la future Provincia Pannoniae. Il entame la construction de forts le long des cours d'eau.

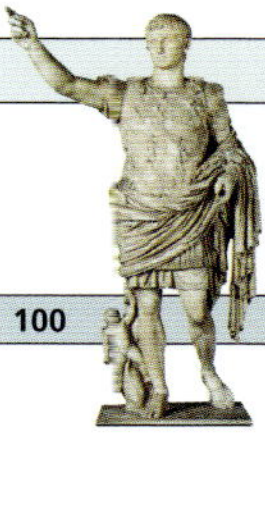

Statue de l'empereur Auguste

271 Aurélien fixe la frontière de l'Empire au Danube sans réussir à vaincre les Daces qui vivent sur ses rives.

1 apr. J.-C. | **100** | **200**

12 apr. J.-C. Défaite défintive des Illyriens. À Rome, Tibère célèbre son triomphe par une procession solennelle menée par Batone, le chef des rebelles vaincus.

284 Dioclétien devient empereur. La construction de son palais de Split commence peu après. Il s'y retire en 304.

Vue aérienne des ruines romaines de la cité antique de Salona détruite en 614

LES INVASIONS BARBARES ET LA CRISE DE L'EMPIRE ROMAIN

En 378, après un siècle de paix relative, les Goths envahissent la Pannonie puis se tournent vers l'Italie. Pendant tout le Ve siècle, les Huns, les Vandales, les Wisigoths et les Lombards déferlent sur les Balkans. Les Lombards finissent par causer la chute de l'Empire romain en 476.

LES AVARS ET LES SLAVES DANS LES BALKANS

Au début VIe siècle, ce sont les Avars qui déferlent. D'autres tribus slaves suivent dans leur sillage. Les citoyens romains qui n'arrivent pas à fuir dans les montagnes ou sur les îles sont capturés et vendus comme esclaves. En 582, les Avars ravagent Sirmium, jadis capitale de l'Empire. Ils imposent ensuite leur domination à d'autres groupes nomades et créent une puissante armée dans le but de conquérir Constantinople. La tentative échoue face aux Byzantins. Cependant, les vaincus ne regagnent pas tous les steppes d'Asie. Certains s'établissent entre le Danube et la Tisza et ouvrent ainsi une voie vers le Sud et l'Adriatique aux Slaves occupant la Moravie et la Bohême. Ceux-ci s'emparent de toutes les cités romaines et détruisent Salona en 614. Agriculteurs et éleveurs, ils s'installent dans ce qui reste des villes saccagées et des espaces de culture qui les entourent. L'organisation de leur société repose sur des groupes familiaux étendus, les *zadruge*. Ayant chacun pour chef un patriarche, ils sont parfois regroupés sous l'autorité d'un *zupan*.

LES BULGARES ET LA RECONQUÊTE BYZANTINE

C'est un peuple d'origine turque implanté le long du cours méridional du Danube, les Bulgares, qui arrête l'expansion slave vers le Sud. Après la chute de l'empire d'Occident, Byzance

CHRONOLOGIE

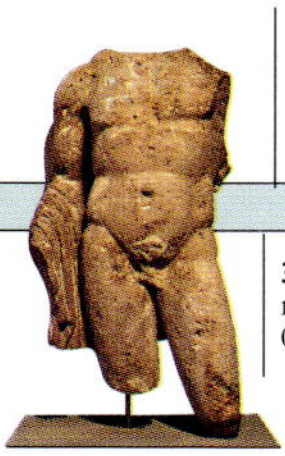

Buste romain provenant de Mursa

300

378 Des Ostrogoths ravagent Mursa (Osijek)

380 Édit de Thessalonique ; Théodose Ier divise l'Empire romain en quatre

400

437 Constantinople prend le contrôle de la Dalmatie. Les Huns envahissent la Pannonie

476 Les Ostrogoths d'Odoacre déposent Romulus Augustule, le dernier empereur romain

500

500 Les Slaves occupent la Pannonie, qui deviendra la Slavonie

tente de reconquérir les Balkans et inflige plusieurs défaites aux Slaves tout en essayant de les intégrer. Grâce à la mobilité offerte à ses armées par sa flotte, Constantinople réussit à reprendre la Grèce, une partie de la Macédoine et les îles et cités dalmates. Les régions de l'intérieur des terres restent néanmoins sous contrôle slave.

Fondations de l'une des églises de Biskupija

LES CROATES

Au début du VIIe siècle, probablement à l'invitation de l'empereur byzantin Héraclius, le peuple slave des Croates, originaire de la Perse, s'établit en haute Pannonie et en Dalmatie et se mêle aux populations locales et aux réfugiés de l'intérieur. Aux VIIIe et IXe siècles, des représentants byzantins gouvernent les cités côtières et les îles, s'appuyant sur une flotte basée à Zadar. Les Croates fondent des duchés dans l'arrière-pays. Au IXe siècle, ils créent les prémices d'un État dans une zone de collines du plateau dalmate aujourd'hui appelée Biskupija. Elle a l'avantage d'être éloignée à la fois du littoral sous contrôle byzantin et de la Croatie centrale soumise aux Francs. La petite colonie prend le nom de Pet Krikvah Polje et se dote de lieux de culte – des fouilles archéologiques récentes ont mis au jour les fondations de plusieurs édifices religieux. Les objets découverts se trouvent à Split et à Knin.

LES FRANCS

Vers la fin du VIIIe siècle, les Francs conduits par Charlemagne réussissent à conquérir ce qui est aujourd'hui la Croatie du Nord, la Bohême, l'Istrie, la Slovénie et une partie de la Dalmatie. Ils divisent la région en fiefs confiés à des évêques ou des nobles à la loyauté assurée. En décidant d'envoyer des clercs diffuser l'Évangile et convertir les Croates au christianisme, le patriarche d'Aquileia prend au IXe siècle une décision d'une importance cruciale pour ces territoires. Parmi ces missionnaires figurent Cyrille et Méthode qui élaborent l'écriture glagolitique afin de répandre la bonne parole dans une langue compréhensible aux Slaves *(p. 34-35)*.

Fonts baptismaux du prince Višeslav trouvés près de Nin

LES PREMIÈRES VILLES CROATES

C'est au cours du VIIIe siècle et du début du IXe qu'apparaissent les premières implantations croates à côté des cités dirigées par les Byzantins dont les habitants sont souvent d'origine romaine comme à Dubrovnik, Zadar, Split et Trogir. Biograd est fondée près de Zadar. Des Croates repeuplent Knin sous le règne du prince Višeslav. Voinomir donne un nouvel élan aux cités romaines de Siscia (Sisak) et Mursa (Osijek). L'essor de Šibenik lui permet de devenir capitale en 1058.

614 Les Slaves et les Avars prennent et détruisent Salona ; la population romaine se réfugie à Split et dans les îles voisines

À partir de 820 Des Croates fondent Biograd, Šibenik et Knin; Sinj et Osijek renaissent

600 | 700 | 800

Début du VIIe siècle Les Croates s'établissent en haute Pannonie et en Dalmatie

799 Victoire de Charlemagne sur les Croates à Laurana (Lovran) ; début de leur conversion au christianisme ; premiers écrits en croate à Aenona (Nin)

Buste de Charlemagne (742-814)

Cyrille et Méthode

Deux personnages jouent un rôle essentiel dans la conversion de la population slave au christianisme : les frères Cyrille (827-869) et Méthode (815-885). Ils naissent à Thessalonique et sont les fils d'un officier de l'armée byzantine. La cite, à l'époque sous l'autorité de Constantinople, est l'une des plus cosmopolites de la Méditerranée. Ils y apprennent plusieurs langues, dont le slave. Après une première mission auprès des Khazars, dont ils baptisent le khan, l'empereur Michel III les envoie en 863 en Moravie. Plutôt que d'utiliser la liturgie en latin, ils évangélisent en slavon et Cyrille élabore l'alphabet glagolitique pour donner à cette langue une forme écrite dans laquelle traduire les livres saints. Un de ses disciples s'en inspirera pour créer l'écriture cyrillique qu'il baptisera d'après son maître. Des membres du clergé croate ont continué d'utiliser le glagolitique jusqu'au début du XXe siècle.

Les prêtres, dont Cyrille et Méthode, sont reçus en grande pompe par le pape.

Méthode *suit une carrière administrative et militaire avant d'entrer dans un monastère. En 869, il est invité à Prague avec le rang d'archevêque de Moravie et de Pannonie et de délégué pontifical auprès de la population slave. Dans le cadre de son œuvre d'évangélisation, il achève la traduction de la Bible en slavon.*

Méthode et son frère viennent offrir à Adrien II les reliques de saint Clément, le troisième pape romain, mort en Crimée en 102.

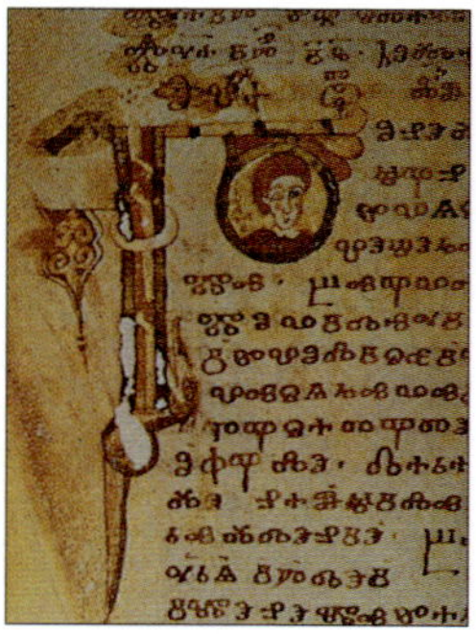

L'alphabet glagolitique *est composé de 40 lettres qui suivent une séquence basée sur l'alphabet grec. Des signes supplémentaires permettent la représentation de sons existant dans la langue slave mais pas dans le grec.*

Les objets d'art *qui nous sont parvenus témoignent du succès de la campagne d'évangélisation auprès des Croates, même s'ils sont le fruit d'une tradition du travail de la pierre et de l'or préexistante. Ce petit crucifix de facture primitive provient de Zadar. Il date du IXe siècle.*

L'usage du glagolitique *fut interdit dans les territoires sous le contrôle de Rome mais il resta en usage pendant des siècles dans des monastères isolés.*

Cyrille et Méthode sont les saints patrons de l'Europe continentale depuis 1979. Beaucoup d'églises, de centres d'études religieuses, d'institutions universitaires et de bibliothèques sont dédiés à Cyrille, souvent associé à Méthode.

Cyrille, *qui s'appelle en fait Constantin jusqu'à son entrée dans les ordres, à Rome, peu de temps avant sa mort en 869, enseigne la philosophie et dirige la bibliothèque de Byzance. Sa renommée tient pour une grande part à son œuvre d'érudit.*

CYRILLE ET MÉTHODE À ROME

Le pape Adrien II invite les deux frères dans la capitale pontificale en 867. Convaincu par leurs arguments, il approuve l'utilisation de la langue slave dans la liturgie. Après son retour en Moravie, Méthode doit affronter l'hostilité du patriarche d'Aquileia et de l'archevêque de Salzbourg qui veulent réserver la conversion des Slaves à des prêtres d'origine germanique. Arrêté et torturé, il reste en détention 15 mois et n'est libéré que sur l'intervention du pape Jean VIII.

CHRONOLOGIE

863 Le roi Ratislav invite Cyrille et Méthode à venir convertir la population locale en Moravie

869 Malade, Cyrille se retire dans un monastère de Rome et y meurt. Nommé archevêque de Pannonie et de Moravie et délégué pontifical auprès de la population slave, Méthode s'installe à Prague

893 L'alphabet cyrillique, dérivé du glagolitique, se répand parmi les Serbes, les Macédoniens et les Russes

860 — 870 — 880 — 890

866 Cyrille et Méthode élaborent l'écriture glagolitique et traduisent la Bible en slavon. La liturgie slave est introduite en Bohême

867 Adrien II invite Cyrille et Méthode à Rome et autorise l'usage de la liturgie en slavon

Mosaïque sur le tombeau de Cyrille

885 Le pape Étienne IV interdit l'usage du slavon dans la liturgie

Monument au premier roi croate, Tomislav

LES HONGROIS

Alors que la situation dans les Balkans paraît stabilisée à la fin du IXe siècle, un nouveau peuple, originaire de l'Oural, vient s'établir sur les rives du Danube et dans les vallées de Transylvanie. Sous la direction du prince Arpad, ces Hongrois repoussent devant eux les tribus locales, dont les Slaves. Ils mènent des raids en Italie et en Autriche mais, vaincus en 955 par l'empereur Othon Ier à Lechenfeld, sur la plaine proche de Ljubljana, ils doivent battre en retraite à l'intérieur des frontières des actuelles Hongrie et Transylvanie. Leur sédentarisation marque la fin des grandes invasions du premier millénaire.

LE ROYAUME DES CROATES

En 845, sous la direction du prince Trpimir, les Croates obtiennent des Francs une autonomie tacite et forment un État dont l'autorité s'étend sur une partie de la Dalmatie. Le pape Jean VIII officialise la situation en accordant le titre de duc à Branimir (879-892). En 925, Tomislav est couronné roi avec le soutien de Jean X. L'anarchie règne après sa mort en 928 jusqu'à l'arrivée au pouvoir du grand roi Petar Krešimir IV (1058-1074). Ce dernier réussit à établir l'unité du pays et à conquérir les îles dalmates. En 1054, la Croatie s'était rangée du côté du pape lors du schisme des églises d'Orient et Occident. En 1075, le successeur de Krešimir IV, Zvonimir, époux de la sœur du roi Ladislas de Hongrie, se déclare sujet de Rome à son couronnement par Grégoire VII. Des aristocrates croates opposés à cette allégeance le tuent en 1089.

Relief du roi Zvonimir, baptistère Saint-Jean à Split

L'UNION AVEC LA HONGRIE

Zvonimir étant mort sans descendants, le successeur de Ladislas, Koloman (1102-1116), revendique son royaume et en effectue la conquête. La *Pacta Conventa* signée en 1102 en fait officiellement le souverain de Croatie et de Dalmatie en proclamant l'union de ces territoires avec la Hongrie. Selon les termes de l'accord, l'État croate possède son propre parlement, le Sabor, siégeant sous l'autorité d'un vice-roi nommé, le *ban*. Au siècle suivant, en réaction aux raids effectués par les Tartares, le roi Bela IV divise le territoire entre Croatie et Slavonie, les deux régions ayant chacune leur ban. Les créations de villes se multiplient et certaines se voient accorder leur autonomie.

LES VILLES ROYALES LIBRES

C'est principalement en Pannonie et dans les comtés du Nord qu'apparaissent ces cités défendues par des remparts, des fossés et des tours, dont Varaždin qui devient, au bord de la Drave, l'un des principaux centres d'échanges de la région et le siège du Sabor. On fortifie également des villes nées des ruines de localités romaines

CHRONOLOGIE

896 Des Hongrois s'établissent entre la Tisza et le Danube

901 Le prince Tomislav repousse les Hongrois au-delà de la Save. Il obtient de Byzance l'autorité sur les villes de Dalmatie

956 Branimir, prince de Croatie, entre en rébellion contre les Byzantins. Il obtient le titre de roi avec la bénédiction du pape

850 — 900 — 950 — 1000

899 Les Hongrois pénètrent dans les Balkans et détruisent les villes des Croates qui se réfugient en Dalmatie

930 Les Byzantins renouvellent l'union avec les villes côtières qui paient tribut à l'empereur

925 Tomislav devient roi des Croates avec la bénédiction du pape

1000 Venise lance sa première expédition navale contre des pirates près de l'embouchure de la Neretva ; des villes des îles et de la côte d'Istrie et de Dalmatie lui prêtent allégeance

Bulle d'Or de 1242 déclarant Zagreb (Gradec) ville royale libre

comme Križevci (ville royale en 1252), Koprivnica (ville libre en 1356) et Ludbreg qui obtient le statut de ville libre en 1320 et joue un rôle important dans la défense de la région. La reconstruction de Sisak et une nouvelle Slavonski Brod renforcent le cours inférieur de la Drave. Zagreb devient une ville royale libre et le siège du Sabor en 1242, Vukovar est ville libre en 1231. Ces cités bénéficient d'avantages fiscaux et échappent à la soumission à un seigneur féodal, ce qui favorise leur développement et attire des marchands et des artisans étrangers.

La prise de Zadar par les Vénitiens par Andrea Vicentino

LES DÉFENSES

Bela IV fortifie des sites stratégiques et les confie à de grands seigneurs féodaux quand il ne les garde pas directement sous contrôle royal. Il subsiste d'impressionnantes ruines de ces forteresses, notamment celle de Ruzica près d'Orahovica en Slavonie. Agrandies, les villes de Samobor, en Croatie centrale, et Klis, Knin et Sinj, en Dalmatie, se voient placées sous la protection d'un château. Plusieurs familles nobles reçoivent aussi mission de construire des forts et de fournir leurs garnisons, tels les comtes Bribir qui s'installent à Zrin (prenant le nom de Zrinski). Cet ambitieux programme renforce un État soumis à des menaces multiples : le risque d'une invasion turque succède à la menace tatare.

VENISE, ISTRIE ET DALMATIE

La côte Adriatique connaît un sort différent du reste du pays : son destin est lié à celui de Venise. Celle-ci commence après l'an 1000 à conclure des accords d'assistance mutuelle avec de nombreuses villes côtières d'Istrie, région placée pour une grande part sous la juridiction civile et ecclésiastique du patriarcat d'Aquileia. Venise a besoin d'escales sûres pour ses navires marchands qui commercent avec l'Orient et peut offrir en échange la protection de sa flotte puissante. Au XIIIe siècle, certaines de ces cités demandent elles-mêmes à se placer sous l'autorité vénitienne pour des raisons de sécurité, un processus qui dans la plupart des cas se déroule paisiblement. Venise n'hésite toutefois pas à dévaster Zadar en 1202 avec l'aide de croisés qui dépendent de ses bateaux pour gagner la Terre sainte. La ville se soumet en 1204. L'année suivante, la Sérénissime République conquiert l'Istrie et Dubrovnik.

1058 Krešimir agrandit son royaume en unissant la Croatie et en conquérant les îles dalmates

1102 Le roi hongrois Koloman, successeur de Ladislas, est couronné roi de Croatie et de Dalmatie

Monnaie royale de Slavonie de 1200

1202 Les Francs de la quatrième croisade se lancent à la conquête de Zadar qui tombe après une longue résistance

1050 | **1100** | **1150** | **1200**

1091 Ladislas, roi de Hongrie et frère de la veuve de Zvonimir, unit la Croatie à la Hongrie

1242 Par la Bulle d'Or, le roi de Hongrie André II garantit les droits de la noblesse croate et délègue une partie de son pouvoir à l'aristocratie

1075 Le pape Grégoire VII couronne Zvonimir roi de Croatie

LA RÉPUBLIQUE DE RAGUSE

La république de Raguse selon une illustration de l'époque

L'histoire de la ville de Dubrovnik, longtemps connue sous le nom de Raguse, forme un chapitre entier de l'histoire de la Croatie. Fondée par des réfugiés d'Epidaurum détruite par les Avars, elle devient un important comptoir marchand grâce à sa position centrale en Adriatique et à son mouillage sûr. Elle prend son apparence actuelle sous la tutelle de Venise, qui dure de 1205 à 1358, année où Louis Ier le Grand intègre la Dalmatie au royaume croate après avoir vaincu les Vénitiens. Raguse achète sa liberté en 1382 au moyen d'un traité avec le roi de Hongrie. Jusqu'en 1808, elle prospère en tant que république indépendante et s'impose comme une grande puissance et un centre spirituel et culturel florissant. Cette longue période d'autonomie s'achève avec l'entrée des troupes de Napoléon Bonaparte.

LA DOMINATION TURQUE

Le royaume de Hongrie connaît une période de crise quand la maison des Arpad s'éteint après la mort d'André III en 1301. Le trône a de nombreux prétendants et fait l'objet d'âpres combats jusqu'en 1308 où Charles Robert d'Anjou, de la famille royale napolitaine, réussit à faire reconnaître ses droits. Sous la dynastie des Angevins, dont Matthias Corvin (1458-1490), le royaume hungaro-croate connaît de longues périodes de prospérité et continue de disputer à Venise les îles et le littoral de l'Adriatique. La menace turque ne cesse toutefois de se préciser. Après la bataille du Kosovo Polje, en 1389, les Ottomans conquièrent la Bosnie et une partie de la Serbie. En 1463, sous le sultan Mehmet II, les Turcs reprennent leur progression depuis la Bosnie. En 1493, l'armée croate est vaincue à la bataille du Krbavsko Polje. À Mohács, le 29 août 1526, Louis II de Hongrie meurt au combat sans héritier, laissant la voie libre à l'occupation de presque toute la Croatie et d'une grande partie de la Hongrie par Soliman II le Magnifique.

Armée ottomane à la bataille de Mohács

CHRONOLOGIE

1301-1308 La dynastie des Arpad s'éteint à la mort d'André III. Le trône finit par échoir à Charles Robert d'Anjou

Pièce d'argent commémorant la bataille de Mohács

1527 Premier Habsbourg roi de Hongrie et de Croatie

1526 Louis II meurt pendant la bataille de Mohács contre les Turcs

1300 | 1350 | 1400 | 1450 | 1500

1409 Ladislas d'Anjou devient brièvement roi de Hongrie et de Croatie. Il vend la Dalmatie à Venise

1493 Jacub, un pacha de Bosnie, bat les Croates au Krbavsko Polje

1520 Marko Marulić écrit *Judita*, la première œuvre en croate

Osijek au moment de sa libération des Turcs en 1687

VENISE ET L'ACQUISITION DE LA DALMATIE

Les conflits avec Venise ayant pour enjeu les îles et le littoral continuent jusqu'en 1409. À cette date, Ladislas d'Anjou-Durazzo, le roi Ladislas Ier de Naples, renonce à tous ses droits sur la Dalmatie : il vend la région pour 100 000 ducats d'or à la Sérénissime République. Celle-ci restera maîtresse des villes et des îles jusqu'à sa conquête par Napoléon en 1797. D'autres cités se placent volontairement sous l'autorité de Venise sachant qu'elles bénéficieront de la protection de celle-ci et d'une très large autonomie. Le principal intérêt de la Sérénissime réside dans la sécurité des ports ; Venise les dote de remparts. Pendant les guerres du début du XVIIIe siècle, la république de Venise s'empare de la totalité de la Dalmatie, en dehors de la république de Raguse (Dubrovnik) et d'une petite portion de côte, repoussant ses frontières jusqu'aux cols du Velebit qui séparent toujours l'actuelle Croatie de la Bosnie-Herzégovine.

Fran Krsto Frankopan, décapité en 1671

LES LIENS AVEC LES HABSBOURG

En 1527, la noblesse croate et hongroise choisit pour roi l'archiduc Ferdinand de Habsbourg. Celui-ci impose un pouvoir centralisé, retirant à l'aristocratie le contrôle des villes et des zones frontalières. En 1578, l'empereur autrichien crée les confins militaires *(Vojna Krajina),* une zone tampon directement administrée par Vienne où l'on favorise l'implantation de réfugiés serbes, valaques et bosniaques qui sont intégrés aux garnisons militaires. La paix règne pendant quelques décennies avant la reprise de l'offensive des Turcs. Ceux-ci sont repoussés une première fois en 1664, puis une seconde en 1683 où ils échouent dans leur siège de Vienne. Après cette défaite, ils refluent lentement de Croatie, dont ils sont complètement chassés dix ans plus tard. La Bosnie reste sous leur contrôle. Les territoires libérés deviennent de nouveaux confins militaires. Ils garderont ce statut jusqu'en 1880. Le poids des impôts levés par Vienne et la centralisation du pouvoir suscitent un mécontentement qui prend de plus en plus d'ampleur. Une conspiration de la noblesse visant à détacher la Hongrie et la Croatie de l'Empire autrichien se conclut en 1671 par la décapitation du ban de Croatie Petar Zrinski et de Fran Krsto Frankopan, membres de deux des familles les plus influentes de Croatie *(p. 177).*

1566 Soliman II assiège Siget où Nikola Zrinski résiste cinq semaines

1573 Répression sanglante à Zagorje d'une révolte paysanne contre les nobles et l'empereur

1670 Conspiration des princes croates Petar Zrinski et Krsto Frankopan contre Léopold d'Autriche

1718 Traité de Passarowitz (Požarevac) : la Turquie perd une partie de la Serbie et de la Dalmatie intérieure

1550 | **1600** | **1650** | **1700** | **1750**

Nikola Zrinski, ban de Croatie

1592 Les Turcs prennent Bihać et repoussent leurs frontières jusqu'à la Kupa, l'actuelle démarcation entre la Bosnie et la Croatie

1688 Innocent XI promeut la Sainte Ligue contre les Turcs ; la victoire de Petervaradino entraîne la libération de toute la Croatie

1683 Les Turcs assiègent Vienne en vain ; l'Autriche conquiert Buda et la Pannonie

Caricature du Congrès de Vienne

LES PROVINCES ILLYRIENNES

La Croatie n'échappe pas aux conquêtes napoléoniennes ; en 1809, elle passe sous contrôle français. Le général Marmont dirige ces « Provinces Illyriennes » et il lui suffit de cinq ans pour améliorer notablement le réseau routier et mettre en œuvre d'importantes réformes économiques, sociales et juridiques. Celles-ci laissent une profonde empreinte sur la culture croate et nourrissent l'aspiration à un État indépendant et unifié. Cet élan reste sans écho au congrès de Vienne (1815) où l'Autriche annexe la totalité des territoires d'Istrie et de Dalmatie qui appartenaient auparavant aux républiques de Venise et de Raguse (Dubrovnik).

LE MOUVEMENT ILLYRIEN

Le renouveau du nationalisme croate, dont on attribue l'origine aux écrits de Ljudevit Gaj (1809-1872), surnommé « l'Illyrien », s'exprime dans des mouvements dont l'action politise la classe ouvrière engendrée par le début de l'industrialisation. D'autres forces en jeu dans la région s'opposent à ce courant. La Hongrie s'efforce d'étendre son influence dans les zones frontalières en imposant l'apprentissage de la langue magyare dans les écoles et son usage pour les affaires administratives. Dans les anciens territoires vénitiens, c'est le désir d'une intégration à une Italie unifiée qui gagne du terrain dans les classes moyennes d'Istrie et de Dalmatie. Imperméable à ces revendications, le pouvoir autrichien continue de gouverner sans compromis. En fait, il essaie de son côté de généraliser l'apprentissage de l'allemand. En maintenant les statuts spéciaux des confins militaires et les barrières douanières entre les diverses régions, il bloque toute unification des territoires croates. Les grands travaux d'infrastructure, la rénovation du réseau routier et l'agrandissement des ports de Rijeka et Pula, qui deviennent des bases pour la flotte impériale, servent en priorité les intérêts autrichiens.

DE LA RÉVOLTE DE 1848 À L'EMPIRE AUSTRO-HONGROIS

En 1848, le Sabor (parlement) de Zagreb choisit Josip Jelačić comme ban, réclame l'autonomie et l'unification des territoires croates et abolit le féodalisme. La Hongrie refuse toute remise en question de l'union des deux royaumes et les tensions s'exacerbent. Quand le peuple hongrois se soulève contre Vienne, Josip Jelačić se range du côté autrichien et participe à la répression avec une armée de 40 000 hommes. Les Habsbourg ne manifestent aucune reconnaissance et renforcent encore leur abso-

Le ban Josip Jelačić, considéré comme un héros national

CHRONOLOGIE

1809 Napoléon Bonaparte fonde l'État des Provinces Illyriennes

Napoléon Bonaparte

1830 Ljudevit Gaj publie *Éléments de l'orthographe croato-slave,* introduisant les signes manquant dans l'alphabet latin

Ljudevit Gaj, chantre de l'illyrisme

1800 — 1810 — 1820 — 1830 — 1840 — 1850

1815 Le traité de Vienne accorde à l'Autriche tous les territoires de la république de Venise

1832 Janko Drašković publie *Dissertation* dénonçant la suprématie hongroise et autrichienne et présentant l'Illyrie en « mère » des Croates

1847 Le mouvement illyrien obtient la majorité au parlement et déclare le croate langue officielle

1848-1850 Soulèvement des Hongrois contre l'Autriche : Vienne dissout le Sabor et impose l'allemand comme langue officielle

L'évêque Josip Juraj Strossmayer, fondateur de l'université de Zagreb

lutisme, imposant la langue allemande dans l'administration et l'enseignement secondaire. En 1867, François-Joseph signe avec la Hongrie le Compromis qui rééquilibre le pouvoir politique au sein de l'Empire désormais baptisé « austro-hongrois ». L'État magyar se voit accorder un corridor jusqu'à la mer et la possession de Rijeka et de l'intérieur des terres croates. Néanmoins, la *Nagobda* (accord) signée l'année suivante sous la pression du Sabor réaffirme le statut particulier de la Croatie au sein du royaume. L'Istrie, la Dalmatie et les confins restent cependant sous autorité autrichienne.

Les désirs d'émancipation prennent des formes multiples. Certains rêvent d'une confédération d'États à l'intérieur de l'Empire, d'autres pensent que le moment est venu pour la Croatie d'obtenir son indépendance. L'évêque de Đakovo, Josip Juraj Strossmayer, fondateur de l'Académie des Arts et des Sciences (1863) et de l'Université (1874), défend l'idée d'une union des Slaves du Sud, ou Yougoslaves. Les tensions s'amplifient encore en 1878 quand l'Autriche-Hongrie envahit la Bosnie et l'Herzégovine, déclenchant une réaction du royaume de Serbie. Rappelons que celui-ci a été établi en 1862 après l'expulsion des Turcs. Sa classe dirigeante veut étendre son pouvoir à des espaces situés en Dalmatie et en Slavonie mais qu'elle considère comme serbes. Elle pousse à une unification des Slaves du Sud. Pendant la dernière décennie du XIXe siècle, un conflit politique enfle en Dalmatie et en Istrie. Il oppose les défenseurs de l'union avec la Serbie aux partisans de l'indépendance, un mouvement soutenu par la bourgeoisie des villes auparavant sous tutelle vénitienne. L'Autriche tire profit de ces importantes dissensions internes pour ne rien concéder en matière d'autonomie.

Étendard du Régiment impérial hungaro-croate

LA PREMIÈRE GUERRE MONDIALE

En 1914, un nationaliste serbe assassine l'archiduc François-Ferdinand à Sarajevo. Le jeu des alliances entraîne rapidement toute l'Europe dans quatre ans de conflit qui se concluent par la dissolution de l'Empire austro-hongrois. Comme de nombreux autres peuples, les Croates ont payé un lourd tribut à la Première Guerre mondiale mais ils ont gagné la possibilité de se libérer de toute tutelle étrangère.

1860 Rétablissement du Sabor

1885 Vienne abolit les confins qui redeviennent partie intégrante de l'Etat croate

1904 Antun et Stjepan Radić fondent le Parti paysan populaire

1914 Assassinat de Sarajevo et début de la Première Guerre mondiale

1860 **1870** **1880** **1890** **1900** **1910**

1868 Naissance du royaume unifié de Croatie et Slovénie sous l'égide de François-Joseph

François-Joseph d'Autriche

1908 L'Autriche annexe la Bosnie et l'Herzégovine

1912 Slavko Cuvaj, proclamé ban, dissout le Sabor et abolit la constitution

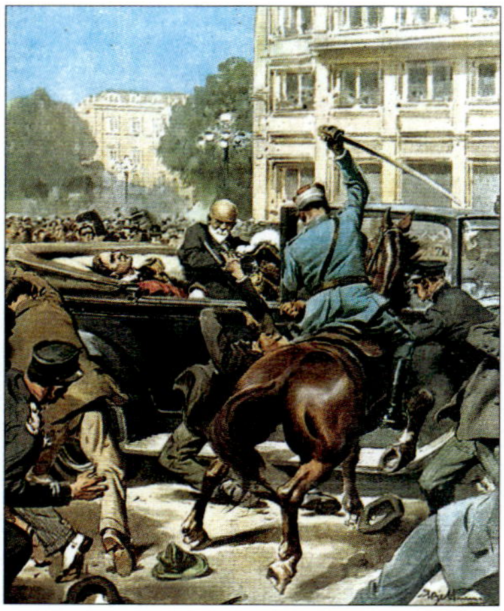

Assassinat du roi Alexandre à Marseille (1934)

DE L'ÉTAT DES SLOVÈNES, DES CROATES ET DES SERBES AU ROYAUME DE YOUGOSLAVIE

En 1918, le Sabor proclame l'indépendance du royaume de Croatie-Slavonie-Dalmatie puis son intégration à l'État des Slovènes, des Croates et des Serbes qui réunit la Slovénie, la Croatie, la Bosnie-Herzégovine et la Voïvodine. Un mois plus tard, celui-ci se fond dans le royaume des Serbes, des Croates et des Slovènes sous le sceptre de la dynastie serbe des Karađorđević. Par le traité de Rapallo, l'Italie obtient en 1920 l'Istrie, Zadar et les îles de Cres, Losinj et Lastovo. En 1924, elle s'empare de Rijeka. Les Croates accordent leurs voix au Parti populaire paysan qui s'oppose à la politique centralisatrice serbe. L'assassinat de son chef, Stjepan Radić, en pleine séance du Parlement, les pousse en 1928 à la révolte. L'année suivante, le roi Alexandre proclame la dictature et rebaptise le royaume « Yougoslavie ». Il est assassiné à Marseille en 1934 lors d'un attentat fomenté par le mouvement fasciste des Ustaše (Oustachis) dirigé par Ante Pavelić. En 1939, le pouvoir tente d'apaiser la situation en créant la Banovine de Croatie dotée d'une large autonomie. La guerre commence quelques jours plus tard.

Tito posant avec sa femme et son fils en 1927

LA SECONDE GUERRE MONDIALE

Les forces de l'Axe envahissent la Yougoslavie en 1941 et la démantèlent. L'Italie prend le contrôle de la Dalmatie et de la majeure partie de la Slovénie et de la Serbie. Un « État indépendant de Croatie » est placé sous la direction d'Ante Pavelić. Ses oustachis appliquent une politique d'oppression systématique des Serbes, des juifs, des Roms et des opposants. Le principal mouvement de résistance, animé par le Parti communiste dirigé par Josip Broz, dit Tito, rassemble plus de 100 000 hommes en 1943. Royalistes, les tchetniks serbes se livrent eux aussi à des exactions contre les autres peuples.

LE MARÉCHAL TITO

Ce sont les partisans, et non l'Armée rouge, qui libèrent le pays, et la Yougoslavie revoit le jour sous forme d'une fédération constituée des républiques de Bosnie-Herzégovine, de Croatie, de Serbie, du Monténégro, de Macédoine et de Slovénie et des régions autonomes

CHRONOLOGIE

1919 L'État des Slovènes, des Croates et des Serbes créé par le traité de Paris préfigure la Yougoslavie

1929 Le roi Alexandre Karađorđević proclame la dictature. Le Croate Ante Pavelić fonde l'organisation terroriste des oustachis

1932 Guerre civile en Yougoslavie

1934 Assassinat du roi Alexandre à Marseille. Son cousin Paul prend le pouvoir

1939-1941 Les Allemands occupent et divisent la Yougoslavie. La Croatie devient officiellement un royaume dirigé par Aimone de Savoie

1945 Création de la Fédération de Yougoslavie

1947-1948 Exode de presque tous les italophones d'Istrie et de Dalmatie

1948 La Yougoslavie rompt avec l'URSS et entame une politique de non-alignement

1920 | 1930 | 1940 | 1950 | 196

du Kosovo et de Voïvodine. Elle rompt en 1948 avec l'Union soviétique et met en œuvre un socialisme original fondé sur l'autogestion et le non-alignement. Tito, son président à vie, réussit à en préserver l'unité en réprimant toute forme de contestation. En 1971, en Croatie, un grand mouvement populaire en faveur d'une démocratisation de la société se conclut par l'emprisonnement de ses leaders, même ceux issus du Parti communiste. Nombre d'entre eux joueront un rôle clé au moment de l'indépendance.

Stipe Mesić, élu président en 2000 et 2005

LA DISSOLUTION DE LA RÉPUBLIQUE SOCIALISTE DE YOUGOSLAVIE

Tito meurt en 1980. Au sein de la fédération, après la chute du mur de Berlin (en novembre 1989) et la fin de l'Union soviétique (en décembre 1991), les nationalistes serbes cherchent à imposer leur hégémonie à l'ensemble de la Yougoslavie. Les gouvernements de Slovénie et de Croatie (sous son premier président, Franjo Tudjman) ne voient qu'une issue : obtenir l'indépendance. Après un référendum qui leur en donne les moyens légaux, ils la proclament le 25 juin 1991. L'armée yougoslave, la JNA, tente de s'y opposer. En Slovénie, elle renonce au bout de six jours et accepte un cessez-le-feu. En Croatie, elle se pose en soutien des séparatistes serbes de la Slavonie, de la Baranja et la Krajina. Elle écrase Vukovar sous les bombes, occupe un cinquième du territoire et entame une politique de « nettoyage ethnique ». Dubrovnik résiste à un long siège de sept mois.

L'ÉTAT INDÉPENDANT DE CROATIE

En 1995, au prix de deux courtes campagnes militaires, la Croatie parvient à récupérer la majeure partie de son territoire. Conformément à l'accord d'Erdut, la région de Vukovar reste sous administration internationale jusqu'en 1998. L'année 2000 marque un tournant important. Le parti nationaliste de Franjo Tudjman, la HDZ, perd les élections au profit d'une coalition de centre gauche. Le pays rejoint l'Organisation mondiale du Commerce. L'année suivante, il signe un accord de stabilisation et d'association avec l'Union européenne, puis entame en 2003 le processus d'adhésion. Les négociations marquent toutefois un temps d'arrêt quand la Croatie est accusée en 2005 de ne pas coopérer pleinement avec le Tribunal pénal international pour l'ex-Yougoslavie basé à La Haye. L'arrestation de l'ancien général Ante Govina, inculpé de crimes contre l'humanité, lève finalement les soupçons. La Croatie devrait accéder au statut de membre de l'Union européenne en 2010.

Immeubles de Vukovar bombardés pendant la guerre de 1991-1995

Monument au maréchal Tito à Kumrovec

1970 · **1980** · **1990** · **2000** · **2010**

1980 Mort de Tito. Mise en place d'une présidence collégiale

1991 La Slovénie et la Croatie quittent la fédération. L'armée yougoslave occupe une partie du territoire croate. Début de la guerre entre la Serbie et la Croatie

1995 Accord d'Erdut plaçant la Slavonie orientale sous l'administration de l'O.N.U.

1998 La Croatie retrouve son intégrité territoriale

1999 Mort de Franjo Tudjman en décembre. Le pays se démocratise lors des élections suivantes

2000 Le 7 février, Stipe Mesić devient président de la République

2005 Début des négociations d'adhésion à l'U.E.

LA CROATIE RÉGION PAR RÉGION

La Croatie d'un coup d'œil

La Croatie fascine par sa diversité, sa richesse historique et architecturale et la beauté de ses espaces naturels. Dans le Nord vallonné, les clochers à bulbe dominant les édifices baroques témoignent de l'étroitesse des liens noués avec Vienne dans le cadre de l'Empire austro-hongrois. À l'est commence la plaine hongroise aux amples cours d'eau et aux maisons protégées de la pluie par des avant-toits. L'atmosphère change de tout ou tout sur le littoral découpé et bordé de centaines d'îles. Des siècles de présence vénitienne y marquent des villes où églises, monastères et palais attestent l'éclat de la Sérénissime République à la fin du Moyen Âge et à la Renaissance.

La place Saint-Marc (p. 154-155), *dominée par une église gothique, est la plus vieille place de Zagreb au cœur du quartier de Gornji Grad.*

La basilique Euphrasienne *de Poreč* (p. 54-55) *renferme des mosaïques offrant un superbe exemple d'art religieux byzantin.*

Amphithéâtre, Pula ***(p. 62-63)***

Le parc national des lacs de Plitvice (p. 86-87) *abrite dans un écrin d'arbres seize lacs reliés par des cascades. L'ensemble ainsi formé est une merveille de la nature.*

Le parc national des îles Kornati (p. 98-99) *possède une superficie de 220 km² dans un archipel pratiquement désert où des criques et des grottes sous-marines creusent les îles. Une faune méditerranéenne exceptionnellement riche prospère dans leurs eaux limpides.*

◁ **Paysage rural typique du nord de la Croatie**

En Zagorje (p. 200-201), *à l'ouest de Varaždin, villes thermales et châteaux se nichent parmi des collines couvertes de vignobles.*

Le parc de Kopački Rit (p. 194-195) *protège une zone d'un grand intérêt ornithologique. La crue du Danube, au printemps et en été, la transforme en un vaste lac attirant plus de 200 espèces d'oiseaux.*

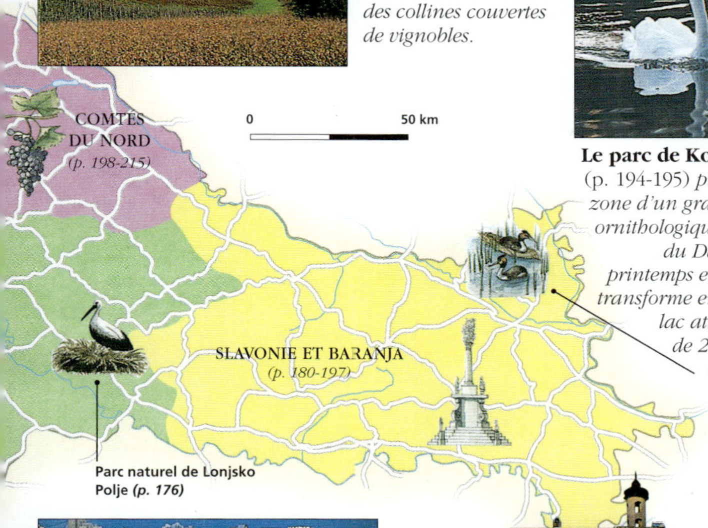

Le palais de Dioclétien de Split (p. 120-121) *remonte à la fin du IIIe siècle apr. J.-C. La cité s'est développée à l'intérieur avant d'en déborder. D'une superficie de près de 4 ha, c'est le plus vaste édifice romain de l'Adriatique.*

Le Tvrda d'Osijek (p. 192-193), *noyau fortifié d'une ville où Romains, Hongrois, Turcs et Autrichiens se sont succédé et ont laissé leur empreinte, conserve son aspect du XVIIIe siècle.*

La ville de Dubrovnik (p. 140-147) *a grandi autour de son port au sein d'une enceinte fortifiée souvent élargie depuis sa construction au Xe siècle.*

L'ISTRIE ET LE GOLFE DU KVARNER

Au nord de la mer Adriatique, la péninsule istrienne et les îles du golfe du Kvarner comptent parmi les destinations de vacances les plus appréciées d'Europe pour la beauté de leurs côtes et de villes héritières d'une riche histoire. Trois parcs nationaux protègent des sites naturels d'un charme rare : les îles Brijuni, les lacs de Plitvice et la région boisée du mont Risjnak.

Peuplée par des Illyriens depuis le début du premier millénaire av. J.-C., l'Istrie devint partie intégrante de l'Empire romain lors de la création de la province de Dalmatia en 42 av. J.-C. La fondation d'un grand nombre de ses villes, sur les îles comme sur le continent, remonte à cette époque et elles en conservent de nombreux vestiges, dont le sixième plus grand amphithéâtre romain, à Pula.

Mosaïques de la basilique Euphrasienne de Poreč

À la chute de l'empire d'Occident, les Byzantins administrèrent la région. Le plus beau monument témoin de leur présence est la basilique Euphrasienne de Poreč.

L'empreinte la plus marquante est néanmoins celle de Venise dont l'autorité s'exerça de 1420 à la dissolution de la Sérénissime République par Napoléon en 1797. La ville de Rab offre un exemple particulièrement plaisant de l'architecture de l'époque. Elle se caractérise par des campaniles élancés, d'élégantes loggias municipales et une déclinaison raffinée du style gothique.

Le traité de Vienne attribua en 1815 ces territoires vénitiens à l'Empire austro-hongrois. Les Habsbourg donnèrent sa vocation industrielle à Rijeka, qui reste le principal port de Croatie, et construisirent d'élégantes villas à Opatija pour y venir en villégiature d'hiver, préfigurant le destin touristique de cette partie du littoral.

Au sortir de la Première Guerre mondiale, le traité de Rapallo accorda l'Istrie à l'Italie. À partir de 1922, le régime fasciste s'efforça d'« italianiser » cette acquisition et exerça une politique discriminatoire contre les populations d'origine slave. Beaucoup de localités gardent de cette époque deux noms officiels, l'un croate, l'autre italien. Par crainte de représailles, de nombreux italophones choisirent l'exil après la libération de la région par les partisans du maréchal Tito, le fondateur de la république de Yougoslavie.

L'amphithéâtre romain de Pula est l'un des mieux conservés du monde

◁ Sur la côte de l'île de Rab

À la découverte de l'Istrie et du golfe du Kvarner

La péninsule istrienne a la forme d'un triangle que l'on divise traditionnellement en trois aires. L'Istrie blanche est un plateau karstique continental aux rares zones de verdure constituées de chênes, de pins et de frênes. L'Istrie grise est une bande de calcaire érodé au sol fertile planté de vignes et d'oliviers. L'Istrie rouge, creusée par les cours de la Mirna et de la Rasa, se prête aux cultures maraîchères et céréalières. Les destinations les plus populaires comprennent Poreč, Rovinj, Pula et le parc national de Brijuni. Le littoral du golfe du Kvarner s'étend de Rijeka à Jablanac au sud. Des forêts couvrent la majeure partie de l'arrière-pays qui renferme les parcs nationaux de Risjnak et les lacs de Plitvice. Une mer cristalline baigne les îles de Krk, Cres, Losinj et Rab. Les villes gardent un aspect très italien.

La cathédrale Sainte-Marie-Majeure sur l'île de Rab

CIRCULER

Les routes sont bonnes et des autoroutes relient désormais Rijeka à Zagreb et Pula à la frontière slovène. Des ferry-boats permettent de rejoindre en voiture les plus grandes îles. Les navettes sont fréquentes en été. Il existe une liaison en autocar entre Trieste et Pula et des bus desservent toutes les villes les plus importantes. Les trains en provenance de Zagreb s'arrêtent à Rijeka où sont disponibles des correspondances pour le Sud.

Légende des symboles *voir dernier rabat*

D'UN COUP D'ŒIL

CARTE DE SITUATION

LÉGENDE

- Autoroute gratuite
- Route principale
- Route secondaire
- Autoroute en construction
- Voie ferrée
- Frontière de comté
- Frontière internationale
- Ligne de ferry-boat
- Point culminant

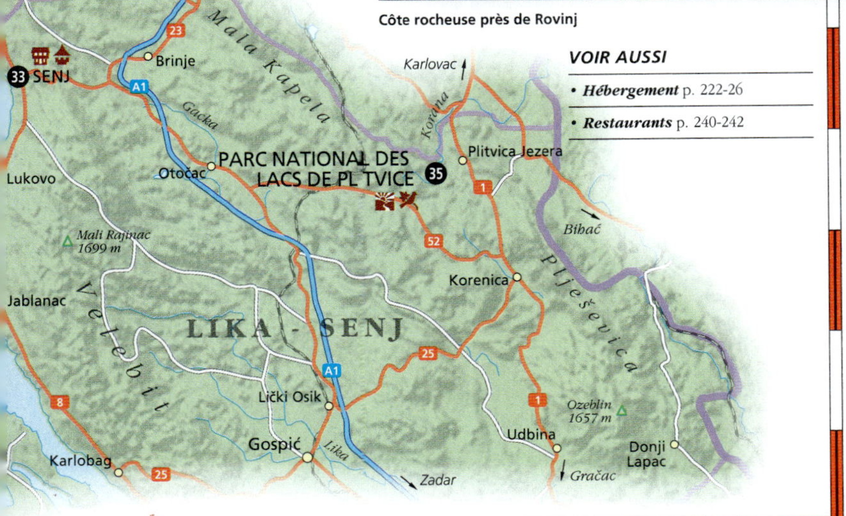

Côte rocheuse près de Rovinj

VOIR AUSSI

- ***Hébergement*** p. 222-26
- ***Restaurants*** p. 240-242

Façade de l'église Saint-Servule, Buje

Buje (Buie) ❶

Plan A2. *3 200.* *Pula, 70 km au sud.* *depuis Pula, Rijeka, Kopar, Trieste.* *Istarska 2, (052) 773 353.* *Chevaliers de Kanegra (août), Fête du raisin (sept.).* **www**.tzg-buje.hr

L'ancienne colonie romaine de Bullea se perche sur une colline isolée au milieu de vignobles florissants. Le village féodal franc fut ensuite intégré au patriarcat d'Aquileia en 1102 et passa sous contrôle vénitien en 1410.

Le bourg obéit toujours à son plan médiéval et conserve le contour des remparts de sa forteresse. Ses ruelles étroites conduisent à la grand-place dominée par l'église **Saint-Servule** (Sv. Servul) et son clocher datant de la période d'Aquileia. Construit au XVIe siècle, le sanctuaire occupe l'emplacement d'un temple romain dont subsistent quelques colonnes.

Le mobilier intérieur comprend des statues en bois des XIVe et XVe siècles (*Vierge à l'enfant* et *Sainte Barbe*), des sculptures par Giovanni Marchiori représentant saint Servule et saint Sébastien (1737) et des orgues de Gaetano Callido (1725-1813).

Un palais vénitien gothique du XVe siècle et une loggia du XVIe siècle à la façade ornée de fresques bordent aussi la place. Hors les murs, l'église **Sainte-Marie** (Sv. Marija) du XVe siècle abrite une Vierge en bois et une *Pietà* de la même période, ainsi que des peintures de scènes bibliques exécutées par Gasparo della Vecchia au début du XVIIIe siècle.

Le **musée de la Ville** renferme une intéressante collection d'objets fabriqués par des artisans locaux.

Musée de la Ville
Trg Josipa Broza Tita 6. ***Tél.*** *(052) 772 023.* *juin-sept. : lun., mer., ven. 16h.-20h ; mar., jeu., sam. 9h-13h ; oct.-mai : sur r.-v.*

Aux environs

À 8 km au sud-est de Buje, le bourg médiéval de **Grožnjan** (Grisignana) occupe le sommet d'une colline.

Les Vénitiens l'achetèrent en 1358 au baron Reiffenberg et depuis, il a toujours été le centre administratif et militaire de la région. Une tour, quelques fragments de remparts et deux portes sont les vestiges des fortifications.

À l'intérieur des murs, une loggia du XVIe siècle borde la grand-place où l'église baroque Saints-Vitus-et-Modeste abrite de splendides autels et un chœur en marbre.

Polyptyque du XVe siècle, église Sainte-Marie, Umag

Abandonné par ses habitants, presque tous italiens, après la Seconde Guerre mondiale, Grožnjan se vit attribuer le statut de « cité d'artistes » en 1965. Des créateurs contemporains continuent aujourd'hui de travailler et d'exposer dans divers ateliers et galeries. En été, un festival international de musique *(p. 24-25)* s'y déroule.

Umag (Umago) ❷

Plan A2. *4 900.* *Pula, 83 km.* *Kolodvorska ulica, (052) 741 817.* *Trgovačka 2, (052) 741 363.* *Fête de saint Pèlerin (der. dim. de mai), tournoi international de tennis (fin juil.), concerts en été.* **www**.istra.com/umag

Cette petite ville s'étend sur une étroite péninsule fermant une anse. Fondée par les Romains sous le nom d'Umacus, elle passa aux mains des Vénitiens en 1268 et devint un port suffisamment important pour être protégé au XIVe siècle par des fortifications dont subsistent des pans de remparts et des tours. De nombreuses maisons, certaines parées de fenêtres gothiques, datent des XVe et XVIe siècles.

L'église **Sainte-Marie** (Sv. Marija) du XVIIIe siècle conserve, sur le mur extérieur gauche, un relief montrant saint Pèlerin et Umag fortifé. Un polyptyque de l'école vénitienne (XVe siècle) orne l'intérieur.

Station balnéaire animée possédant de nombreux hôtels, Umag accueille aussi d'importants tournois de tennis.

Fragment de remparts et port d'Umag

Bateaux de pêche dans le port de Poreč

Novigrad (Cittanova) ❸

Plan A2. *2 500.* *Pula, 60 km.* *Pazin, 41 km.* *(052) 757 660.* *Porporella 1, (052) 757 075, (052) 758 011.* *Festival de jazz (août), fête patronale de la Saint-Pélage (der. week-end d'août).*

La colonie grecque fondée sur une presqu'île à l'embouchure de la Mirna prit le nom d'Aemonia quand elle devint romaine. Baptisée « Villeneuve » (Neopolis) quand elle fut agrandie à l'époque byzantine (VIe siècle), elle resta un siège épiscopal du début du Moyen Âge jusqu'en 1831. Les Vénitiens en prirent le contrôle en 1277 et utilisèrent les chênes de la forêt de Motovun pour la construction de leurs navires.

Malgré son enceinte fortifiée élevée au XIIIe siècle, Novigrad ne put résister, en 1687, à une attaque turque qui la laissa partiellement ravagée et détruisit de nombreuses œuvres d'art.

Dans les ruelles qui mènent à la grand-place (Trg Slobode), où se dresse une loggia du XVIIIe siècle, les façades des maisons ont conservé des traits évoquant sa période vénitienne. La basilique **Saint-Pélage** (Sv. Pelagij) a été reconstruite au XVIe siècle dans le style baroque mais sa crypte du XIe siècle rappelle les origines romanes. Le sanctuaire renferme des peintures de l'école vénitienne datant du XVIIIe siècle. Le musée installé dans le palais Urizzi présente des vestiges romains et médiévaux.

Poreč (Parenzo) ❹

Plan A2. *7 600.* *Pula, 53 km.* *Pazin, 32 km.* *Ulica K Huguesa 2, (052) 432 153.* **local** *Zagrebačka 9, (052) 451 458 ;* **régional** *Pionirska 1, (052) 452 797.* *Saison de musique classique (à la basilique Euphrasienne) et festival de jazz (les deux en juil.-août).* **www.**istra.com/porec

Poreč tire ses origines de la Colonia Julia Parentium qui, après des siècles de prospérité, tomba en déclin après son saccage par les Goths. Les Byzantins la conquirent en 539 et y fondèrent un évêché vers l'an 800. La ville fut ensuite intégrée au royaume des Francs qui la cédèrent au patriarcat d'Aquileia. En 1267, elle fut la première en Istrie à se ranger sous la bannière de Venise et ses palais, ses places et ses édifices religieux lui donnent toujours un visage italien.

Les Génois la détruisirent en 1354, puis la peste, les pirates et une longue guerre réduisirent considérablement sa population. Sous domination autrichienne, elle devint le siège de la Diète (parlement) d'Istrie et un important chantier naval.

Le centre ancien s'étend sur une étroite péninsule protégée par des récifs et l'île Saint-Nicolas. Malgré son succès touristique, il est resté intact et vaut à Poreč de remporter régulièrement le concours annuel de « la ville la mieux entretenue ». Il a gardé le plan de l'ancienne colonie romaine avec deux axes principaux, le Decumanus et le Cardo, qui se coupent à angle droit. Ils renferment les principaux monuments.

Des maisons gothiques bordent le Decumanus. À son extrémité orientale, le palais Sinčić baroque (XVIIe s.) abrite le **Musée régional** (Zavičajni Muzej Poretine) qui renferme des pièces archéologiques de l'époque romaine et du début du christianisme et comporte une section illustrant la vie quotidienne dans la région. Non loin, dans la rue Saint-Maurus (Sv. Mauro), la maison des Deux Saints à la façade ornée de reliefs romans est l'unique vestige de l'abbaye Saint-Cassius (XIIe s.). À l'ouest, le Decumanus mène à Trg Marafor, l'ancien forum où voisinent des ruines de temples romains et des maisons des XIIe et XIIIe siècles.

Bas-relief, Musée régional de Poreč

Au nord de la place se dresse l'église Saint-François (Sv. Franc, XIIe-XIVe s.) remaniée à l'époque baroque. À l'est, la résidence des chanoines possède une élégante façade romane. Sur la gauche, un passage conduit à la basilique Euphrasienne renommée pour ses somptueuses mosaïques byzantines *(p. 54-55).*

Musée régional

Sinčić Palace, Dekumanska 9.
Tél. *(052) 431 585.* *juin-sept. : t.l.j. 10h-13h, 18h-21h ; oct.-mai : sur r.-v.*

Fenêtres trilobées typiques du gothique vénitien, Poreč

Poreč: la basilique Euphrasienne

Eufrazijeva Bazilika

Mosaïque de l'abside

Ce splendide monument byzantin renferme dans l'abside un ensemble exceptionnel de mosaïques à fond d'or. Construit entre 539 et 553 par l'évêque Euphrasius, il occupe l'emplacement d'un oratoire du IVe siècle dédié à saint Maurus Martyr, le premier évêque de Poreč. Des fragments du pavement sont encore visibles. Maintes fois remaniée au fil des siècles, la basilique Euphrasienne appartient depuis 1997 au Patrimoine mondial de l'humanité de l'Unesco. Elle accueille des concerts classiques de mai à septembre.

★ Baldaquin

Des mosaïques représentant l'Annonciation décorent le baldaquin du XIIIe siècle dominant l'autel au sommet de quatre colonnes de marbre.

★ Mosaïques de l'abside

Des mosaïques du VIe siècle couvrent l'abside. Sur l'arc triomphal, les apôtres entourent le Christ (ci-dessus).La Vierge apparaît à la voûte entre deux anges. À sa droite, Euphrasius porte une maquette de la basilique entre le diacre Claudius et son fils et saint Maurus.

Des vestiges de la mosaïque du sol de l'oratoire du IVe siècle se trouvent dans le jardin.

Sacristie et chapelle votive

Au-delà du mur gauche de la sacristie, une chapelle à trois absides abrite les reliques des saints Maurus et Eleuthère. La mosaïque du sol date du VIe siècle.

À NE PAS MANQUER

- ★ Mosaïques
- ★ Baldaquin

Intérieur
L'entrée ouvre sur une large basilique à trois nefs. Les 18 colonnes en marbre grec, toutes marquées du monogramme d'Euphrasius, possèdent des chapiteaux sculptés, certains byzantins, d'autres romans.

MODE D'EMPLOI

Eufrazijeva. ***Tél.*** *(052) 451 711.*
juin-août : t.l.j. 9h-19h ; avr.-mai, sept.-nov. : 10h-14h.

Baptistère
Ce bâtiments octogonal du VIe siècle conserve des vestiges des fonts baptismaux d'origine. Derrière s'élève un clocher du XVIe siècle.

Atrium
Entre l'église et le baptistère, cet espace ouvert bordé de colonnades renferme des tombes et des découvertes archéologiques datant de la période médiévale.

Le palais épiscopal a conservé au rez-de-chaussée sa vaste salle d'audience datant du VIe siècle. Il abrite des peintures d'Antonio da Bassano et Palma le Jeune et un polyptyque par Antonio Vivarini.

Église Saint-Antoine de Vrsar construite au XVIIe siècle

Vrsar (Orsera) ❺

Plan A3. *1 700. Pula, 41 km. Pazin, 42 km. Rade Končara 46, (052) 441 187. Exposition internationale de sculpture, carrière Montraker (été) ; concerts de musique classique (été).* **www**.istra.com/vrsar

Les vestiges d'une villa, une carrière et les fondations d'un bâtiment paléochrétien témoignent des origines romaines de Vrsar. Dans des documents antérieurs à l'an 1000, le village apparaît comme un fief de l'évêque de Poreč qui y possédait une résidence d'été fortifiée. En 1172, la localité passa sous autorité vénitienne.

Il ne reste presque rien de son enceinte fortifiée et de ses tours en dehors de la porte de la Mer. Près de celle-ci, sur le port, l'**église Sainte-Marie** (Sv. Marija), élevée au Xe siècle, compte parmi les plus intéressants monuments romans d'Istrie. Elle conserve des fresques très anciennes et un pavement en mosaïque aux motifs floraux.

Au sommet du quartier historique se dresse le **château Vergotini** construit entre le XIVe et le XVIIIe siècle à partir du palais épiscopal roman. Près d'une petite porte romane percée dans les anciens remparts, un élégant portique précède la petite **église Saint-Antoine.** Bâtie en 1656, elle associe des éléments Renaissance et baroques.

Aux environs

À la sortie de Vrsar, **Koversada** est le plus grand camp naturiste d'Europe. Au sud de Vrsar, vers Rovinj, une réserve marine protège désormais le **canal de Lim** long de 9 km et large de 600 m. Depuis le néolithique, les grottes qui s'ouvrent dans ses rives abruptes servent par intermittence d'abri. Saint Romuald, le fondateur du monastère Saint-Michel près de Klostar, vécut en ermite dans l'une d'elles au début du XIe siècle. Le bras de mer aux eaux d'une grande pureté renferme des parcs à huîtres et à moules qui alimentent de nombreux restaurants.

Pêcheurs sur le canal de Lim

Rovinj (Rovigno) ❻

Plan A3. *13 000. Pula, 49 km. Pula. Trg na Lokvi, (052) 811 514, 811 453. Obala P Budicina 12, (052) 811 566. Grisia, exposition internationale d'art (2e dim. d'août) ; fête patronale de la Sainte-Euphémie (16 sept.).* **www**.istra.com/rovinj

Port fondé par les Romains sur une île dont le chenal qui la séparait de la terre fut comblé en 1763, Rovinj passa sous le contrôle des Byzantins puis des Francs avant de devenir vénitienne de 1283 à 1797. Elle conserve quelques traces de ses fortifications médiévales.

Sur la place qui s'étend devant le quai, l'arc de Balbi baroque (1680) marque l'emplacement d'une ancienne porte d'enceinte. Il arbore le lion de Venise, à l'instar de la tour de l'horloge datant de la fin de la Renaissance. Dans une loggia de 1680, le **musée de la Ville** présente des peintures de l'école vénitienne du XVIIIe siècle et des œuvres modernes d'artistes croates.

Des édifices baroques et Renaissance bordent les rues qui partent de la place. La **cathédrale Sainte-Euphémie** (Sv. Eufemije) domine la vieille ville. Bâtie en 1736 sur le site d'un sanctuaire médiéval, elle possède au maître-autel un beau retable baroque en marbre. L'abside de la nef droite renferme le sarcophage antique dans lequel les reliques de la sainte auraient miraculeusement traversé la Méditerranée. Haut de 61 m, le clocher adjacent s'inspire du campanile de la place Saint-Marc de Venise. À son sommet, une effigie de sainte Euphémie fait office de girouette.

À l'est de la ville, le **baptistère de la Sainte-Trinité** (Sv. Trojstvo) remonte au XIIIe siècle.

Sur le front de mer, l'institut de Biologie marine fondé à la fin du XIXe siècle possède un petit aquarium. Non loin, l'île Rouge (Crveni otok) est en fait formée de deux îlots reliés par une digue.

Au sud de Rovinj, cèdres, pins et cyprès agrémentent le parc de Zlatni Rt.

Musée de la Ville
Trg M Tita 11. ***Tél.*** *(052) 816 720, 830 650. été : lun.-sam. 9h-12h, 19h-22h ; hiver : mar.-ven., dim. 9h-13h.*

Port de Rovinj dominé par la cathédrale

Église Sainte-Élisabeth dans les murs de Bale

Bale (Valle) 7

Plan A3. 900. *Pula, 28 km.* *Pula, 25 km.* *Trg palih Boraca.* *Trg palih Boraca 3, (052) 824 270, (052) 824 303.* *Nuit de Bale, Baljanska Noć (1er dim. d'août) ; Castrum Vallis, exposition d'art (juil. et août).*

La position dominante offerte par le sommet d'une colline calcaire séduisit les Illyriens qui y édifièrent un fort, puis les Romains dont le Castrum Vallis fut restauré quand la région devint un fief soumis au patriarcat d'Aquileia. Sous l'autorité des Vénitiens, à partir de 1332, la citadelle s'étendit et acquit sa disposition actuelle, avec des maisons formant deux rangs parallèles à l'intérieur d'une enceinte elliptique jalonnée de tours. Les bâtiments intéressants comprennent le tribunal de style gothique vénitien au portique orné d'armoiries, la loggia et le **château** gothico-Renaissance, une résidence de la famille Soardo Bembo bâtie au XVe siècle. Sous l'une de ses deux tours latérales s'ouvre une porte menant à la vieille ville.

L'église **Sainte-Élisabeth** (Sv. Elizabete) d'origine romane connut une première reconstruction au XVIe siècle, puis une autre au XIXe. Son mobilier comprend un crucifix roman, un sarcophage qui remonterait au XIIIe siècle, un polyptyque et, dans la crypte, un autel en marbre Renaissance. Bale possède deux autres églises, l'une consacrée à saint Antoine et datant du XIVe siècle, l'autre édifiée au XVe siècle et dédiée au Saint-Esprit.

Vodnjan (Dignano) 8

Plan A3. 3 700. *Pula, 11 km.* *Ulica Željeznička, (052) 511 538.* *Narodni trg 3, (052) 511 700, 511 672.* *Bumbari, fête en costumes baptisée d'après le nom que se donnent les habitants de la ville (août).*

Vignobles et oliveraies entourent ce bourg situé sur une colline. Vodnjan fut d'abord un fort illyrien auquel succéda la garnison romaine de Vicus Atinianus.

Vodnjan resta sous l'autorité de la Sérénissime République de 1331 à 1797 et le quartier ancien conserve des édifices de style gothique vénitien, dont le palais Bettica. Dominée par un haut campanile, l'**église Saint-Blaise** (Sv. Blaz) renferme un bel ensemble de statues et environ 20 peintures datant du XVIIe au XIXe siècle, ainsi qu'une *Cène* (1598) par G. Contarini et une *Rencontre de saints* attribuée à Palma le Vieux (v. 1480-1528).

Une collection d'art sacré occupe sept salles. Ses 730 pièces comprennent des habits liturgiques, des reliquaires en porcelaine et en argent, des sculptures, des peintures et un polyptyque par Paolo Veneziano de 1351 : *Portrait du bienheureux Leon Bembo*. Objets d'une fervente vénération, six momies de saints surprennent par leur état de conservation.

Saint-Blaise
Trg Zagreb. ***Tél.*** *(052) 511 420.* *t.l.j. 9h-19h.* **Collection d'art sacré** ***Tél.*** *(052) 511 420.* *juin.-sept. : t.l.j. 9h-19h ; oct.-mai sur r.-v.*

Fažana (Fasana) 9

Plan A3. 2 800. *Pula, 8 km.* *Vodnjan, 5 km.* *pour les îles Brijuni.* *Riva 2, (052) 383 727.* **www**.fazana.hr

Ce petit village de pêcheurs au quai bordé de terrasses de café est surtout connu comme point d'embarquement pour le parc national des îles Brijuni *(p. 58-59)*, origine d'un flux de visiteurs qui a nourri son développement et sa modernisation. Son nom antique, Vasianum, rappelle qu'à l'époque romaine, il avait pour spécialité la production d'amphores d'huile et de vin. Flanquée d'un sobre campanile de sept étages, l'**église Saints-Côme-et-Damien** (Sv. Kuzma i Damjan) fait face à la mer. Elle a connu de nombreux remaniements depuis sa fondation au XIe siècle. Elle renferme une *Cène* (1578) par Jurai Ventura et, dans la sacristie, les vestiges de fresques exécutées aux XVe et XVIe siècles par des peintres italiens venus du Frioul.

Notre-Dame-du-Carmel, bâtie au XIVe siècle, conserve des fresques gothiques, œuvres d'un artiste anonyme, et un portique du XVIIe siècle. **Saint-Elys,** à côté, se distingue par son aspect byzantin avec son portail en pierre et ses fenêtres aux arcatures aveugles. L'édifice actuel date des VIIIe-IXe siècles mais ses origines remontent au VIe siècle.

Façade de l'église Saints-Côme-et-Damien de Fažana

Le parc national de Brijuni ⑩

Nacionalni Park Brijuni

L'archipel de Brijuni, composé de 14 îles, est un parc national depuis 1983. Les visiteurs ne peuvent accéder qu'aux deux îles les plus vastes, Veli Brijun et Mali Brijun, habitées depuis le paléolithique. Apprécié des Romains qui y bâtirent de somptueuses villas, Brijuni abrita également des communautés religieuses. Les îles furent abandonnées en 1332 à cause de la malaria, mais l'exploitation de leurs carrières reprit le siècle suivant. C'est un industriel tyrolien, Paul Kupelwieser, qui entreprit la mise en valeur de l'archipel après l'avoir acquis en 1893. Le maréchal Tito y établit sa résidence d'été favorite, celle où il aimait recevoir les chefs d'État étrangers.

Le fort de Mali Brijun, bâti par les Autrichiens, date de la fin du XIXe siècle.

Vue aérienne des îles Brijuni
Couvertes d'une dense végétation, les îles sont pratiquement vierges de toute construction.

Safari park
Ce petit zoo conserve les derniers animaux exotiques offerts à Tito par les chefs d'État en visite.

Animaux indigènes
Sur les îles prospèrent de nombreuses espèces locales : daims, mouflons, chevreuils, lièvres, paons et environ 200 oiseaux sauvages différents.

LÉGENDE

- Route
- Embarcadère
- Train électrique
- Informations touristiques
- Site archéologique

Hôtels et restaurants de la région p. 222-226 et p. 240-242

Arbres anciens
Des centaines d'espèces végétales de tous horizons furent acclimatées sur les îles. Certains arbres, tel un olivier plus que millénaire, sont considérés comme des monuments vivants.

MODE D'EMPLOI

Plan A3. *depuis Fažana.* **Parc national de Brijuni** *(052) 525 883; 525 882. Particuliers et groupes doivent s'inscrire à une excursion qui comprend la traversée. On peut louer des bicyclettes.* *en permanence, mais accès limité par les horaires des traversées.* ***Tél.*** *(052) 521 880.* **www**.np-brijuni.hr

Villa romaine
Des fouilles ont mis au jour les fondations d'une vaste résidence antique et des vestiges de ses thermes. Des mosaïques décorent une grande salle où la famille se réunissait pour les banquets et les cérémonies.

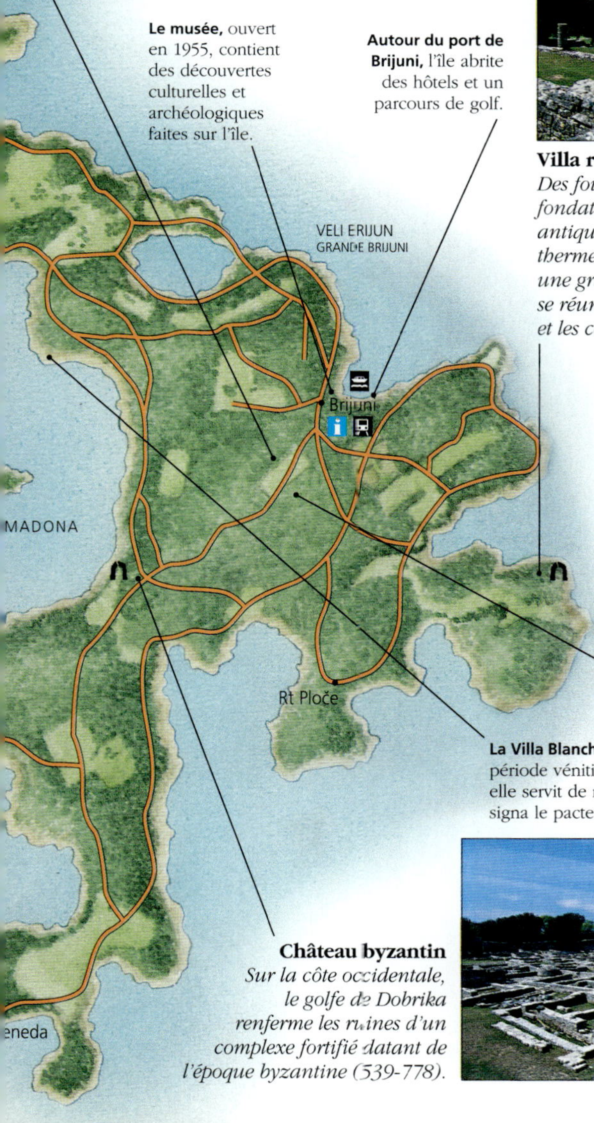

Le musée, ouvert en 1955, contient des découvertes culturelles et archéologiques faites sur l'île.

Autour du port de Brijuni, l'île abrite des hôtels et un parcours de golf.

La forteresse Tegetthoff est en ruine. Les Autrichiens l'édifièrent au XIXe siècle.

La Villa Blanche (Bijela Vila) date de la période vénitienne. Restaurée en 1721, elle servit de résidence d'été à Tito qui y signa le pacte des pays non-alignés en 1956.

Château byzantin
Sur la côte occidentale, le golfe de Dobrika renferme les ruines d'un complexe fortifié datant de l'époque byzantine (539-778).

Pula (Pola) ⓫

Vase, Musée archéologique

Pula doit sa renommée à la beauté des monuments romains que lui a laissés la colonie de Pietas Julia. La cité devint un siège épiscopal en 425 et conserve les fondations d'édifices religieux du Ve siècle. Après avoir été détruite par les Ostrogoths, elle retrouva la prospérité en devenant la principale base de la flotte byzantine aux VIe et VIIe siècles ; la cathédrale et la chapelle Sainte-Marie Formose datent de cette époque. Un long déclin suivit sa soumission à l'autorité de Venise en 1334 ; elle ne comptait plus que 300 habitants au XVIIe siècle. Le salut vint de l'Autriche-Hongrie qui en fit une escale de la flotte impériale et une station de villégiature. Pula est aujourd'hui une ville universitaire et, avec Pazin *(p. 64-65)*, le pôle administratif de l'Istrie.

Arc des Sergii, Ier siècle apr. J.-C.

Arc des Sergii
Slavoluk obitelji Sergijevaca

Ulica Sergijevaca.

D'élégants reliefs décorent cet arc de triomphe érigé au Ier siècle apr. J.-C. sur l'ordre de Salvia Postuma Sergia pour rendre hommage à trois membres de sa famille qui avait occupé d'importantes positions au sein de l'Empire romain, dont un tribun qui avait pris part à la bataille d'Actium en 31 apr. J.-C.

Le bar voisin porte le nom d'Uliks (Ulysse) en mémoire de James Joyce qui habita Pula pendant six mois en 1904.

Chapelle Sainte-Marie Formose
Kapela Marije Formoze

Maksimilijanova ulica. *au public.*

Vestige d'une vaste basilique byzantine du VIe siècle, ce petit sanctuaire au plan en croix grecque abritait des mosaïques dont on peut voir un fragment au Musée archéologique.

Église Saint-François
Sv. Frane

Ulica Sv. Frane. *juin-sept. : 10h-13h, 16h-20h, oct.-mai : pour la messe.*

Construite en même temps que le monastère adjacent, à la fin du XIIIe siècle, cette église en pierre blanche possède un gracieux porche roman et une rosace gothique. La nef unique à triple abside abrite au maître-autel un polyptyque en bois de l'école émilienne exécuté à la fin du XVe siècle. De l'intérieur, on accède au cloître où sont exposées des sculptures datant de la Rome impériale.

Temple d'Auguste
Augustov hram

Forum. ***Tél.*** *(052) 218 603. juin-sept. : lun.-ven. 8h-21h, sam.-dim. 9h-15h, oct.-mai : sur r.-v.*

Près de l'hôtel de ville sur la place qui occupe l'emplacement du forum romain, ce petit temple du Ier siècle possède une sobre élégance avec son portique soutenu par six hautes colonnes aux chapiteaux corinthiens.

Le temple d'Auguste dominait jadis le forum de Pietas Julia

L'intérieur de la cathédrale conjugue des styles différents

Cathédrale
Katedrala

Obala Maršala Tita. *10h-13h, 16h-20h ; sept.-mai : pour la messe.*

Consacrée à la Vierge, la cathédrale entreprise au VIe siècle, quand Pula devint le siège d'un évêché, fut agrandie au Xe siècle et prit son aspect actuel au XVIIe siècle. Elle conserve du sanctuaire originel des fragments de murs et de pavements en mosaïque, ainsi que des chapiteaux et des fenêtres. Sa façade Renaissance incorpore un portail, à droite, datant de 1456. Des blocs de pierre provenant de l'amphithéâtre ont servi à la construction du clocher en 1707.

Église Saint-Nicolas
Sv. Nikola

Castropola. *sur r.-v. (052) 212 987 (office du tourisme).*

Partiellement reconstruite au Xe siècle, cette église du VIe siècle fut confiée à la fin du XVe siècle à la communauté orthodoxe et elle renferme de belles icônes des XVe et XVIe siècles.

Château et Musée historique d'Istrie
Povijesni Muzej Istre

Kaštel. ***Tél.*** *(052) 211 740. juin-sept. : t.l.j. 8h-21h ; oct.-mai t.l.j. 9h-17h.*

Près des ruines d'un théâtre du IIe siècle, la forteresse

Hôtels et restaurants de la région p. 222-226 et p. 240-242

construite par les Vénitiens au XVIe siècle se dresse à l'emplacement du Capitole, le temple principal à l'époque romaine. Les chemins de ronde entre les quatre bastions d'angle ménagent un large panorama. Les bâtiments abritent les collections assez pauvres du Musée historique d'Istrie.

Musée archéologique d'Istrie

Arheološki Muzej Istre

Carrarina 3. ***Tél.*** *(052) 218 603. juin-sept. : t.l.j. 8h-21h ; oct.-mai : lun.-sam. 8h30-16h30.*

Dans un parc accessible par la porte Double, ce musée occupe l'ancienne école allemande. Il présente des pièces trouvées à Pula et aux environs. Elles couvrent une période allant de la préhistoire au Moyen Âge.

Le rez-de-chaussée renferme des monuments funéraires et deux salles consacrées à l'époque paléochrétienne. Les collections préhistoriques du premier étage illustrent les 1000 ans d'occupation du site de Nesactium (Vižače).

Trois salles du deuxième étage sont dédiées à l'époque romaine. Les deux salles évoquant l'Antiquité tardive et le haut Moyen Âge abritent des tombeaux slaves datant du VIIe au XIIe siècle.

Statue du Musée archéologique

Porte Double

Dvojna vrata

Carrarina.

Une frise ouvragée décore ce monument à deux arcs datant des IIe-IIIe siècles. Non loin subsistent des pans de l'ancienne enceinte fortifiée.

MODE D'EMPLOI

Plan A3. *62 500.*
8 km, (052) 530 111.
(052) 211 878.
(052) 541 982. *Sijanska Cesta 4, (052) 500 012.*
office du tourisme, *Forum 3, (052) 212 987.* *Opéra de Pula, amphithéâtre (été), Festival du film croate (été).*
www.pulainfo.hr

Porte d'Hercule

Herculova vrata

Carrarina.

Au sud du Musée archéologique, cette porte à arche simple date du milieu du Ier siècle av. J.-C. et constitue le monument antique le plus ancien et le mieux conservé de la ville. Elle doit son nom au visage barbu sculpté à son sommet.

Amphithéâtre

Voir p. 62-63.

L'amphithéâtre de Pula

Amfiteatar

L'arène elliptique de Pula compte parmi les six plus grands amphithéâtres romains encore debout. Entreprise par Claudius, elle fut agrandie par Flavien en 79 pour l'organisation de combats de gladiateurs. Dotée d'une vingtaine d'entrées, elle pouvait recevoir 23 000 spectateurs. Elle est restée intacte jusqu'au XVe siècle où une partie des pierres servit à la construction du château et d'autres édifices de la ville. Le général Marmont, gouverneur français des Provinces Illyriennes, entreprit sa restauration, reprise récemment pour adapter le site à l'accueil de spectacles. Quelque 5 000 personnes peuvent y assister à un festival annuel de cinéma ainsi qu'à des spectacles allant de l'opéra au rock.

Vue de l'amphithéâtre aujourd'hui

Tours
Quatre tours abritaient les escaliers menant aux étages supérieurs de gradins et portaient probablement les supports d'un dais. Leurs toits recueillaient l'eau parfumée pulvérisée pour rafraîchir les spectateurs.

Mur de l'amphithéâtre
Construite à flanc de colline, l'arène possède un mur extérieur bien conservé et haut de trois étages côté mer, contre seulement deux à l'opposé. À son point le plus élevé, il mesure 29,40 m.

Intérieur de l'amphithéâtre
À leur achèvement, les rangs de gradins pouvaient accueillir 23 000 personnes. Les spectacles organisés comprenaient des batailles navales. On vient aujourd'hui assister en été à des opéras et les pièces de théâtre.

MODE D'EMPLOI

Flavijevska ulica. ***Tél.*** *(052) 219 028.* ◯ *été : t.l.j. 8h-21h ; hiver : 8h-17h.* 🎫 ♿ *accès limité.*

Les multiples couloirs menant aux places facilitaient les déplacements des spectateurs.

RECONSTITUTION

Une rambarde métallique entourait à l'origine l'ellipse longue de 68 m et large de 41 m où se déroulaient les combats. Entre cette clôture et les premiers rangs de spectateurs, un espace de trois mètres était réservé aux garçons de piste. Sous le sol de l'arène, le long de l'axe principal, des couloirs souterrains servaient aux déplacements des gladiateurs. C'était également là que se trouvaient les cages des bêtes sauvages.

La tour sud-ouest est aujourd'hui une entrée.

Arcs
72 arcs percent les deux premiers étages, le troisième possédant 64 fenêtres rectangulaires. Ces ouvertures éclairaient les couloirs utilisés par les spectateurs pour se déplacer à l'intérieur de l'amphithéâtre.

Sous-sol
Une exposition archéologique, dans les passages souterrains, évoque la culture de la vigne et de l'olivier à l'époque romaine.

Barban ⓬

Plan B3. *250.* *Pula, 28 km.* *Pula.* *depuis Pula.* **régional :** *Pionirska 1, Poreč, (052) 452 797.* *Trka na prstenac, Tournoi de l'anneau (août).*

Commune libre à la fin du Moyen Âge, Barban passa en 1334 sous le contrôle du comté de Pazin puis sous celui de Venise de 1420 à 1797. La famille Loredan se vit confier le sort de la ville en 1535 et de nombreux édifices prirent alors l'aspect vénitien que l'on peut voir aujourd'hui. Les fortifications médiévales qui ont en partie subsisté incorporent plusieurs bâtiments Renaissance.

Église de l'Annonciation, Svetvinčenat

La Grande Porte (Vela Vrata) conduit à la place où se dresse l'**église Saint-Nicolas** (Sv. Nikola). Elle abrite cinq autels gothiques en marbre et de nombreuses peintures vénitiennes du XVIe au XVIIIe siècle, dont une attribuée à Padovanino (1548-1649). La place renferme également le palais Loredan datant de 1606 et, vers la Petite Porte (Hala Vrata), l'hôtel de ville construit en 1555. Une loggia et une tour de l'horloge le rendent aisément identifiable.

À l'extérieur de la Grande Porte, des fresques du XVe siècle décorent l'**église Saint-Antoine** (Sv. Antun). Depuis 1970, le Tournoi de l'anneau réunit de nouveau chaque année des lanciers à cheval.

Saint-Nicolas
Tél. *(052) 567 173.* *sur r.-v.*

Svetvinčenat ⓭

Plan A3. *300.* *Pazin.* *depuis Pula.* **local :** *Svetvinčenat 96, (052) 560 005.* **régional :** *Pionirska 1, Poreč, (052) 452 797.* **www**.svetvincenat.hr

Ce village fortifié s'est développé à partir du Xe siècle autour d'une abbaye bénédictine fondée sur une petite colline. Il renferme l'une des plus belles places Renaissance d'Istrie. L'église de l'Annonciation, du XVe siècle, la borde à l'est. Elle abrite deux peintures de Palma le Jeune et une *Annonciation* par Giuseppe Salviati.

De part et d'autre se font face la loggia municipale et le **château,** l'un des mieux conservés de la région. Construit au XIIIe siècle, il appartint aux familles vénitiennes des Castropola, puis des Morosini, avant de devenir la propriété des Grimani. L'architecte Scamozzi dirigea en 1589 la transformation des tours de plan carré, l'une en résidence pour les gouverneurs vénitiens, l'autre en prison. Les hauts murs les reliant aux deux autres tours, de plan circulaire, entourent une grande cour intérieure. Les armoiries des Grimani surmontent la porte, jadis fermée par un pont-levis, permettant d'y accéder. C'est l'unique entrée de la citadelle.

De l'abbaye à l'origine de Svetvinčenat subsistent le cimetière et la petite **église Saint-Vincent** (Sv. Vinčenat). Romane, elle conserve des fresques du XVe siècle.

Saint-Vincent
Cimetière. ***Tél.*** *(052) 560 004.* *sur r.-v.*

Aux environs
À une dizaine de kilomètres, il émane des ruines envahies par la végétation du village fortifié de **Dvidgrad** (Duecastelli) le romantisme nostalgique des sites abandonnés. À l'intérieur de l'enceinte ovale entourant deux châteaux édifiés vers l'an 1000 sur des collines voisines, une communauté de 200 habitants se développa autour de la basilique Sainte-Sophie construite aux XIe et XIIe siècles. Incendié au XIVe siècle par les Génois alors en guerre avec Venise, le village réussit à renaître de ses cendres, mais, trois siècles plus tard, il ne survécut pas à un raid des Uskoks *(p. 81)* suivi d'une épidémie de paludisme. Il est resté déserté depuis.

Matériel de cuisine exposé au Musée ethnographique de Pazin

Pazin ⓮

Plan B2. *5 300.* *(052) 624 310.* *(052) 624 437.* *Franine i Jurine 14, (052) 622 460.* **www**.istra.com/pazin

La capitale administrative de l'Istrie a pour origine un fort fondé au IXe siècle au bord d'un gouffre profond de 100 m et large de 20 m : la Fojba. Il a inspiré Jules Verne pour son roman *Mathias Sandorf* et aurait fourni à Dante sa description des portes de l'enfer.

Au XIVe siècle, Pazin tomba dans l'escarcelle des Habsbourg qui le confièrent

Ruines imposantes de Dvidgrad

à la famille Montecuccoli en récompense de services rendus dans la guerre contre les Turcs. La dynastie conserva la propriété du château après l'abolition du régime féodal.

La forteresse prit son visage actuel au XVIe siècle avec l'ajout des ailes et du donjon. La porte percée dans la façade date de 1786. Depuis 1955, la tour abrite le **Musée ethnographique d'Istrie** (Etnografski muzej) consacré aux modes de vie d'antan. Le **musée de la Ville** créé en 1996 présente une collection d'armes et d'objets appartenant au château.

L'**église Saint-François** (Sv. Frane) date de 1463-1477. De style gothique, elle possède un mobilier éclectique, baroque notamment. Également fondé au XVe siècle, le monastère attenant accueille des étudiants depuis le XVIIIe.

Musée ethnographique d'Istrie et musée de la Ville
Château, Trg Istarskog razvoda 1. ***Tél.*** *(052) 622 220. mai-oct. : lun.-sam. 9h-18h, dim. 9h-15h ; nov.-avr. : lun.-sam. 9h-16h.*

Gračišće ⓯

Plan B2. *350. Pazin, 7 km. Labin. Aldo Negri 20, Labin, (052) 855 560.*

Ce petit village perché parmi les bois et les vignobles abrita jadis une puissante garnison militaire à la frontière de la République vénitienne et de l'empire des Habsbourg. Il conserve d'intéressants édifices, dont le **palais Salamon** bâti au XVe siècle. Il est de style gothique vénitien, à l'instar de la **chapelle de l'Évêque** qui rappelle à côté que l'évêque de Pićan avait jadis ici sa résidence d'été.

L'église **Sainte-Marie** (Sv. Marije) consacrée en 1425 renferme plusieurs fresques sous une voûte en berceau caractéristique. L'église Sainte-Euphémie (Sv. Fumija) a conservé son caractère roman malgré un remaniement au XVIe siècle. Elle abrite un crucifix en bois du XIVe siècle. Près de la principale porte percée dans les remparts, la loggia date de 1549.

Le village perché de Pićan, jadis siège d'un évêché

Pićan ⓰

Plan B2. *316. Pazin, 17 km. Aldo Negri 20, Labin, (052) 855 560.*

La Petena des Romains se perche au sommet d'une colline haute de 350 m. Siège épiscopal du Ve siècle à 1788, le village a conservé d'intéressants édifices médiévaux malgré sa petite taille. À l'intérieur des murs se dresse la cathédrale dédiée à saint Nicéphore. Élevée au XIe siècle et reconstruite au XVIIIe après un tremblement de terre, elle abrite une peinture par Valentin Metzinger (1699-1759) illustrant l'histoire de Nicéphore, martyr dont les reliques furent apportées à Pićan à cheval. Dans le cimetière, l'église Saint-Michel (Sv. Mihovil) romane possède des fresques du début du XVe siècle.

Labin ⓱

Plan E3. *320. Rudarska ulica 5, (052) 855 022. Aldo Negri 20, (052) 855 560, 851 486. Concerts de musique classique (été).*

Deux quartiers forment la partie ancienne de Labin : la citadelle médiévale et le faubourg datant de l'époque vénitienne. Ce dernier a pour cœur la place Tito bordée par l'hôtel de ville du XIXe siècle, un bastion du XVIIe siècle, une loggia de 1550 et la porte Saint-Flore (1587) arborant le lion de saint Marc.

Sur Stari trg se dresse l'**église de la Naissance-de-la-Vierge** (Rodjenje Marijino). Construite en 1336 et plusieurs fois remaniée, elle possède un mobilier baroque derrière une façade Renaissance percée d'une rosace gothique. Des peintures d'artistes vénitiens des XVIe et XVIIe siècles la décorent, dont une œuvre de Palma le Jeune.

La place renferme également le tribunal (1555), le palais Scampicchio (1535) et le palais Lazzarini. Baroque, il remonte au début du XVIIIe siècle. Le **musée de la Ville** y présente une exposition historique. La reconstruction d'une mine de charbon rappelle que la ville resta un centre d'extraction jusqu'en 1999. En 1921, 2 000 mineurs instaurèrent l'éphémère « république de Labin » hostile à l'occupant italien.

Musée de la Ville
Trg 1 Maja 6. ***Tél.*** *(052) 852 477. juin-sept. : lun.-sam. 10h-13h, 17h-19h ; oct.-mai : lun.-ven. 7h-15h.*

Aux environs
À environ 4 km de Labin, le petit port de Rabac est devenu une station balnéaire.

Ruelle en escalier et édifices anciens à Labin

Détail de l'autel de Saint-Georges-le-Jeune, Plomin

Plomin 18

Plan B3. 140. Pula, 72 km. Rijeka, 40 km. Aldo Negri 20, Labin ; (052) 855 560 ; **régional :** Pionirska 1, Poreč, (052) 452 797.

Sur le site de la colonie romaine de Flanona, détruite par les Avars au VIe siècle, on commença l'édification d'une ville fortifiée en 1000. Celle-ci prit son visage actuel à partir du XIIIe siècle où elle passa sous autorité vénitienne.

Plomin domine le fjord qui porte son nom depuis le sommet d'une falaise haute de 180 m. Les maisons se serrent à l'intérieur de ses remparts des XIIIe et XIVe siècles partiellement préservés. Les ruelles étroites aux pierres usées grimpent vers le centre où se dresse l'**église Saint-Georges-le-Vieux** (Sv. Jurai Stari). De style roman, elle date du XIIIe siècle. Elle conserve une tablette du XIe siècle portant une figure humaine et une inscription glagolitique *(p. 35)* considérée comme la plus ancienne de Croatie.

L'**église Saint-Georges-le-Jeune** (Sv. Jurai) mérite également une visite. Consacrée en 1474, elle est d'origine gothique mais a connu un important remaniement baroque au XVIIIe siècle. Elle renferme deux retables Renaissance en bois peint et sculpté et un riche trésor sacré. Des travaux de restauration ont mis au jour deux peintures murales exécutées par un peintre allemand qui signait Robert.

Mošćenice 19

Plan B2. 330. Rijeka, 53 km, sur l'île de Krk. Rijeka. Aleja Slatina, Mošćenička Draga, (051) 737 533.

Ce petit village fondé par les Liburnes est régi par un plan médiéval – maisons en pierre adossées aux remparts, ruelles étroites, et cours intérieures. Il ménage depuis une éminence boisée une belle vue du golfe du Kvarner et des îles de Krk et de Cres.

L'**église Saint-André** (Sv. Andrije) et son haut campanile dominent la grand-place. Fondée au Moyen Âge, elle fut reconstruite dans le style baroque au XVIIe siècle. À l'intérieur, des statues du sculpteur padouan Jacopo Contieri ornent un splendide chœur du XVIe siècle. Deux autres lieux de culte, la petite église Saint-Sébastien (XVIe siècle) et l'église Saint-Bartolomé (XVIIe siècle), se trouvent hors les murs.

Statue par Contieri, église Saint-André, Mošćenice

Le **Musée ethnographique** (Etnografski Muzej) retrace l'histoire de la région.

Musée ethnographique
Tél. *(051) 737 551.*

Aux environs
Un escalier de 750 marches descend jusqu'à la station balnéaire de Mošćenićka Draga (2 km) à la longue plage de galets.

Lovran 20

Plan B2. 3,640. Rijeka, 35 km. Rijeka, 35 km. Rijeka, 35 km. Šetalište Maršala Tita 63, (051) 291 740. Fête de la Saint-Georges (23 avr.) ; Marunada, fête des Marrons (1er dim. d'oct.). **www**.tz-lovran.hr

Lovran doit son nom aux lauriers qui sont nombreux à pousser dans la région. La partie moderne de la ville couvre le flanc de la colline Gorica et s'étend sur le littoral jusqu'au long front de mer d'Opatija *(p. 67)*. Le quartier ancien coiffe une petite péninsule. Depuis le port, on y accède par une porte voûtée percée dans les anciens remparts. En dehors d'une tour et de la porte Stubiza, ceux-ci se confondent aujourd'hui avec les maisons qui s'y adossent. Sur la grand-place se dressent une tour médiévale, plusieurs maisons aux façades de style gothique vénitien et l'**église Saint-Georges** (Sv. Jurai). Édifiée au XIVe siècle et remaniée à l'époque baroque, elle conserve un clocher roman. À l'intérieur, des fresques gothiques (1470-1479), sur la voûte et l'arc de l'abside, illustent la vie de la Vierge et le martyre de saint Georges. Un relief naïf montre celui-ci terrassant le dragon au-dessus d'une porte d'entrée de la place.

Plusieurs villas Sécession

Ancien moulin, Musée ethnographique

Un parc splendide entoure la Villa Angiolina d'Opatija

(p. 23) du début du XXe siècle jalonnent la promenade côtière entre Lovran et Itka. De beaux jardins les entourent.

Saint-Georges
Tél. *(051) 291 611.* *sur r.-v.*

Excursion des villages fortifiés ㉑

Voir p. 68-69.

Opatija ㉒

Plan B2. *9 000.* *Rijeka, 25 km, île de Krk.* *Rijeka.* *Rijeka.* **local :** *Nazarova 3, (051) 271 710 ;* **régional :** *Nikole Tesle 2, (051) 272 909, 272 988.* *Karneval na Opatijskoj Rivijeri (carnaval), régates internationales (mai) ; Gastrofest (mars).* **www**.opatija.hr

Cette grande station balnéaire doit son nom à une abbaye bénédictine du XIVe siècle dont l'église Saint-Jacques (Sv. Jakov), construite en 1506 et agrandie en 1937, occupe aujourd'hui l'emplacement.

Opatija vit naître sa vocation touristique vers 1845 quand un riche industriel de Rijeka, Iginio Scarpa, y fit construire la **Villa Angiolina** au sein d'un vaste parc. Il y reçut les plus grands noms de l'Empire austro-hongrois et l'impératrice Marie-Anne elle-même vint faire un séjour dans ce qui n'était alors qu'un petit port de pêcheurs. La vogue d'Opajita auprès des têtes couronnées et de la haute bourgeoisie augmenta encore quand des scientifiques déclarèrent son climat particulièrement sain et que la station devint accessible d'Autriche par le train (jusqu'à Rijeka).

Les constructions d'hôtels, de somptueuses résidences et de sanatoriums se multiplièrent et l'empereur François-Joseph lui-même commanda une villa où il passa de longues périodes en hiver. Ces bâtiments à l'architecture souvent exubérante et aux jardins luxuriants bordent toujours la promenade qui longe la mer sur 12 km. La station a toutefois perdu son faste d'antan et, attire, de nos jours, surtout des personnes âgées.

Kastav ㉓

Plan B2. *930.* *Rijeka, 20 km, île de Krk.* *Rijeka, 11 km.* *Rijeka, 11 km.* *Kastav 43, (051) 691 425.* *Bela Nedeja, fête du vin (1er dim. d'oct.).*

Perché sur une colline à courte distance de Rijeka, le village de Kastav existe depuis le haut Moyen Âge. Son château servit de résidence au seigneur local jusqu'au XVIe siècle puis fut occupé par le gouverneur autrichien. Sur la place Lovkine se dressent l'église Sainte-Hélène-de-la-Croix (Sv. Jelena Krizarica) du XVIIe siècle, l'église Saint-Antoine-du-Désert (XVe siècle) et une loggia édifiée en 1571. Sur le puits, une plaque rappelle l'exécution par noyade du capitaine Morello, coupable en 1666 d'avoir exigé des impôts excessifs.

Le port d'Opatija, station balnéaire jadis appréciée des Habsbourg

Excursion des villages fortifiés ㉑

Boîte pour les dénonciations

Tous les lieux d'habitation collective d'Istrie ont été fortifiés. La tribu illyrienne des Istres fut d'ailleurs la première à élever des remparts pour protéger les sommets des collines où elle s'établit. Des 136 sites ainsi aménagés, beaucoup ont été abandonnés, mais certains n'ont pas cessé d'être occupés depuis près de 3 000 ans. Les Romains renforcèrent ces défenses qui furent reconstruites à la fin du Moyen Âge, puis agrandies du temps de la domination autrichienne ou vénitienne. Un détour permet de découvrir des documents en glagolitique.

Hum ③
Une enceinte ovale renforcée par les Vénitiens protège ce petit village où l'église Saint-Jérôme abrite des fresques byzantines du XIIe siècle.

Buzet ④
Place forte illyrienne puis romaine sous le nom de Pinguentum, ce haut lieu de la truffe devint vénitien en 1420. La reconstruction de ses fortifications commença à cette époque. La Grande Porte date de 1457.

Draguč ⑤
Les maisons du village s'adossent à des remparts construits par les Vénitiens après 1420. Dans l'église Saint-Roch du XIVe siècle, des fresques illustrent, entre autres, le voyage des Rois Mages.

Motovun ⑥
Au sommet d'une colline dominant la vallée, le quartier le plus ancien reste enclos par une enceinte des XIIIe - XIVe siècles. D'autres remparts entourèrent plus tard les faubourgs. Une porte dominée par une tour du XVe siècle relie la ville basse à la ville haute.

LÉGENDE

- Itinéraire
- Allée glagolitique
- Autres routes
- Informations touristiques
- Point de vue

Roč ②
Le patriarcat d'Aquileia fit édifier au XIVe siècle les remparts de Roč. Les tours sont un ajout du XVIe siècle. L'alphabet gravé sur un mur de l'église Saint-Antoine-Abbé rappelle que le village fut un grand centre de littérature glagolitique au XIIIe siècle. Romane, l'église Saint-Roch abrite deux cycles de fresques des XIVe et XVe siècles.

MODE D'EMPLOI

Point de départ : *Boljun.*
Distance : *77 km aller.*
Où faire une pause : **Motovun** *Restaurant Mcotic, (052) 681 758 ;* **Hum** *Humska Konoba, (052) 660 005 (restaurant) ;* **Buzet** *Gostiona Most, (052) 662 867 (restaurant).* ℹ **Buzet** *Trg Fontana, (052) 662 343.* **Poreč***, bureau régional, Pionirska 1, Poreč, (052) 452 797.*

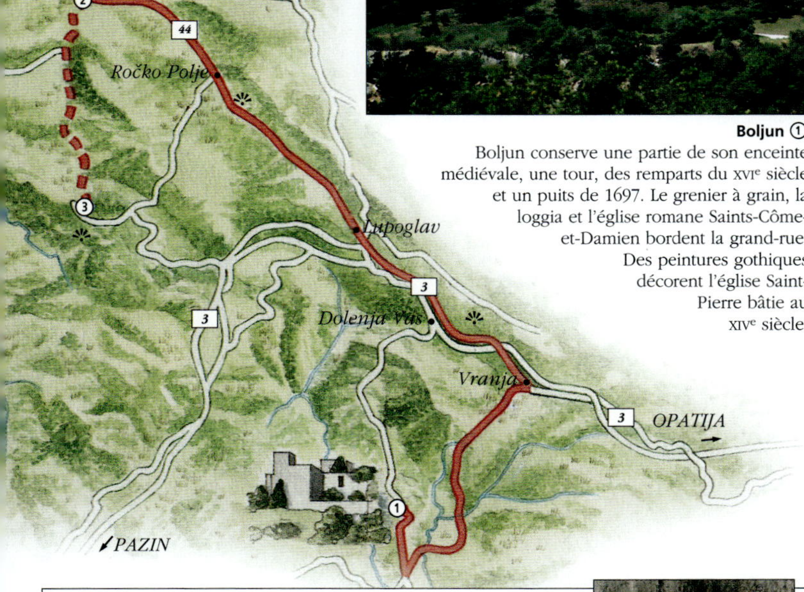

Boljun ①
Boljun conserve une partie de son enceinte médiévale, une tour, des remparts du XVIe siècle et un puits de 1697. Le grenier à grain, la loggia et l'église romane Saints-Côme-et-Damien bordent la grand-rue. Des peintures gothiques décorent l'église Saint-Pierre bâtie au XIVe siècle.

L'ALLÉE GLAGOLITIQUE

Sur la route séparant Roč de Hum, le long des 7 km de l'« Allée glagolitique » (Aleja Glagoljaša), onze monuments érigés entre 1977 et 1985 retracent l'histoire de l'écriture inventée au XIe siècle par les saints Cyrille et Méthode *(p. 34-35)*. Considérée comme un patrimoine national par les Croates, elle permit de traduire les Saintes Écritures en slave. Certaines des sculptures rendent hommage aux moines qui lui ont fait traverser les siècles.

Document en glagolitique sur le sentier menant à Roč

Rijeka ㉔

Artisanat local *(p. 252)*

L'ancienne Tarsatica romaine était à l'origine une cité fondée par les Liburnes puis conquise par les Celtes. Elle changea encore plusieurs fois de mains avant de passer sous l'autorité de la maison d'Autriche en 1465. Pour encourager son expansion maritime, Charles VI lui accorda le statut de ville libre en 1719. À compter de 1769, son développement économique se poursuivit dans le cadre du royaume de Hongrie. Premier port de Croatie et important nœud routier et ferroviaire, Rijeka est aujourd'hui un centre industriel actif réputé pour ses chantiers navals. Le plus grand carnaval du pays s'y déroule en février et en mars.

Le Korzo, une avenue piétonnière bordée d'édifices du XIXe siècle

À la découverte de Rijeka

Depuis les années 1950, l'agglomération urbaine s'est étendue de manière un peu anarchique le long de la côte et dans les collines, mais le centre garde un cachet propre à l'Europe centrale grâce aux bâtiments du XIXe siècle bordant le Korzo et la Riva, deux larges avenues gagnées sur la mer. Bordant la vieille ville (Stari Grad), le Korzo est le pôle de la vie sociale avec ses bars, ses restaurants et ses boutiques.

Église des Capucins

Kapucinska crkva

Kapucinske stube 5. ***Tél.*** *(051) 335 233.* *7h-12h, 16h-19h45.*

Ce sanctuaire construit entre 1904 et 1929 au nord de la place Žabica (Trg Žabica) est également connu sous le nom de Vierge de Lourdes car il a été édifié pour commémorer le 50e anniversaire du premier miracle de Lourdes.

Église Saint-Nicolas

Sv. Nikola

Ulica Ivana Zajca. ***Tél.*** *(051) 335 399.* *mar.-dim. 8h30-12h.*

L'église bâtie par la communauté orthodoxe en 1790 renferme de belles icônes provenant de la Voïvodine serbe.

Tour de la Ville

Gradski Toranj

L'imposante tour dominant le cœur du Korzo résulte des transformations apportées à la porte médiévale de la vieille ville à partir du XVe siècle. Elle reçut son horloge *(Pod Uriloj)* au XVIIIe siècle et sa coupole néobaroque en 1890. Elle porte les armoiries de la ville et celles des Habsbourg, ainsi que les bustes de deux empereurs qui jouèrent un rôle clé dans l'histoire de Rijeka : Léopold Ier et Charles VI.

Détail de la tour de la Ville

Hôtel de ville

Municipij

Trg Riječke Rezolucije.

L'ancien hôtel de ville installé en 1883 dans un couvent des Augustins du XIVe siècle borde la place sur trois côtés. Il abrite aujourd'hui le rectorat de l'université.

Vieille Porte

Stara Vrata

Trg Ivana Koblera.

Dans une ruelle partant du nord de la place subsiste un arc antique en gros appareil qui serait le vestige d'une porte, soit de l'enceinte fortifiée romaine dont on a mis au jour les fondations à proximité, soit de l'entrée d'un palais prétorien du Ier siècle.

Église de l'Assomption

Crkva Uznesenja Blažene Djevice Marije

Pavla Rittera Vitezovića 3. ***Tél.*** *(051) 214 177.* *7h-12h, 16h-19h.*

Cette ancienne cathédrale n'a rien gardé de son aspect originel du XIIIe siècle. Rénovée en 1695 et remaniée en 1726, elle associe en façade une rosace Renaissance et des éléments baroques et néoclassiques. La décoration intérieure est principalement baroque. Le clocher gothique porte la date de sa construction : 1377. Il repose sur des blocs de pierre provenant des thermes antiques dont la place occupe le site.

Cathédrale Saint-Guy

Katedrala Sv. Vida

Trg Grivica. *7h-12h, 17h-20h.*

Les jésuites édifièrent entre 1638 et 1742 cette grande église baroque dédiée au saint patron de la ville. Elle renferme un crucifix gothique qui aurait saigné à la fin du XIIIe siècle après avoir reçu une pierre jetée par un mauvais perdant.

Musée maritime et historique de la Croatie côtière

Pomorski i Povijesni Muzej Hrvatskog Primorja

Muzejski trg 1/1. ***Tél.*** *(051) 553 666.* *mar.-ven. 9h-18h, sam. 9h-13h.* *(gratuit pour les étudiants).*

Le plus vieux musée de Rijeka, fondé en 1876, occupe

Crucifix gothique miraculeux de la cathédrale Saint-Guy

depuis 1955 le palais du Gouverneur construit en 1896. Des maquettes, des armes et de l'équipement maritime des XVIIe et XVIIIe siècles illustrent l'histoire de la navigation. La collection archéologique couvre une période allant jusqu'au Moyen Âge. Des objets et œuvres d'art complètent l'exposition.

Notre-Dame de Trsat

Gospa Trsatska

Frankopanski trg. ***Tél.*** *(051) 492 900.* *t.l.j.*

Le faubourg de Trsat domine le centre de Rijeka depuis l'autre rive de la Rječina. Chaque année au 15 août, des pénitents gravissent à genoux les 561 marches de l'escalier jalonné de chapelles votives reliant la place Tito (Trg Titov) au sanctuaire de Notre-Dame de Trsat. Construit en 1453 par Martin Frankopan, ce monastère franciscain occupe le site où les anges auraient déposé, en 1291, la Sainte Maison de Marie lors de son transfert miraculeux depuis Nazareth. Ils la

Maître-autel et Vierge à l'enfant de Notre-Dame de Trsat

reprirent en 1294 pour l'emporter à Lorette, et pour réconforter la population locale de cette perte, le pape Urbain V fit don en 1367 d'une *Vierge à l'enfant.* Elle décore le maître-autel de l'église. Celle-ci a été remaniée en 1864 mais conserve du bâtiment originel son arc triomphal, le maître-autel en marbre et les nombreuses tombes de la famille des Frankopan.

Près du cloître, une chapelle renferme des ex-voto offerts par des soldats et des marins.

MODE D'EMPLOI

Plan B2. *168 000.* *Krk, (051) 842 040.* *Krešimirova ulica, (051) 211 111.* *Trg Žabice 1, (060) 302 010.* *Riva, (051) 212 696; Adriatic : Verdijeva 6, (051) 214 300; Jadrolinija Riva 16, (051) 211 444.* *Korzo 33, (051) 335 882.* *Festival d'art des nuits d'été de Rijeka (juin-juil.), carnaval de Rijeka (fév.-mars).*

Château de Trsat

Gradina Trsat

Ulica Zrinskog. ***Tél.*** *(051) 217 714.* *été : 8h-20h, hiver : 9h-17h.*

Depuis le sanctuaire de Notre-Dame de Trsat, on accède au château sorti au XIXe siècle de l'imagination débordante du général autrichien Laval Nugent. Il ne s'agit que d'un pastiche mais il occupe l'emplacement d'une forteresse qui fut bâtie au XIIIe siècle par les Frankopan sur les ruines d'une place forte romaine. Le donjon accueille des expositions. Les remparts offrent une belle vue du golfe.

RIJEKA : LE CENTRE-VILLE

Cathédrale Saint-Guy ⑦
Église de l'Assomption ⑥
Église des Capucins ①
Église Saint-Nicolas ②
Hôtel de ville ④
Musée maritime et historique de la Croatie côtière ⑧
Tour de la Ville ③
Vieille Porte ⑤

Légende des symboles *voir dernier rabat*

Cres ㉕

Étroite et longue de 65 km, l'île de Cres abrite au nord, sur un plateau balayé par la bora, un lieu de reproduction du vautour fauve protégé depuis 1986. Le sud jouit d'un climat propice à la culture de l'olivier et de la vigne. La route qui part du débarcadère de Porozina, tout au nord, se poursuit jusqu'au sud de Lošinj grâce à un pont entre les deux îles. Quelques localités comme Cres, Osor, Martinšćica et Valun présentent un intérêt touristique.

Oliveraies en terrasses au-dessus de la ville de Cres

Ville de Cres

Nichée dans une baie entourée de collines, la ville de Cres se développa à partir du xve siècle quand elle remplaça Osor en tant que siège de l'évêché et lieu de résidence du gouverneur. Elle conserve de cette époque des remparts et deux portes fortifiées, ainsi que l'église Notre-Dame-des-Neiges décorée de peintures de l'école vénitienne. La Loggia bâtie au xvie siècle a perdu sa fonction d'hôtel de ville. Elle accueille désormais un marché de fruits et légumes.

Pêcheurs et visiteurs entretiennent l'animation du port bordé d'édifices Renaissance dominés par une tour de l'horloge. L'église Sainte-Isidore dédiée au saint patron de Cres date du xe ou du xie siècle.

Osor

Au bord du bras de mer creusé entre les deux îles pour permettre le passage des bateaux, Osor resta jusqu'au milieu du xve siècle le chef-lieu de l'île de Cres. Ce n'est plus aujourd'hui qu'un petit village réputé pour son festival de musique classique/

Sur la grand-place se dresse la cathédrale de l'Assomption construite en pierre couleur miel en 1497. Un relief de la Vierge décore le tympan du portail de sa sobre façade Renaissance. Au maître-autel, une peinture montre saint Nicolas avec Gaudentius, un saint local.

Sur la place également, le Musée archéologique (Arheološki muzej) occupe l'ancien hôtel de ville. Il expose des objets remontant des époques illyrienne et romaine au Moyen Âge. Le palais épiscopal date de la fin du gothique. Il arbore les blasons des évêques et d'aristocrates de l'île. L'intérieur est richement meublé.

Dans le cimetière, il ne reste qu'une chapelle funéraire, des pans de murs et des mosaïques de la première cathédrale d'Osor, une basilique à trois nefs entreprise au ve siècle.

LÉGENDE

- Route
- Route pittoresque
- Embarcadère
- Informations touristiques
- Plage équipée
- Point de vue

MODE D'EMPLOI

Plan B3. *3 200.* *(051) 211 444.* **Cres** *Cons ulica 11, (051) 571 535.* **Osor** *(051) 231 547.* **www**.tzg-cres.hr

Musée archéologique
Arheološki muzej
Town Hall, Palazzo Petrić.
Tél. *(051) 571 127.* *pour restauration. Se renseigner auprès de l'office du tourisme.*

Portail Renaissance de Notre-Dame-des-Neiges, Cres

Lošinj (Lussino) 26

La douceur de son climat permet à l'île de Lošinj de posséder une végétation subtropicale qui la pare de pins maritimes, de lauriers roses, de palmiers et d'agrumes. Fondée par douze familles croates, la principale localité, Mali Lošinj, existe depuis le VIe siècle. Au sud-ouest s'ouvre la baie de Čikat. Sa plage longue de 30 km attire de nombreux amateurs de sports nautiques.

LÉGENDE

- Route
- Piste
- Embarcadère
- Aéroport
- Informations touristiques
- Plage équipée
- Point de vue

Intérieur baroque de Saint-Antoine-Abbé, Veli Lošinj

Mali Lošinj

Comme Cres, cette jolie ville appartint pendant des siècles à Venise. L'activité maritime y connut son apogée aux XVIIIe et XIXe siècles et elle conserve de nombreux édifices de cette époque. Le quartier ancien entoure l'église Sainte-Marie entreprise en 1696. Bars et restaurants bordent le port. Les collines alentour renferment des complexes hôteliers.

Veli Lošinj

Cette charmante bourgade aux villas dissimulées dans une végétation luxuriante offre plus de calme que Mali Lošinj. L'église Saint-Antoine-Abbé du XVe siècle a connu un remaniement au XVIIIe. Elle abrite sept autels baroques ainsi que des peintures et sculptures par Bartolomeo Vivarini (1430-1490), Bernardo Strozzi (1581-1644) et Francesco Hayez (1791-1882).

Bâtie par les Vénitiens en 1455, la tour des Uskoks *(p. 81)* domine le port et ménage une vue splendide de la ville et du littoral.

Aux environs

La petite île de **Susak** se distingue par une conformation géologique particulière : une couche de sable et d'argile de 10 m d'épaisseur reposant sur une plate-forme calcaire. La vigne pousse bien sur un tel sol et les habitants de Susak évaluent leur richesse au nombre de ceps qu'ils possèdent. Des coupe-vents en roseau et des murs en pierre sèche typiques des îles et du littoral de la Haute-Adriatique protègent ces précieux pieds. Ils fournissent des vins renommés. L'île doit aussi sa réputation à ses costumes traditionnels de couleurs vives. Les fêtes folkloriques offrent aux femmes l'occasion de les porter.

D'une superficie de près de 6 km², l'île d'**Ilovik** possède au sud de Lošinj une population d'environ 350 habitants. Ils vivent pour la plupart dans le village de Sv. Petar, sur la côte nord-est, et cultivent la vigne, les olives, les fruits et les fleurs. Non loin au large, l'îlot inhabité de Sv. Petar renferme les ruines d'une forteresse vénitienne et de l'église et des bâtiments conventuels d'une abbaye bénédictine. À Susak comme à Ilovik, on a retrouvé des objets préhistoriques et romains, des pièces de monnaie et des mosaïques en particulier.

Unije, la plus grande des « petites îles » du golfe, doit à ses reliefs de présenter un visage plus aride. Elle possède à l'ouest une côte rocheuse abrupte, mais le littoral oriental est plus accessible. Son village enserre l'église Saint-André dont le clocher se distingue de loin. La pêche et le maraîchage constituent les principales activités économiques.

MODE D'EMPLOI

Plan B3. 8 500. **Mali Lošinj** *Riva Lošinjskih Kapetana 29, (051) 231 547, 231 884.* *(051) 231 765.* **Veli Lošinj** *(051) 231 547.* **Unije** *(051) 231 547. Pour* **Susak** *et* **Ilovik**, *s'adresser à l'office du tourisme de Mali Lošinj.* **www.**mali-losinj.com

Le port de pêche de Mali Lošinj

Parc national de Risnjak : le sentier Leska ㉗

Nacionali Park Risnjak

Le vaste plateau du Gorski Kotor, qui sépare la Croatie de la Slovénie, commence au nord de Rijeka. Un parc national y a été établi avec au cœur le mont Risjnak haut de 1 528 mètres. D'une superficie de 34 km² à sa fondation en 1953, la réserve naturelle est aujourd'hui deux fois plus étendue. Elle protège une région karstique entre littoral méditerranéen et Alpes Dinariques où les variations d'altitude, de 300 m à plus de 1 500 m, et un très large éventail de conditions climatiques, ont provoqué l'apparition d'une vingtaine de groupements végétaux différents. La faune est également très riche. Aménagé en 1995, le sentier de découverte Leska permet de s'initier aisément aux particularités de la région.

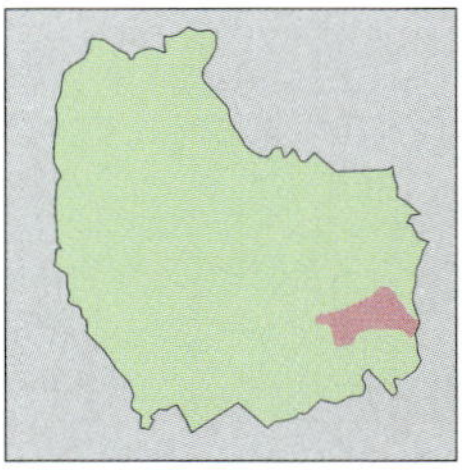

Parc

Sentier Leska

Forêt de sapins argentés ⑧
Très apprécié pour la construction navale, le sapin argenté a disparu de nombreuses forêts croates. Il se mêle ici aux hêtres.

Gouffre ⑦
À cause de l'air froid issu de la faille rocheuse et de l'humidité du sous-sol poussent ici des plantes qu'on ne trouve normalement qu'à de plus hautes altitudes.

Mangeoires ⑥
Nourrir les animaux en hiver évite qu'ils se risquent en zone de chasse.

Observatoire ⑨
Une plate-forme permet l'observation d'une faune qui comprend des ours, des renards, des lynx, des martres et des chats sauvages. De nombreux oiseaux peuplent aussi le parc. À certains moments de l'année, en fin de journée, on peut voir des aigles, des faucons et des corneilles.

Cultures ⑩
Le village de Leska ne compte qu'une seule maison habitée. Des paysans y viennent au printemps et en automne cultiver en terrasses des pommes de terre et des pois.

Ruisseaux ⑪
Des veines imperméables au sein du calcaire créent des résurgences. Ces sources sont rares.

Troncs ⑫
Envahis par des champignons et des insectes, les arbres vieillissants restent une source de vie.

Forêts de hêtres et de sapins ⑤
Le sentier passe entre les troncs d'arbres immenses. À leur pied, le sous-bois comprend noisetiers et sureaux. Il y pousse des myrtilles.

MODE D'EMPLOI

Plan B2. *Bijela Vodica 48, Crni Lug, (051) 836 133, (051) 836 246.* **www**.risnjak.hr *été : t.l.j. 7h-22h ; hiver : t.l.j. 7h-21h. il faut environ 2 h pour effectuer le parcours long de 4 km, aisé et bien signalisé.*

Prairies de montagne ④
Les zones qui ont été déboisées pour la culture ou l'élevage forment des espaces dégagés. À la fin du printemps, ils se parent de fleurs multicolores comme la bruyère, la molinie bleue et la fétuque.

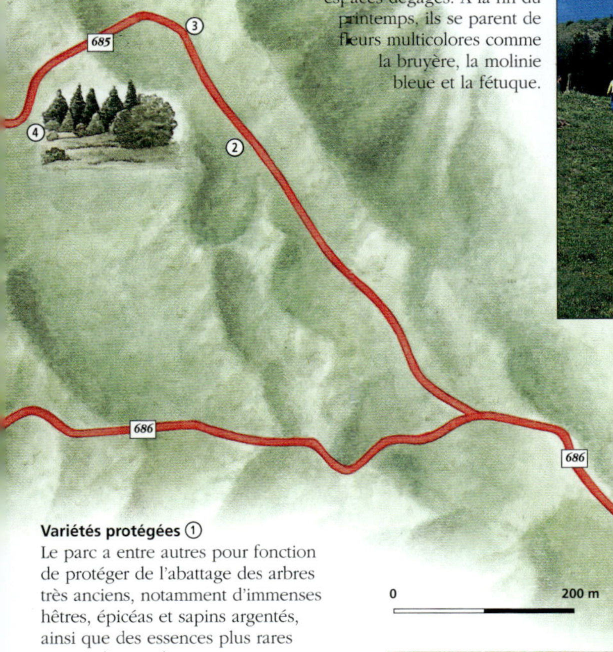

Variétés protégées ①
Le parc a entre autres pour fonction de protéger de l'abattage des arbres très anciens, notamment d'immenses hêtres, épicéas et sapins argentés, ainsi que des essences plus rares comme l'orme des montagnes et l'érable.

Dégâts du vent ②
Les troncs des arbres abattus par les tempêtes restent sur place pour permettre le développement de micro-organismes participant à l'équilibre de l'écosystème.

Dolines karstiques ③
Causées par la dissolution des roches, ces dépressions en forme d'entonnoir comptent parmi les traits caractéristiques des régions calcaires.

LÉGENDE

- Sentier de découverte
- Autre route

Krk ㉘

Tour du château des Frankopan

Depuis le continent, un pont dessert l'aéroport international de la plus vaste des îles de l'Adriatique. D'une superficie de 409 km², elle mesure 38 km de long et 20 km dans sa plus grande largeur. Des rochers blancs balayés par la bora, le vent du nord, donnent à son littoral oriental un aspect presque fantomatique. Une riche végétation pousse en revanche sur sa côte ouest plus protégée.

MODE D'EMPLOI

Plan B3. *16 500.* *(051) 842 040.* **Krk** *(051) 863 170.* *Trg Sv. Kvirina 1, (051) 221 359; Krk Vela Placa 1, (051) 222 583.* **Baška** *(051) 856 821.* *Kralja Zvonimira 114, (051) 856 544.* **Omišalj** *Ribarska Obala 10, (051) 846 243.*

Une eau cristalline baigne l'île de Krk

Krk eut pour premiers habitants des Liburnes. Les Romains qui leur succédèrent fondèrent Curicum (l'actuelle Krk) et Fulfinum (Omišalj). Ils ont laissé des vestiges de remparts, de thermes et de villas pavées de mosaïques.

Passée sous contrôle croate au VIe siècle, puis occupée par les Francs et les Byzantins, l'île devint une possession de Venise qui la confia à Dujmo, le fondateur de la famille des Frankopan, avant d'en reprendre l'administration directe de 1480 à 1797.

On a retrouvé sur Krk de nombreuses inscriptions en glagolitique, dont la stèle de Baška conservée à l'Académie des arts et des sciences de Zagreb.

Ville de Krk

Le bourg qui s'est développé au Moyen Âge sur le site de la cité romaine de Curicum conserve ses remparts vénitiens et trois portes fortifiées : la porte de la Ville dotée d'une tour de garde baptisée Kamplin, la porte de la Mer (Pisana) et la porte Haute. Des bâtiments datant de la Renaissance bordent la grand-place. La cathédrale **Notre-Dame-de-l'Assomption** occupe l'emplacement des thermes antiques transformés en église paléochrétienne au Ve siècle. Vaste basilique romane à trois nefs, elle abrite quatre peintures de 1706 par Cristoforo Tasca et une chaire en bois baroque. La chapelle gothique des Frankopan possède une élégante voûte à nervures.

Le **Musée diocésain** occupe la **chapelle Saint-Quirinus** adjacente à la cathédrale. Sa collection d'art sacré compte parmi ses fleurons un polyptyque peint en 1350 par Paolo Veneziano et un retable en argent de 1477 représentant la Vierge en gloire. Derrière la cathédrale s'élève le château des Frankopan dont les quatre tours de plan carré datent de 1191. L'enceinte renferme deux églises dédiées respectivement à Notre-Dame-de-la-Santé et à saint François.

Omišalj

Sur un promontoire proche du site romain de Fulfinum, ce village portait au Moyen Âge le nom de Castrum Musculum et il conserve une partie de ses

◁ **Vue aérienne de la ville de Krk**

remparts. Des ruelles mènent à la grand-place et à sa loggia vénitienne Renaissance datant du XVIIe siècle. En face, l'église Sainte-Marie construite au XIIIe siècle dans le style roman n'a pas conservé son chœur d'origine, reconstruit au XVIe siècle. Elle abrite un triptyque gothique par Jacobello del Fiore (1370-1439).

Inscription glagolitique et rosace, Sainte-Marie, Omišalj

Baška

Stara Baška (Baška le Vieux) fait face à Omišalj. La ville nouvelle est une station balnéaire très fréquentée le long d'une plage de sable de 2 km. L'église de la Sainte-Trinité (1772) domine une petite place. Elle renferme une belle *Cène* par Palma le Jeune.

Derrière Baška, au-delà d'un château démantelé au XIe siècle, Starigrad renferme l'église Saint-Jean. D'origine romane, elle prit son aspect actuel en 1723.

À quelques kilomètres, Jurandvor abrite l'église Sainte-Lucie romane et sa copie de la stèle de Baška en glagolitique, le plus vieux document où apparaît le nom de « Croatie ».

Košljun

Cette petite île sert d'écrin à un monastère depuis 1447. Le cloître contient des inscriptions des époques romaine et médiévale. La bibliothèque possède plus de 20 000 documents en glagolitique. Un polyptyque de 1535 par Girolamo di Santacroce et une Cène d'Ughetto décorent l'église de l'Annonciation. L'église Saint-Bernard renferme le trésor.

Bakar ㉙

Plan B2. *1 900.*
(051) 761 214. *Primorje 39, (051) 761 411.* *Été des marguerites, concerts et spectacles en dialecte ćakavski (der. sem. de juin).*

Dans une région de résurgences connue pour ses ruisseaux courant jusqu'au rivage, ce village de pêcheurs renoue avec le tourisme depuis la démolition d'une raffinerie et d'une usine de production de coke. Des terrasses de cafés bordent son front de mer ombragé.

Bakar occupe l'emplacement de l'implantation romaine de Volcera. Propriété des Frankopan à partir du XVe siècle, il s'étend au pied du **château** de plan triangulaire édifié par la dynastie en 1530. Bien conservé, l'édifice arbore de hautes fenêtres antérieures à sa transformation en palais résidentiel par la famille des Šubić-Zrinski. Celle-ci succéda aux Frankopan après 1778.

L'église paroissiale possède pour trésors une peinture de la *Sainte Trinité* par Girolamo da Santacroce et un crucifix du XIVe siècle. L'exposition du **musée de la Ville** illustre la longue histoire de la région avec de nombreuses pierres tombales et sculptures datant de l'époque romaine et du haut Moyen Âge. La prestigieuse Académie maritime fondée en 1849 témoigne de l'intérêt naval du golfe de Bakar (Bakarski zaljev), une rade étroite et longue de 4 km particulièrement bien abritée.

Cour intérieure du château des Frankopan, Kraljevica

Kraljevica ㉚

Plan B2. *4 600.* *Rijeka.*
(051) 282 078. *Rovina bb, (051) 282 078.* *Shrovetide Sezona, bal masqué traditionnel (carnaval).*

Depuis 1991, un pont relie cette station balnéaire du continent à l'île de Krk et son aéroport international. Ses deux longues arches élégantes prennent appui sur l'îlot Saint-Marc.

Dans la vieille ville (Stari Grad) de Kraljevica se dresse un château bâti au XVIe siècle par les comtes Šubić-Zrinski. Son enceinte renferme la petite église Saint-Nicolas. La « ville neuve » (Novi Grad) s'est développée grâce à l'établissement de familles venues de la forteresse de Hreljin. Les Frankopan y édifièrent en 1650 un château dans le style de la Renaissance tardive avec son plan carré et ses quatre tours rondes. Transformé en un somptueux palais au milieu du XVIIIe siècle, il domine la mer depuis un petit promontoire.

L'empereur Charles VI fonda en 1728 le port qui se trouve au bout de la route menant de Karlovac au rivage.

Le château des Frankopan domine le village de Bakar

Hôtels et restaurants de la région p. 222-226 et p. 240-242

Crikvenica 31

Plan B2. *5 800.*
Rijeka, 16 km, île de Krk. Nike Veljačića 3, (051) 781 333. Trg Stjepana Radića 1, (051) 241 867. Foire commerciale des produits croates (5-12 juil.) ; fête de la Ville (août). **www**.tzg-crikvenica.com

À l'époque romaine, le site abritait un relais de poste baptisé Ad Turres et un port vivant du transport du bois au débouché de la Dubračina. Les Frankopan y édifièrent un château au XIVe siècle. En 1412, le ban Nikola le céda à l'ordre des pauliniens. La construction d'un rempart et d'une tour ronde renforça les défenses du monastère au XVIe siècle. Son église *(crikva)* est à l'origine du nom de la ville. L'ajout d'une nef lui donna ses dimensions actuelles en 1659. L'ordre des pauliniens ayant été dissous au début du XIXe siècle, le corps de bâtiment devint l'hôtel Kaštel *(p. 222)* en 1893, à une époque où Crikvenica était un lieu de villégiature apprécié des dignitaires austro-hongrois.

Elle reste aujourd'hui une station balnéaire très fréquentée. C'est aussi une ville de cure au climat particulièrement favorable, le massif du Velebit la protégeant des vents.

Portail du monastère paulinien de Crikvenica transformé en hôtel

Intérieur baroque de l'église Saints-Philippe-et-Jacques de Novi Vinodolski

Novi Vinodolski 32

Plan B3. *3 800. Rijeka, 28 km, île de Krk. Rijeka, 49 km. Ulica Kralja Tomislava 6, (051) 244 306. Fête des saints patrons, Philippe et Jacques (mai) ; carnaval d'été de Novi Vinodolski (août).*

Le château des Frankopan, au cœur de la vieille ville perchée sur une colline dominant la vallée du Vinodol, tient une place particulière dans l'histoire du pays. En effet, c'est là que le 6 janvier 1288 fut signé le code de Vinodol, le plus ancien texte juridique en langue croate. Rédigé en écriture glagolitique, ce document aujourd'hui conservé à la Bibliothèque nationale de Zagreb établissait des règles de propriété et d'usage foncier et limitait l'usage de la torture. Les noms des neuf communes signataires apparaissent sur la fontaine de la grand-place. Le sculpteur Dorijan Sokolić la dessina pour le 700e anniversaire de l'événement en 1988. Novi Vinodolski s'enorgueillit d'un autre titre de gloire historique : le stratagème utilisé par l'évêque Kristofor pour sauver des troupes battant en retraite devant les Turcs. Il fit ferrer les chevaux à l'envers pour tromper les poursuivants. Les fuyards réussirent à atteindre la sécurité du château de Vinodol, et en action de grâces, Kristofor ordonna la reconstruction de l'**église Saints-Philippe-et-Jacques** (Sveti Filip i Jakov) où il fut enterré en 1499. Elle possède un beau mobilier baroque datant d'une rénovation au XVIIe siècle. Une Vierge gothique du XVe siècle décore l'un des autels latéraux. Récemment restauré, le château abrite désormais un musée. Il présente des pièces archéologiques des époques romaine et médiévale et une riche collection de costumes traditionnels.

Costume au château de Novi Vinodolski

Senj 33

Plan C3. *6 000. Rijeka, 52 km. Ulica Kralja Zvonimira 8, (053) 881 235. Stara cesta 2, (053) 881 068. Saint-George (23 avr.)* **www**.lickosenjska.com/senj www.tz-senj.hr

Soumise à la bora, un vent froid et sec qui se faufile par un col du massif montagneux du Velebit, Senj possède le climat le plus rigoureux de l'Adriatique. Le site n'a pourtant jamais cessé d'être habité depuis la préhistoire. Aux Illyriens succédèrent les Romains qui créèrent le port de Senia. Celui-ci devint un évêché au Moyen Âge

LES USKOKS

En 1526, la défaite des Hongrois à la bataille de Mohács poussa de nombreux chrétiens de l'intérieur des terres à chercher asile dans les villes côtières pour échapper aux Turcs. Ces réfugiés surnommés « Uskoks » (« saute-frontières ») cherchaient à combattre ceux qui leur avaient pris leurs terres. Venise fut la première à les organiser en les installant autour de la forteresse de Klis d'où ils menaient des incursions dans les territoires sous contrôle turc. En 1537, le gouvernement ottoman fit de leur départ une condition de la signature d'un traité de non-belligérance avec la Sérénissime République. Le groupe le plus structuré s'établit à Senj. Les Habsbourg encouragèrent ces recrues de choix à armer des navires rapides pour harceler les lourds bateaux turcs. Toutefois, les Uskoks s'en prirent également aux possessions et à la flotte de Venise à qui ils reprochaient de commercer avec les Ottomans. Leurs actes de piraterie finirent par déclencher une guerre austro-vénitienne qui se conclut en 1617 par la paix dite « des Uskoks » et leur déportation dans le massif du Žumberak, à l'ouest de Zagreb.

Relief du musée des Uskoks de Senj

et prospéra grâce au commerce du bois d'œuvre. Confié aux Templiers après l'an 1000, il revint aux Frankopan puis passa sous l'autorité directe du roi de Hongrie. Pour endiguer la progression des Turcs, les Habsbourg y établirent le premier poste des confins militaires *(Vojna Krajina)*. Il ne reste que des fragments des puissants remparts qui protégeaient la place forte.

Château de Nehaj, au-dessus de Senj

Après la bataille de Mohács, en 1526, de nombreux réfugiés de Sinj et de Klis rejoignirent Senj où le gouverneur autrichien enrôla ces « Uskoks » dans son combat contre les Ottomans. L'un de leurs capitaines, Ivan Lenković, édifia entre 1553 et 1558 le **château de Nehaj.** Depuis le sommet d'une colline dominant la ville, il offrait aux sentinelles une vue imprenable sur le large et les navires en approche. De plan carré, il possède quatre tours d'angle en encorbellement. Restauré avec soin, il renferme au premier étage le **musée des Uskoks** qui retrace leur histoire. Ses fenêtres offrent un beau panorama de la baie.

La grand-place de Senj, Trg Cilnica, s'étend au fond. Le palais des Frankopan, construit en 1340 et remanié au XIXe siècle, lui fait face à côté d'anciens entrepôts de sel. Il faut s'éloigner de la mer pour atteindre la **cathédrale Sainte-Marie** (Sv. Maria). Élevée au XIIIe siècle et transformée à l'époque baroque, elle renferme des tombes ornées de reliefs Renaissance. Quatre statues en marbre décorent son maître-autel.

À courte distance de la place, le palais Vukasović servit de résidence à un capitaine uskok. Il abrite aujourd'hui le **musée de la Ville** (Gradski Muzej Senj) consacré à l'histoire locale. Se promener dans les rues et sur la Petite Place (Mala Placa ou Campuzia) permet de découvrir d'intéressants bâtiments Renaissance, dont l'hôtel de ville à la splendide loggia. À côté se dressent la tour Leonova Kula dédiée au pape Léon X et la petite et charmante église Sainte-Marie.

De Senj partent des bateaux pour Baška *(p. 79)* et l'île de Rab *(p. 82-83)*.

Aux environs

À 37 km au sud de Senj, le petit village de **Jablanac** s'étend en arc de cercle au fond d'une crique protégée. C'est un point d'embarquement pour l'île de Rab et une bonne base d'où partir à la découverte du massif du Velebit.

Vous pouvez y flâner pour ses maisons bien conservées et les découvertes archéologiques disséminées aux alentours. Le ban Stjepan Subić édifia en 1251 son château, aujourd'hui en ruines. L'église Saint-Nicolas qui se trouve dans le cimetière existait déjà en 1179. Elle doit son aspect actuel à une reconstruction effectuée au XVIe siècle.

Jablanac, au sud de Senj, point de départ pour l'île de Rab

Rab 34

Fenêtre du palais des Recteurs, ville de Rab

Longue arête montagneuse parallèle, l'île de Rab forme avec le massif du Velebit un chenal redouté des marins où s'engouffre la bora, un vent froid, violent et sec qui met à nu les rochers de cette partie du littoral. Protégée, la côte ouest jouit d'un climat très doux et possède une végétation beaucoup plus abondante où le maquis alterne avec des forêts de pins, de chênes et de chênes verts. C'est sur ce versant que les Romains fondèrent une cité fortifiée baptisée Arba. Elle est devenue l'actuelle ville de Rab dont le cachet attire de nombreux visiteurs. Ces derniers viennent aussi profiter des plages de sable, des criques isolées et d'une nature préservée.

Vue de Rab et de ses quatre campaniles

Ville de Rab

La capitale de l'île lui a donné son nom. Elle devint un évêché aux débuts du christianisme et des Slaves l'habitaient déjà au VIe siècle. Les Francs en firent la conquête et en confièrent l'administration à Venise, signant un traité de défense mutuelle qui resta en vigueur jusqu'en l'an 1000. La ville fut ensuite, par intermittence, sous l'autorité des rois de Hongrie jusqu'à son acquisition en 1409 par la Sérénissime République. Elle resta vénitienne jusqu'en 1797.

Elle a peu changé depuis et possède beaucoup de charme avec ses quatre campaniles qui lui donnent l'allure d'un grand voilier. Le long des trois rues principales, d'élégants bâtiments aristocratiques présentent des façades gothico-Renaissance. Les palais Nimira, Tudorin, Kukulič, Galzigna et Cassio ont conservé des portails romans. S'il ne reste rien des remparts médiévaux qui enserraient la vieille ville (Kalbanat) à la pointe sud de la péninsule, on peut voir un pan bien conservé de ceux édifiés au XVe siècle pour inclure le quartier de Varos dans la zone protégée par les fortifications.

La porte de la Mer, l'une des voies d'accès à la vieille ville

Loggia

Ulica Sdreanja, Rab.

Au point où s'élargit la grand-rue, ulica Sdreanja, une superbe loggia vénitienne bâtie dans le style Renaissance en 1506 voisine avec un grenier *(fondak)*. À gauche, une tour du XIVe siècle domine la porte de la Mer (Morska Vrata) qui mène à la place principale.

Palais des Recteurs

Knežev Dvor

Trg Municipium Arba, Rab. ***Tél.*** *(051) 724 064.* *appeler pour les horaires.*

Sur la place formant avec le port le cœur de la cité, l'hôtel de ville occupe un édifice dont les origines remontent au XIIIe siècle. De style roman, il connut un agrandissement gothique et un remaniement Renaissance. Une galerie d'arcades et des fenêtres à meneaux donnent une grande élégance à sa façade. La cour intérieure renferme des vestiges romains et médiévaux.

Monastère et église Saint-André

Sv. Andrija

Ulica Ivana Rabljanina, Rab.

Cette petite église romane attachée à un couvent bénédictin fondé en 1118 possède un clocher élevé le siècle suivant. C'est le plus vieux de Rab. Elle renferme un grand retable baroque en bois sculpté.

Cathédrale Sainte-Marie-Majeure

Katedrala Sv. Marija Velika

Ulica Ivana Rabljanina, Rab.

Le pape Alexandre III consacra en 1177 ce magnifique sanctuaire roman. Des arcatures aveugles et l'alternance de pierres roses et blanches animent la façade. Une *Déposition* (1514) par Petar Trogiranin décore son portail Renaissance. L'artiste dalmate exécuta également, en 1497, les fonts baptismaux. Les colonnes qui séparent les trois nefs possèdent des chapiteaux dont les ornements sculptés sont tous différents. Le baldaquin au-dessus du maître-autel remonte au VIIIe siècle. Il repose sur des colonnes datant de la construction de la cathédrale. Des stalles en bois de 1445 précèdent le chœur. Le campanile du XIIIe siècle, le plus haut de l'île, se dresse à 70 m de l'église et offre une vue exceptionnelle de la ville.

Clocher de la cathédrale Sainte-Marie-Majeure

Chapelle Saint-Antoine-de-Padoue

Sv. Antun

Ulica Ribara, Rab.

Bel exemple d'architecture religieuse baroque, ce charmant petit sanctuaire bâti en 1675 renferme un maître-autel incrusté de marbre et une *Vierge à l'enfant* (XVIIe s.) de l'école vénitienne.

Couvent franciscain Saint-Antoine-Abbé

Sv. Antun Opat

Rab. ***Tél.*** *(051) 724 064.*

appeler pour les horaires.

Derrière la cathédrale, à la pointe de la péninsule, le monastère fondé en 1497 par Magdalena Budrišić a connu depuis de nombreux remaniements. Des bâtiments gothiques originels ne subsiste que le chevet de l'église.

Église Saint-François

Sv. Frane

Parco Komrcar, Rab.

Au nord du centre-ville, le parc Kormcar renferme une église de 1491 associant les styles gothique et Renaissance. Elle possède une façade originale ornée de trois coquilles sculptées.

Autel de l'église Sainte-Justine Renaissance, Rab

Couvent et église Sainte-Justine

Sv. Justine

Gornja ulica, Rab. *temporairement pour reconstruction.*

Ce monastère consacré en 1578 était destiné à des nonnes issues de familles n'appartenant pas à la noblesse. L'église, dont le clocher couronné d'un dôme en bulbe date de 1672, abrite désormais un musée d'art sacré. Ses fleurons sont le crucifix du roi Koloman (1112) et le reliquaire de saint Christophe (XIIe siècle), protecteur de la ville. La collection comprend aussi un polyptyque (1350) par Paolo Veneziano et des Évangiles enluminés et rédigés en écriture glagolitique.

MODE D'EMPLOI

Plan B3. *9 200.* **Rab** *depuis Rijeka, Senj, Pag, Zadar; (051) 724 122.* *Mali Palid. (051) 724 189.* *Trg Municipium Arba 8, (051) 724 064.* *soirées musicales, église Sainte-Croix (juin-sept.) ; Joute de Rab (9 mai, 25 juin, 27 juil., 15 août)* **www**.tzg-rab.hr

Kampor

Le hameau de Kampor dissémine ses maisons en pierre au fond d'une longue baie (Kamporska Draga) où de nombreuses résidences de vacances ont été construites. Le monastère franciscain Sainte-Euphémie, fondé en 1446, s'ouvre à côté de l'église Saint-Bernard qui contient un polyptyque par Bartolomeo et Antonio Vivarini et une *Vierge à l'enfant* byzantine du XVIe siècle. Le cloître renferme diverses pierres tombales et le sarcophage de Magdalena Budrišić. Un petit musée présente une collection éclectique comprenant des manuscrits et des incunables.

Lopar

Ce village doit à sa plage de sable d'être devenu une station balnéaire permettant des activités telles que tennis et minigolf. De jolies criques desservies par un sentier creusent la splendide presqu'île de Lopar.

Polyptyque des frères Vivarini, église Saint-Bernard, Kampor

L'une des spectaculaires chutes d'eau des lacs de Plitvice ▷

Le parc national des lacs de Plitvice ㉟

Nacionalni Park Plitvička Jezera

D'une superficie de 300 km², le premier parc national créé en Croatie, en 1949, est inscrit au Patrimoine mondial de l'humanité de l'Unesco depuis 1979. Il protège un écosystème d'une beauté rare. Seize lacs reliés par des cascades s'étagent entre 636 m et 480 m d'altitude au sein d'une forêt primaire préservée. Dans leurs eaux très pures, les dépôts de travertin créent des formes étranges. Pour préserver cet équilibre fragile, les visiteurs ne peuvent se déplacer que sur des sentiers aménagés et dans des véhicules électriques : des bus et un bateau circulant sur le plus grand lac. Des hôtels offrent la seule forme d'hébergement.

Cabane au bord du lac

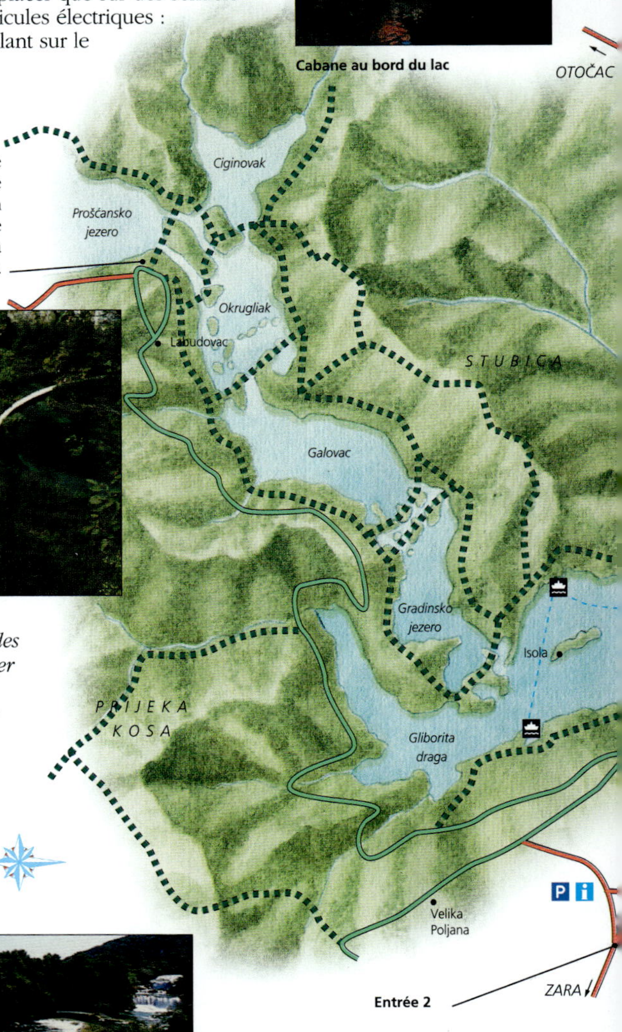

La faune aviaire compte 160 espèces, dont l'aigle, le busard de Gould, le faucon pèlerin, la huppe fasciée, le martin-pêcheur, le héron, la chevêche d'Athéna et la hulotte.

Passerelles
Des pontons de rondins et des barques permettent de longer les rives, de traverser les plans d'eau et de parcourir les forêts de sapins, de pins et de hêtres.

Forêts
Les animaux qui peuplent les espaces boisés du parc comprennent des loups, des lynx, des renards, des sangliers, des chevreuils, des chats sauvages, des loutres et des blaireaux.

Flore
La région abrite des espèces végétales très variées allant des nénuphars aux arbres gigantesques. La faune profite d'un dense sous-bois.

Les véhicules du parc, électriques, raccourcissent les distances à parcourir à pied.

LÉGENDE

- Route principale
- Desserte en bus
- Sentier piétonnier
- Desserte en bateau
- Embarcadère
- Informations touristiques
- Parc de stationnement

MODE D'EMPLOI

Plan C3.
(053) 751 014, 751 015.
été : t.l.j. 8h-coucher du soleil ; hiver : t.l.j. 9h-16h.
accès limité.
www.np-plitvicka-jezera.hr

Chutes d'eau
Des cascades dévalent les falaises d'un lac à l'autre. Des itinéraires balisés invitent à passer derrière.

La Korana
La rivière alimentée par le lac traverse des paysages spectaculaires et des gorges abruptes. Des bergers ont construit quelques cabanes sur ses rives où plusieurs scieries fonctionnent à l'énergie hydraulique.

LA DALMATIE

Plusieurs siècles d'étroites relations avec Venise ont donné une atmosphère italienne à la région la plus visitée de Croatie. Sa vocation touristique remonte à l'ancienne Yougoslavie. Après la période d'isolement provoquée par le conflit des années 1990, les étrangers reviennent en nombre profiter de ses criques rocheuses, de ses plages, de ses îles désertes et de ses villes splendides.

Lion de saint Marc de la porte de la Terre de Zadar

Au début de notre ère, après plus de deux siècles de guerre, les Romains réussirent à soumettre les tribus dalmates et liburnes et à les intégrer à l'empire. La région connut plusieurs siècles de prospérité jusqu'à l'arrivée d'envahisseurs nomades venus d'Asie, dont les Slaves au VIIe siècle.

En 915, les premiers rois croates fondèrent un nouvel État avec la bénédiction de l'autorité papale. Le retour de la paix et de la stabilité favorisa la construction d'édifices publics et religieux, le développement de villes protégées par des remparts, l'augmentation des échanges avec la côte italienne et l'épanouissement des arts et de la culture. Cette vitalité survécut à l'effondrement de l'État croate et son intégration au royaume de Hongrie au XIIe siècle. En 1409, celui-ci vendit les îles et la majorité des villes dalmates à Venise, mettant ainsi un terme à une longue série de conflits. Le XVIe siècle fut marqué par une deuxième période de grande fécondité intellectuelle. Les écrivains, les érudits, les sculpteurs, les architectes et les peintres de cette époque donnèrent ses fondements à l'évolution de l'art, de la culture et de la littérature croates.

À la fin du printemps, avant l'affluence d'été sur la route côtière, la Jadranska Magistrala, la Dalmatie compte parmi les régions les plus agréables d'Europe. Depuis Karlobag, la route sinue au pied du massif montagneux du Velebit et du plateau du Biokovo. Maquis et vignobles s'accrochent au flanc des collines parfumées par les éclatantes fleurs jaunes du genêt. Au large, la longue île de Pag d'aspect lunaire s'étend en parallèle au littoral. En continuant au sud-est, ce sont ensuite les archipels de Zadar et de Split, et enfin la charmante Mljet, qui se détachent sur l'azur de la mer.

Vue des toits de Šibenik et de la coupole de la cathédrale Saint-Jacques

◁ Champ de lavande sur l'île de Hvar

À la découverte de la Dalmatie

La ville de Zadar riche en monuments et les îles de son archipel dont un parc national protège la partie sud sont le fleuron du nord de la Dalmatie. La route du littoral atteint ensuite Šibenik, réputé pour sa vieille ville et sa cathédrale, puis Trogir, véritable joyau architectural. Les ruines de la cité romaine de Salona s'étendent à courte distance de Split, ville qui s'est développée à l'intérieur du palais de l'empereur Dioclétien. Après un écart vers l'intérieur pour franchir le delta de la Neretva, la « Magistrale » mène à Ston, point d'accès à la péninsule de Pelješac. Nichée sur un promontoire rocheux, la ville de Dubrovnik appartient au Patrimoine mondial de l'Unesco.

Clocher de la cathédrale de Zadar

CIRCULER

La voiture offre le moyen le plus confortable de visiter la région qui est très étendue. En été, toutefois, la circulation peut être très chargée. Le chemin de fer ne dessert ni les villes ni les villages, mais des bus fréquents circulent entre presque toutes les localités. Des ferry-boats assurent des liaisons régulières entre les grandes cités côtières et les îles les plus importantes *(p. 278-279)*. Il est possible de louer des voiliers et des bateaux à moteur *(p. 258)*.

L'imposante tour Minčeta de Dubrovnik

CARTE DE SITUATION

D'UN COUP D'ŒIL

Archipel de Zadar *p. 96-97* (2)
Badija (30)
Brač (19)
Cavtat (35)
Drniš (9)
Dubrovnik *p. 140-147* (33)
Gradac (24)
Hvar *p. 126-127* (21)
Îles Élaphites (34)
Klis (12)
Knin (10)
Konavle (36)
Korčula p. 132-134 (29)
Lastovo (31)
Makarska (23)
Marina (14)
Narona (26)
Neum (27)
Nin (4)
Omiš (22)
Opuzen (25)
Pag *p. 102-103* (6)
Parc national des Kornati *p. 98-99* (3)
Parc national de la Krka *p. 104-105* (7)
Parc national de Mljet *p. 136-137* (32)
Parc national de Paklenica (5)
Presqu'île de Pelješac (28)
Primošten (13)
Salona *p. 116-117* (16)
Šibenik *p. 106-109* (8)
Sinj (11)
Šolta (18)
Split *p. 118-123* (17)
Trogir *p. 112-115* (15)
Vis (20)
Zadar *p. 92-95* (1)

Île de Dugi Otok dans l'archipel de Zadar

VOIR AUSSI

- ***Hébergement*** p. 226-230
- ***Restaurants*** p. 243-246

Zadar ❶

Zadar occupe une étroite péninsule dont les premiers habitants étaient des Illyriens. La ville doit son plan actuel et son forum aux Romains qui en firent une importante municipe dont le port commerçait le vin et le bois d'œuvre. Au Moyen Âge, elle devint la principale base de la flotte byzantine, puis, aux XIIe et XIIIe siècles, un objet de conflit entre le roi de Hongrie et Venise. Celle-ci finit par l'acheter, en 1409, payant 100 000 ducats d'or les îles et villes dalmates. Rebaptisée Zara, la ville connut alors une période de prospérité marquée par la construction d'églises et de palais. Rattachée à l'Italie en 1920 par le traité de Rapallo, elle subit d'importants dommages pendant la Seconde Guerre mondiale, puis perdit la majorité de ses habitants italophones au moment de la création de la Yougoslavie en 1947.

La porte de la Mer incorpore un arc de triomphe romain

Tour médiévale de Babljа Kula et pan de remparts

Porte de la Terre ferme et remparts

Kopnena Vrata

Chargé de bâtir des murailles en mesure de défendre la ville d'une attaque turque par la terre, l'architecte véronais Michele Sanmicheli dota celles-ci, en 1543, d'une porte majestueuse. Deux passages pour piétons encadrent l'ouverture principale où saint Chrysogone, le patron de la ville, apparaît à la clé de voûte sous le lion de Venise.

Derrière la porte, on découvre quelques vestiges des fortifications, l'ancien arsenal vénitien et la place de la Libération (trg Zoranica) dont une colonne romaine occupe le centre. Une tour médiévale, Babljа Kula, la borde. Elle domine les cinq margelles de puits de trg Pet Bunara. Elles servaient à puiser l'eau d'une vaste citerne construite au XVIe siècle.

Église Saint-Siméon

Sv. Šime

Trg Šime Budinića. ***Tél.*** *(023) 211 705.* *avant la messe.*

D'origine romane, ce sanctuaire fut remanié en 1632 dans le style baroque pour abriter le corps de saint Siméon, conservé dans un reliquaire plaqué d'or et d'argent de près de 2 m de long. Exécuté entre 1377 et 1380 par Francesco da Milano, il repose sur deux anges et ses reliefs illustrent des épisodes de la vie du saint.

Parmi les autres œuvres d'art dignes d'intérêt figure une *Vierge et des saints* peinte par un artiste vénitien et parée à la feuille d'argent par un orfèvre local en 1546.

Place du Peuple

Narodni trg

La place où se tenaient au Moyen Âge les débats politiques et les échanges commerciaux reste aujourd'hui le centre de la vie publique. L'hôtel de ville date de 1938. Michele Sanmicheli construisit en 1565 la loggia municipale (Gradska loza) de style Renaissance. Elle accueille désormais des expositions temporaires.

En face, le Musée ethnographique occupe l'ancienne Garde municipale édifiée au XVIe siècle et dotée en 1798 d'une tour de l'horloge. Les objets et les costumes exposés proviennent de toute la Croatie.

Porte de la Mer

Vrata Sv. Krševana

Œuvre de Michele Sanmicheli, cette ouverture dans les remparts date de 1573. Elle incorpore un arc de triomphe romain dédié aux Sergi. Du côté du port, elle arbore le lion de saint Marc et une plaque commémorant la victoire des chrétiens à la bataille navale de Lépante en 1571. Sur l'autre face, une inscription rappelle la visite du pape Alexandre III en 1177.

Église Saint-Chrysogone

Sv. Krševan

Poljana Pape Aleksandra III.
pendant la saison de concerts.

Des bénédictins fondèrent avant l'an 1000 un couvent à l'emplacement du marché romain. Il n'en reste que l'église, reconstruite en 1175. Un temps très réputé pour sa bibliothèque et la qualité des manuscrits enluminés produits par son *scriptorium,* le monastère n'a pas survécu à la Seconde Guerre mondiale. Le sanctuaire offre

Chevet de l'église Saint-Chrysogone

Hôtels et restaurants de la région p. 226-230 et p. 243-246

un bel exemple d'architecture romane avec ses arcatures aveugles. Des colonnes provenant d'un édifice précédent séparent ses trois nefs. L'abside conserve des fresques du XIIIe siècle et un crucifix roman. Le maître-autel baroque est un ajout du début du XVIIIe siècle. Ses quatre statues en marbre représentent les saints patrons de Zadar : Chrysogone, Zoïle, Siméon et Anastasie.

Musée archéologique

Arheološki Muzej

Trg opatice Čike 1. ***Tél.*** *(023) 250 516.*
été : lun.-ven. 9h-13h, 17h-20h, sam. 9h-13h, dim. 17h-20h ; hiver : lun.-ven. 10h-13h, 16h30-18h30, sam. 9h-13h. *sur r.-v.*

La collection archéologique présentée dans un bâtiment moderne sur l'ancien forum provient de toute la région de Zadar et de ses îles. Elle comprend de la verrerie et des fragments architecturaux romains, ainsi que des objets liturgiques paléochrétiens et médiévaux. Le deuxième étage est consacré à la préhistoire.

Sobre façade Renaissance de l'église Sainte-Marie

Église Sainte-Marie et musée d'Art sacré

Sv. Marija i Zlato i Srebro Zadra

Zeleni trg. ***Tél.*** *(023) 250 496.*
été : lun.-sam. 10h-12h30, 18h-20h, dim. 10h-12h-30 ; hiver : lun.-sam. 10h-12h30, 17h-18h30.

Sur la place baptisée Zeleni trg, l'église Sainte-Marie possède un haut campanile roman élevé pour le roi Koloman en 1105. Construite en 1066 et maintes fois remaniée, elle abrite derrière une façade Renaissance des stucs rococo datant de 1744. Le monastère voisin renferme le superbe musée d'Art sacré. Ses collections couvrent une période allant du VIIIe au XVIIIe siècle et comptent des chefs-d'œuvre du Moyen Âge et du début de la Renaissance, dont un polyptyque peint en 1487 par Vittore Carpaccio.

Sculpture, musée d'Art sacré

MODE D'EMPLOI

Plan C4. *76 500.* *Zemunik 12 km, (023) 313 311.* *(023) 212 555.* *A Starčevića 1, (023) 211 555.* *Jadrolinija : (023) 254 800.* **municipal :** *Ilije Smiljanića, (023) 212 222, 212 412 ;* **régional :** *Sv. Leopolda Mandića 1, (023) 315 316, 315 107.* **www**.zadar.hr *soirées musicales à Saint-Donat (juil.-août), été théâtral.*

ZADAR : LE CENTRE-VILLE

Cathédrale Sainte-Anastasie ⑩
Église Saint-Chrysogone ⑤
Église Saint-Donat p. 95 ⑨
Église Sainte-Marie et musée d'Art sacré ⑦
Église Saint-Siméon ②
Forum ⑧
Musée archéologique ⑥
Place du Peuple ③
Porte de la Mer ④
Porte de la Terre ferme et remparts ①

Légende des symboles *voir dernier rabat*

Forum

Le cœur de la cité romaine était une vaste place, longue de 95 m et large de 46, dont l'aménagement dura du Ier siècle av. J.-C. au IIIe apr. J.-C. Un portique l'entourait sur trois côtés. Il en subsiste une colonne corinthienne, transformée en pilori au Moyen Âge, sur Zeleni trg. La place renferme également une partie du dallage antique et les fondations de plusieurs boutiques et de la basilique où se tenaient les réunions publiques.

Façade romaine de la cathédrale Sainte-Anastasie

Cathédrale Sainte-Anastasie

Katedrala Sv. Stošije

Forum. ***Tél.*** *(023) 251 708.*

t.l.j. 8h-13h, 17h-18h30.

La cathédrale de Zadar a pour origine un sanctuaire paléochrétien du IVe siècle. Elle est consacrée à sainte Anastasie depuis que l'empereur byzantin en confia les reliques à saint Donat au IXe siècle.

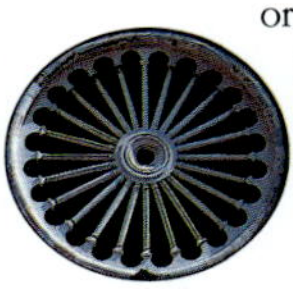

Rosace, Sainte-Anastasie

Reconstruite dans le style roman aux XIIe et XIIIe siècles, elle possède une haute nef centrale encadrée de deux bas-côtés et prolongée par une abside de plan semi-circulaire. Son élégante façade rythmée d'arcatures aveugles fut achevée en 1324. Deux rosaces, l'une romane, l'autre gothique, la percent. Le bas-relief du tympan du portail central montre la Vierge entre sainte Anastasie et saint Chrysogone. L'agneau mystique décore les deux portails latéraux.

À l'intérieur, les colonnes qui séparent les trois nefs proviennent pour certaines du forum romain dont la cathédrale occupe une partie de l'emplacement. Le Vénitien Matteo Moronzoni sculpta au début du XVe siècle les stalles du chœur. Le maître-autel au parement préroman s'élève sous un baldaquin gothique de 1332 supporté par quatre colonnes corinthiennes.

Autel de la nef droite, Sainte-Anastasie

Les autels latéraux sont principalement baroques. Une peinture Renaissance de Palma le Jeune orne l'un d'eux. Dans la nef droite, après l'imposant autel dédié au Saint-Sacrement, s'ouvre l'accès au baptistère hexagonal, reconstruction à l'identique de l'originel du VIe siècle détruit pendant la Seconde Guerre mondiale. Le campanile entrepris en 1452 s'élève à côté de l'église. L'architecte britannique Thomas G. Jackson lui donna ses étages supérieurs au XIXe siècle.

PLAN DE LA CATHÉDRALE SAINTE-ANASTASIE

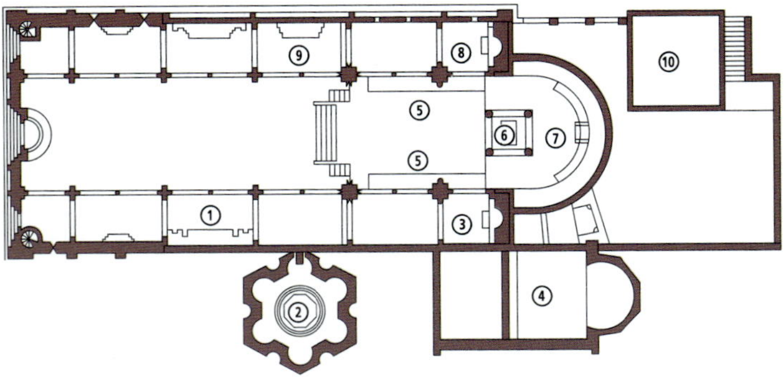

LÉGENDE

1. Autel du Saint-Sacrement
2. Baptistère
3. Pilastre romain
4. Sacristie
5. Stalles du chœur
6. Maître-autel et baldaquin
7. Chaire de l'évêque
8. Chapelle Sainte-Anastasie
9. Autel des Âmes du purgatoire
10. Campanile

0 15 m

Zadar : église Saint-Donat

Sv. Donat

L'église était à l'origine consacrée à la Sainte Trinité, avant de prendre le nom de l'évêque qui en commanda la construction au IXe siècle. C'est un exemple rare d'architecture byzantine en Dalmatie où des vestiges antiques, dont le pavement du forum, ont été remployés. Trois absides entourent la nef centrale circulaire. Une galerie fait tout le tour de l'intérieur. Elle permettait jadis aux femmes d'assister à l'office. Le bâtiment n'a plus de fonction religieuse depuis 1797 mais il possède une bonne acoustique et accueille souvent des concerts.

MODE D'EMPLOI

Forum. (023) 250 516.
été : 9h-23h ; hiver : 9h-15h.

Extérieur
La pierre de Dalmatie qui servit à la construction provient pour une grande part du forum antique.

Dôme
La couverture conique de la nef centrale atteint une hauteur de 27 m.

Les absides sont de plan circulaire. Celle du centre abritait le maître-autel.

Galerie des femmes
L'église renferme un matroneum, une tribune réservée aux femmes. Soutenue par six pilastres et deux colonnes provenant du portique du forum romain, elle divise le volume intérieur en deux niveaux.

Les murs intérieurs ont perdu toutes leurs décorations, ce qui rend visibles les éléments de remploi.

Fragments lapidaires romains
Des dalles du forum romain servirent au pavement. Les murs, l'entrée et la galerie incorporent d'autres fragments antiques.

L'archipel de Zadar ❷

Crucifix de Saints-Côme-et-Damien, Pašman

Formé des sommets d'une ancienne chaîne de montagnes parallèle au massif du Velebit et aujourd'hui presque entièrement submergée, l'archipel de Zadar comprend plus de 300 îles baignées par une eau cristalline. Une végétation méditerranéenne et des oliveraies couvrent les plus grandes dont une douzaine sont habitées. Regroupée en petites communautés, leur population vit de la pêche, de l'agriculture et de l'élevage. Des ferry-boats assurent des liaisons quotidiennes entre Zadar et les plus grandes îles qui renferment quelques hôtels. Partout, les visiteurs peuvent trouver à se loger chez l'habitant.

Dugi Otok, la plus grande île de l'archipel de Zadar

Dugi Otok

La « longue île » est la plus vaste de l'archipel avec une superficie de 124 km². Sa population se répartit dans une dizaine de villages. Dans sa partie nord et dans ses zones les plus plates, ses habitants pratiquent la pêche et l'agriculture. Le Sud, plus accidenté, est dévolu à l'élevage de moutons. La côte présente à l'ouest un visage rocheux et désolé, tandis que des plages et des baies s'ouvrent dans le littoral oriental.

Proche de Zadar, Dugi Otok séduit les citoyens fortunés depuis l'époque romaine. Ils y ont construit des résidences de villégiature, et **Sali,** le chef-lieu et plus grand port, conserve des maisons de styles gothique flamboyant et Renaissance. L'église Sainte-Marie-de-l'Assomption est également de style Renaissance. Elle abrite des peintures par Juraj Čulinović (1433-1505).

Au sud de Sali commence le parc national des Kornati fondé en 1980 *(p. 98-99)*. Au nord, la longue baie de Telašćica forme un port naturel dont tira jadis profit la flotte vénitienne. Elle s'achève d'un côté par une falaise abrupte et donne de l'autre sur une épaisse forêt de pins. La région est en cours de reboisement depuis un incendie en 1995.

Près de la pointe nord de l'île, le village de pêcheurs de Božava renferme une petite église du xᵉ siècle dédiée à saint Nicolas. Une sculpture y représente des saints arabes.

Ugljan

Cette île verdoyante de 22 km de long pour une superficie de 50 km² possède une population de 7 600 habitants répartis dans de petits villages le long du littoral oriental. Le plus grand, Ugljan, abrite le monastère Saint-Jérôme fondé par des franciscains au xvᵉ siècle. La bibliothèque contient de nombreux ouvrages écrits en glagolitique.

Le bourg de **Preko** est de fondation plus récente. Les résidents aisés de Zadar y possèdent des villas et les visiteurs y disposent d'hôtels, de campings et de chambres chez l'habitant. La forteresse Saint-Michel bâtie par les Vénitiens sur une colline de 265 m d'altitude offre un panorama splendide. Un pont relie Ugljan à Pašman.

Vue depuis la forteresse Saint-Michel, Preko

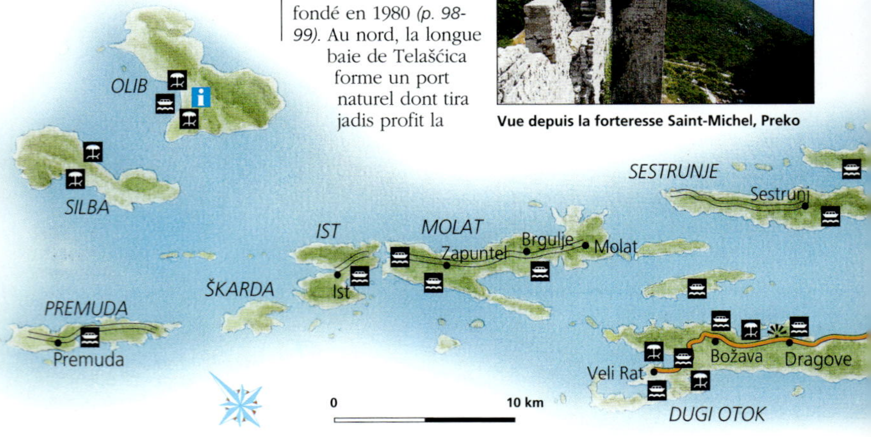

Monastère Saints-Côme-et-Damien

Pašman

Des vignobles couvrent la partie occidentale de cette île sauvage et moins touristique qu'Ugljan. À l'est, un épais maquis s'étend jusqu'au bord de l'eau et quelques plages de galets. Les 3 500 habitants vivent dans des villages situés sur la côte faisant face au continent.

Au sud du port de pêche de Pašman, la principale localité, **Tkon,** s'étage à flanc de colline au-dessus d'un embarcadère de ferry-boats. Au nord de Tkon, sur le mont Čokovac d'où s'ouvre une belle vue, des bénédictins fondèrent en 1125 le **monastère Saints-Côme-et-Damien** (Sv. Kuzma i Damjan). Sa bibliothèque est riche en documents rédigés en écriture glagolitique. Concédé aux franciscains, il fut reconstruit selon le style gothique au XVe siècle. La petite église à nef unique abrite de belles sculptures, dont un crucifix en bois peint. La cour renferme quelques vestiges d'un sanctuaire du VIe siècle.

Premuda

Entrée dans l'histoire le 10 juin 1918, quand une bataille navale entre les flottes italienne et autrichienne se déroula au large, la plus isolée des îles habitées de l'archipel compte moins de 100 âmes pour une superficie de 9 km². Il n'existe qu'un village, également baptisé Premuda. À défaut d'hôtel, les visiteurs peuvent louer des chambres chez l'habitant. Ils profiteront de plages magnifiques, d'épaisses forêts de pins et du calme offert par l'absence de véhicules privés. Des ferry-boats assurent plusieurs liaisons hebdomadaires avec Zadar.

Molat

Plusieurs centaines de personnes vivant de la pêche et de l'agriculture habitent les trois villages de Molat. L'île compte deux ports, Zapuntel, l'embarcadère habituel des ferry-boats, et Brgulje, où ils accostent quand Zapuntel est inabordable.

L'île s'est peuplée au cours des siècles où elle appartenait à la république de Venise. Celle-ci favorisa l'établissement d'une communauté religieuse afin de renforcer son développement. Du monastère qu'elle occupait ne subsiste que l'église Saint-André.

Il n'existe pas d'hôtel, mais les visiteurs peuvent se loger chez l'habitant à Molat, Zapuntel et Brgulje. La côte rocheuse recèle des criques. Les forêts, longtemps surexploitées, font l'objet d'un programme de reboisement.

MODE D'EMPLOI

PLAN B-C4. *capitainerie : (023) 254 888 ; Jadrolinija: (023) 254 800.*
Zadar *Sv. Leopolda Mandića 1, (023) 315 107.*
www.zadar.hr
Dugi Otok *Obala L. Lorinija, Sali, (023) 377 094.*
www.dugiotok.hr
Ugljan *Preko, (023) 288 011.*
www.ugljan.hr

Olib

Environ 700 personnes vivent dans le petit village d'Olib qui renferme plusieurs maisons et une tour du XVIe siècle. L'église Sainte-Anastasie construite à la même époque faisait jadis partie d'un monastère. Le presbytère contient des manuscrits et des livres saints en glagolitique, ainsi que de nombreux fragments lapidaires qui confirment une occupation romaine de l'île. Sur la côte alternent falaises rocheuses, criques et plages de sable. Ceux qui aiment le calme peuvent louer des chambres chez l'habitant.

Sur une route de la paisible île d'Olib

Hôtels et restaurants de la région p. 226-230 et p. 243-246

Parc national des îles Kornati ❸

Nacionalni Park Kornati

Au sud de l'archipel de Zadar, l'archipel des Kornati, baptisé d'après sa plus grande île, Kornat, comprend 147 îles et îlots pratiquement inhabités et où ne pousse qu'une végétation rase ou clairsemée. Depuis 1980, un parc national de 220 km², totalisant une longueur de côte de 238 km, protège 89 îles. Ce parc préserve une faune marine longtemps surexploitée. La pêche y est néanmoins autorisée, à l'instar de la plongée, contre paiement d'un forfait journalier. Le camping est en revanche interdit. Des cabanes de pêcheurs et de bergers, sans eau courante ni électricité, offrent la seule forme d'hébergement.

L'une des rares maisons des îles Kornati

À la découverte du parc national des îles Kornati

Sommets d'une chaîne montagneuse submergée il y a 20 000 ans, les îles Kornati possédaient à l'origine une végétation beaucoup plus abondante. À l'époque romaine, les plus importantes servaient de sites de villégiature aux prospères citoyens de Zadar. Les vestiges d'une villa dotée de pavements en mosaïque, d'un vivier et de thermes, y ont été notamment mis au jour.

Après avoir longtemps servi de base à la flotte vénitienne, ces îles devinrent à la fin du XIXe siècle la propriété privée d'habitants de la presqu'île de Murtez qui y faisaient paître des moutons et des chèvres. Les bergers abattirent alors les arbres et brûlèrent le maquis pour créer des zones de pâturage où les animaux paissaient librement. Des murs de pierre sèche délimitaient les propriétés et formaient des enclos où réunir les animaux.

Les îles les plus proches du continent renferment quelques habitations toutes bâties sur le même principe. Elles comportent une bergerie en appentis et un foyer en plein air pour la cuisson du fromage. Beaucoup possèdent aussi leur propre jetée.

Les zones émergées représentent moins d'un quart de la superficie du parc. Leur aridité met en valeur des formations géologiques comme les dolines typiques des formations karstiques *(p. 75)* et de hautes falaises tombant dans la mer. La seule zone boisée se trouve dans la partie sud de Dugi Otok *(p. 96)*, autour de la baie de Telašćica.

Les eaux de l'archipel recèlent une flore et une faune beaucoup plus riches avec 350 espèces végétales et 300 animales. Les visiteurs peuvent les découvrir librement avec un tuba. En revanche, ils doivent faire partie d'un groupe approuvé pour plonger avec des bouteilles.

Le voilier constitue le meilleur moyen de découvrir le parc et ses îles. Des croisières organisées partent de Murter et de Zadar.

Vue aérienne de l'archipel

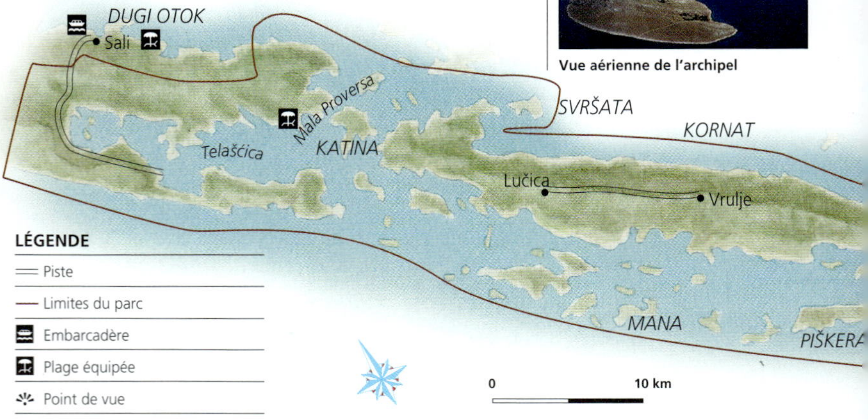

Abruptes falaises de craie de l'île de Kornat

Kornat
Sur la plus grande île du parc se dressent une petite église médiévale dédiée à la Vierge et une tour de guet baptisée du nom vénitien de Toreta. Il s'agit toutefois d'un ouvrage militaire byzantin remontant au VIe siècle. Le hameau de Vrulje, le principal site d'habitation de l'archipel, s'enorgueillit de posséder trois rues. Non loin, la **Vela Ploča** est une spectaculaire formation géologique. Cette « grande plaque » calcaire évidée par la mer mesure 200 m de long sur 150 m de large.

Mala Proversa
Le détroit de Mala Proversa sépare Dugi Otok de l'île de **Katina.** On y a retrouvé des ruines romaines : les vestiges d'une villa, d'un bassin à poissons et d'une immense citerne qui alimentait en eau les pièces de la demeure. Les quelques mosaïques mises au jour se trouvent au Musée archéologique de Zadar *(p. 93)*.

Lavsa
Destination touristique appréciée pour ses jolies criques, l'île de Lavsa conserve les ruines d'un mur en partie submergé, unique vestige d'une ancienne saline romaine.

Piškera
Il existe aussi des traces de présence romaine sur Piškera. L'unique village, aujourd'hui presque entièrement en ruine, compta jusqu'à une cinquantaine de maisons, un entrepôt à poissons et une tour logeant un percepteur. Sa petite église dédiée à la Vierge date de 1560.

Des eaux d'un bleu profond baignent des terres dénudées

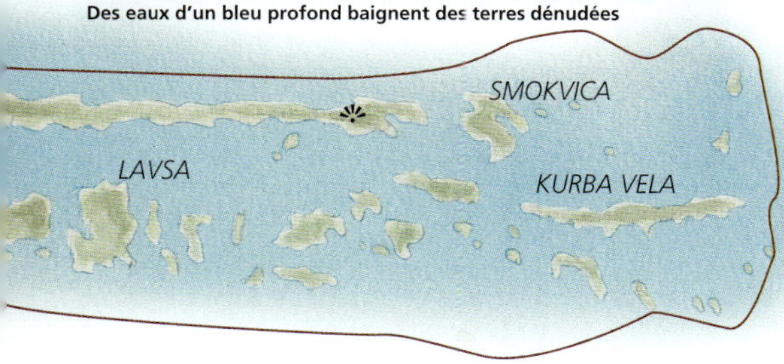

MODE D'EMPLOI

Plan C4. *depuis Biograd, Murter, Šibenik, Vodice, Zadar.*
Parc national des îles Kornati
(022) 435 740.
www.kornati.hr
www.kornati.com

Svršata
Cette petite île recèle une curiosité : deux murs qui s'enfoncent dans la mer où ils en rejoignent un autre. On suppose que ce réservoir carré servait à conserver des poissons vivants.

Mana
Ses falaises semi-circulaires ont établi la réputation de la petite île de Mana. En s'y brisant, les vagues produisent une écume qui peut s'élever jusqu'à 40 m. Les ruines au sommet des parois rocheuses furent construites pour un film de 1961.

LES ÎLES KORNATI EN BATEAU

Le bateau permet de profiter de la beauté de l'archipel. Si le plus simple consiste à s'inscrire à l'une des nombreuses excursions proposées depuis Dugi Otok et diverses villes du continent, il est également possible de louer un voilier. Piškera possède le seul port, ouvert de mai à septembre. L'électricité et l'eau potable y sont rationnées.

L'archipel des Kornati est un paradis pour les plaisanciers

Nin ❹

Plan C4. *1 700.* *Zadar, 24 km.* *Zadar, 36 km.* *Zadar, 36 km.* *Trg hrvatskih branitelja 1, (023) 264 280.*

Fondé par les Liburnes, ce bourg s'étend sur un îlot relié à la terre ferme par deux ponts de pierre. Il prit son essor à l'époque romaine où il portait le nom d'Aenona, puis devint l'un des premiers sites d'établissement permanent de Croates. Siège d'un évêché à partir du IXe siècle et foyer de rayonnement de l'écriture glagolitique, il fut au centre de la longue controverse entre le pape et le clergé local sur l'usage liturgique de la langue croate.

La perte du siège épiscopal au XIIe siècle marqua la fin de son âge d'or. Ravagé par la malaria, difficile à défendre, Nin fut deux fois dévasté lors du conflit avec les Turcs. Les rares monuments à avoir survécu datent de sa période de gloire entre le IXe et le XIIe siècle.

À l'intérieur des murs, au sein d'un champ de fouilles, la petite **église Sainte-Croix** (Sv. Kriz) du IXe siècle compte parmi les plus beaux édifices religieux préromans du pays *(p. 22)*. Elle porte gravé au linteau le nom du préfet Gladeslaus qui commanda sa construction. Non loin, l'**église Saint-Anselme** (Sv. Anselm) occupe l'emplacement de l'ancienne cathédrale fondée au VIe siècle. Reconstruite au XVIIIe siècle, celle-ci vaut pour son trésor comprenant des reliquaires exécutés entre le XIIe et le XVe siècle. À l'extérieur, une statue d'Ivan Meštrović représente l'évêque Grégoire de Nin qui défendit l'usage du croate dans la liturgie.

Sainte-Marie, petite église romane de Ljubač près de Nin

Au bout de la grand-rue, Zadraska ulica, un petit musée archéologique expose des vestiges préhistoriques, romains et médiévaux. L'**église Saint-Ambroise** (Sv. Ambroz) romano-gothique précède la porte fortifiée de la partie la mieux conservée des remparts.

Églises Sainte-Croix, Saint-Anselme et Saint-Ambroise
(023) 264 160, 264 162 (Musée archéologique). *Sur r.-v.*

Statue de Grégoire de Nin par Ivan Meštrović

Aux environs

À courte distance au sud-ouest de Nin, à Prahulje, la curieuse **église Saint-Nicolas** (Sv. Nikola) couronne un tumulus illyrien. Construite au IXe siècle et de plan trilobé, elle abritait jadis les tombeaux de nobles de la cour des princes Višeslav et Branimir. Ils se trouvent aujourd'hui au Musée archéologique de Zadar. Exemple particulièrement bien conservé d'architecture primitive croate, Saint-Nicolas doit son étrange silhouette à une tour de guet octogonale ajoutée au sommet de sa coupole au XVIe siècle, pendant l'invasion turque.

À 13 km au nord-est de Nin, **Ljubač** conserve les ruines des remparts, des tours et des bâtiments centraux du Castrum Ljubae édifié au Moyen Âge par les Templiers et laissé à l'abandon après la dissolution de l'ordre. Beaucoup mieux conservée, l'**église Sainte-Marie** aux trois absides caractéristiques du style roman date du XIIe siècle. Près du village, la petite église Saint-Jean est, elle aussi, d'origine médiévale.

Église Saint-Nicolas
Tél. *(023) 264 160.* *sur r.-v.*

Église Saint-Nicolas de Prahulje, à la sortie de Nin

Salines de Pag exploitées depuis l'époque romaine

UNE TERRE DE SALINES

Le commerce du sel était une activité très lucrative au Moyen Âge. En haute Adriatique, trois zones se prêtaient à la production : l'embouchure de la Drajonga marquant désormais la frontière entre la Slovénie et la Croatie, la baie de Pag et les basses terres autour de Nin. Deux chaînes de collines protègent les salines de Pag. D'origine romaine, elles étaient les plus importantes et les plus profitables à l'époque médiévale. Elles le restent aujourd'hui. Depuis l'Antiquité, de nombreux conflits ont eu pour enjeu leur possession.

Parc national de Paklenica ❺

Nacionalni Park Paklenica

Plan C4. *8 Starigrad Paklenica, (023) 369 202, 369 155.* *t.l.j. 8h-16h.* **www**.paklenica.hr

L'entrée principale se trouve à l'est de Starigrad Paklenica, près du village de Marasovići, à mi-chemin entre Karlobag et Zadar sur la Magistrala, la route côtière E65. La zone protégée renferme deux gorges creusées dans le calcaire : la Velika Paklenica d'un accès relativement aisé et la Mala Paklenica plus sauvage et plus difficile.

Depuis le bureau du parc, un sentier conduit à un vieux moulin puis à un tunnel artificiel accueillant des expositions. Il longe ensuite une falaise de 400 mètres de hauteur, très appréciée des grimpeurs. Il faut compter un peu moins de deux heures de marche en terrain plat pour rejoindre une cabane forestière où se rafraîchir. En cours de route, deux promenades permettent de profiter d'un panorama plus ouvert. Un premier sentier rejoint à droite le sommet de l'Anića kuk (712 m). Un peu plus loin à gauche, un deuxième mène à la Manita peć, une grotte aux belles concrétions calcaires qui ne peut être visitée qu'avec un guide.

Lys du jardin botanique du parc national de Paklenica

De nombreux autres parcours s'offrent aux randonneurs au sein d'une nature préservée où vivent aigles royaux, vautours fauves, faucons pèlerins, ours, sangliers, renards, chevreuils et lièvres.

Long de près de 150 km, le **Velebit** possède une topographie typique des reliefs karstiques avec des dolines et des plateaux séparés par de profondes fissures. Le vent et l'eau y ont sculpté d'étranges formations rocheuses baptisées *kukovi*. Moins de 10 km à vol d'oiseau séparent son point culminant, le Vaganski vrh (1 758 m), de l'Adriatique. Il doit à ces influences contrastées une flore comptant 2 700 espèces et une faune riche en grands oiseaux de proie. En 1978, l'Unesco a accordé le statut de « réserve de la biosphère » à cet écosystème exceptionnel.

Vautour fauve, parc national de Paklenica

Le parc renferme aussi un intéressant **jardin botanique** (Botanički Vrt) fondé en 1966 à une altitude de 1 576 m sur les pentes du mont Zavisan.

Les grottes de Cerovac se trouvent près de Gračac. Découvertes en 1912 lors de la construction de la voie ferrée, elles ont une longueur totale de 4 km, mais 700 m seulement sont ouverts aux visiteurs. Il y règne une température moyenne de 11°C. Le pont de Maslenica offre un bon point de départ d'où rejoindre les grottes et le jardin botanique.

Sur l'un des nombreux sentiers du parc national de Paklenica

Pag ❻

Longue de 63 km et constituée de deux crêtes rocheuses parallèles à la côte, l'île de Pag enserre à son extrémité sud une baie profonde au rivage creusé de criques. Les Liburnes s'y installèrent vers 1200 av. J.-C., mais elle était habitée depuis le néolithique. Après la conquête de la Dalmatie par Publius Cornelius Scipio au Ier siècle apr. J.-C., les Romains y construisirent la ville de Cissa et le port fortifié de Navalia. De cette époque de prospérité ont survécu les pavements en mosaïque de plusieurs villas et un aqueduc. Des Slaves s'établirent à Pag au VIe siècle pour y élever des moutons, puis, à partir du Xe siècle, l'île eut le statut de duché autonome. Ses salines *(p. 100)* éveillèrent la convoitise des habitants de Zadar qui ravagèrent sa capitale, Stari Grad, à la fin du XIVe siècle. L'île devint vénitienne en 1403 et la construction de l'actuelle ville de Pag commença en 1443.

Côte aride et dénudée exposée à la bora

À la découverte de Pag

Un pont relie la pointe orientale de Pag à la route côtière la Magistrala (E65). Exposé à la bora, ce vent sec et violent qui dévale des hauteurs du Velebit, le littoral qui fait face au continent ne porte qu'une végétation rase qui laisse dénudés ses rochers blancs. Des murs en pierre sèche délimitent les zones de pacage. Au nord, des vignes produisent un vin blanc réputé, le Žutica. Un peu plus plate, la côte sud-ouest possède quelques petites plages. Mieux protégée du vent, elle présente un visage plus souriant avec ses oliveraies. Dans les zones non cultivées

Moutons au pacage

poussent le maquis et des herbes aromatiques, de la sauge en particulier. L'élevage ovin reste une activité importante dans toute l'île où le lait de 30 000 brebis sert à la fabrication du *paški sir,* un fromage nappé d'huile d'olive avant une longue maturation. Ces techniques ancestrales renforcent le goût particulier donné par les plantes parfumées entrant dans l'alimentation des troupeaux.

Ville de Pag

La petite capitale de l'île occupe le fond d'une baie protégée faisant face au continent. Le roi Bela IV lui accorda le statut de ville libre en 1244. Elle ne survécut pas à un raid de mercenaires commandés par des Zadarois en 1393, comme le révèlent les ruines du quartier ancien, Stari Grad, qui entourent l'église Sainte-Marie romane.

LA DENTELLE, SYMBOLE DES TRADITIONS DE PAG

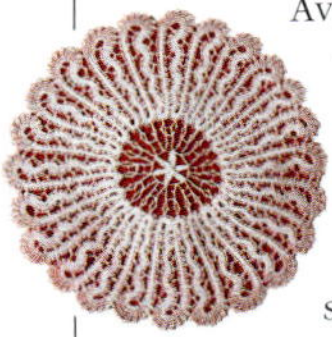

Napperon en dentelle

Avant d'être renommée pour ses eaux limpides et son délicieux fromage de brebis, Pag s'est fait connaître par la finesse des entrelacs créés à l'aiguille par ses habitantes. La tradition remonte à la Renaissance, mais aujourd'hui encore, on peut voir aux beaux jours les dentellières installées sur le pas de leurs portes. Les dentelles servaient à l'origine à l'ornementation des éléments du costume, notamment la coiffe. Elles avaient toujours un motif strictement géométrique. L'ouverture d'une école, en 1905, a entraîné une diversification des modèles et des supports. Elle abrite un lieu d'exposition et on peut y faire des achats.

Palais des ducs sur la grand-place de Pag

L'aménagement de la ville actuelle commença en 1443 d'après des plans de l'architecte Juraj Dalmatinac (Georges le Dalmate). Les citoyens de Pag en prirent officiellement possession en 1474.

Grâce aux revenus des salines, l'île connut sous l'autorité vénitienne une longue période de prospérité marquée par la construction, entre le XVe et le XVIIIe siècle, d'importants édifices publics et de l'église paroissiale, localement appelée cathédrale.

Si la ville a conservé son plan initial en damier, il ne reste qu'une porte et deux bastions de son enceinte fortifiée. Démolie à la fin du XIXe siècle, elle comportait huit tours et quatre portes.

Le palais des ducs (Kneževa Palaća) du XVe siècle et le palais épiscopal resté inachevé bordent la grand-place (Trg Kralja Petra Krešimira IV). Elle renferme aussi un monument à Juraj Dalmatinac par Ivan Meštrović et l'**église Sainte-Marie-de-l'Assomption.**

La construction du sanctuaire dura de 1443 à 1448 et il possède une sobre façade Renaissance agrémentée d'une rosace. Au-dessus du portail, la Vierge déploie son manteau pour protéger les habitants de la cité. À l'intérieur, des colonnes de pierre blanche aux chapiteaux sculptés séparent les trois nefs. Les œuvres d'art comprennent un crucifix en bois du XIe siècle et une *Vierge du rosaire* par Giovanni Battista Fittoni. Les stucs baroques du plafond datent du XVIIIe siècle.

MODE D'EMPLOI

Plan C4. *8 000. Prizna-Žigljen.* **Pag** *Ulica od spitala, (023) 611 301. Exposition de dentelle (été) ; carnaval de Pag (janv.-fév.), carnaval d'été (fin juin).*
www.pag-tourism.hr
Novalja *(053) 661 404.*
www.tz-novalja.hr
Karlobag *dr. Tuđmana 2, (053) 694 251.*
www.tz-karlobag.hr

Novalja

Située au début de l'étroite péninsule de Lun, sur le site du port de l'antique Cissa, la deuxième ville de l'île est devenue une station balnéaire entièrement dévolue au tourisme. Elle conserve quelques vestiges romains, ainsi que les ruines d'une basilique paléochrétienne et d'une église préromane des IXe-Xe siècles.

Une nouvelle ligne de ferry-boats dessert Novalja depuis Prizna sur le continent.

Aux environs

Des excursions en bateau pour l'île de Pag partent de **Karlobag** sur le continent. Ce bourg occupe une jolie baie et tire son nom de la forteresse construite en 1579 par l'archiduc d'Autriche Charles-Auguste de Habsbourg sur le site d'un village détruit par les Turcs. L'ouvrage défensif perdit son intérêt, et ses occupants, quand la menace s'évanouit. Les habitants du village utilisèrent ses pierres pour construire leurs maisons. Il ne subsiste aujourd'hui que quelques murs massifs et les vestiges d'un monastère jadis réputé pour sa bibliothèque.

Âpre littoral typique de Pag

Le parc national de la Krka 7

Nacionalni Park Krka

Cette réserve naturelle d'une superficie de 111 km² créée en 1985 protège le cours intermédiaire et inférieur du fleuve Krka qui se jette dans la baie de Šibenik. Long de 75 km, le cours d'eau prend sa source près de Knin et coule au début au fond d'une gorge creusée dans un plateau calcaire. Après avoir franchi les chutes de Roški Slap, il s'élargit pour former un long lac entouré de végétation qui se déverse par une autre cascade spectaculaire : Skradinski Buk. Une faune aviaire d'une grande diversité peuple le parc.

Monastère de Visovac
Les franciscains qui s'installèrent en 1445 au milieu du lac furent rejoints en 1576 par des membres bosniaques de leur ordre qui apportèrent avec eux livres, manuscrits enluminés et vêtements liturgiques.

Skradin
Colonie illyrienne et liburne devenue une cité romaine puis le siège d'un évêché à partir du IVe siècle, Skradin est l'un des principaux points d'accès au parc. Des bateaux remontent le fleuve jusqu'aux chutes d'eau.

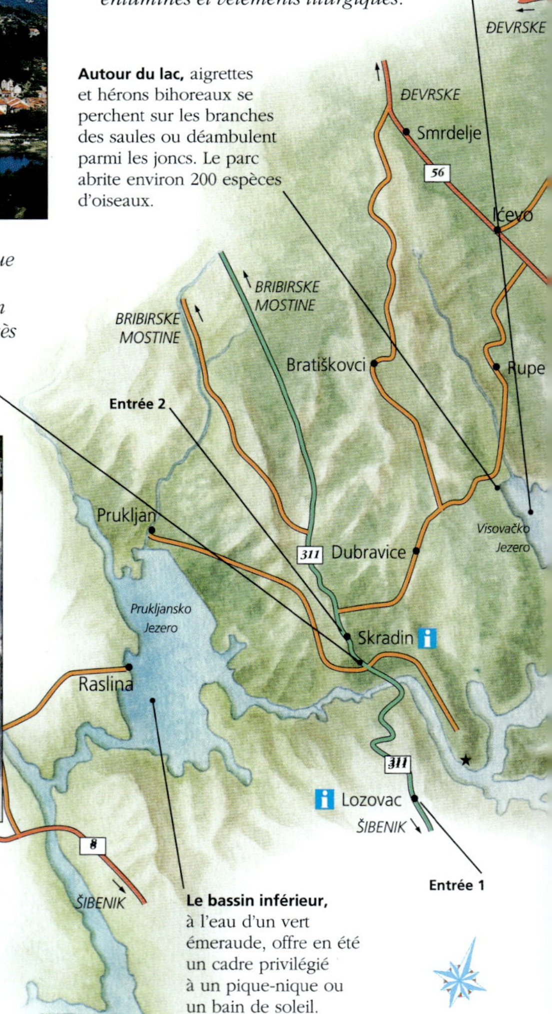

Autour du lac, aigrettes et hérons bihoreaux se perchent sur les branches des saules ou déambulent parmi les joncs. Le parc abrite environ 200 espèces d'oiseaux.

Le bassin inférieur, à l'eau d'un vert émeraude, offre en été un cadre privilégié à un pique-nique ou un bain de soleil.

Skradinski Buk
Gonflée par la Čikola, la Krka franchit en 17 paliers spectaculaires, et sur une longueur de 800 m, des barrières de travertin d'une hauteur totale de 45 m. Certains des sentiers du parc s'en approchent au point d'être aspergés d'écume.

Roški Slap
En pleine forêt, la rivière se creuse et s'élargit, puis forme entre les arbres une succession de cascades d'un dénivelé de plus de 25 m.

MODE D'EMPLOI

Plan C-D4. **Parc** Trg Ivana Pavla II br 5, Šibenik, (022) 201 777. **www**.npkrka.hr
été : 8h-20h ; hiver : 9h-16h. On peut accéder au parc en voiture ou en car en entrant à Lozovac ou Skradin.
monastère de Visovac : à visiter dans le cadre d'excursions en bateau depuis Roški Slap.

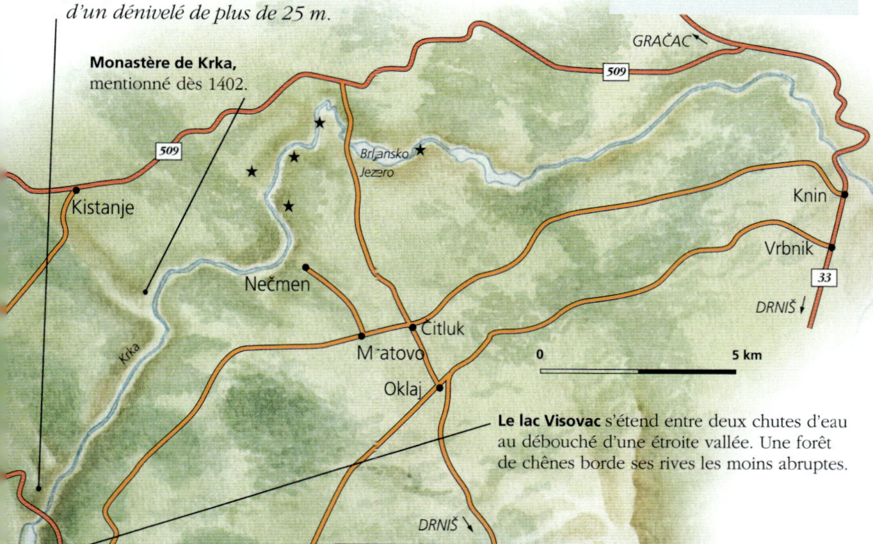

Monastère de Krka, mentionné dès 1402.

Le lac Visovac s'étend entre deux chutes d'eau au débouché d'une étroite vallée. Une forêt de chênes borde ses rives les moins abruptes.

Rivière Čikola
Un affluent, la Čikola, se jette dans la Krka au sortir du lac Visovac, juste avant la cascade de Skradinski Buk.

VISITER LE PARC

Vue du parc de la Krka

La zone protégée s'étend de la vallée de Knin, au nord, jusqu'au pont de Šibenik. Des panneaux routiers signalent les deux entrées du parc, à Lozovac, d'où une navette mène à la cascade de Skradinski Buk, et à Skradin, d'où les mêmes chutes sont accessibles en bateau. Les visiteurs disposent aux deux entrées d'une aire de stationnement, d'un centre d'information et d'une billetterie. Skradin renferme un hôtel, un camping et des chambres à louer. Les chutes de Roški Slap peuvent être atteintes depuis Miljevci ou Skradin. On peut aussi les découvrir dans le cadre d'une croisière qui part de Skradinski Buk et passe par le monastère de Visovac.

LÉGENDE

- Route principale
- Autre route
- Route pittoresque
- Informations touristiques
- ★ Chute d'eau

Šibenik ❽

Statut de Juraj Dalmatinac

La ville apparaît pour la première fois dans les annales en 1066. Elle porte le nom de Castrum Sebenici dans un document où le roi Petar Krešimir IV la décrit comme une citadelle triangulaire. Longtemps disputée par les Croates, les Byzantins et les Vénitiens, elle resta sous l'autorité de ces derniers de 1412 à 1797. Grâce aux fortifications et aux trois grands forts dont ils dotèrent le centre, ainsi qu'aux bastions édifiés sur l'île Saint-Nicolas, elle résista à plusieurs assauts des Turcs. Sa prospérité en fit à la Renaissance un pôle culturel et artistique. Après un bref intermède français, elle appartint à l'Empire austro-hongrois jusqu'en 1918. Elle lui doit sa vocation industrielle.

Vue aérienne de la cathédrale Saint-Jacques

Église Saint-François

Sv. Frane

Trg Nikole Tomaszea 1.

Tél. *(022) 214 241.* ◯ *sur r.-v.*

À l'extrémité sud du centre ancien, un monastère franciscain borde le front de mer depuis 1229. Des bâtiments originels, détruits lors d'un raid en 1321, subsistent quelques chapiteaux et statues, ainsi qu'une partie des arcades du cloître.

Au XVe siècle, plusieurs chapelles vinrent compléter les édifices reconstruits, qui prirent leur aspect baroque lors d'un remaniement vers le milieu du XVIIe siècle. Entièrement rénovée, l'église reçut alors les fresques décorant tous ses murs, ses somptueux autels en bois doré et son plafond à caissons dont les peintures illustrent la vie de saint François.

La première chapelle à gauche renferme de grandes orgues fabriquées en 1762 par Petar Nakić. Le vaste cloître a conservé ses proportions du XIVe siècle. Dans les bâtiments conventuels, une bibliothèque abrite des manuscrits et des textes liturgiques.

Église Sainte-Barbara

Sv. Barbara

Kralja Tomislava.

Ce charmant sanctuaire situé derrière l'abside de la cathédrale Saint-Jacques date du milieu du XVe siècle et incorpore des éléments d'un édifice plus ancien. Des ouvertures irrégulières contribuent à l'originalité de sa façade. Un saint Nicolas sculpté en 1430 par l'atelier milanais de Bonino occupe la niche au-dessus du portail. La nef renferme deux autels. L'un provient de l'église précédente. Un élève de Juraj Dalmatinac, Giovanni da Pribislao, sculpta le deuxième de manière à ce qu'il complète le premier. Une intéressante collection d'art sacré rassemble des peintures, des sculptures et des textes enluminés datant des XIVe, XVe et XVIe siècle. Elle compte de superbes polyptyques.

Palais du Comte - musée de la Ville

Muzej Grada Šibenika

Gradska Vrata 3. ***Tél.*** *(022) 213 880.*

◯ *été : 10h-13h, 18h-22h ; hiver : 10h-13h, 17h-19h.*

Nommée d'après le comte Niccolò Marcello qui en commanda la construction au début du XVIIe siècle et dont la statue (1609-1611) orne la façade près de l'entrée, l'ancienne résidence des gouverneurs vénitiens appartient à la Renaissance . Elle abrite le musée municipal dont la collection permanente comprend des pièces de monnaie, des objets datant du néolithique à la période romaine, des sculptures croates des VIIe-IXe siècles et des documents sur l'histoire de la ville datant souvent du Moyen Âge.

Cathédrale Saint-Jacques

Katedrala Sv. Jakova

Voir p. 108-109.

Ancienne loggia

Gradska vijećnica

L'ancien hôtel de ville Renaissance édifié entre 1532 et 1543 d'après les plans de Michele Sanmicheli fait face au portail des Lions de la cathédrale. Très endommagé pendant la Seconde Guerre mondiale, il a fait l'objet d'une reconstruction soigneuse.

Au rez-de-chaussée, neuf grandes arcades soutiennent la loggia où étaient jadis tranchés les litiges juridiques.

Ancienne loggia dessinée au XVIe siècle par Michele Sanmicheli

Palais Foscolo

Palača Fosclo

Andrije Kačića.

Le palais gothique bâti vers 1450 pour le gouverneur vénitien Leonardo Foscolo est orné en façade de reliefs Renaissance exécutés au XVe siècle par des élèves de Juraj Dalmatinac. Le maître aurait sculpté lui-même les armoiries de la famille du commanditaire, situées à côté de la porte d'entrée, ainsi que les deux angelots qui les soutiennent.

Vue de Šibenik depuis la forteresse Sainte-Anne

Forteresse Sainte-Anne

Tvrđava Sv. Ana

(022) 214 448.

La plus vieille structure défensive de Šibenik qui domine le quartier ancien date du haut Moyen Âge mais les Vénitiens lui donnèrent son ampleur actuelle aux XVIe et XVIIe siècles. Elle perdit ses tours après l'explosion de la poudrière frappée par la foudre. Officiellement rebaptisée St Michele, elle offre un panorama magnifique de la ville et des îles.

Forteresse Saint-Jean

Tvrđava Sv. Ivan

(022) 214 448.

Sur une colline haute de 125 m, cette forteresse du XVe siècle prit sa forme en étoile après que les Turcs eurent essayé d'investir la ville en 1649.

Forteresse Šubićevac

Tvrđava Šubićevac

(022) 214 448.

Aiguillonnés par l'imminence d'une attaque turque, les Vénitiens menèrent tambour battant l'achèvement de la « forteresse du baron » en 1646. Le château contribua d'ailleurs beaucoup à la défaite des assaillants en 1647. Après un long siège, il fallut en restaurer de grandes parties et l'édifice actuel date du milieu du XVIIe siècle. Un joli jardin s'étend devant ses bastions.

Forteresse Saint-Nicolas

Tvrđava Sv. Nikola

(022) 214 448.

La construction, sur un îlot à l'entrée du port, de cette place forte dessinée par l'Italien Gian Girolamo Sanmicheli dura de 1540 à 1547. Elle offre un bel exemple d'architecture militaire par sa puissance comme par l'élégance de ses décorations, au-dessus du portail d'entrée, aux ouvertures et dans les salles et les couloirs. Elle n'en servit pas moins de prison à plusieurs reprises.

MODE D'EMPLOI

Plan D5. *51 000.*
Split, 97 km. *(022) 333 699.* *Obala Hrvatske Mornarice, (060) 368 368, (022) 216 066.* *Obala Oslobođenja 8, (022) 213 468.*
local : *Ulica Fausta Vrančića 18, (022) 212 075 ;* **régional :** *Fra N. Ružića, (022) 219 072.*
***www**.sibenik.hr*

Forteresse Saint-Nicolas gardant l'entrée du port de Šibenik

ŠIBENIK : LE CENTRE-VILLE

Ancienne loggia ⑤
Cathédrale Saint-Jacques p. 108-109 ④
Église Sainte-Barbara ②
Église Saint-François ①
Forteresse Sainte-Anne ⑦
Palais du Comte - musée de la Ville ③
Palais Foscolo ⑥

0 200 m

Légende des symboles *voir dernier rabat*

Šibenik : cathédrale Saint-Jacques

Katedrala Sv. Jakova

Portrait de la corniche de l'abside

Splendide témoin de l'avènement de la Renaissance, la cathédrale de Šibenik conjugue harmonieusement les influences de trois architectes d'origines différentes : un Vénitien, un Dalmate et un Toscan. Elle possède un caractère unique qui lui vaut d'être inscrite au Patrimoine mondial de l'humanité de l'Unesco depuis 2001. Antonio Dalle Masegne commença sa construction dans le style gothique en 1431, réalisant le bas de la façade. Juraj Dalmatinac *(p. 20)*, au style de transition, prit la direction des travaux en 1441. Il éleva les murs latéraux et, en collaboration avec Andreja Aleši, le baptistère. Il sculpta également les 71 visages de la frise de l'abside et le tombeau de Juraj Šižgorić. À sa mort, en 1475, Nikola Firentinac (Nicolas le Florentin) donna au bâtiment le haut de sa façade et sa couverture, le tout d'un pur style Renaissance.

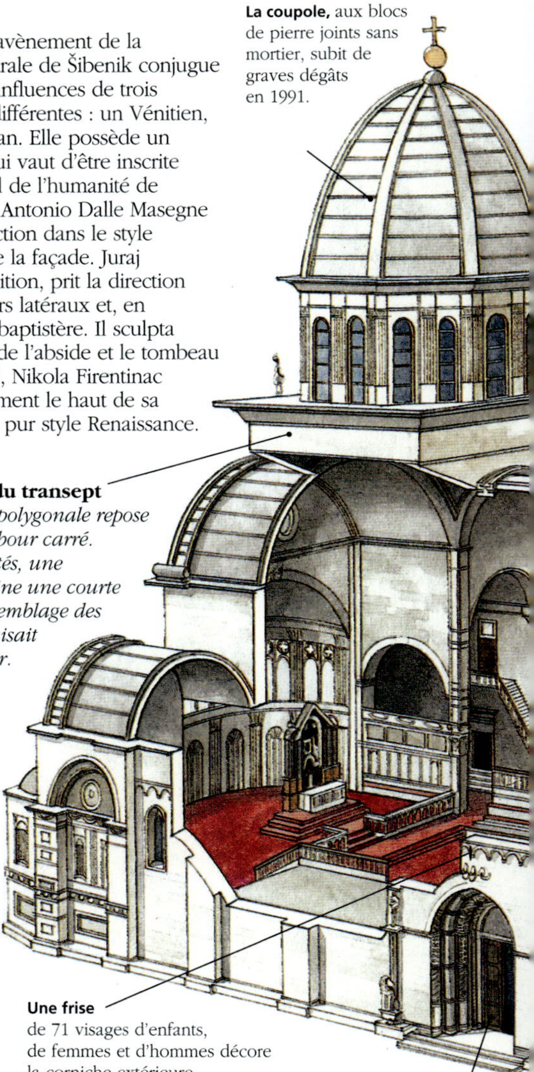

La coupole, aux blocs de pierre joints sans mortier, subit de graves dégâts en 1991.

Tambour du transept
La coupole polygonale repose sur un tambour carré. Sur trois côtés, une statue domine une courte voûte. L'assemblage des pierres se faisait sans mortier.

Une frise de 71 visages d'enfants, de femmes et d'hommes décore la corniche extérieure.

★ Chœur
Juraj Dalmatinac et Nikola Firentinac sculptèrent les stalles en pierre. La barrière du chœur est, elle aussi, finement ciselée.

Portail des Lions
Le portail de la façade nord doit son nom aux deux lions de saint Marc qui se trouvent au pied des colonnes portant les effigies d'Adam et Ève.

À NE PAS MANQUER

- ★ Baptistère
- ★ Chœur

Hôtels et restaurants de la région p. 226-230 et p. 243-246

★ Baptistère
Au bout du bas-côté droit, le baptistère doit son riche décor sculpté à Juraj Dalmatinac, Nikola Firentinac et Andreja Aleši. Trois putti *typiques de la Renaissance ornent les fonts baptismaux.*

MODE D'EMPLOI

Trg Republike Hrvaste 1.
Tél. *(022) 214 899.* *t.l.j.*
www.sibenik.hr/vodic-eng/sibenik/kulturno_povijesna_bastina2.asp

Façade
La partie inférieure possède un portail en ogive gothique. Les deuxième et troisième étages respectent le profil des nefs, un trait propre aux églises de la Renaissance en Dalmatie.

Les bâtisseurs utilisèrent uniquement la pierre locale, taillée avec art.

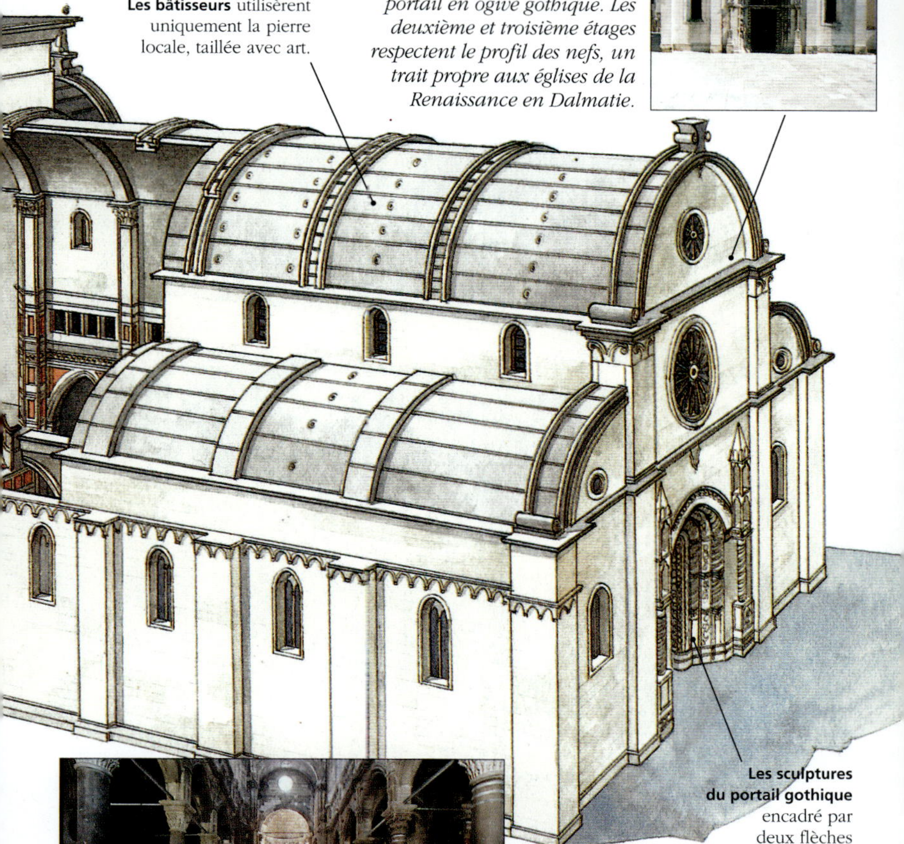

Les sculptures du portail gothique encadré par deux flèches représentent les apôtres.

Intérieur
Une galerie destinée aux femmes donne sur la haute nef centrale séparée des bas-côtés par des colonnes soutenant des arcs en ogive.

Drniš ❾

Plan D4. *4 700.*
Šibenik, 25 km, (022) 333 699.
Šibenik, (022) 212 087.
(022) 212 346.

La première mention écrite de Drniš date de la fin du XVe siècle. Les documents évoquent juste l'emplacement d'un fort construit pour résister à l'invasion turque au point où la Čikola pénètre dans la vallée et coule en direction de Šibenik.

La forteresse ne remplit pas sa fonction puisque les Ottomans s'en emparèrent en 1526 et l'agrandirent pour en faire un de leurs avant-postes. Un village doté d'une mosquée et de bains se développa autour. Entre 1640 et 1650, les Vénitiens détruisirent presque entièrement la localité et ses défenses.

Des réfugiés serbes repeuplèrent le site, intégré aux confins militaires *(Vojna Krajina, p. 39).* Au cours de la reconstruction, la mosquée devint l'église Saint-Antoine et le minaret le clocher de l'église Saint-Roch. La route menant de Drniš à Šibenik passe devant les hauts remparts et la tour en ruine d'une ancienne place forte.

Aux environs
À 9 km à l'est de Drniš, le village d'**Otavice** est le lieu de naissance des parents d'Ivan Meštrović. Le grand sculpteur *(p. 157)* s'y est fait construire un mausolée pour lui et sa famille. Le sobre édifice est de forme cubique. Une coupole le couronne.

Mausolée de Meštrović à Otavice, près de Drniš

Knin ❿

Plan D4.
12 000. *(022) 663 722.*
(022) 212 346.

Sur la principale route entre Zagreb et Split, Knin occupe au pied du plateau de la Lika une position stratégique que des fortifications d'une forme ou d'une autre ont toujours défendue depuis l'époque préhistorique. L'édification du **fort Saint-Sauveur** (Sveti Spas) remonte au Xe siècle. La localité s'appelait alors Ad Tenen. Elle devint le siège d'un évêché en 1040. Le roi croate Zvonimir en fit sa capitale vers 1080. Plusieurs familles aristocratiques l'élurent alors comme lieu de résidence.

Les Turcs s'en emparèrent en 1522 et l'occupèrent pendant plus d'un siècle et demi. Lors de sa reconquête en 1688, des Valaques au service de Venise s'illustrèrent dans la conquête du fort dont ils escaladèrent les murailles avec des échelles. Ils s'établirent dans la ville libérée. De nombreux Serbes chassés de chez eux les rejoignirent. Des franciscains fondèrent un monastère en 1740.

Pendant la guerre civile, Knin devint la capitale de la république serbe autoproclamée de Krajina. Reprise en août 1995, elle n'a toujours pas retrouvé son dynamisme économique même si elle reste un important nœud ferroviaire.

Aux environs
Située à environ 5 km, Biskupija fut un temps appelée le « champ de cinq églises » pour ses édifices religieux (IXe-XIe siècle) fréquentés par les rois croates. C'est là que Zvonimir tomba sous les coups d'aristocrates qui n'acceptaient pas son allégeance au pape. L'église Notre-Dame (1938) dessinée par Ivan Meštrović abrite une fresque de Jozo Kljaković.

L'imposant fort Saint-Sauveur de Knin, sur le mont Spas

Sinj ⓫

Plan D5. *11 500.* *Split.* *Split.* *Vrlicka ulica 41, (021) 826 352.* *Sinjska Alka, joutes en costumes (1er dim. d'août).*

Les habitants de la colonie d'Aequum fondée par les Romains sur le plateau de la Cetina à l'emplacement de l'actuelle Čitluk finirent par l'abandonner pour s'installer au sommet d'une colline plus salubre et plus facile à défendre. Elle prit le nom de Castrum Zyn.

À la fin du xve siècle, des moines de la ville de Rama, dans l'actuelle Bosnie, vinrent s'y réfugier en apportant une icône de la Vierge considérée comme miraculeuse. Ils édifièrent le **Monastère franciscain** (Franjevacki Samostan) et une église.

Les Turcs s'emparèrent de la ville en 1513 et elle resta en leur possession jusqu'à sa libération par les Vénitiens en 1699. Elle possédait une telle valeur stratégique que les troupes ottomanes essayèrent de la reprendre en 1715. L'intervention de 600 cavaliers, des habitants de Sinj soutenus par la Vierge miraculeuse, Sinjska Gospa, décida du sort de la bataille.

Chaque année, le premier dimanche d'août, le tournoi de la Sinjska Alka commémore cet événement historique. Des cavaliers au galop s'efforcent de glisser leurs lances dans des anneaux. Le vainqueur remporte pour un an le bouclier tenant lieu de trophée. Une sculpture symbolisant la joute se dresse dans le jardin public.

De nombreux pèlerins se pressent le 15 août dans l'église franciscaine maintes fois reconstruite. Dans le monastère récemment rénové, quelques salles abritent une exposition archéologique.

Monastère franciscain
A Stepinca 1. ***Tél.*** *(021) 707 010.*

Primošten s'étend désormais sur une presqu'île

Sculpture de la Sinjska Alka, Sinj

Klis ⓬

Plan D5. *2 300.* *Split.* *Split.* *Megdan ulica 57, (021) 240 578.* **www**.tzo-klis.hr

Réputé pour ses restaurants et leur spécialité, l'agneau à la broche, le petit village de Klis s'étend au pied d'un fort imposant avec sa triple enceinte de murailles. Il est situé sur une colline commandant l'accès à un col entre le plateau et la plaine et a pour origine une place forte romaine.

Les Vénitiens la consolidèrent et enrôlèrent des Uskoks pour résister à la pression exercée par les Turcs. Ceux-ci finirent pourtant par s'en emparer en 1537. Ils l'agrandirent, élevant une mosquée et son minaret, et s'en servirent pour menacer Split jusqu'à ce que les Vénitiens les en chassent en 1648. Le minaret fut démoli lors de la transformation de la mosquée en église. Les Autrichiens désaffectèrent le fort lorsqu'ils prirent le contrôle de la région.

Le fort de Klis, enjeu de nombreuses batailles sanglantes

Primošten ⓭

Plan D5. *1 750.* *Split.* *Split (021) 338 483.* *Marina (022) 570 068.* *Rudina Biskupa J. Arnerica 2, (022) 571 111.* *Fête du vin « Babic » (oct.).*

Le vieux village de Primošten, dont le nom signifie « rapproché par un pont », s'étend sur une ancienne île qu'une chaussée relie au continent. Sur un site occupé dès la préhistoire, le bourg fut fondé par des réfugiés bosniaques chassés par la conquête turque. Ses remparts datent de la période vénitienne.

Au sommet de la butte se dresse l'**église Saint-Georges** construite à la fin du xve siècle et agrandie vers 1760. Elle abrite un autel baroque et une icône de la Vierge sur un panneau d'argent. Le territoire de la commune renferme également une station balnéaire aux plages de galets. Ses vignobles *(p. 129)* produisent un bon vin rouge baptisé Babić.

Marina ⓮

Plan D5. *900.*
(021) 889 015.

Cette petite station balnéaire possède un port de plaisance et une jolie plage dans une baie protégée. Le village existe depuis le xve siècle, comme ses deux églises, dédiées à saint Luc et saint Jean. Elles ont connu plusieurs remaniements commandés par la famille des Sobota, les seigneurs féodaux. En 1495, l'évêque de Trogir protégea le port avec une tour massive. L'hôtel Kaštil l'occupe désormais.

Trogir ⓯

Inscrite au Patrimoine mondial de l'humanité de l'Unesco en 1997, Trogir compte parmi les joyaux de la côte dalmate. Sur un îlot au fond d'une rade, les Grecs d'Issa (l'actuelle Vis) fondèrent en 380 av. J.-C. la colonie fortifiée de Tragyrion (île des boucs) qui prit le nom de Tragurium en devenant romaine en 78 apr. J.-C. Malgré la protection apportée par la flotte byzantine à la ville médiévale, celle-ci fut détruite en 1123 par les Sarrasins et abandonnée par les habitants survivants. Elle reprit vie 70 ans plus tard. Sous l'autorité des rois de Hongrie, puis de la république de Venise à partir de 1420, elle connut une longue période de prospérité marquée par la construction de splendides édifices publics et privés.

Front de mer de Trogir avec le château de Kamerlengo en arrière-plan

Deux ponts permettent de rejoindre le centre ancien, l'un depuis le continent, l'autre depuis la presqu'île de Čiovo. Le bourg médiéval a conservé des pans de remparts et deux portes de son enceinte fortifiée. Sa beauté attire de très nombreux touristes. Glaciers, restaurants et pizzerias bordent ses placettes. Les principaux monuments religieux et publics sont en cours de restauration depuis plusieurs années.

Porte de la Terre-ferme

Kopnena Vrata

Reconstruit au XVe siècle, le plus important vestige des fortifications médiévales a conservé les ouvertures où glissaient les chaînes d'un pont-levis. Au-dessus de l'arche, une statue de saint Jean de Trogir (Sv. Ivan Trogirski), protecteur de la ville dont il fut évêque entre 1062 et 1111, domine le lion de la république de Venise.

Musée de la Ville

Muzej Grada Trogira

Gradska vrata 4. ***Tél.*** *(021) 881 406.* *juin-sept. : lun.-sam. 9h-12h, 18h-21h ; oct.-mai : lun.-sam.7h-15h.*

Derrière la porte de la Terre-ferme, le palais baroque Garagnin-Fanfogna conserve du mobilier du XVIIIe siècle et une somptueuse bibliothèque. Il renferme le musée municipal. Ses collections illustrent l'histoire de la ville et il comprend une section ethnographique.

Palais Stafileo

Palača Stafileo

Matije Gupca 20. *au public.*

Cette résidence princière, construite à la fin du XVe siècle, possède à chaque étage une série de cinq fenêtres attribuées à l'atelier de Juraj Dalmatinac. Le sculpteur travailla de nombreuses années à Trogir. Des pilastres les encadrent et des reliefs aux motifs floraux et végétaux décorent leurs arcs typiques du gothique vénitien.

Cathédrale Saint-Laurent

Sv. Lovre

Trg Ivana Pavla II. ***Tél.*** *(091) 531 4754.* *mi-mai-oct : 9h-20h, nov.-mi-mai : sur r.-v.*

La cathédrale de Trogir occupe l'emplacement d'une église détruite par les Sarrasins. Des douzaines d'artistes participèrent à sa construction au XIIIe siècle. De style roman, elle possède un chevet caractéristique avec ses trois absides en cul de four dans le prolongement des nefs.

Alors que l'entrée latérale, dite « du comte », se distingue par sa simplicité, la façade occidentale arbore sous le portail menant au clocher un somptueux décor sculpté. Deux lions portant les effigies d'Adam et Ève encadrent le chef-d'œuvre de maître Radovan *(p. 20)*. Achevé en 1240, il est considéré comme le plus bel exemple de sculpture romane en Croatie. Au tympan, généralement réservé au Jugement dernier dans les églises médiévales, une Nativité invite le fidèle à participer au miracle du Christ. En dessous, l'artiste a signé et daté son œuvre. Les pilastres paraissent écraser de leur poids des personnages courbés dont on pense qu'ils symbolisent des incroyants. Au-dessus, des reliefs représentent les apôtres et, à l'intérieur du porche, illustrent les travaux agricoles. Les arcs montrent des scènes de la vie de Jésus et l'adoration des Mages. L'effigie de saint Laurent, dans la niche, tient le gril de son martyre.

Dans l'atrium, le baptistère dessiné vers 1460 par Andrija Aleši possède un plafond à caissons typique de la Renaissance. Un baptême

Portail roman finement sculpté de la cathédrale Saint-Laurent

Hôtels et restaurants de la région p. 226-230 et p. 243-246

Vue aérienne de la cathédrale et de son parvis

du Christ décore l'entrée.

Huit colonnes séparent la nef centrale des bas-côtés. Le mobilier comprend une chaire octogonale en pierre exécutée par Mauro au XIIIe siècle, de splendides stalles de chœur marquetées vers le milieu du XVe siècle par Ivan Budislavić et un baldaquin, au-dessus du maître-autel, dont les sculptures représentent l'Annonciation. Des peintures par Palma le Jeune et Padovanino ornent les autels.

Dans la nef gauche s'ouvre la chapelle du bienheureux Jean de Trogir, un joyau construit par Nikola Firentinac et Andrija Aleši en 1468-1472. Sous un splendide plafond à caissons sculpté, les 12 apôtres veillent depuis des niches sur le sarcophage du premier évêque de Trogir. Des *putti* munis de torches se tiennent sur le seuil de portes entrebâillées. Elles ouvrent sur le monde des morts.

La sacristie abrite des peintures par Salvator Rosa et Gentile Bellini et des armoires sculptées par Grgur Vidov. Elles contiennent le trésor. Il se compose de nombreuses pièces d'or, de reliquaires, d'un triptyque gothique en ivoire, de manuscrits enluminés et de vêtements et objets liturgiques.

Du campanile originel, élevé au XIVe siècle, ne subsiste que le rez-de-chaussée. Le clocher fut reconstruit quand la Sérénissime République prit possession de Trogir, et le premier étage, paré d'une balustrade par Matej Gojković (1422), est de style gothique vénitien avec ses deux étroites fenêtres trilobées surmontées d'arcatures aveugles. Des études récentes ont attribué le deuxième étage, de style Renaissance, au Vénitien Lorenzo Pincino. Ses hautes fenêtres encadrées par des colonnes à chapiteau lui donnent une grande légèreté.

Le troisième étage, œuvre de Trifun Bokanić, date de la fin du XVIe siècle. Il possède de grandes ouvertures. Elles offrent un somptueux panorama aux visiteurs qui effectuent l'ascension.

MODE D'EMPLOI

Plan D5. *10 500.* *Split, 30 km.* *Split, 30 km.* *(021) 881 405.* *Obala bana Berislavića 12, (021) 881 412.* *(021) 881 508.* **www**.trogir.org **www**.trogir.hr

TROGIR : LE CENTRE-VILLE

Cathédrale Saint-Laurent ④
Château de Kamerlengo et tour Saint-Marc ⑫
Église Saint-Dominique ⑪
Église Saint-Jean-Baptiste ⑧
Église Saint-Nicolas ⑩
Hôtel de ville ⑥
Loggia et tour de l'horloge ⑦
Musée de la Ville ②
Palais Čipiko ⑤
Palais Stafileo ③
Porte de la Mer et marché aux poissons ⑨
Porte de la Terre-ferme ①

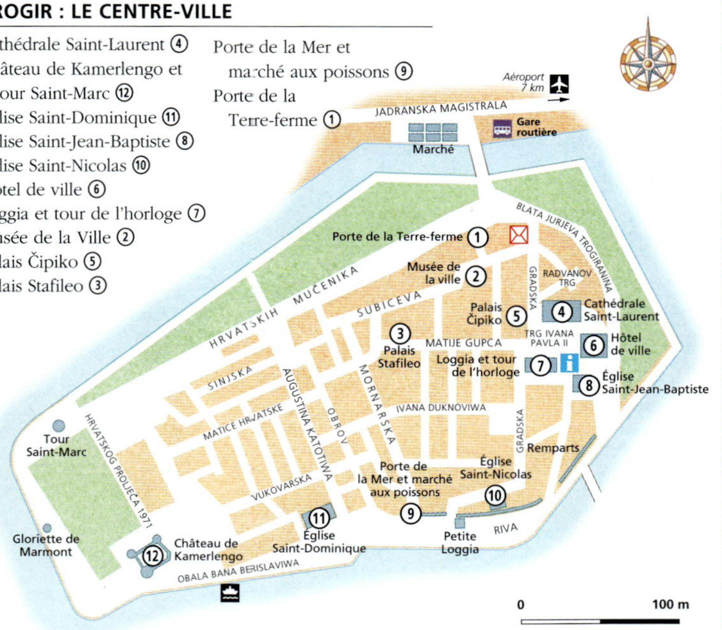

Légende des symboles *voir dernier rabat*

À la découverte de Trogir

Pour éviter la foule qui s'y presse en été, mieux vaut visiter Trogir au printemps ou en automne. Le charme de ses ruelles justifie même de s'y rendre tôt le matin pour profiter d'un maximum de calme. Le quartier historique aux édifices conjuguant des styles allant du roman au baroque se prête particulièrement bien à la flânerie. Ici, une maison possède une entrée en plein cintre, là, une façade arbore des armoiries ou une fenêtre à meneaux. Parfois, l'ouverture d'une porte révèle l'existence d'un jardin fleuri. Après des années d'abandon, les restaurations en cours rendent leur éclat à ces témoignages d'un riche passé, la ville ayant prospéré sans connaître de destruction pendant près d'un millénaire.

Margelle de puits Renaissance dans la cour de l'hôtel de ville

Palais Čipiko

Palača Čipiko

Gradska ulica. *au public sauf la cour.*

En face de la cathédrale, une inscription indique la date d'achèvement de la demeure princière commandée par Koriolan Čipiko, un membre de la plus illustre des familles de Trogir : 1457.

Le portail orné d'un motif marin au-dessus de la corniche appartient déjà à la Renaissance. Les fenêtres qui le surmontent sont en revanche typiques du gothique vénitien. Une balustrade les précède au premier étage où des anges décorent les espaces entre les arcs en ogive trilobés. Au centre, ils tiennent un parchemin portant les armoiries de la famille Čipiko. Le porche abrite un coq en bois. Il s'agit de l'ancienne figure de proue d'un navire de guerre turc rapportée en trophée de la bataille de Lépante où les marines chrétiennes remportèrent en 1571 une victoire décisive sur l'Empire ottoman.

Un deuxième portail ouvragé donne sur une rue latérale. Deux piédroits cannelés supportent des chapiteaux sculptés de motifs végétaux, ainsi qu'une corniche où deux lions de pierre portent un blason. Deux anges en médaillon les encadrent.

Hôtel de ville

Municipija

Trg Ivana Pavla II.

Bordant la place à l'est, l'ancien palais du Recteur, édifié au début du XVe siècle, devint un théâtre au XVIIe siècle. Un important remaniement dans le style néo-Renaissance lui a donné son aspect actuel en 1890. Les armoiries de familles de Trogir et de la région décorent sa façade. L'intérieur du bâtiment ne présente pas de véritable intérêt. Il possède toutefois une jolie cour, ouverte au public, où un escalier gothique domine une margelle de puits Renaissance. L'un de ses reliefs représente le lion ailé de la République vénitienne.

Loggia et tour de l'horloge

Gradska loža

Trg Ivana Pavla II. *t.l.j.*

Sur la place Jean-Paul II se dresse également la loggia où se rendaient les décisions de justice. Elle date du XIVe siècle et son toit repose sur des chapiteaux romains. À l'intérieur, deux reliefs décorent les murs. Ivan Meštrović sculpta en 1938 le portrait de Ban Berislavić qui s'illustra contre les Turcs. L'allégorie de la Justice (1471) est de Nikola Firentinac, qui est aussi l'auteur de la statue de saint de la tour de l'horloge voisine. Son toit-pavillon, remployé en 1447, provient de la chapelle de l'oratoire Saint-Sébastien.

Tour de l'horloge

Église Saint-Jean-Baptiste

Sv. Ivan Krstitelj

pour restauration.

Ce petit sanctuaire roman construit au XIIIe siècle est le panthéon de la famille des Čipiko. Il abrite désormais la **Pinacothèque** (Pinacoteca). Ses d'œuvres d'art sacré couvrent une période allant du XVe au XVIIe siècle et comprennent une sculpture *(Déposition)* par Nikola Firentinac, des panneaux d'orgue (*Saint Jérôme* et *Saint Jean-Baptiste*) par Gentile Bellini et deux polyptyques par Blaise de Trogir. Des manuscrits enluminés, des pièces d'or et des éléments de mobilier provenant de diverses églises complètent les collections.

Portail roman de l'église Saint-Jean-Baptiste

Halle du XVIe siècle du marché aux poissons

Porte de la Mer et marché aux poissons

Južna Vrata

Obala Bana Berislavića.

La porte de la Mer s'ouvre dans la partie des remparts qui est restée debout. Elle date de la fin du XVIe siècle et est encadrée par deux colonnes formées de blocs de pierre claire. Le linteau sert de piédestal à un lion de saint Marc.

À côté, l'ancienne douane adossée à la muraille accueille le marché aux poissons. La halle date de 1527. Son toit repose sur neuf colonnes.

Mannequins vêtus des costumes taillés par Boris Burić Gena

BORIS BURIĆ GENA

Trogir est le cadre d'une réussite commerciale surprenante. Boris Burić Gena, un tailleur spécialisé dans les costumes traditionnels destinés aux cérémonies et aux processions, est devenu connu grâce au soin apporté à la sélection des tissus, à la fabrication et au choix des accessoires. Une clientèle riche et célèbre fréquente son salon de couture installé dans le palais Burić. La réputation de ses vestes sans revers et aux boutonnières brodées ne cesse de s'étendre.

Couvent Saint-Nicolas

Sv. Nikola

Gradska ulica 2. ***Tél.*** *(021) 881 631.*

été : t.l.j. 8h-12h, 16h-19h.

Ce monastère bénédictin et son église datent du XIe siècle mais ont été reconstruits au XVIe. Les bâtiments conventuels abritent la **Zbirka Umjetnina Kairos,** une collection d'art baptisée d'après son fleuron : une très rare représentation de Kairos (IVe-IIIe av. J.-C.), le dieu grec de l'instant propice. Le couvent compte aussi une *Vierge à l'Enfant* romane et un crucifix gothique.

Relief représentant Kairos, St-Nicolas

Église Saint-Dominique

Sv. Dominik

Obala Bana Berislavića.

été : t.l.j. 8h-12h, 16h-19h.

Le monastère Saint-Dominique et son église bâtis au XIVe siècle sont d'origine romano-gothique. Nikola Firentinac dirigea leur rénovation dans le style Renaissance. On lui attribue également le tombeau (1469) de l'avocat Giovanni Sabota qui se trouve dans la nef unique. Elle abrite une splendide *Circoncision du Christ* par Palma le Jeune.

Château de Kamerlengo et tour Saint-Marc

Kaštel Kamerlengo

Dans l'angle sud-ouest de l'île se dresse toujours la forteresse construite par les Vénitiens vers 1430 pour servir de résidence au *kamerlengo,* le fonctionnaire chargé des finances et des affaires économiques. Tourné vers la mer, l'édifice est de plan carré mais repose sur une base hexagonale. De hauts murs relient les trois tours et le bastion. En été, l'espace qu'ils délimitent accueille des représentations théâtrales et des concerts en plein air. Le fossé qui entourait l'enceinte servait autant à protéger son occupant d'une révolte populaire que d'une attaque extérieure. Transformé aujourd'hui en terrain de sport, un terrain de manœuvres s'étendait entre le Kaštel Kamerlengo et la tour Saint-Marc (Kula svetog Marka). De construction plus récente, celle-ci est typique des structures de défense de la Renaissance. Elle a la forme d'un cylindre trapu reposant sur un tronc de cône. Depuis son toit, des canons tenaient sous leur feu le bras de mer séparant l'île du continent.

Imposante tour Saint-Marc construite en 1470

Salona ⑯

Détail du Tusculum

Il ne reste que des fondations de l'ancienne capitale de la province romaine de Dalmatie. Les Illyriens, puis les Grecs s'implantèrent dans un site privilégié au pied des montagnes. Son nom dérive des salines qui constituaient une des richesses de la région. Des colons envoyés en 48 av. J.-C. par Jules César assurèrent son développement et elle fut baptisée Colonia Martia Iulia Salonae sous le règne d'Auguste. Dotée au Ier siècle apr. J.-C. d'un forum, de temples, de thermes, d'un théâtre et d'un amphitheatre, elle devint la plus riche et la plus peuplée des cités du milieu de l'Adriatique. Protégée par une enceinte fortifiée garnie de tours, elle comptait 60 000 habitants à la fin du IIIe siècle. Elle ne put toutefois résister aux Avars et aux Slaves et fut abandonnée en 614. Ses édifices disparurent au fil des remplois.

Principale rue de Salona

Vestiges de remparts et d'une tour triangulaire

À la découverte de Salona

Les fouilles archéologiques entreprises à la fin du XIXe siècle pour mettre au jour les vestiges de la capitale de la Provincia Dalmatia ont révélé qu'elle comportait deux quartiers distincts fondés à des périodes différentes : le centre ancien *(Urbs vetus)* et des faubourgs remontant à l'époque d'Auguste, l'*Urbs nova occidentalis* et l'*Urbs nova orientalis*. Les excavations n'ont pas permis de retrouver la totalité du tracé de l'**enceinte fortifiée** maintes fois renforcée au cours des siècles, mais elles ont dégagé les fondations et les ruines de certaines des tours de plan carré et triangulaire qui la jalonnaient.

Située hors les murs au nord de la ville, près de l'aire de stationnement, la **nécropole de Manastirine** offre un bon point de départ à une exploration du site. On a retrouvé de nombreux sarcophages dans ce lieu de sépulture. Une basilique du IVe siècle y abritait les reliques de martyrs locaux victimes des persécutions de Dioclétien, dont Venantius, Anastasius et Domnius.

Un peu plus loin, après avoir franchi l'entrée, on atteint le **Tusculum.** Cette villa fut contruite pour Frane Bulić (1846-1934) pour faciliter ses travaux. Ce directeur du Musée archéologique de Split consacra en effet une grande partie de sa vie à l'étude de Salona. Une petite exposition occupe aujourd'hui le pavillon. Les pièces les plus intéressantes découvertes lors des fouilles se trouvent toutefois au musée qu'il dirigeait (p. 123).

L'allée conduit ensuite à l'ensemble de ruines le plus riche. Les fondations de basiliques paléochrétiennes y voisinent avec ceux des anciens **thermes.** Ces derniers remontent au Ier siècle apr. J.-C., époque où la cité devint la capitale de province. Les bâtiments du **Complexe épiscopal** leur sont postérieurs. Les chrétiens ne purent en effet revendiquer ouvertement leur foi qu'après la promulgation de l'édit de Milan par Constantin en 313. Leur liberté de culte enfin reconnue, ils édifièrent à Salona, près du forum, un palais épiscopal et deux églises. La **basilique urbaine** possédait trois nefs et une grande abside. La **basilique d'Honorius** obéit elle à un plan en croix grecque.

Au sud-ouest, la **porta Caesarea** commandait l'accès

La nécropole de Manastirine, à l'entrée de l'enceinte fortifiée

Basilica Urbana du Complexe épiscopal

à la vieille ville. Elle comportait trois arcades, une pour les attelages et deux pour les piétons. En longeant les remparts vers l'ouest, on atteint la **nécropole de Kapljuć,** un autre site d'inhumation paléochrétien, puis les ruines de l'**amphithéâtre** dans la partie la plus orientale de la cité, à l'intérieur des murs mais hors de l'*Urbs vetus*.

Construit en brique et probablement recouvert d'un parement de pierre, il pouvait accueillir, d'après les historiens, entre 18 000 et 20 000 spectateurs. Les fondations et une partie de la tribune inférieure ont été déterrées. La découverte d'un réseau de canaux souterrains laisse penser qu'il s'y déroulait des naumachies – simulacres de batailles navales. Les spécialistes situent sa construction dans la deuxième moitié du IIe siècle apr. J.-C. Depuis l'amphithéâtre, une autre allée permet de rejoindre le **théâtre** édifié dans la première moitié du Ier siècle à la périphérie de la ville ancienne. Une partie de la scène et les fondations du premier rang ont été mises au jour. Le **forum,** le cœur politique et commercial de la ville est situé juste à côté et date de la même période. Certains des édifices publics les plus importants de la cité le bordaient. Mais aujourd'hui il n'en reste que les soubassements. Même le pavement a disparu, contrairement à ce qui s'est passé à Zadar *(p. 92-95)*.

L'**aqueduc** qui apportait à Salona l'eau du Jadro est la construction la mieux conservée des ruines de Salona. L'empereur Dioclétien décida de le faire prolonger à la fin du IIIe siècle pour qu'il alimente également son palais de Split *(p. 120-121)*. Des réparations furent entreprises à la fin du XIXe siècle et sa partie sud reste encore aujourd'hui en fonction. Les fragments au-dessus du sol visibles le long des fortifications témoignent du talent des ingénieurs civils de l'Antiquité.

Depuis le théâtre, le parcours ramène à la nécropole de Manastirine. Un autre lieu de sépulture se trouve au nord. La **nécropole de Marusinac**, fut fondée hors les murs autour de la tombe de saint Anastasius. On peut encore y distinguer les traces d'une basilique qui fut élevée au Ve siècle.

MODE D'EMPLOI

Plan D5. *depuis Split.* *(021) 210 048.* **www**.solin-info.com *été : 7h-19h ; hiver : appeler pour vérifier les horaires.*

De l'amphithéâtre ne subsiste que la partie inférieure des tribunes

LES RUINES DE SALONA

Amphithéâtre ⑦
Complexe épiscopal ④
Forum ⑨
Nécropole de Kapljuć ⑥
Nécropole de Manastirine ①
Nécropole de Marusinac ⑩
Porta Caesarea ⑤
Théâtre ⑧
Thermes ③
Tusculum ②

0 500 m

***Légende des symboles** voir dernier rabat*

Split 17

Détail du palais Papalić

La capitale économique de la Dalmatie offre au premier abord l'aspect d'un grand port industriel. Sa vieille ville n'en possède pas moins beaucoup de charme. Elle s'est développée à l'intérieur et autour du palais de Dioclétien qui fait partie des bâtiments romains les plus vastes et les mieux préservés. Des réfugiés de Salona *(p. 116-117)*, dévastée par les Avars, s'y installèrent en 614 et l'adaptèrent à leurs besoins. Entre autres, ils transformèrent en cathédrale le mausolée d'un empereur responsable de sanglantes persécutions contre les chrétiens. Des communautés de Croates vinrent s'établir à Split au cours des siècles suivants. La ville devint vénitienne en 1409. Protégée par de nouvelles fortifications et le fort Gripe, elle connut une longue période de prospérité.

Vue du port et du front de mer de Split

Porte d'Or
Zlatna Vrata

Avec ses tours et ses éléments décoratifs au-dessus des arches, la principale entrée du palais de Dioclétien *(p. 120)* reste la plus impressionnante des portes encore debout. Dans la petite cour d'accès fermée au Moyen Âge, la **chapelle Saint-Martin** (Sv. Martin) du XIe siècle porte une plaque rendant hommage à son fondateur, le frère Dominique.

Musée de Split
Muzej Grada Splita

Papalićeva 1. ***Tél.*** *(021) 344 197, 360 171.* *juin-sept. : t.l.j. 9h-21h, oct.-mai : mar.-ven. 9h-16h ; sam.-dim. 10h-12h.*

De style gothique flamboyant, le magnifique palais Papalić date du XVe siècle. Un musée permet d'en découvrir l'intérieur qui s'organise autour d'une cour dominée par une loggia. Ses collections d'objets et d'œuvres d'art, de livres et de documents, et d'armes et d'armures illustrent l'histoire de la ville depuis l'époque de Dioclétien.

Péristyle

La place qui formait le cœur du palais, au croisement de ses deux grands axes, reste entourée sur trois côtés de colonnades antiques où s'inscrivent des édifices plus récents, tel le café Luxor au rez-de-chaussée médiéval et à l'étage Renaissance. Au sud, un haut porche au fronton triangulaire, le prothyron, domine l'accès aux anciens appartements privés de Dioclétien.

Baptistère Saint-Jean
Sv. Ivan Krstitelj

Tél. *(021) 342 589.*
pour restauration.

L'ancien temple de Jupiter, dédié à saint Jean-Baptiste au VIe siècle, abrite des fonts baptismaux en forme de croix conçus pour des baptêmes par immersion. Un panneau préroman montre un roi croate, sans doute Zvonimir, accompagné d'un dignitaire. Ivan Meštrović sculpta la statue de saint Jean du mur du fond. Deux sarcophages l'encadrent.

Le baptistère Saint-Jean aménagé dans l'ancien temple de Jupiter

Celui de l'évêque Jean date du VIIIe siècle, celui de l'évêque Laurent du XIe siècle.

Cathédrale Saint-Domnius
Katedrala Sv. Duje

Voir p. 121.

Porte d'Argent et église Saint-Dominique
Srebrna Vrata i Sv. Dominik

Hrvojeva ulica. **Église Saint-Dominique** *matin.*

Près de la Porta Argentea, un marché quotidien se tient le long de la façade orientale du palais. L'espace dégagé offre le meilleur point de vue de l'enceinte fortifiée de l'ancienne demeure impériale. Une partie de son chemin de ronde est accessible. Utilisé par les dominicains avant qu'ils ne construisent leur propre monastère en 1217, l'oratoire Sainte-Catherine édifié en face de la porte devint l'église Saint-Dominique (Sv. Dominik) après un important remaniement au XVIIe siècle. Agrandi dans les années 1930, le sanctuaire renferme un *Miracle à Surian* par Palma le Jeune et une *Apparition au Temple* attribuée à son atelier, ainsi que des autels baroques et un crucifix gothique.

Porte de Bronze
Brončana Vrata

Musée ethnographique

Sevarova 1. ***Tél.*** *(021) 344 164.*
lun.-ven. 9h-14h, sam. 9h-13h.

En face du port, la façade la plus riche du palais possède l'entrée la plus discrète. À l'étage, la galerie d'où Dioclétien contemplait la mer a été murée pour créer des habitations. La maçonnerie antique des salles souterraines situées sous les anciens appartements de l'empereur est d'une qualité impressionnante. Des boutiques en occupent certaines. D'autres abritent une exposition sur le palais et des expositions temporaires. Près de la porte, sur Sevarova, le **Musée ethnographique** (Etnografski Muzej) présente une collection de costumes et de bijoux traditionnels.

Porte de Fer
Željezna Vrata

La petite église **Notre-Dame-du-Clocher** (Gospa od Zvonika) construite dans la coursive extérieure au-dessus de la porte de la façade ouest doit son nom au plus vieux clocher de Split. Ce dernier a été édifié en 1081.

MODE D'EMPLOI

Plan D5. *210 000. Kaštelanska Cesta, (021) 203 506. Obala Kneza Domagoja, (021) 338 535. Obala Kneza Domagoja, (021) 338 483. Jadrolinija: (021) 338 333; Adriatica : (021) 338 335. Trg Republike 2, (021) 348 600, 345 606. Saint-Dominique (7 mai) ; Festival d'été (août).*

Hôtel de ville du xve siècle sur la place du Peuple, au centre de Split

Place du Peuple
Narodni trg (Pjaca)

Dans la première moitié du xve siècle, Split se dota d'un **hôtel de ville** (Obćinski Dom) hors de l'enceinte du palais de Dioclétien. La place où s'ouvrait sa loggia aux trois arches en ogive devint le pôle administratif et le centre des affaires de la cité. L'aristocratie y fit construire de somptueuses demeures, tel le **palais Cambi** de style gothique vénitien.

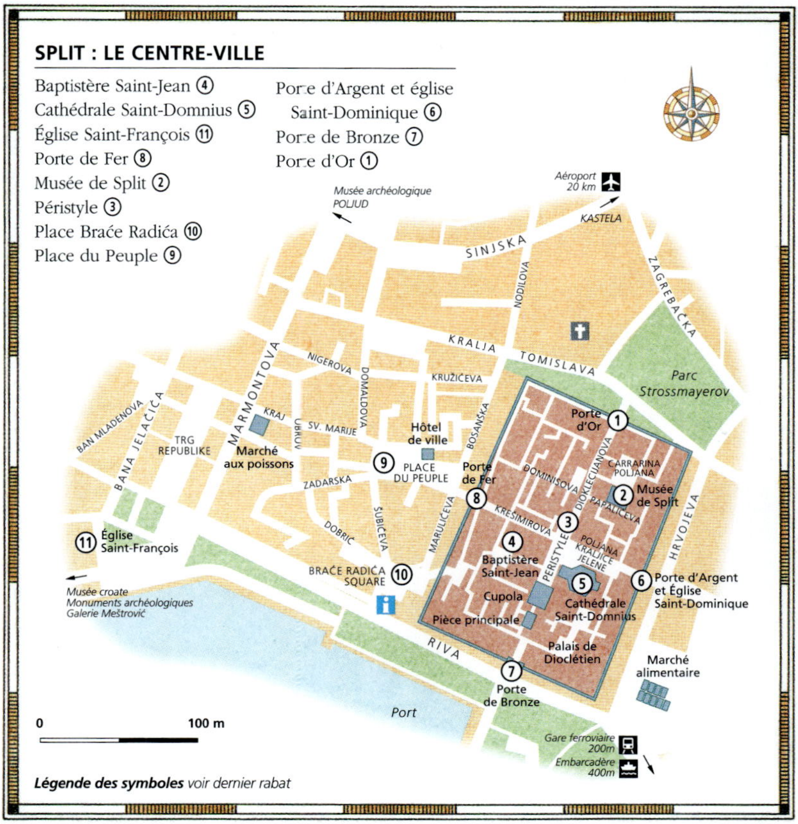

Le palais de Dioclétien

Probablement natif de Salona, Dioclétien fut porté à la tête de l'Empire romain par ses soldats en 284. Il en partagea la conduite avec un autre Auguste, Maximien Hercule, puis avec deux César, un mode d'organisation qui prit le nom de tétrarchie. Au bout de vingt ans de règne, il se retira en 305 dans le palais qu'il avait commandé aux architectes Filotas et Zotikos. Après sa mort en 313, l'immense édifice abrita des services administratifs et la résidence du gouverneur. En 615, la population de Salona s'y réfugia après la destruction de sa ville par les Avars. Les plus riches s'installèrent dans les appartements de l'empereur, les plus pauvres aménagèrent les espaces au-dessus des portes, ainsi que les 16 tours qui gardaient les angles et les façades est, nord et ouest. Au sud, la galerie ouverte à l'étage pour permettre à Dioclétien de contempler l'Adriatique devint également un espace d'habitation.

Porte de Fer et tour de l'horloge
Notre-Dame-du-Clocher et sa tour du XIIe siècle dominent la porte du palais la mieux conservée.

Temple de Jupiter
Transformé en baptistère, le temple jadis dédié au maître des dieux, dont Dioclétien se prétendait le descendant, possède une voûte à caissons. Un bas-relief représente un roi croate.

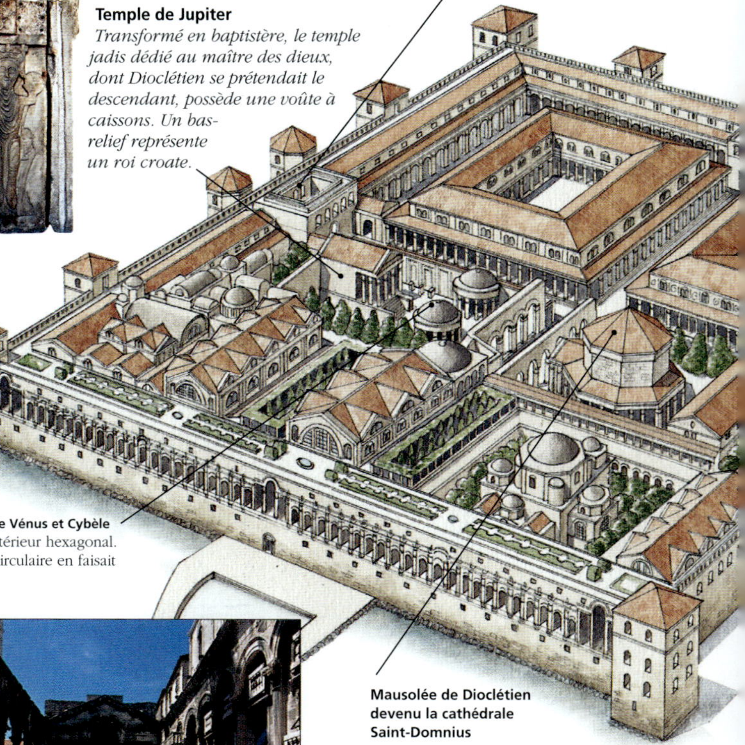

Les temples de Vénus et Cybèle
avaient un intérieur hexagonal. Une galerie circulaire en faisait le tour.

Mausolée de Dioclétien devenu la cathédrale Saint-Domnius

Péristyle
Au croisement du Cardo et du Decumanus, le péristyle donnait accès à l'aire sacrée. À l'est, il est resté ouvert sur l'ancien mausolée de l'empereur. À l'ouest, des palais s'inscrivent dans la colonnade qui le séparait de l'espace abritant les temples de Vénus, de Cybèle et de Jupiter.

Portrait de Dioclétien
Après avoir réorganisé l'administration de l'Empire, Dioclétien chercha à en assurer l'unité spirituelle. Il favorisa le culte de l'empereur divinisé avec la construction de temples abritant son effigie et exerça de violentes persécutions contre les chrétiens et les manichéens.

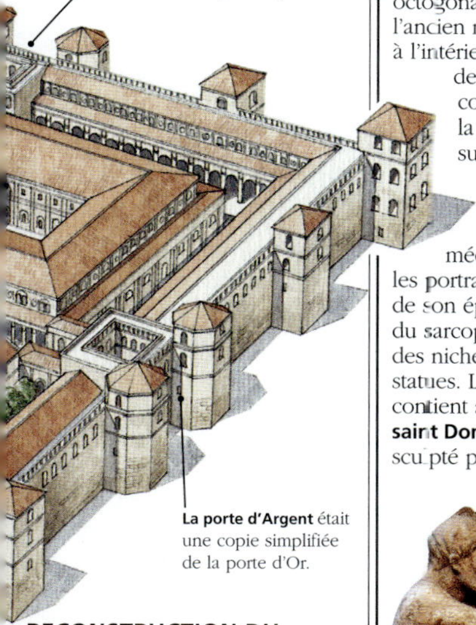

RECONSTRUCTION DU PALAIS DE DIOCLÉTIEN

Le palais montré ici sous son aspect originel ressemblait à un camp militaire romain. Long de 215 m et large de 180 m, il possédait une enceinte fortifiée très épaisse et haute par endroits de 28 m. Des tours la renforçaient aux angles et le long des façades est, nord et ouest. La façade sud donnait directement sur la mer. Deux grands axes perpendiculaires, le Cardo et le Decumanus, reliaient les quatre portes.

Cathédrale Saint-Domnius

Katedrala Sv. Duje

Kraj Sv. Duje 5. ***Tél.*** *(021) 342 589.*
juil.-août : t.l.j. 8h-12h, 16h-19h ; sept.-juin : t.l.j. 10h-12h.

En dehors de la construction d'un clocher roman (XIIe-XVIe siècle) et de l'ajout du chœur au XVIIIe siècle, la cathédrale aménagée à initiative de l'archevêque de Split dans l'ancien mausolée de Dioclétien n'a pratiquement pas changé d'aspect depuis sa consécration au VIIe siècle. Un sphinx en granit noir monte la garde au pied du clocher dont le sommet offre une vue à ne pas manquer.

La porte d'entrée possède des vantaux de chêne datant de 1214 et sculptés de splendides reliefs encadrés de motifs floraux. Ils retracent la vie du Christ. De plan octogonal à l'extérieur, l'ancien mausolée est circulaire à l'intérieur. Il conserve deux étages de colonnes corinthiennes, la plupart d'origine, surmontées d'une frise montrant Éros chassant. Au-dessus, des médaillons contiennent les portraits de Dioclétien et de son épouse Prisca. Autour du sarcophage de l'empereur, des niches abritaient des statues. La deuxième à droite contient aujourd'hui l'**autel de saint Domnius** sculpté par Bonino de Milan en 1427. Ses fresques datent de 1428. Le chœur baroque renferme une peinture de Palma le Jeune et des stalles romanes en bois aux reliefs d'une grande richesse.

Détail de l'autel de saint Anastasius

Chaire hexagonale du XIIIe siècle, cathédrale Saint-Domnius

À côté, le sarcophage (1448) de l'**autel de saint Anastasius** est une œuvre de Juraj Dalmatinac. Remarquez la puissance de la scène de la Flagellation. Un remaniement baroque a transformé la niche suivante en chapelle dédiée à saint Domnius. De sveltes colonnes aux chapiteaux sculptés supportent la **chaire** hexagonale du XIIIe siècle.

Dans la sacristie, derrière la cathédrale, le trésor réunit vêtements sacerdotaux et objets liturgiques des périodes romane, gothique et baroque. Il conserve deux documents particulièrement précieux : un évangéliaire enluminé du VIIIe siècle, le plus vieux manuscrit de Croatie, et l'*Historia Salonitana,* une chronique historique écrite par l'archidiacre Thomas au XIIIe siècle.

À la découverte de Split

L'intérêt historique et artistique du quartier ancien ne se limite pas au palais de Dioclétien. Au Moyen Âge, des villages se développèrent près de ses murailles et quand la cité devint une ville libre sous l'égide des rois croates, ce tissu urbain prit une forme plus organisée avec l'aménagement de la place Braće Radića et de la place du Peuple dominée par l'hôtel de ville. En 1420, les Vénitiens entreprirent la construction d'une enceinte fortifiée. La menace turque suscita la construction de châteaux entre Split et Trogir.

Tour de Hrvoje construite au XVe siècle par les Vénitiens

Place Braće Radića

Trg Braće Radića

Cette place médiévale à l'angle sud-ouest du palais de Dioclétien bordait jadis une forteresse construite par les Vénitiens dans la deuxième moitié du XVe siècle pour défendre l'approche depuis la mer. Il n'en reste que la haute **tour de Hrvoje** (Hrvojeva Kula) de plan octogonal. Elle domine une porte menant au rivage. Le **palais Milesi** ferme la place au nord. De style baroque primitif, il date du XVIIe siècle. Des fenêtres à fronton rythment sa façade harmonieuse. Devant, un monument d'Ivan Meštrović rend hommage à Marko Marulić, l'écrivain et érudit (1450-1524) considéré comme le fondateur de la littérature en langue croate. L'imposante statue en bronze porte en inscription quelques vers du poète Tin Ujević.

Monument à Marko Marulić

Église Saint-François

Sv. Frane

Trg Republike. (021) 348 600 (Tourist office). sur r.d.v.

Du monastère originel subsiste un petit cloître romano-gothique entourant un jardin fleuri. Reconstruite au XIXe siècle, l'église abrite un mobilier principalement baroque, en dehors d'un crucifix par Blaž Juriev Trogiranin et une statue en bois de sainte Lucie. Tous deux sont du XVe siècle. Plusieurs personnalités ont ici leur tombeau : l'archidiacre Thomas *(p. 121)*, le compositeur Ivan Lukačić et les écrivains Marko Marulić et Jerolim Kavanjin.

Musée des Monuments archéologiques croates

Muzej Hrvatskih Arheoloških Spomenika

Šetalište Ivana Meštrovića. ***Tél.*** *(021) 358 420, 358 455. hiver : mar.-sam. 9h-15h, dim. 10h-12h ; été : mar.-sam. : 9h-15h, 17h-19h, dim. 10h-12h.*

www.mhas-split.hr

Fondé en 1893, ce musée occupe depuis 1976 un bâtiment moderne. Il possède une collection de quelque 20 000 objets évoquant l'histoire des Croates entre le VIIe et le XVe siècle. L'exposition en présente environ un quart. Les fragments lapidaires proviennent de tombeaux, de chapiteaux, de devants d'autel, de baldaquins et de fenêtres. Les fonts baptismaux hexagonaux en marbre du prince Viseslav, datant du début du IXe siècle, et le sarcophage de la reine Jelena (Xe s.) découvert à Salona *(p. 116-117)* sont remarquables.

Accords lointains **par Ivan Meštrović, galerie Meštrović**

Galerie Meštrović

Galerija Meštrović

Šetalište Ivana Meštrovića 46. ***Tél.*** *(021) 358 450. juin-sept. : mar.-sam. 10h-18h, dim. 10h-15h ; oct.-mai : mar.-sam. 10h-16h, dim. 10h-14h.*

Ce musée occupe la maison dessinée et construite par Ivan Meštrović *(p. 157)* entre 1931 et 1939 pour ses séjours à Split. Sur la façade, un escalier et une colonnade dignes d'un temple grec lui donnent un aspect monumental. En 1952, l'artiste en fit don au peuple yougoslave avec les sculptures sur bois, sur pierre et sur bronze qui décorent le jardin et l'intérieur. Elles montrent l'importance des femmes et de la religion dans son œuvre.

Le billet d'entrée donne également accès au **Kaštelet** situé un peu plus loin dans la rue, au n° 39. Meštrović acheta en 1932 cette ancienne résidence d'été (XVIIe siècle) de la famille Cavagnin pour en faire un lieu d'exposition. Il y aménagea une petite chapelle qui servait à l'origine d'écrin à une série de reliefs baptisée *Nouveau Testament*. Elle a été remplacée par L'*Auteur de l'Apocalypse*.

Galerie nationale d'art

Galerija Umjetnina

Lovretska 11. ***Tél.*** *(021) 480 149, 480 150. hiver : lun.-sam. 9h-12h, 16h-18h ; été : lun.-sam. 9h-12h, 17h-19h.*

La collection offre un large aperçu de la création picturale à Split et en Dalmatie entre le XVIe et le XXe siècle.

Les maîtres vénitiens y tiennent la place d'honneur, mais on peut aussi découvrir des icônes de l'école dite de Bocche di Cattaro (XVIIIe-XIXe s.) et des œuvres plus contemporaines, d'Ivan Meštrović et Vlaho Bukovac notamment. La galerie accueille également des expositions temporaires.

Polyptyque par Girolamo da Santacroce, Notre-Dame-de-Grâce

Musée archéologique
Arheološki Muzej

Zrinsko Frankopanska 25. ***Tél.*** *(021) 318 720.* *hiver : mar.-sam. 9h-13h, dim. 10h-12h ; été : mar.-sam. 9h-13h, 16h-19h, dim. 10h-12h.*

Ce musée, fondé en 1820, présente par roulements un très riche fonds d'objets illyriens, grecs, romains, paléochrétiens et moyenâgeux. Beaucoup proviennent des fouilles de Salona *(p. 116-117)* et Narona *(p. 130)*. Bijoux, pièces de monnaie, peignes, ustensiles de cuisine ou nécessaires de maquillage offrent un aperçu fascinant de la vie quotidienne à l'Antiquité. Les galeries du jardin renferment une exposition lapidaire. Ses plus belles pièces sont des sarcophages ornés de reliefs païens ou paléochrétiens.

Sarcophage, Musée archéologique

Notre-Dame-de-Grâce de Poljud
Gospa od Poljuda

Poljudsko Šetalište 17. *(021) 355 088.* *sur r.-v.*

En sortant de la ville en direction de Zrinsko-Frankopanska, on atteint un quartier appelé le marais *(poljud)*. Au XVe siècle, les franciscains y bâtirent un monastère fortifié défendu par de puissantes tours. Dans l'église à charpente en bois, un polyptyque peint par Girolamo da Santacroce en 1549 décore le maître-autel. Il représente la *Vierge et des saints*. On y voit saint Domnius, patron de Split, tenant une maquette de la ville.

De nombreuses autres œuvres d'art sont exposées, dont un *Portrait de l'évêque Tommaso Nigris* de Lorenzo Lotto (1527) et des miniatures de Bone Razmilović.

Les amateurs de football ne manqueront pas de passer au stade de l'équipe du Hajduk Split construit en 1979 d'après des plans de Bores Magaš.

Colline Marjan

À l'ouest de la ville, un escalier sinueux grimpe jusqu'à cette réserve naturelle uniquement accessible à pied. On découvre en chemin la chapelle Saint-Nicolas (Sv. Nikola) du XIIIe siècle. Un sentier conduit à une péninsule boisée d'où un belvédère offre une belle vue de la mer et des îles Šolta, Brač et Hvar.

Aux environs :
Kaštela doit son nom à sept places fortes bâties entre Split et Trogir par les gouverneurs vénitiens et des nobles locaux pour défendre le littoral contre les Turcs et offrir un refuge aux paysans en cas d'attaque. Le village a grandi autour. Cinq de ces châteaux élevés à la fin du XVe siècle et au XVIe siècle existent toujours. Une reconstruction les a parfois transformés en villas fortifiées.

Le château Saint-Georges (Kaštel Sućurac) a pour origine une tour édifiée en 1392. Il prit son ampleur actuelle à la fin du XVe siècle quand l'archevêque de Split le transforma en un palais d'été de style gothique.

Le château de l'Abbesse (Kaštel Gomilica) est posé sur un îlot désormais relié à la terre ferme.

Le château Vitturi (Kaštel Lukšić) de style Renaissance abrite aujourd'hui un centre culturel. La famille Vitturi, qui l'acheva en 1564, fit don d'une sculpture de Juraj Dalmatinac à la chapelle Saint-Arnir (Sv. Arnir).

Le Kaštel Stari a conservé son aspect originel. Des fenêtres gothiques percent le côté donnant sur la mer.

Du Château Neuf (Kaštel Novi) n'ont survécu que la tour et l'église Saint-Roch qui a été édifiée par la famille Čipiko.

Stade de l'équipe de football du Hajduk construit en 1979 dans le faubourg de Poljud

Šolta ⓲

Plan D5. *1 400.* *depuis Split.*
Grohote, (021) 654 151.
www.solta.hr

Cette longue île au littoral creusé de baies et de criques possède une superficie de 52 km². Elle garde sa vocation agricole même si le le tourisme est en plein développement.

De nombreux habitants de Split y ont une résidence de vacances, entretenant ainsi une tradition très ancienne puisque la noblesse de Salona y fit construire à l'époque romaine des villas de villégiature dont les ruines restent visibles. L'île portait alors le nom de Soletta.

Après la destruction de Salona en 614, certains des réfugiés s'y établirent et plusieurs villages conservent des vestiges paléochrétiens. Šolta fut plus tard abandonnée en faveur de Split. Vidée de ses habitants par la fréquence des raids turcs, elle resta déserte pendant un siècle à compter de 1537. Des tours de défense s'élevaient près de Stomorska, Grohote, Donje Selo et Nečujam.

Brač ⓳

Plan D5. *14 000.* *(021) 524 116.* *jusqu'à Supetar depuis Split.* *(021) 631 122.* *Trg P Jakšića 17, (021) 630 551.* **Bol** *Uz Pjacu 4, (021) 635 638.* **www**.bol.hr

La troisième plus grande île d'Adriatique mesure 40 km de long et 15 km de large. Elle possède une structure géologique intéressante,

Les contours de la plage de Bol changent avec les courants

le calcaire qui la forme étant par endroits creusé de ravins et de dolines, et à d'autres d'une solidité et d'un grain si fin qu'on l'exploite depuis l'Antiquité *(p. 134)*. Il a entre autres servi à la construction du palais de Dioclétien *(p. 120-121)*. Des forêts où domine le pin d'Alep couvrent ses reliefs. Abrupts au sud, ils descendent en pente plus douce du côté du continent où des cultures s'étagent à flanc de colline.

Soumise à Salona pendant l'époque romaine, puis annexée par Split, Brač passa avec cette ville sous l'autorité des Byzantins puis des Vénitiens. Ces derniers, au cours de la longue période (1420-1797) où ils l'administrèrent, fondèrent des villages à l'intérieur des terres mais n'édifièrent pas de défenses côtières contre les pirates turcs.

Les ferry-boats en provenance de Split s'arrêtent à **Supetar,** une ville d'origine ancienne dotée de belles plages. Au sud-ouest, la route s'achève à **Milna,** fondée au XVIIIe siècle au fond d'une baie protégée. Son église de l'Annonciation baroque abrite un mobilier rococo.

Nerežišća, au centre de l'île, en resta longtemps le chef-lieu comme en témoignent le palais du Gouverneur, la loggia et un piédestal sculpté d'un lion de saint Marc.

La principale attraction de **Bol,** sur la côte sud, est sa fameuse plage de galets qui s'enfonce en pointe dans la mer. Son nom, Zlatni Rat, signifie la Corne d'or. Elle change en permanence de forme au gré des courants. Baignée par une eau limpide, elle est appréciée des familles

Village de Pučišća sur l'île de Brač

commes des amateurs de sports nautiques, véliplanchistes notamment.

À la sortie du village, un monastère dominicain fondé en 1475 se dresse sur un promontoire. Son musée renferme des peintures, dont une *Vierge à l'Enfant* attribuée au Tintoret, ainsi que des objets liturgiques et des monnaies antiques. Deux heures de marche mènent au sommet du **mont Saint Vitus** (Vidova Gora). Le point culminant des îles de l'Adriatique (778 m) offre un superbe panorama. Non loin, un monastère fortifié, le Samostan Blaca, s'accroche aux rochers.

À **Selca,** d'anciennes carrières romaines sont ouvertes à la visite. Des bateaux venaient charger les blocs de pierre au port de **Pučišća,** une charmante et paisible localité. Plus à l'est, **Sumartin** s'est développé autour d'un monastère fondé par des franciscains de Makarska en 1645. Il conserve le trésor et les peintures qu'ils apportèrent avec eux.

Škrip est probablement le site de la première implantation humaine sur l'île. C'est aussi le lieu de naissance présumé d'Hélène, la mère de l'empereur Constantin. Une peinture de Palma le Jeune la représente au maître-autel de l'église qui lui est dédiée.

Le **musée de Brač** occupe un palais fortifié au XVIe siècle. Des vestiges d'une muraille illyrienne et sa collection archéologique rappellent l'occupation très ancienne de l'île.

Brač Museum
Škrip. (021) 356 706. *sur r.-v.*

Vis 20

Plan D6. *4 300.* **Vis** *(021) 711 032.* *Šetalište Stare Isse 2, (021) 717 017.* **Komiža** *(021) 713 455.*

Plus éloignée du continent que les autres îles dalmates, Vis resta de 1945 à 1989 une base militaire interdite aux étrangers. D'intrépides voyageurs redécouvrent peu à peu sa côte découpée et jalonnée de plages, ainsi que ses reliefs intérieurs livrés au maquis et aux pins. Ils culminent à 587 m au mont Hum.

Peuplée dès le néolithique, Vis, alors appelée Issa, doit au tyran de Syracuse Denys l'Ancien (v. 430-367 av. J.-C.) d'être entrée dans l'histoire quand il en fit la base de l'expansion grecque en Adriatique. Soumise ensuite à l'autorité de l'Empire romain, puis des Byzantins, elle devint vénitienne en 1420.

Elle joua un rôle clé pendant la Seconde Guerre mondiale en offrant aux partisans un refuge. Ils coordonnaient leurs actions avec les Alliés depuis la « grotte de Tito ». Les ferries accostent à Vis, le plus gros bourg. Il conserve des bâtiments de style gothique vénitien. L'église Renaissance Notre-Dame-de-Spilica (Gospa od Spilica) abrite une peinture de Girolamo di Santacroce. Le charmant village de **Komiža** renferme un château construit par les Vénitiens.

Façade de l'église Notre-Dame-de-Spilica, Vis

Aux environs

Dans l'**île de Bisevo,** au sud-ouest de Vis, la Grotte bleue (Modra Spilja) tire son nom des reflets qui la parent d'étranges couleurs à midi. Des bateaux partent de Komiža le matin. L'office du tourisme vous renseignera.

Un monastère fondé vers l'an 1000 résista pendant 200 ans aux raids des pirates et des Sarrasins. Ses ruines se trouvent à côté d'une église du XIIe siècle.

Littoral boisé près de Komiža sur l'île de Vis

Hvar ㉑

Longue de 68 km, Hvar présente à l'ouest le visage accueillant de collines cultivées et s'achève à l'est en une étroite arête rocheuse où règne le maquis. De jolis villages, un climat privilégié, de bonnes plages et les parfums émanant de champs de lavande en ont fait l'île la plus en vogue de l'Adriatique. Son histoire commence au IVe siècle av. J.-C. quand les Syracusains d'Issa (l'actuelle Vis) fondent Pharos (Stari Grad) et Dimos (Hvar). Les Romains, les Byzantins et les souverains croates leur succèdent. Les Vénitiens gardent le pouvoir de 1278 à 1797. En 1420, ils déplacent la capitale de Pharos à Hvar. En 1868, dans le cadre de l'Empire austro-hongrois, la « Société hygiénique de Hvar » commence la promotion de l'île en tant que station climatique. Hvar lance ainsi sa vocation touristique.

Plage de rêve au fond d'une crique

Ville de Hvar

Au fond d'une baie protégée, le « Saint-Tropez » dalmate, fortifié en 1278, doit son essor à un port sûr où pouvaient faire escale les navires commerçant avec l'Orient. À l'époque vénitienne, où il devint le siège du gouvernement local et de l'évêché, des familles patriciennes y édifièrent des palais et financèrent la fondation de monastères.

La prospérité favorisa l'épanouissement des arts et de la culture. C'est à Hvar qu'ouvrit l'un des premiers théâtres publics d'Europe et que grandirent le poète de la Renaissance Hanibal Lučić (v. 1485-1553) et le dramaturge Martin Benetović (v. 1553-1607).

La cité a pour pôle touristique une splendide place dallée ouvrant d'un côté sur la mer. Des édifices anciens bordent les trois autres.

À l'est, la **cathédrale Saint-Étienne** (Katedrala Sv. Stjepana) possède une façade typique de la Renaissance dalmate

Grand-place de Hvar et cathédrale Saint-Étienne

avec son fronton trilobé. Son gracieux campanile date du XVIIe siècle. Elle renferme de nombreuses œuvres d'art, dont deux *Vierge et les Saints,* l'une de 1627 par Palma le Jeune, l'autre de 1692 par Domenico Uberti. L'Espagnol Juan Boschetus peignit la *Pietà* vers 1520.

Le côté nord conserve trois édifices du XVe siècle : la **tour de l'horloge,** la **loggia** en dessous et le **palais Hektorović** (Hektorovićeva Palača) reconnaissable à ses fenêtres de style gothique vénitien.

Au sud, l'**Arsenal** bâti à la fin du XVIe siècle abrite à l'étage un petit théâtre ouvert en 1612 aux spectateurs de toutes classes sociales, une véritable révolution pour l'époque.

Hors les murs de la ville haute se trouvent le **monastère franciscain** (Franjevački Samostan) fondé en 1461 et l'église **Notre-Dame-de-la-Charité** (Gospa od Milosti) dont un relief de Nikola Firentinac décore la façade. Elle renferme deux peintures de Palma le Jeune (*Les Stigmates de saint François* et *Saint Diégo*), trois polyptyques de Francesco da Santacroce, une *Crucifixion* de Leandro da Bassano et six scènes inspirées par la

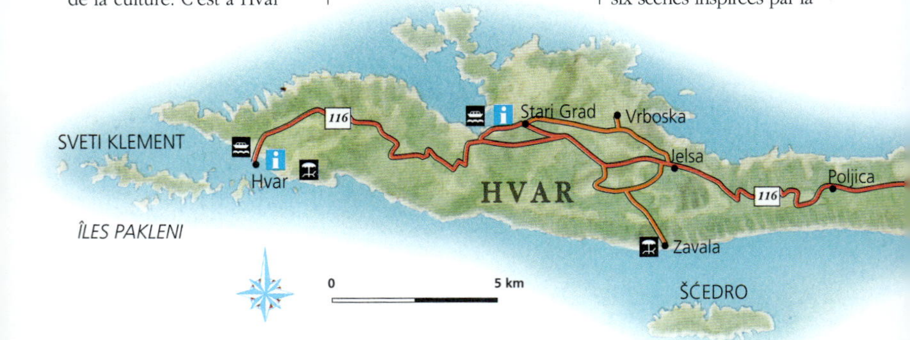

Hôtels et restaurants de la région p. 226-230 et p. 243-246

Un champ de lavande, la spécialité agricole de Hvar

Passion du Christ, œuvres de Martin Benetović. Les salles ouvrant sur le cloître contiennent un musée. Une fresque de la *Cène* peinte au XVIIe siècle décore l'ancien réfectoire.

Depuis leurs positions dominantes, le fort Espagnol (Fortica Španjola) du XVIe siècle et le fort Napoléon de 1811 ménagent des vues splendides de la ville et des îles Pakleni.

Cloître du monastère franciscain

Stari Grad

Au fond d'une longue baie, la « Vieille Ville » a pour origine le comptoir de Pharos créé par les Grecs au IVe siècle av. J.-C. Il en subsiste quelques vestiges dans Ciklopska ulica. Les Romains qui leur succédèrent ont laissé les ruines d'une villa, des pavements de mosaïque notamment, visibles à Pod Dolom.

Sur la grand-place, l'**église Saint-Étienne** (Sv. Stjepan) du XVIIe siècle abrite un triptyque de Francesco da Santacroce. Une **Collection nautique** occupe le **palais Biankini** (Biankini Palaca) de style baroque.

Non loin se dresse le **Kaštel Tvrdalj** (1520-1569), la demeure construite à l'image d'une forteresse par le poète humaniste Petar Hektorović. Son œuvre la plus célèbre, *La Pêche et les Discours de pêcheurs,* décrit une expédition de pêche de trois jours autour des îles de Hvar, Brač et Šolta. La maison renferme une exposition ethnographique. Son jardin intérieur entoure un bassin à poissons d'eau de mer.

Le **Monastère dominicain** (Dominikanski Samostan) fondé en 1482 fut reconstruit et fortifié au siècle suivant après une attaque des Turcs. Il possède une riche bibliothèque et une modeste collection de pièces archéologiques et d'art religieux.

En ville, le professeur Emil Tanay dirige l'École internationale de peinture et de sculpture.

Kaštel Tvrdalj, Stari Grad

MODE D'EMPLOI

Plan D–E5. *11 500.* *Split et Drvenik.* **Hvar** *(021) 741 007 ; Jadrolinija: (021) 741 132.* *Trg Sveti Stjepana, (021) 741 059.* **Stari Grad** *(021) 765 060 ; Jadrolinija: (021) 765 048.* *Nova Riva 2, (021) 765 763.* **Sućuraj** *(021) 773 228.* *(021) 773 203.* **www**.tzhvar.hr

Monastère dominicain
Tél. *(021) 765 442.* *juin-sept. : 10h-12h, 16h-20h ; oct.-mai : sur r.-v.*

Vrboska

La route conduisant à ce petit port traverse des paysages somptueux en juin : de vastes champs de lavande en fleur.

Au sommet d'une butte se dresse l'**église Sainte-Marie** (Sv. Marija) fortifiée en 1575 pour fournir un abri aux villageois en cas d'attaque des Turcs. L'**église Saint-Laurent** (Sv. Lovro) baroque abrite une *Vierge du rosaire* de Leandro da Bassano et, au maître-autel, un polyptyque (v. 1520) de Paul Véronèse.

Sućuraj

À la pointe orientale de l'île, ce village conserve les vestiges d'un château construit par les Vénitiens vers 1630.

Aux environs

Au large de la ville de Hvar, les **îles Pakleni** doivent leur nom à la résine *(paklina)* jadis recueillie sur les pins pour calfater les bateaux. Des vedettes y conduisent en été depuis le port. La plus proche, Jerolim, est dévolue au naturisme. La plus vaste, Sveti Klement, abrite des restaurants. En face du village de Zavala, pinèdes et maquis couvrent l'île de **Šćedro** où l'on a découvert des tombes illyriennes et les vestiges d'une villa romaine.

LÉGENDE

- Route principale
- Autre route
- Embarcadère
- Informations touristiques
- Plage équipée

Kayak et rafting dans le Parc naturel de la vallée de la Cetina

Omiš ㉒

Plan D5. *6 100.* *(021) 864 210.* *(021) 861 025.* *Trg Kneza Miroslava, (021) 861 350.* **www**.tz-omis.hr *Klapa (juil.).*

Pôle touristique d'une riviera de 35 km de long, cette paisible station balnéaire offre une base agréable d'où partir à la découverte des gorges de la Cetina. Rien n'y rappelle l'époque où des pirates en avaient fait leur repaire. Ces derniers résistèrent aux efforts des Vénitiens pour les en déloger du XIIe siècle jusqu'en 1444. En juillet, le Festival dalmatinksih klapa attire de nombreux spectateurs. La *klapa,* une forme de chant traditionnel a cappella interprété par des chœurs masculins, reste très populaire dans la région, y compris auprès des jeunes. S'il ne reste que peu de traces du *municipium* romain d'Oeneum, les fortifications construites au sortir du Moyen Âge par les comtes de Kačić et de Bribir restent bien visibles. Elles couronnent un éperon rocheux où se nichait jadis la vieille ville, ou Starigrad. Une haute tour domine la forteresse (XVIe-XVIIe siècle) d'où s'ouvre un magnifique panorama d'Omiš et des îles centrales dalmates. Une muraille descend jusqu'à la rive de la Cetina. La ville possède trois édifices religieux méritant une visite. L'**église Saint-Michel** (Sv. Mihovil) de style Renaissance abrite un maître-autel en bois du XVIe siècle, un grand crucifix du XIIIe siècle et deux peintures de Matteo Ingoli (1580-1631), un artiste originaire de Ravenne. Son clocher pointu avait à l'origine une fonction de défense. Au bout de la rue principale, une *Descente du Saint-Esprit* par Palma le Jeune (1544-1628) décore l'**oratoire du Saint-Esprit** (Sv. Duh) fondé au XVIe siècle. Il faut franchir la Cetina et rejoindre le quartier de Priko sur l'autre rive pour découvrir le plus intéressant de ces monuments. L'**église Saint-Pierre** (Sv. Petar) bâtie au Xe siècle compte parmi les plus jolis sanctuaires préromans de Dalmatie. Elle incorpore des vestiges paléochrétiens dans les murs de sa nef unique.

Église Saint-Pierre à Priko, un quartier d'Omiš

Aux environs

Le parc naturel de la vallée de la Cetina commence tout de suite derrière Omiš. Il protège le cours d'eau qui alimente le lac artificiel de Peruca. Au sortir du lac, la Cetina court presque parallèlement au rivage d'ouest en est, puis, près du village de Zadvarje, bifurque brusquement et tombe en cascade dans une gorge étroite. Le parc se découvre à pied, à bicyletette ou en descendant sa rivière en kayak ou rafting.

Makarska ㉓

Plan E5. *14 000.* *Ante Starčevića ulica, (021) 612 333.* *(021) 611 977.* *Obala Kralja Tomislava 16, (021) 616 288.* **www**.makarska.hr

Longue d'une trentaine de kilomètres, la riviera de Makarska s'étend de Brela à Živogošće au pied du massif du Biokovo. Son point culminant, le mont Sv. Jure (1 762 m), est accessible en voiture au cœur d'un parc national de 195 km². Makarska a pour origine la cité romaine de Muicurum ravagée par les Goths en 548. Elle appartenait au royaume de Croatie quand elle tomba

La riviera de Makarska entre mer et montagne

Hôtels et restaurants de la région p. 226-230 et p. 243-246

LES VIGNOBLES DE DALMATIE

La vigne est cultivée tout le long du littoral dalmate et sur de nombreuses îles. En venant de l'ouest, elle commence à apparaître un peu avant Trogir *(p. 111)*, autour de Primošten, lieu de production d'un vin rouge de qualité, le Babić. Plantés sur des coteaux rocailleux, ces vignobles sont souvent entourés par des murs en pierre sèche dont la construction a, entre autres, permis de débarrasser le sol d'une partie de ses pierres. Ces « remparts » protègent des ceps bas de la rigueur du vent du nord et les préservent de la chaleur de l'été. Sans le courage et la patience de leurs bâtisseurs, il serait impossible aujourd'hui de savourer les crus dont ils autorisent la production sur un terrain particulièrement difficile.

Vignes protégées pas des murs en pierre sèche

La plage de Gradac est la plus longue de l'Adriatique orientale

Le monastère franciscain de Makarska abrite un musée

aux mains des Turcs en 1499. Les Vénitiens ne la reprirent qu'en 1646. Dans une baie protégée par la péninsule Saint-Pierre, c'est aujourd'hui une station balnéaire animée. Elle conserve deux anciens monastères. Saint-Philippe-Neri (Sv. Filipa Nerija) date de 1757 et son cloître renferme des fragments lapidaires des époques romaine et médiévale. Le monastère franciscain (Franjevački Samostan), construit en 1614 sur les fondations d'un couvent du xve siècle, abrite le **musée des Coquillages** (Muzej Malakološki) aux collections d'une richesse et d'une qualité suprenantes. Le cœur de la ville moderne est la place Frère Andrija Kačić Miošić (1704-1760) dédiée à un érudit dalmate. Une statue (1889) lui rend hommage en son centre. Deux promenades en front de mer conduisent à de longues plages et à Kalelarga, la « rue large » bordée d'immeubles du xviiie siècle.

Musée des Coquillages
Franjevački Samostan put.
Tél. *(021) 611 256.*

Gradac 24

Plan E5. *1 200.*
Ulica Stjepana Radića 5, (021) 697 511.

Nommée d'après un fort *(grad)* construit au xviie siècle pour la protéger des Turcs, cette station balnéaire doit sa popularité à sa plage, la plus longue de l'Adriatique orientale. Hôtels, restaurants et campings la bordent sur plus de 6 km. En ville subsistent deux grandes tours du xviie siècle. Près du cimetière, l'église Saint-Michel date de 1852. La localité voisine de Crkvine renferme les vestiges d'un relais de poste romain sur la voie entre Muicurum (l'actuelle Makarska) et Narona *(p. 130)*.

Monastère franciscain de Zaostrog

Aux environs

Le village de **Zaostrog,** à 14 km au nord-ouest de Gradac, entoure le monastère franciscain (Franjevački Samostan), fondé au xvie siècle et achevé au xviie, où travailla et mourut l'érudit Andrija Kačić Miošić honoré par une place à Makarska. La façade de l'église porte une inscription en écriture cyrillique. Les salles au-dessus du cloître renferment une collection d'objets folkloriques, une galerie d'art et une bibliothèque où sont conservés des documents sur la période d'occupation turque. À environ 20 km de Gradac vers Makarska, **Živogošće,** village mentionné dès le xiiie siècle, est une station balnéaire très fréquentée. Son monastère franciscain, fondé en 1616, est réputé pour sa bibliothèque dont les archives sont consultées par les chercheurs s'intéressant à la région du Biokovo. Son église, bâtie en 1766, renferme un autel baroque ouvragé. Près du monastère, un poème gravé à l'époque romaine par le questeur Licinianus chante les vertus de l'eau rafraîchissante de la source de Pokrivenice. Celle-ci coule toujours.

Delta de la Neretva, rendu fertile par drainage près de d'Opuzen

Opuzen ㉕

Plan E6. *2 800.*
Metković, (020) 681 951.
Stjepana Radica ulica 3, Metković, (020) 681 899.

Au bord du delta de la Neretva, dans une région de production d'agrumes, le bourg d'Opuzen se trouve au point de départ, sur la Magistrale (E65), de la route qui remonte depuis la côte la vallée creusée par le fleuve. Il a joué pendant des siècles un rôle de poste frontière disputé, et donc fortifié. Il doit d'ailleurs son nom au Fortis Opus édifié par la république de Venise et dont les ruines se dressent à sa périphérie orientale. La république de Raguse (Dubrovnik) fondée en 1358 y bâtit également un château. Enfin, vers la fin du XVe siècle, le roi de Hongrie Matthias Corvin commanda la construction du fort de Koš. Les Turcs s'en emparèrent en 1490 et le conservèrent jusqu'en 1686 où il retomba aux mains des Vénitiens.

L'entrée de l'ancien de l'hôtel de ville renferme des fragments lapidaires antiques en provenance de Narona.

Narona ㉖

Plan E6. *Metković, (020) 681 951.* *Stjepana Radica ulica 3, Metković, (020) 681 899.*
www.vid.hr

Les origines de la Colonia Julia Narona remontent au moins au IIe siècle av. J.-C. Située à un croisement routier et accessible aux bateaux, la cité était un important centre d'échanges avec l'intérieur des terres. Des temples, des thermes et un théâtre entouraient le forum. Fortifiée, Narona devint le siège d'un des premiers diocèses des Balkans et prospéra jusqu'à sa destruction par les Avars au VIIe siècle. Le site tomba alors à l'abandon. Au début du XIXe siècle, après quelques découvertes dues au hasard, l'archéologue autrichien Karl Patsch entama des fouilles systématiques. Elles se sont poursuivies jusqu'après la Seconde Guerre mondiale et ont mis au jour les ruines de lieux de culte païens et chrétiens, d'édifices publics et d'habitations. Les vestiges comprenaient aussi des statues, des armes et des bijoux conservés pour partie au Musée archéologique de Split *(p. 123)* et pour l'autre dans celui de **Vid.** Ce village s'est développé au XIXe siècle à l'ouest du forum et les maisons du quartier ancien incorporent des pierres provenant d'édifices antiques.

Tête de l'empereur Vespasien au musée de Vid

Avant le pont y menant, l'église Saint-Guy (Sv. Vid) du XVIe siècle abrite une petite exposition consacrée à la basilique du Ve siècle dont elle occupe l'emplacement et dont on a retrouvé la cuve baptismale.

Neum ㉗

Bosnie-Herzégovine. **Plan** E6.
1 200. *Metković, (020) 681 951.* *Stjepana Radica ulica 3, Metković, (020) 681 899.*

Tous les bus empruntant la route du littoral entre Split et Dubrovnik traversent la bande côtière large de 9 km appartenant à la Bosnie-Herzégovine, la seule façade maritime de ce pays. Le passage d'une frontière impose d'avoir avec soi son passeport. La principale localité, Neum, est une station balnéaire où les visiteurs disposent entre autres de plusieurs hôtels Beaucoup de Croates s'y arrêtent pour faire des courses et profiter de prix inférieurs à ceux qui sont pratiqués chez eux.

Hôtels et restaurants de la région p. 226-230 et p. 243-246

Presqu'île de Pelješac 28

Plan E6. *Metković, (020) 681 951.* **Ston** *580.* *(020) 754 026.* *Pelješka Cesta, (020) 754 452.* **Orebić** *1 600.* *(020) 743 542.* *Trg Mimbelli, (020) 713 718.*

Cette péninsule de 65 km de long pour une largeur maximale de 7 km a pour épine dorsale une chaîne montagneuse culminant à 961 m d'altitude au mont Sveti Ilija. Si le maquis règne dans les hauteurs, sur les coteaux et à leur pied poussent des arbres fruitiers et des vignes. Ces dernières produisent des vins réputés. Des eaux peu profondes se prêtent à la culture des huîtres.

Colonisée par les Grecs, auxquels succédèrent les Romains puis les Byzantins, la presqu'île appartint à Dubrovnik de 1333 à 1808.

La côte de la presqu'île de Pelješac

Ston

La localité la plus proche du continent s'appelait à l'origine Stagnum (lac ou marais) à cause de la faible profondeur des eaux qui la baignent. Des salines y existent depuis l'époque romaine où un *castrum* les protégeait déjà.

Édifiées au XIVe et au XVe siècle par la république de Raguse, les fortifications actuelles s'étirent sur plus de 5 km, ce qui en fait les plus longues d'Europe. Barrant toute la péninsule, elles partent de Veliki Ston, le bourg principal, grimpent jusqu'au sommet du mont Saint-Michel et redescendent de l'autre côté jusqu'à Mali Ston. 41 tours, sept bastions et deux forts les jalonnent. Certains des meilleurs architectes militaires de l'époque, dont Michelozzo Michelozzi, Župan Bunić, Bernardino de Parme, Juraj Dalmatinac et Paskoje Miličević, contribuèrent à leur conception et à leur construction. Malgré les siècles, des bombardements en 1991 et un tremblement de terre en 1996, les remparts restent en bon état.

Veliki Ston conserve les bâtiments historiques les plus importants. Ils sont actuellement dépourvus d'ornementation, leurs œuvres d'art étant en cours de restauration. Ils comprennent le plus grand fort (Veliki Kastio), le palais du Gouverneur (Knežev Dvor), le palais épiscopal (1573) et la cathédrale Saint-Blaise (Sv. Vlaho) construite dans le style néogothique en 1870 pour remplacer un sanctuaire du XVIe siècle détruit par un séisme en 1850. L'église du **monastère franciscain Saint-Nicolas** (Sv. Nikola), bâti entre le XIVe et le XVIe siècle, abrite un beau crucifix médiéval.

Réputé pour ses parcs à huîtres et à moules, le petit port de **Mali Ston** offre un cadre très agréable pour une dégustation. Il garde de nombreuses maisons anciennes et s'étend au pied du fort Koruna (1447) qui renferme deux arsenaux et un entrepôt à sel fortifié. Le site offre une vue splendide des marais salants et de l'île de Korčula.

Monastère franciscain entre Orebić et Lovište

Orebić

Vers la pointe de la péninsule, ce village au pied du mont Sveti Ilija est le point d'embarquement pour l'île de Korčula. Le **Musée maritime** (Pomorski Muzej) évoque le passé des nombreuses familles locales qui comptèrent dans leurs rangs des capitaines. Les belles villas qu'ils se firent construire pour leur retraite bordent toujours la promenade en front de mer.

À la sortie du village, vers Lovište, se dresse le **Monastère franciscain** (Franjevački Samostan) fondé au XVe siècle. Son église renferme un relief par Nikola Firentinac : une *Vierge à l'Enfant* sculptée en 1501. Le réfectoire donnant sur le cloître abrite une collection d'ex-voto.

Musée maritime
Trg Mimbelli. ***Tél.*** *(020) 713 009.*
8h-12h, 18h-20h.

Vue aérienne des fortifications reliant les deux parties de Ston

Korčula ㉙

Relief gothique de l'église de Tous-les-Saints

Maquis et forêts de pins d'Alep, de cyprès et de chênes couvrent cette croupe rocheuse longue de 47 km qu'un détroit de 1,2 km sépare de la presqu'île de Pelješac. Elle culmine à 569 m d'altitude. Les Grecs la baptisèrent Korkyra Melaina (Corfou noire) et des Slaves s'y établirent au VIIe siècle. Après l'an 1000, les Vénitiens la disputèrent aux rois croates puis aux Génois et aux Turcs. En 1298, les Génois auraient capturé Marco Polo lors d'une bataille navale livrée contre la flotte vénitienne au large de ses côtes. Korčula est aujourd'hui une destination de vacances appréciée pour ses plages de sable et ses criques, d'excellents vins et le charme de sa capitale.

MODE D'EMPLOI

Plan E6. 17 000. *depuis Orebić, Split et Rijeka.* **Korčula** *(020) 711 216. (020) 715 410. Obala dr. Tuđmana 20, (020) 715 701, 715 867.* **www**.korcula.net *Moreška : été : lun. et jeu. 21h.* **Lumbarda** *(020) 712 005, 712 602.* **Blato** *Ulica 31 br 2, (020) 851 850. Kumpanija (28 avr.).* **Vela Luka** *(020) 812 023. Ulica 41 br 11, (020) 813 619.*

La porte de la Terre, entrée principale de la vieille ville de Korčula

Ville de Korčula

La vieille ville a peu changé depuis l'époque gothique. Elle couvre un promontoire jadis entouré de remparts. Élevés au XIIIe siècle, ils furent renforcés de tours et de bastions par les Vénitiens après 1420. Dans leur partie la mieux conservée s'ouvre la **porte de la Terre** (Kopnena Vrata) défendue par une haute tour carrée. Un escalier a remplacé le pont-levis qui s'abaissait sur un fossé. Depuis la rue principale, des ruelles en arêtes de poisson descendent vers la mer. Elles sont courbes à l'est pour éviter que ne s'y engouffre la bora.

Sur **Strossmayerov trg,** la grand-place, se dresse la **cathédrale Saint-Marc** (Katedrala Sv. Marka) bâtie en pierre couleur miel. Elle date principalement du XVe siècle, mais ses absides et le premier étage de son clocher sont des vestiges de la basilique romane du XIIIe siècle dont elle occupe l'emplacement. Au portail principal, attribué à Bonino de Milan, deux lions encadrent l'effigie de saint Marc. Des figures fantastiques ornent la corniche, au-dessus de l'élégante rosace gothique.

À l'intérieur, de grandes colonnes aux chapiteaux sculptés séparent la nef centrale à voûte en berceau des bas-côtés de largeurs différentes. L'église conserve un bénitier du XVe siècle et des fonts baptismaux du XVIIe. Le tombeau de l'évêque Toma Malumbra et le baldaquin du chœur (1481) sont attribués à l'atelier de Marco Andrijić. En dessous, un tableau du Tintoret représente *Saint Marc avec saint Jérôme et saint Barthélemy.* Les œuvres d'art comprennent aussi une statue de saint Blaise par Ivan Meštrović. Sur un mur, des trophées commémorent la bataille navale de Lépante (1571).

À côté de la cathédrale, l'ancien palais épiscopal du XIXe siècle renferme le **Trésor**

Portail gothique de la cathédrale Saint-Marc, Korčula

LÉGENDE

- Route principale
- Autre route
- Embarcadère
- Informations touristiques
- Plage équipée

Hôtels et restaurants de la région p. 226-230 et p. 243-246

La capitale de l'île de Korčula s'étend sur un promontoire de la côte nord-est

abbatial (Opatska Riznica) réputé pour sa collection d'art dalmate et vénitien. Un polyptyque de Blaž de Trogir, deux retables de Pellegrino da San Daniele, une *Conversation sacrée* de Titien et un *Portrait d'homme* de Vittore Carpaccio comptent parmi ses plus belles pièces.

En retrait à gauche de la cathédrale, l'**église Saint-Pierre** (Sv. Peter) du XIVe siècle possède un portail sculpté par Bonino de Milan au siècle suivant. Elle fait face au **palais Arneri** gothique et au palais Gabrielić Renaissance (XVIe s.). Dans ce dernier, le musée de la Ville (Gradski Muzej) propose une exposition sur la taille de la pierre et la construction navale, deux activités traditionnelles de l'île. Il propose aussi une section archéologique.

Sur le front de mer, l'**église de Tous-les-Saints,** construite en 1301 et remaniée dans le style baroque, appartient à la plus ancienne confrérie de Korčula. Elle renferme une *Pietà* sculptée par l'Autrichien Georg Raphael Donner et un polyptyque de Blaž de Trogir. À côté, les locaux de la confrérie abritent la **galerie des Icônes** (Galerija Ikona). Sa collection de peintures sacrées byzantines datant du XIIIe au XVe siècle fut rapportée de Crète lors de sa conquête par les Turcs en 1645-1699.

Hors les murs, des peintures vénitiennes et dalmates décorent le **monastère et l'église Saint-Nicolas** (Sv. Nikola) du XVe siècle.

Trésor abbatial
Trg Sv. Marka. *(020) 715 701.* *juin-août : 9h-19h ; sept.-mai : sur r.-v.*

Musée de la Ville
Trg Sv. Marka. ***Tél.*** *(020) 711 420.* *juin-août : 9h-13h, 17h-19h ; sept.-mai : lun.-sam. 8h-15h.*

Galerie des Icônes
Trg Svihsvetih. *(020) 711 306 (office du tourisme).* *juin-août : 10h-13h, 17h-19h ; sept.-mai : sur r.-v.*

DANSES TRADITIONNELLES ET FESTIVALS

La plus célèbre danse folklorique de l'île, la moreška, fait traditionnellement partie des célébrations de la Saint-Théodore (27 juillet), le patron de la ville de Korčula. En été, elle donne également lieu à des représentations hebdomadaires à l'intention des touristes. D'origine espagnole, cette danse des épées décrit en sept tableaux un affrontement entre des chrétiens menés par un roi blanc et les Maures d'un roi noir. La fête de la Kumpanija, commune à plusieurs villages, se déroule à Blato le 28 avril devant l'église. Ce combat rituel rend hommage aux volontaires qui défendaient l'île contre les envahisseurs. À la fin, des jeunes femmes se joignent à la danse.

Roi noir et roi blanc de la moreška

Côte rocheuse de Korčula

Lumbarda

Le village que les Romains baptisèrent Eraclea fut fondé au IVe siècle av. J.-C. par des Grecs originaires de Vis *(p. 125)*. Ils nous ont laissé un document exceptionnel : une stèle portant leurs 200 noms. Elle est conservée au Musée archéologique de Zagreb *(p. 162-163)*. Situé à 6 km au sud-est de la ville de Korčula, Lumbarda devint au XVIe siècle un lieu de villégiature pour ses aristocrates qui y bâtirent des demeures fortifiées.

Les vignes plantées sur le sol sablonneux produisent un vin blanc renommé, le *grk*. Chambres et appartements à louer permettent de profiter des plages.

Blato

Une rue plantée de tilleuls sur 2 km traverse le quartier moderne. Le centre ancien se trouve au sud. Sur la grand-place, où se déroule en avril la fête de la Kumpanija, se dressent une loggia reconstruite au XVIIIe siècle et le **château Arneri** Renaissance. Le musée municipal y retrace l'histoire de la ville. D'origine médiévale, l'**église de Tous-les-Saints** (Svi Sveti) a connu un remaniement baroque au XVIIe siècle. Elle abrite, au maître-autel, une *Vierge à l'Enfant* (1540) par Girolamo di Santacroce et, dans la chapelle, les reliques de sainte Vicence, patronne de Blato. Il existe hors du centre deux églises du XIVe siècle : l'**église Saint-Jérôme** et l'**église Sainte-Croix** du cimetière.

Vela Luka

À environ 45 km à l'ouest de Korčula, « la ville la plus vieille et la plus neuve » a été construite au début du XIXe siècle sur le site néolithique de Vela Spilja. Deuxième bourg de l'île par la taille, Vela Luka est aussi son premier port et site industriel même si les chantiers navals y ont perdu de leur importance. Des ferry-boats assurent des navettes régulières avec Split et Lastovo. Des collines plantées d'oliveraies, en partie incendiées en 1988, protègent des vents les criques rocheuses des alentours.

Lumbarda, village de Korčula, l'une des îles les plus vertes de l'Adriatique

Carrière romaine de Brač

LA PIERRE DE DALMATIE

Les Romains appréciaient déjà le calcaire des îles dalmates qu'ils utilisèrent pour édifier les monuments de Salona et le palais de Dioclétien à Split. Sur Brač *(p. 124-125)*, on peut encore visiter un de leurs sites d'extraction près de Pučišća. La cathédrale de Šibenik *(p. 108-109)* est faite en pierre de l'île. Sa qualité rendit possible la mise au point d'une technique de taille des dalles de la toiture permettant de les fixer sans mortier. La plupart des palais et églises de Venise ont aussi été bâtis avec la pierre de Dalmatie.

Du calcaire de Brač pare la Maison-Blanche de Washington et le Palais royal de Stockholm. L'art de la taille s'est pour une grande part perdu à Korčula où les carrières ont fermé depuis longtemps. Cependant, celles de la petite île voisine de Vrnik restent actives. Leur production a servi à la construction de Sainte-Sophie à Istanbul, du palais du Recteur de Dubrovnik et du bâtiment des Nations-Unies à New York.

Église et monastère franciscain de l'île de Badija

Badija 30

Plan E6.
Bateaux-taxis depuis Korčula.

D'une superficie d'un kilomètre carré, la plus vaste des petites îles entourant Korčula doit son nom à un monastère franciscain construit en 1392 pour une communauté de moines réfugiés de Bosnie. Couverte de maquis, elle se trouve à 20 minutes en bateau du port de Korčula. Agrandis au XVe siècle, les bâtiments conventuels et l'église gardèrent leur vocation religieuse jusqu'en 1950. Badija devint alors un site militaire, puis un centre de vacances pour fonctionnaires. L'église possède une sobre façade en pierre crème percée d'une grande rosace. Son mobilier a été réparti entre le musée de la Ville et la cathédrale. Avec ses arcs trilobés supportés par de minces colonnes, le cloître offre un bel exemple de gothique vénitien.

Loggia de la place principale du village de Lastovo

Lastovo 31

Plan E6. *1 200.*
depuis Vela Luka (île de Korčula) et depuis Split. Capitainerie : (020) 805 006. *(020) 801 018.*

Entourée par quelque 40 îlots, cette île longue de 9 km et large d'environ 6 km resta une base militaire interdite aux touristes jusqu'en 1989. Elle culmine à 417 m au mont Hum. L'agriculture reste sa principale activité, et des vignobles, des oliveraies et des vergers s'étagent sur les pentes des reliefs. La côte est rocheuse en dehors de la baie proche du beau village de Lastovo.

Celui-ci s'accroche à un flanc de colline et sa partie supérieure reste marquée par la longue période, entre 1252 et 1808, où il appartint à Dubrovnik. Édifiée par les Français en 1808, sa forteresse occupe le site d'un château démantelé en 1606. Une loggia du XVIe siècle et l'**église Saints-Côme-et-Damien** (Sv. Kuzma i Damjan) de style Renaissance entreprise au XVe siècle bordent la place principale. Elle offre en été un cadre charmant à des représentations folkloriques hebdomadaires, l'occasion pour les participants d'arborer de chatoyants costumes traditionnels. Lastovo est également réputé pour son carnaval.

La **chapelle Saint-Blaise** (Sv. Blaho) située à l'entrée du village est mentionnée dans des documents du XIIe siècle. De style roman, l'**oratoire Notre-Dame-des-Champs,** dans le cimetière, date du XVe siècle. L'île a également conservé des vestiges de *villae rusticae* attestant une présence romaine.

Îlots inhabités au large de l'île de Lastovo

Le parc national de Mljet ㉜

Nacionalni Park Mljet

L'ancienne Melita romaine, où les citoyens les plus riches de Salona se firent bâtir des résidences de villégiature dont subsistent quelques ruines, possède une superficie de 98 km². Longue arête rocheuse, elle est creusée de deux dépressions contenant des lacs salés reliés par un chenal. Le plus grand renferme sur un îlot un monastère fondé par les bénédictins de l'abbaye de Pulsano, dans les Pouilles, après que le prince Desa leur eut fait don de l'île en 1151. Deux siècles plus tard, un ban de Bosnie, Stipan, céda Mljet à Dubrovnik qui en resta propriétaire jusqu'en 1808. En 1960, le gouvernement yougoslave décida la création d'un parc national de 5 375 ha pour protéger les forêts de pins et de chênes verts de sa partie occidentale, la plus boisée.

Palatium
Près de Polače, les ruines d'une implantation romaine comprennent les vestiges d'une grande villa et d'une basilique paléochrétienne.

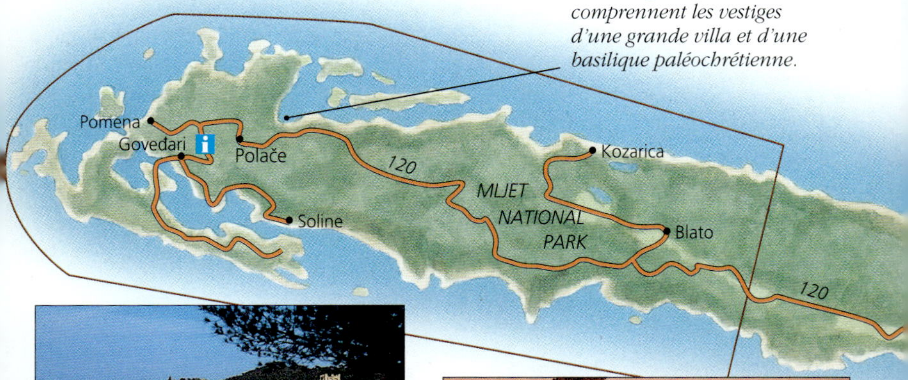

Monastère Sainte-Marie
Au centre du Grand Lac (Veliko Jezero), un couvent bénédictin fondé au XIIe siècle et remanié au XVe occupe une petite île. Transformé en hôtel de 1961 à 1991, il est en cours de restauration.

Grand Lac (Veliko Jezero)
Il possède une superficie de 1,45 km² et une profondeur maximale de 46 m. Un chenal le relie à la mer, un autre au Malo Jezero.

Parc national
Il protège une zone presque entièrement boisée où pullulaient jadis les vipères. On y a introduit des mangoustes à la fin du XIXe siècle.

0 3 km

Hôtels et restaurants de la région p. 226-230 et p. 243-246

Faune marine
Des poissons appartenant à des douzaines d'espèces peuplent les fosses et les grottes sous-marines proches du littoral. Le phoque moine compte parmi les habitants de ces eaux.

MODE D'EMPLOI

Plan E6. *1 300.* *depuis Dubrovnik.* **Goveđari** *Polače, (020) 744 086.* **Parc national** *(020) 744 041.*
www.np-mljet.hr
Les voitures sont interdites et il faut suivre les sentiers pour visiter le parc à pied ou à vélo. En bateau, se renseigner auprès du bureau d'information.

Le village de Babino Polje, fondé au milieu du Xe siècle par des réfugiés du continent, renferme la résidence du gouverneur construite en 1333 quand l'île passa sous l'autorité de Dubrovnik, peu avant la création de la république de Raguse.

Saplunara
Ce hameau à la pointe sud-est de l'île possède de superbes plages dans une zone déclarée réserve naturelle pour sa végétation.

Îlots inhabités
Rien ne vient déranger la nature sur ces rochers où s'accrochent des pins, des chênes et des chênes verts.

LÉGENDE

- Route
- Piste
- Limite du parc
- Embarcadère
- Informations touristiques
- Plage équipée

Villages de pêcheurs
Les villages aux vieilles maisons en pierre vivent principalement de l'agriculture et de la pêche. Avec les criques qui creusent la côte, ils contribuent beaucoup au charme de l'île.

Plage isolée sur l'île de Mljet ▷

Dubrovnik pas à pas ㉝

Détail de la porte du palais du Recteur

Joyau enclos dans des remparts où la voiture n'a pas droit de cité, l'une des plus belles villes historiques d'Europe a retrouvé sa vocation touristique après le tragique intermède de 1991. Selon l'empereur Constantin Porphyrogénète, elle aurait été fondée au VIIe siècle par des réfugiés d'Epidaurum (l'actuelle Cavtat). Après avoir été soumise à l'autorité de Byzance, de Venise (1205-1358) puis des rois hongrois, elle affirma son indépendance en 1382 en se proclamant république de Raguse. Payant tribut aux Turcs, elle commerçait avec l'Asie et l'Afrique et sa flotte comptait plus de 500 navires aux XVe et XVIe siècles. Sa prospérité entretenait une riche vie artistique et culturelle. En 1667, un tremblement de terre détruisit presque entièrement le centre historique. Sa reconstruction lui a donné un aspect principalement baroque.

★ Palais du Recteur

Le représentant de la république de Raguse y séjournait, sans avoir le droit d'en sortir, pendant son mandat d'un mois.

★ Trésor de la cathédrale

Sa composition montre l'étendue des relations commerciales qu'entretenaient les marchands de Dubrovnik avec les autres grandes cités méditerranéennes. Les objets et œuvres d'art appartiennent aux écoles byzantine, moyen-orientale, apulienne et vénitienne.

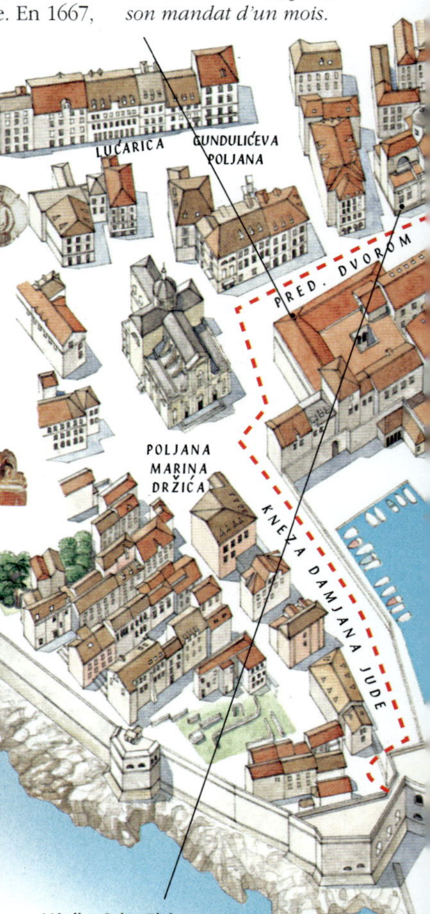

LÉGENDE

- - - - Itinéraire conseillé

Vue de Dubrovnik

À environ 2 km au sud de Dubrovnik, un belvédère donne une vue plongeante de la ville. Elle offre un spectacle magnifique sur sa péninsule entourée de murailles.

L'église Saint-Blaise dresse sur la place de la Loggia une belle façade baroque dessinée par Marino Groppelli.

Palais Sponza
Ce palais entrepris au XIVe siècle abrite les Archives. Au linteau, une inscription latine déclare : « Il est interdit de falsifier les poids ou de tricher à la pesée. Quand je pèse, Dieu me jauge. »

MODE D'EMPLOI

Plan F6. 49 000. Čilipi, (020) 773 377. Put Republike, (060) 305 070. Harbour Master : (020) 418 988; Jadrolinja : (020) 418 000. **local :** *Cvijete Zuzorić 1, (020) 323 887;* **régional :** (020) 324 222. Saint-Blaise (3 fév.) ; Festival de Dubrovnik (juil. et août).

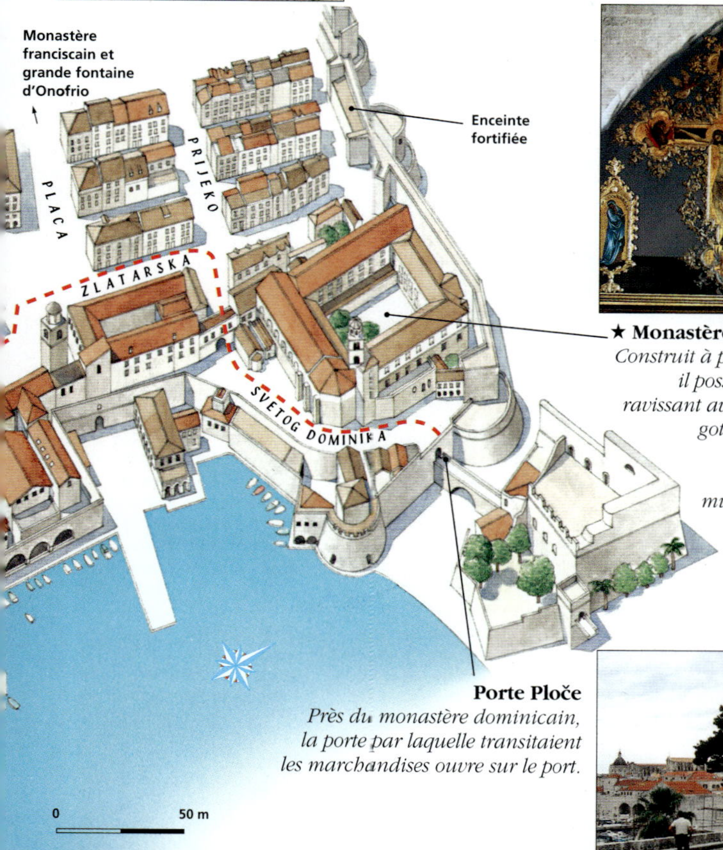

★ Monastère dominicain
Construit à partir de 1315, il possède un cloître ravissant avec ses arcades gothiques percées d'ouvertures trilobées. Un musée entoure le jardin planté d'orangers.

Porte Ploče
Près du monastère dominicain, la porte par laquelle transitaient les marchandises ouvre sur le port.

Fort Saint-Jean
Les plus grands architectes européens de l'époque contribuèrent à la conception des fortifications. Cette forteresse achevée en 1557 abrite un musée.

À NE PAS MANQUER

★ Trésor de la cathédrale

★ Monastère dominicain

★ Palais du Recteur

À la découverte de Dubrovnik

L'artillerie de l'armée yougoslave a soumis Dubrovnik à un intense pilonnage de l'automne 1991 jusqu'à mai 1992. Plus de 2 000 obus et missiles guidés sont tombés sur la ville, faisant une centaine de victimes civiles et endommageant tous les monuments et plus de la moitié des maisons. Les conséquences humaines et économiques ont été catastrophiques pendant quatre ans et il a fallu attendre l'accord d'Erdut en 1995 pour que la vie commence à revenir à la normale. L'Unesco et l'Union européenne ont alors établi une commission chargée de la reconstruction de la ville. Grâce à l'énergie de ses habitants, la réparation de la majeure partie des dégâts s'est faite en un temps remarquablement court. La perle de l'Adriatique a retrouvé sa splendeur et les touristes s'y pressent à nouveau.

Tour Minčeta à l'angle nord-ouest de l'enceinte fortifiée

Un avant-mur renforcé de bastions précède les remparts côté terre

Remparts

Gradske Zidine

(020) 324 641. été : t.l.j. 9h-19h ; hiver : 10h-15h. L'accès se trouve près du monastère franciscain de Pojana Paška Miličevića, la grande place derrière la porte Pile.

Symbole de la ville épargné par les artilleurs serbes, l'enceinte fortifiée ménage des vues splendides depuis le chemin de ronde. Construite au Xe siècle, remaniée au XIIIe, elle fut maintes fois consolidée par de grands architectes comme Michelozzo Michelozzi, Juraj Dalmatinac et Antonio Ferramolino. D'une longueur totale de 1 940 m, les murailles atteignent par endroits une hauteur de 25 m. Côté terre, elles ont une épaisseur allant de 4 m à 6 m et sont précédées d'un mur extérieur jalonné de 10 bastions de plan semi-circulaire. D'autres tours et le fort Saint-Jean défendent la façade maritime et le port. À l'est et à l'ouest, deux forteresses complètent le dispositif : le Revelin et la forteresse de Lovrjenac.

Porte Pile

Gradska Vrata Pile

Devant la principale entrée du centre historique, un pont en pierre de 1537 enjambe l'ancien fossé transformé en jardin. La porte extérieure, dont le pont-levis était jadis fermé la nuit, s'ouvre dans une tour cylindrique Renaissance sous une niche contenant une première effigie de saint Blaise, le protecteur de la ville. Une deuxième, sculptée par Ivan Meštrović, décore la porte intérieure de style gothique construite en 1460.

Tour Minčeta

Tvrđava Minčeta

D'origine gothique, elle dresse sa silhouette imposante au point le plus élevé des fortifications. Michelozzo Michelozzi lui donna en 1462 sa forme cylindrique, plus apte à résister à l'artillerie turque. Juraj Dalmatinac acheva les travaux trois ans plus tard.

Porte Ploče

Vrata od Ploča

Face à un petit port, il faut franchir un imposant pont de pierre pour atteindre la deuxième entrée de Dubrovnik, au pied de la **tour Asimov** de plan polygonal. Datant du XIVe siècle, la porte offrait en cas d'attaque un double système de défense. Un fossé la sépare du **fort Revelin** (Tvrdava Revelin) dessiné par Antonio Ferramolino en 1580. Ses murs massifs forment un pentagone et renferment trois salles de grande taille et une grande terrasse. La forteresse était la plus sûre de la ville.

La porte Pile conduit à la vieille ville

Fort Saint-Jean
Tvrđa Sv. Ivana

Aquarium ***Tél.*** *(020) 427 937.* *juin-sept. : t.l.j. 9h-19h ; oct.-mai : lun.-sam. 9h-18h.*
Musée maritime ***Tél.*** *(020) 323 904.* *mar.-dim. 9h-14h.*

Le fort Saint-Jean fut achevé en 1557. Il comprend une tour du XIVe siècle d'où une chaîne rejoignait une île en face puis la tour Saint-Luc (Kola Sv. Luke) pour barrer l'accès au port.

Le rez-de-chaussée renferme le petit **Aquarium** (Akvarij) consacré à la faune marine méditerranéenne. Les étages abritent le **Musée maritime** (Pomorski Muzej) dont les collections de maquettes, d'étendards, de gravures, de journaux de bord, de portraits et d'instruments de navigation retracent l'histoire nautique d'une cité-État dont la puissance et la prospérité reposaient sur sa flotte.

Grande fontaine d'Onofrio
Velika Onofrijeva Fontana

La petite place qui s'ouvre immédiatement après la porte Pile renferme l'un des monuments les plus célèbres de Dubrovnik. Construit entre 1438 et 1444, il porte le nom de son architecte napolitain, Onofrio de la Cava. Ce dernier est le concepteur de l'aqueduc long de 12 km qui alimentait la ville en eau depuis la source de rijeka Dubrovačka. La fontaine comportait à l'origine un deuxième étage détruit en 1667.

Grande fontaine d'Onofrio (1438-1444)

Serrée entre l'enceinte fortifiée et le monastère franciscain, l'**église Saint-Sauveur** (Sv. Spas) fut bâtie peu après le tremblement de terre de 1520. Le bâtiment possède une façade caractéristique de la Renaissance dalmate. C'est la seule église de cette période à avoir survécu au séisme qui frappa Dubrovnik en 1667.

DUBROVNIK : LE CENTRE-VILLE

Cathédrale et trésor ⑬
Église Saint-Blaise ⑪
Fort Saint-Jean ⑤
Grande fontaine d'Onofrio ⑥
Monastère dominicain ⑭
Monastère franciscain ⑦
Palais du Recteur ⑫
Palais Sponza ⑩
Place de la Loggia ⑨
Porte Pile ②
Porte Ploče ④
Remparts ①
Stradun (Placa) ⑧
Tour Minčeta ③

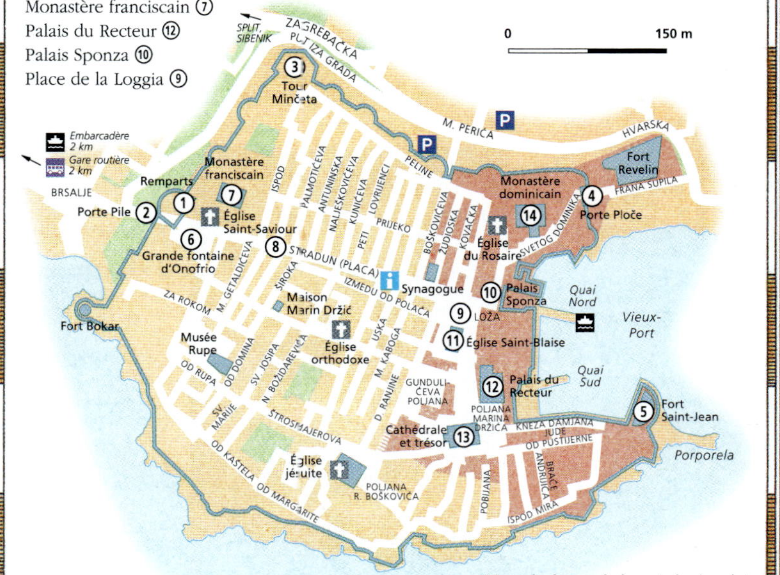

Légende des symboles voir dernier rabat

Cloître de style roman tardif du monastère franciscain

Monastère franciscain
Franjevački Samostan

Placa 2. ***Tél.*** *(020) 321 410.*
t.l.j. 9h-16h. **Musée franciscain**
t.l.j. 9h-15h.

Édifié en 1317 et complété au siècle suivant, le corps de bâtiment dut être presque entièrement reconstruit après le séisme de 1667. L'église conserve néanmoins sur la Placa son portail sud de style gothique vénitien. Une Pietà décore la lunette. L'aménagement intérieur baroque incorpore une chaire en marbre du XVe siècle. Le gracieux cloître roman résista également aux secousses. Il date de la fin du XIVe siècle et entoure une fontaine du XVe siècle. Sous une des arcades se trouve l'entrée de la **Pharmacie** (Stara Ljekarna) en activité depuis 1317. Alambics, mortiers, appareils de mesure et pots au décor raffiné reposent sur ses étagères.

Dans la salle capitulaire, le **Musée franciscain** (Muzej Franjevačkog Samostana) présente une collection d'œuvres d'art, de livres anciens et d'objets sacrés, ainsi que des instruments ayant appartenu au laboratoire de la pharmacie. Un tableau montre Dubrovnik avant le tremblement de terre de 1667.

Stradùn (Placa)

Cette large rue traverse Dubrovnik d'est en ouest entre la porte Ploče et la porte Pile. Elle occupe l'emplacement du chenal marécageux, comblé au XIIe siècle, qui séparait l'île de Ragusa du continent. Son pavage date de 1468. Reconstruites après le tremblement de terre de 1667, les maisons en pierre qui la bordent possèdent une grande homogénéité. La Placa est un lieu de promenade apprécié des Ragusains comme des visiteurs. Les boutiques, les cafés et les bars y abondent.

Stradùn, la rue principale de Dubrovnik

Place de la Loggia
Loža

Stradùn conduit à l'est sur l'ancienne place du marché, le cœur politique et économique de Dubrovnik. Œuvre du sculpteur Antonio Ragusino, la **colonne de Roland** (1418) y fait office de point de rendez-vous. Symbole de la liberté de la ville, elle lui servait également d'étalon de mesure. La coudée ragusaine avait la longueur de son avant-bras.

Non loin se dresse la **tour de l'horloge** (Gradski Zvonik) élevée en 1444 et reconstruite en 1929. Des personnages de bronze sonnent les heures. À gauche, au-dessus du passage gothique menant au port, la **loggia des Cloches** date de 1480. Ses quatre cloches appelaient les citoyens à se rassembler quand le danger menaçait. À droite, le **corps de garde** aux fenêtres à meneaux gothiques possède un grand portail baroque évoquant une porte de ville. L'amiral chargé de la défense de la cité y logeait.

Alimentée par le même aqueduc que sa grande sœur, la **petite fontaine d'Onofrio** (1438) répondait aux besoins en eau des marchands et de leurs clients.

Palais Sponza
Palača Sponza

Tél. *(020) 321 032.*
8h-15h, sur r.-v.

À gauche de la loggia des Cloches, ce splendide palais remanié entre 1516 et 1522 est un édifice à la charnière entre gothique et Renaissance. D'élégantes arcades entourent sa cour intérieure. Construit à l'origine pour abriter la douane, il renferme

Hôtels et restaurants de la région p. 226-230 et p. 243-246

aujourd'hui les Archives municipales ainsi qu'une exposition rendant hommage aux défenseurs de Dubrovnik entre 1991 et 1995.

Église Saint-Blaise
Crkva Sv. Vlaha
Loža. ***Tél.*** *(020) 411 715.*
t.l.j. 8h-12h, 16h30-19h.
Cette belle église baroque, bâtie entre 1706 et 1715, domine la place de la Loggia depuis un haut perron. Elle abrite au maître-autel une effigie de saint Blaise datant du XVe siècle. Le protecteur de Dubrovnik tient une maquette de la cité avant 1667. La statue est considérée comme miraculeuse depuis qu'elle a réchappé à un incendie.

Façade baroque de l'église Saint-Blaise

Palais du Recteur
Knežev Dvor
Knežev Dvor 1. ***Tél.*** *(020) 321 437.*
lun.-sam. 9h-14h.
Ce splendide palais a connu de nombreux déboires et remaniements et il associe des éléments gothiques, Renaissance et baroques. De grands architectes y travaillèrent, dont Juraj Dalmatinac et Michelozzo Michelozzi qui dessina son portique. Onofrio de la Cava, l'auteur des fontaines qui portent toujours son nom, apporta toutefois la principale contribution. Il conçut en particulier les arcades et les loggias de la cour intérieure. Elle accueille en été des concerts organisés dans le cadre du Festival de Dubrovnik. Jusqu'en 1808, l'édifice servit de résidence au recteur, le représentant de la République élu pour un mois. Il n'avait pas le droit d'en sortir pendant son mandat afin d'éviter tout risque de corruption.

Façade gothico-Renaissance du palais du Recteur

Ses anciens appartements abritent désormais le **Musée de Dubrovnik** (Dubrovacki Muzej) dont les collections offrent un aperçu de l'histoire de la ville. Elles comprennent du mobilier précieux, des peintures vénitiennes et dalmates, dont *Vénus et Adonis* par Paris Bordon et un *Baptême du Christ* par Mihallo Hamzic, ainsi que des médailles commémoratives et des pièces de monnaie frappées entre 1305 et 1803. Les poids et mesures comptent la coudée ragusaine de la longueur de l'avant-bras du Roland gothique de la place de la Loggia. Armoiries, uniformes et portraits évoquent les grandes familles et les hauts personnages de la république de Raguse.

Emilio Vecchietti dessina en 1863 l'**hôtel de ville** (Skupština Općine) néo-Renaissance voisin. Le bâtiment renferme également le théâtre municipal et le restaurant Gradska Kavana.

Cathédrale et trésor
Velika Gospa
Kneza Damjana Jude 1.
t.l.j. 15h-20h.
Trésor de la cathédrale ***Tél.*** *(020) 411 715. t.l.j. 9h-12, 15h-21h.*
Sur un site où existait déjà une église au VIIe siècle, la cathédrale de l'Assomption fut reconstruite dans le style baroque après 1667 par les architectes romains Andrea Buffalini et Paolo Andreotti. Des tableaux d'artistes italiens et dalmates du XVIe au XVIIIe siècle décorent les autels des deux nefs latérales. Le polyptyque du maître-autel, l'*Assomption de la Vierge* (v. 1552), est de Titien.

Dorures et angelots composent un luxuriant décor baroque dans la salle, attenante, du **trésor de la cathédrale** (Riznica Katedrale). Celui-ci doit sa renommée à une collection de quelque 200 reliquaires, dont ceux réalisés au XIIe siècle pour recevoir un bras, la tête et une jambe de saint Blaise. Ils sont en or et argent incrustés d'émail et de filigrane. La *Vierge à la chaise* attribuée à Raphaël est une copie de son chef-d'œuvre du palais Pitti de Florence.

Parmi les objets sacrés exposés, remarquez le pot et la cuvette en or et argent dont le décor décrit la flore et la faune de la région de Dubrovnik.

Coupole de la cathédrale baroque de Dubrovnik

Église du monastère dominicain

Monastère dominicain
Dominikanski Samostan Bijeli Fratri

Sv. Dominika 4. ***Tél.*** *(020) 321 423.* *été : 9h-18h, hiver : 9h-15h.*

Les dominicains s'établirent à Dubrovnik en 1225. Entrepris en 1315, leurs bâtiments monastiques prirent une telle extension qu'ils se sont intégrés aux fortifications. Ils conjuguent tous les styles du roman au baroque.

Une rampe pleine, au bas de la rambarde, servait à cacher les chevilles des femmes qui empruntaient le long escalier menant au portail de l'église. Une statue romane de saint Dominique décore son arc gothique sculpté par Bonino de Milan. La nef unique abrite une grande *Crucifixion* d'influence byzantine peinte par Paolo Veneziano au XIVe siècle.

Le **Musée dominicain** (Muzej Dominikanskog Samostana) occupe les salles entourant le cloître gothico-Renaissance dessiné par Maso di Bartolomeo au XVe siècle. Il possède une remarquable collection de peintures de l'école de Dubrovnik, dont un triptyque et une *Annonciation* par Nikola Božidarević (v. 1460-1517), ainsi que des œuvres de l'école vénitienne, un tableau de Titien notamment : *Saint-Blaise, Marie-Madeleine, l'ange Tobias et le donateur*. Les objets sacrés comprennent de somptueux reliquaires en or et en argent.

Aux environs
D'une superficie de 2 km², l'île de **Lokrum** renferme à 700 m au large de Dubrovnik une végétation luxuriante et exotique protégée par le statut de réserve naturelle.

Des bénédictins y fondèrent une abbaye en 1023. Le monastère fut reconstruit au XIVe siècle puis gravement endommagé par le séisme de 1667. En 1859, l'archiduc Maximilien de Habsbourg le transforma en un palais d'été et restaura le cloître qu'occupe aujourd'hui le musée d'Histoire naturelle.

Un beau panorama de la ville s'offre depuis le fort bâti par les Français en 1808. L'île ne possède pas de plage, mais des échelles facilitent la descente dans la mer.

À 20 km au nord-ouest de Dubrovnik, l'Arboretum de **Trsteno** aménagé en 1502 autour d'une villa édifiée par Ivan Gučetić compte parmi les plus vieux jardins Renaissance du monde.

Plusieurs résidences d'été commandées à la Renaissance par l'aristocratie ragusaine ont survécu aux alentours de Dubrovnik. La Villa Stay, à Rijeka Dubrovačka, abrite l'Institut croate de restauration. du patrimoine pictural.

Statue de l'Arboretum de Trsteno

Îles Élaphites 34

Plan F6. *2 000.* *depuis Dubrovnik.* *office régional du tourisme de Dubrovnik (020) 324 222.*

Les 14 Elafitski otoci forment au nord de Dubrovnik un petit archipel desservi plusieurs fois par jour par des vedettes. Le Romain Pline l'Ancien (23-79) les décrivit dans son *Histoire naturelle*, les baptisant *Elaphites insulae*. Leurs belles plages, leurs baies protégées et des forêts de pins maritimes et de cyprès séduisirent de riches patriciens de la république de Raguse qui s'y firent construire des villas. Trois îles sont habitées : Sipan, Lopud et Koločep. Elles conservent des églises romanes et préromanes. Une quatrième, Jakljan, est dévolue à l'agriculture.

Koločep
Des pins maritimes et une végétation arbustive subtropicale couvrent la majeure partie de l'île la plus proche de Dubrovnik, longue de moins de 4 km. Des sentiers pédestres la parcourent et permettent de rejoindre ses petites plages. L'**église Saint-Antoine** et l'**église Saint-Nicolas** ont des origines préromanes. L'**église paroissiale** date du XVe siècle.

Lopud
Cette île d'une superficie de 4,6 km² renferme une vallée fertile abritée des vents froids

L'île de Lokrum est une réserve naturelle

Hôtels et restaurants de la région p. 226-230 et p. 243-246

Plage de Sunj sur Lopud, l'une des îles Élaphites

par deux lignes de collines. La majeure partie de sa population habite le village de **Lopud** niché au fond d'une baie. Les visiteurs y disposent de restaurants et de chambres à louer. De deux forts construits au XVIe siècle ne subsistent que des ruines. Le monastère franciscain date de 1483. Son église, **Sainte-Marie-de-Spilica,** contient un polyptyque exécuté en 1520 par Pietro di Giovanni, deux triptyques peints respectivement par Nikola Božidarević et Gerolamo di Santacroce, un tableau par Leandro da Bassano et un chœur sculpté du XVe siècle. **Sunj,** au sud-ouest, attire de nombreux visiteurs pour sa plage de sable. Son église mérite également une visite pour ses nombreuses œuvres d'art, dont un tableau de Palma le Jeune et un polyptyque (1452) de Matko Junčić.

Šipan

La plus vaste des îles Élaphites, avec une superficie de 15,5 km², est aussi la seule où les voitures ont le droit de circuler. Les bateaux desservent ses deux villages que relie une route. **Šipanska Luka,** le bourg principal, abrite l'église Saint-Michel de style préroman et les ruines d'un monastère bénédictin. **Sudurad,** au sud-est, conserve les vestiges d'un palais épiscopal. Son port s'étend au pied des tours d'un château du XVIe siècle.

Cavtat ❸❺

Plan F6. *1 900.* *(020) 478 065.* *depuis Dubrovnik.* *Tiha 3, (020) 478 025, 479 025.* *Été à Cavtat. Gospa od Cavtata (5 août).*

« Cavtat » dérive de « Civitas Vetus », le nom donné par les Romains à la cité d'Épidaurum fondée par des Grecs et détruite par les Avars au VIIe siècle. Des fouilles ont mis au jour les vestiges d'un théâtre, de plusieurs tombes et des tronçons de route. Une station balnéaire tire parti de jolies plages. Le vieux village n'en a pas moins gardé son cachet.

La Collection Baltazar Bogišić réunie par un érudit du XIXe siècle occupe le **palais du Recteur** bâti au XVIe siècle. Elle comprend des milliers de livres. La maison natale du peintre Vlaho Bukovac offre un écrin approprié à ses œuvres.

Suivre la promenade du front de mer jusqu'au bout mène à l'église Saint-Blaise et un monastère franciscain. Tous deux datent de la fin du XVe siècle. Sur la colline se dresse le mausolée de la famille **Račić** bâti en 1922 d'après des plans d'Ivan Meštrović *(p. 157).*

Konavle ❸❻

Plan F6.
Tiha 3, Cavtat, (020) 478 025, 479 025.

L'étroite bande de terre dominée par les montagnes de Bosnie-Herzégovine au sud-est de Cavtat doit son nom aux canaux *(konavle)* qui collectaient l'eau alimentant l'aqueduc de la ville d'Épidaurum à l'époque romaine. Il en subsiste quelques vestiges.

Dans les collines couvertes de vignobles et d'oliveraies, les coutumes anciennes restent d'actualité dans les petits villages. Les célébrations offrent l'occasion d'arborer des costumes richement brodés. Des chapeaux rouges distinguent les jeunes filles encore célibataires des femmes mariées en toque blanche. La région est également réputée pour la qualité de sa cuisine. Parmi les nombreux restaurants, le **Konavoski Dvori** occupe un moulin à eau près des chutes de la Ljuta.

Jeune fille en tenue traditionnelle du Konavle

Port et front de mer de Cavtat

ZAGREB

Au cœur de la partie continentale de la Croatie, Zagreb appartient pleinement à l'Europe centrale. La ville s'est développée entre les contreforts du mont Medvednica, au nord, et le cours de la Save, au sud. Des forêts et des parcs l'entourent. Pôle politique, économique et culturel du pays depuis des siècles, elle n'a acquis le statut de capitale qu'en 1991 à l'indépendance.

Le sociologue allemand Max Weber a un jour déclaré que la qualité de la vie dans une ville pouvait se mesurer au nombre de ses institutions culturelles. La capitale croate possède 20 musées, 16 théâtres, 50 bibliothèques et une université, tandis que ses salles de spectacle proposent une programmation riche et variée. Zagreb a une origine double. Elle fit son apparition dans les annales en 1094 avec la fondation d'un évêché, puis la construction d'une cathédrale, sur une colline qui prit le nom de Kaptol. Un bourg civil baptisé Gradec se développa sur une autre butte séparée de la première par un cours d'eau, le Medveščak. En 1242, après que les Mongols eurent ravagé les deux, la « Bulle d'or » du roi hungaro-croate Bela IV accorda à Gradec le statut de ville libre et l'autorisa à se fortifier. Au XVe siècle, face à la menace turque, le roi Mathias Corvin ordonna que soient construites des murailles pour protéger Kaptol. Les deux bourgs étant en concurrence, des conflits éclatèrent. Le nom de la rue Krvavi Most (Pont sanglant) en entretient le souvenir. Gradec devint en 1621 la résidence du ban, le gouverneur de Croatie nommé par le roi de Hongrie. Le développement de la ville basse commença au XVIIIe siècle, mais un terrible tremblement de terre frappa Zagreb en 1880. La ville prit alors un visage nouveau grâce à des hommes comme Milan Lenuci, qui aménagea les espaces verts surnommés le « fer-à-cheval », et Herman Bollé, architecte de nombreux monuments, dont la cathédrale reconstruite dans le style néogothique.

***Histoire des Croates* par Ivan Meštrović, galerie Meštrović**

Étals de fruits et légumes au marché de Dolac

◁ **Le centre de Zagreb vu de la place Krajla Tomislava**

À la découverte de Zagreb

La cité comporte deux secteurs. Au sommet de deux collines, les anciens bourgs fortifiés de Gradec et Kaptol forment la vieille ville baptisée Gornji Grad (ville haute). Elle abrite les grands centres politiques, administratifs et religieux du pays et de sa capitale. Dans la plaine, la ville basse (Donji Grad) a pris son visage actuel à partir de la fin du XIXe siècle. De vastes places aménagées en espaces verts et le jardin botanique y dessinent un fer-à-cheval. Ces esplanades offrent un cadre aéré aux principales institutions culturelles, dont le Musée ethnographique, le musée Mimara, la galerie des Maîtres anciens, la galerie d'Art moderne et le Théâtre national. À la charnière entre ville haute et basse, la place du ban Jelačić (trg bana Jelačić) constitue le véritable cœur de la capitale croate. Le quartier renferme de nombreux cafés et restaurants, notamment sur Ilica, la rue commerçante.

CARTE DE SITUATION

D'UN COUP D'ŒIL

Musées
Atelier Meštrović 8
Galerie d'Art moderne 24
Galerie des Maîtres anciens p. 164-165 23
Musée archéologique 25
Musée croate d'Art naïf 13
Musée de la Ville 6
Musée d'Histoire croate 12
Musée d'Histoire naturelle 7
Musée des Arts décoratifs 18
Musée ethnographique 20
Musée Mimara 19

Églises
Cathédrale Saint-Étienne 1
Église Saint-François 3
Église Saint-Marc 9
Église Sainte-Catherine 16
Église Sainte-Marie 4
Église Saints-Cyrille-et-Méthode 14

Palais et autres édifices
Palais du Ban 11
Palais épiscopal 2
Parlement 10
Pavillon des Arts 22
Porte de Pierre 5
Théâtre national croate 17
Tour de Lotrščak 15

Parcs et jardins
Cimetière Mirogoj 27
Jardin botanique 21
Parc Maksimir 26

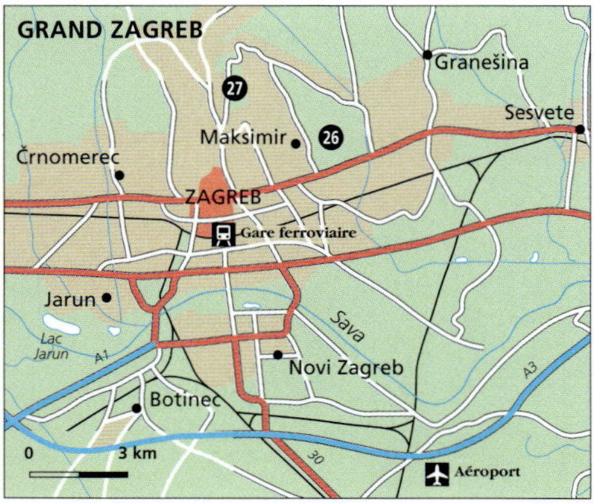

MODE D'EMPLOI

Plan D2. *780 000.* *à Velika Gorica, Pleso, (01) 626 52 22, 17 km au S.-E.* *Glavni Kolodvor, (060) 333 444.* *Avenija Marina Držića 4, (060) 313 333.* **www**.akz.hr **municipal :** *Kaptol 5, (01) 489 8555; trg bana Jelačića 11, (01) 481 40 51.* *Smotra Folklora, festival folklorique (juil.), Zagrebačke Ljetne Večeri, Festival d'été de Zagreb.* **www**.zagreb-touristinfo.hr

Vue de Zagreb

VOIR AUSSI

- ***Hébergement*** p. 230-231
- ***Restaurants*** p. 246-247

CIRCULER

La place Jelačić et les quartiers de Kaptol et Gradec forment une zone presque entièrement piétonnière. Par la place passent de nombreuses lignes de tramway desservant les parties est et ouest de la ville *(p. 280-281)*. Des bus relient les places du « fer-à-cheval » à toutes les banlieues, ainsi qu'à Novi Zagreb, sur l'autre rive de la Save, où se trouvent un champ de course, une vaste zone d'exposition et le centre nautique Jarun.

LÉGENDE

- Plan pas à pas *p. 154-155*
- Voie ferrée
- Gare ferroviaire
- Funiculaire
- Informations touristiques
- Parc de stationnement
- Église

Cathédrale Saint-Étienne ❶
Katedrala Sv. Stjepana

Kaptol. ***Tél.*** *(01) 481 47 27.*
lun.-ven. 10h-17h, dim. 13h-17h.

Officiellement dédié à l'Assomption et aux saints Étienne et Ladislas, le monument le plus célèbre de la capitale croate doit son aspect actuel à la reconstruction dirigée par Friedrich von Schmidt et Hermann Bollé après le tremblement de terre de 1880. Le séisme provoqua l'effondrement de la toiture, d'une partie des murs et d'un beffroi fortifié qui donnait à l'église une silhouette très différente de celle d'aujourd'hui, comme le montre l'exposition du musée de la Ville *(p. 156)*. Les travaux respectèrent le plan médiéval d'un édifice issu d'une très longue histoire.

Détail de l'ornementation d'une flèche de la cathédrale

Un sanctuaire existait déjà sur le site en 1094 quand le roi Ladislas transféra à Zagreb le siège de l'évêché de Sisak. Il céda la place à une première cathédrale romane détruite par les Mongols en 1242. Quelques années plus tard, l'évêque Timotej posait la première pierre de sa remplaçante de style gothique. Les travaux s'étalèrent sur plus de 150 ans.

La façade néogothique, son portail sculpté récemment rénové et les deux hautes flèches datent de la fin du XIXe siècle. On dépouilla alors l'intérieur d'une grande part de son mobilier baroque, en dehors de la chaire en marbre polychrome, pour le répartir entre d'autres églises du diocèse. Les œuvres d'art comprennent une statue de saint Paul du XIIIe siècle, des effigies en bois de saint Pierre et saint Paul sculptées au XVe siècle, un triptyque de la *Passion* (1495) d'Albrecht Dürer et une *Crucifixion* du XIVe siècle de Giovanni di Udine. Les trois nefs renferment également les sépultures et chapelles votives d'évêques et de personnalités croates, dont un monument à Petar Zrinski et Franjo Krsto Frankopan *(p. 177)*. Ivan Meštrović sculpta la pierre tombale du cardinal Alojzije Stepinac. La nef droite abrite des stalles baroques et Renaissance.

Les fresques de la sacristie, dans la manière de Giotto, remontent au XIIe siècle. Ce sont les plus vieilles de Croatie continentale. Au sous-sol de la sacristie de l'évêque,

Façade de la cathédrale Saint-Étienne

Nef centrale de la cathédrale Saint-Étienne néogothique

le **trésor de la cathédrale** conserve une riche collection d'art sacré. Elle comprend des manuscrits enluminés, des ornements sacerdotaux datant du XIe au XXe siècle et des objets de vénération comme le manteau du roi Ladislas (XIe siècle) et une étole épiscopale du XIVe siècle. Le « sépulcre de Dieu » est l'œuvre d'habitantes du village de Vugrovec où l'évêque Petar Petraetić fonda une école de broderie vers 1650. Parmi les pièces les plus anciennes figurent un diptyque en ivoire du Xe siècle et un crucifix en bronze des XIe-XIIe siècles.

Palais épiscopal ❷
Nadbiskupska Palača

Kaptol. *au public.*

Les édifices massifs qui composent le palais épiscopal ferment les trois autres côtés de la place de la cathédrale. Ils incorporent une tour de plan carré et trois tours cylindriques appartenant aux fortifications élevées à partir de 1469 pour repousser les attaques turques. Formé de la réunion de plusieurs bâtiments derrière une imposante façade baroque, le complexe actuel date de 1730. Il renferme une chapelle romane du XIIIe siècle consacrée à saint Étienne protomartyr. C'est la plus vieille construction de Zagreb à avoir traversé les siècles intacte. Ses fresques sont également d'origine.

L'artiste viennois Anton Dominik Fernkorn dessina vers 1850 la fontaine qui se trouve devant le palais, sur la place. Quatre saints entourent le socle d'une colonne supportant une effigie dorée de la Vierge. Aujourd'hui comblés, les fossés qui précédaient l'enceinte fortifiée sont devenus le **Jardin public Ribnjak** agrémenté de statues variées, dont une allégorie de la *Modestie* par Anton Augustinčić (1900-1979). Les défenses dont le salut de Zagreb dépendit si longtemps ont été pour une grande part démantelées au XIXe siècle. Il en subsiste la **Tour nord-est** transformée en habitation au n° 18 ulica Kaptol, en face de la cathédrale. Au n°15, un bâtiment du XVe siècle incorpore la **Tour nord-ouest** (Prislinova Kula).

Palais épiscopal, sur la place de la cathédrale

Église Saint-François ❸

Sv. Franjo

Ulica Kaptol 9. ***Tél.*** *(01) 489 83 33.*
t.l.j. 17h-20h.

Malgré la légende qui attribue sa fondation à saint François d'Assise (1182-1226) à son retour d'Orient, cette église fut édifiée au XVIe siècle. Reconstruite dans le style néogothique après le tremblement de terre de 1880,

Vitraux par Ivo Dulčić de l'église Saint-François

elle n'a pas conservé son mobilier baroque. Le portrait de saint François au maître-autel est de Celestin Medović (1857-1920). Ivo Dulčić dessina les vitraux dans les années 1960.

Selon la tradition, le fondateur de l'ordre franciscain aurait également résidé dans le monastère voisin. Il date cependant du XVIIe siècle. Il renferme une chapelle de 1683 où fresques et stucs composent une somptueuse décoration baroque.

Église Sainte-Marie ❹

Sv. Marija

Dolac 2. ***Tél.*** *(01) 481 49 59.*
pour la messe.

Dans l'étroite Opatovina ulica, de nombreux cafés occupent les maisons anciennes qui furent construites en utilisant des éléments de fortifications de la fin du XVe siècle. La rue mène à l'esplanade de Dolac, au fond de laquelle se dresse l'église Sainte-Marie. Fondée au XIVe siècle et remaniée en 1740 par Franjo Ruttman, elle fut reconstruite après le tremblement de terre de 1880.

À côté, un groupe sculpté par Vanja Radauš représente le ménestrel Petrica Kerempuh, un personnage local très populaire, en train de jouer de la guitare pour un pendu.

Le **marché Dolac,** le plus grand de Zagreb, se tient autour de l'église depuis 1930. Le quartier a conservé beaucoup de cachet avec ses ruelles bordées de maisons baroques. Kaptol ulica renferme une pharmacie historique, au n° 19, et d'élégantes maisons de chanoines.

Porte de Pierre ❺

Kamenita Vrata

Kamenita.

Les remparts de Gradec, la cité féodale qui occupait le sommet d'une colline voisine de Kaptol et formait l'autre pôle de la ville haute, possédaient cinq portes. Il n'en reste que la porte de Pierre construite au XIIIe siècle à côté d'une tour de plan carré datant de 1266. En 1731, un incendie détruisit toutes les maisons aux alentours, mais laissa intacte, sur la porte, une peinture de la *Vierge à l'Enfant*. Une petite chapelle votive abrite cette œuvre attribuée à un maître local du XVIe siècle. Une grille en fer forgé baroque la protège.

L'effigie d'une femme sculptée par Ivan Kerdić en 1929 décore la façade ouest de la chapelle.

De l'autre côté de la porte, à l'angle de Kamenita et d'Habdelićeva, la **pharmacie Alighieri** (Alighieri ljekarna) ouverte depuis 1350 occupe le rez-de-chaussée d'un immeuble du XVIIIe siècle. Nicolò Alighieri, l'arrière petit-fils de Dante, le grand auteur italien de *La Divine Comédie* en serait devenu le propriétaire en 1399.

Monument à Petrica Kerempuh, Dolac

La ville haute (Gornji Grad) pas à pas

Pieta, Ivan Meštrović

L'ancienne cité féodale perchée sur la colline de Gradec reste au cœur de la vie culturelle et politique non seulement de la ville, mais aussi du pays. Elle renferme la présidence de la République, le Parlement, la cour des Comptes et plusieurs musées et ministères. Ces institutions occupent souvent des bâtiments historiques et parfois des palais aristocratiques. Tous ont dû être restaurés ou reconstruits après le séisme de 1880. Trois églises méritent une visite. Des sculptures d'Ivan Meštrović décorent l'église Saint-Marc principalement gothique. L'église Sainte-Catherine possède un superbe mobilier baroque. L'église Saints-Cyrille-et-Méthode abrite une grande iconostase. La cloche de la tour de Lotrščak annonçait jadis la fermeture des portes.

Musée d'Histoire naturelle
Il conserve la plupart des objets trouvés à Kaprina. Ces fouilles ont révélé une présence humaine sur le territoire croate dès le paléolithique ❼

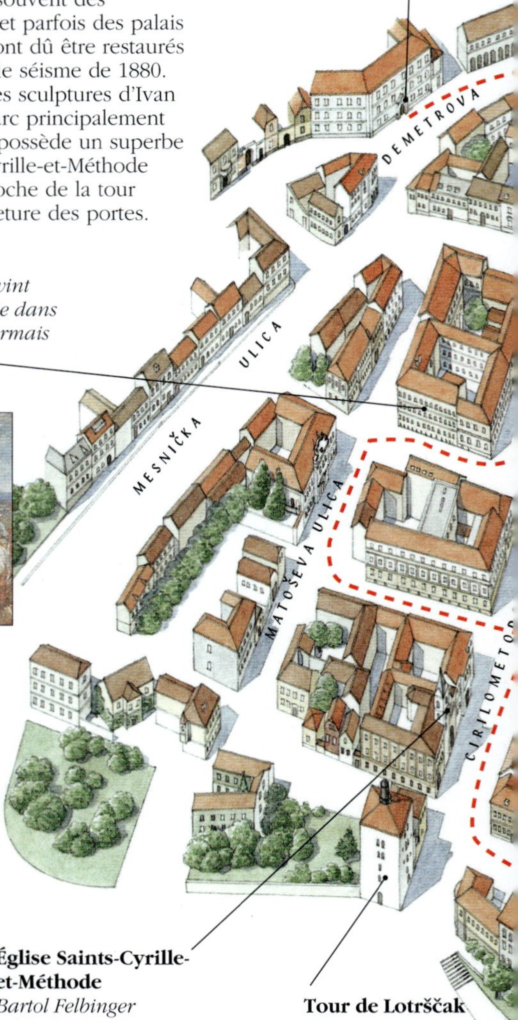

Palais du Ban
Construit vers 1621 quand Zagreb devint le siège du ban (gouverneur de Croatie dans le royaume de Hongrie), il abrite désormais la présidence de la République ⓫

Musée d'Histoire croate
Installé dans le palais Vojković-Oršić de style baroque, il retrace l'histoire du peuple croate depuis le haut Moyen Âge ⓬

★ Musée croate d'Art naïf
Il possède plus de 1 500 œuvres des fondateurs et des disciples de l'école de Hlebine (p. 21) ⓭

Église Saints-Cyrille-et-Méthode
Bartol Felbinger édifia l'église dans la première moitié du XIXe siècle pour la congrégation de rite catholique grecque de Zagreb ⓮

Tour de Lotrščak
Tous les jours, un coup de canon tiré de cette tour du XIIe siècle marque midi ⓯

LÉGENDE

- - - - Itinéraire conseillé

★ Atelier Meštrović
Le plus célèbre sculpteur croate vécut dans ce bâtiment du XVIIIe siècle de 1922 à 1941. Une dizaine d'années avant sa mort, il en fit don à l'État avec toutes les œuvres qu'il contenait ❽

CARTE DE SITUATION

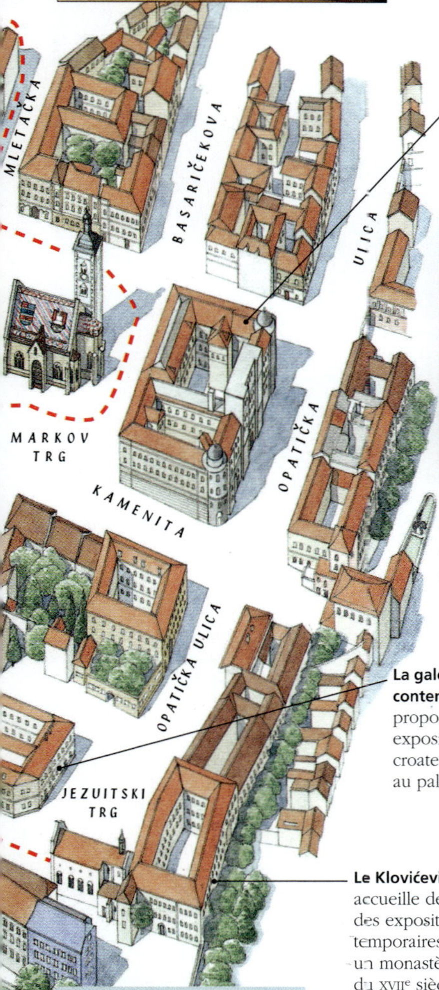

Parlement (Sabor)
C'est du balcon du Sabor achevé en 1910 que fut proclamée l'indépendance en 1991. Une page longue de près de neuf siècles se fermait pour la Croatie ❿

★ Église Saint-Marc
Son toit en tuiles vernissées arbore les armoiries de la Croatie, de la Dalmatie, de la Slavonie et de Zagreb ❾

0 — 50 m

La galerie d'Art contemporain propose des expositions d'artistes croates et étrangers au palais Kulmer.

Le Klovićevi Dvori accueille depuis 1982 des expositions temporaires dans un monastère jésuite du XVIIe siècle.

Église Sainte-Catherine
La sobre façade de ce joyau baroque du début du XVIIe siècle ne laisse pas présager la somptuosité de l'intérieur ⓰

À NE PAS MANQUER

- ★ Église Saint-Marc
- ★ Atelier Meštrović
- ★ Musée croate d'Art naïf

Musée de la Ville 6

Muzej grada Zagreba

Opatička ulica 20. **Tél.** *(01) 485 13 64.* *mar.-ven. 10h-18h ; sam.-dim. 10h-13h.* *sur r.-v.*

Le corps de bâtiments formé par la réunion de trois édifices historiques (un couvent de clarisses fondé vers 1650, une tour du XIIe siècle et un entrepôt à grains du XVIIe siècle) abrite les douze collections du musée de la Ville. Elles comptent quelque 74 000 pièces, souvent données par des personnalités croates comme l'actrice Tilla Durieux, le musicien Rudolf Matz, le compositeur Ivan Zajc, la soprano Milka Trnina et l'architecte Viktor Kovačić.

L'exposition, très intéressante si on lit l'anglais, retrace l'histoire de Zagreb en l'illustrant au moyen de découvertes archéologiques, de peintures, de fragments lapidaires, de documents tels que cartes et photographies, d'armoiries, de drapeaux et d'uniformes militaires. Elle couvre une période allant de la préhistoire à nos jours.

Dans la même rue, deux palais du XIXe siècle, le **palais Illirska Dvorana** et le **palais Paravić** à la superbe grille en fer forgé, renferment respectivement l'Académie croate des arts et des sciences et l'Institut d'études historiques.

Statues médiévales exposées au musée de la Ville

Sculptures dans le jardin de l'atelier Meštrović

Musée d'Histoire naturelle 7

Prirodoslovni Muzej

Demetrova 1. **Tél.** *(01) 485 17 00.* *mar.-ven. 10h-17h, sam.-dim. 10h-13h.* **www**.hpm.hr

Théâtre de 1797 à 1834, le palais Amadeo devint le musée d'Histoire naturelle en 1868 après le transfert de collections appartenant au département de sciences naturelles du Musée national. Jusqu'à leur réunion en 1986 pour former l'ensemble actuel, elles restèrent divisées en trois sections : minéralogie et pétrographie, géologie et paléontologie, zoologie.

Le musée compte plus de 250 000 pièces comprenant des minéraux du monde entier et la majeure partie des découvertes paléontologiques faites à Kaprina. L'exposition zoologique décrit, entre autres, toutes les espèces animales représentées sur le territoire croate.

Atelier Meštrović 8

Atelje Meštrović

Mletačka 8. **Tél.** *(01) 485 11 23.* *mar.-ven. 10h-18h, sam.-dim. 10h-14h.*

Le sculpteur Ivan Meštrović modernisa lui-même cette belle maison du XVIIe siècle pour y vivre et y travailler de 1922 à 1942. Elle appartient désormais à la fondation Meštrović qui gère également le mausolée d'Otavice *(p. 110)* ainsi que la galerie et le Kaštelet de Split *(p. 122)*. La visite permet de découvrir une centaine de ses sculptures. Elles couvrent toute la gamme de ses déclinaisons favorites de la figure humaine : le portrait, avec notamment un *Autoportrait* au rez-de-chaussée, la mère et l'enfant *(Maternité)*, le corps de la femme *(Femme au bord de la mer)*, l'allégorie *(Histoire des Croates)* et les personnages historiques (*Miloš Obilić* dans le jardin). Les documents exposés comprennent des photographies et des dessins, des études en particulier.

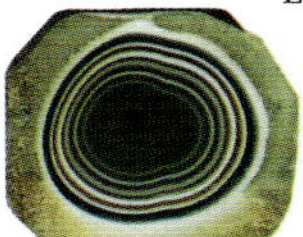

Minéral du musée d'Histoire naturelle

Ivan Meštrović

Ivan Meštrović à Vienne en 1904

Considéré comme l'un des plus importants sculpteurs du XXe siècle, Ivan Meštrović est né en 1883 à Vrpolje, dans la plaine pannonienne où ses parents étaient venus pour la moisson. Il passa son enfance dans leur ville natale, Otavice, située dans l'arrière-pays dalmate. Le maire remarqua le talent avec lequel il modelait l'argile et un tailleur de pierre de Split l'engagea comme apprenti en 1900. Grâce à l'intervention de l'archéologue Lujo Marun et d'un industriel autrichien, il put partir l'année suivante à Vienne pour étudier à l'académie des Beaux-Arts au moment où le mouvement de la Sécession était à son apogée. Il y fit la connaissance d'Auguste Rodin et déménagea à Paris en 1907. L'Exposition internationale de Rome de 1911 établit sa réputation et les commandes affluèrent. Il travailla beaucoup en Croatie, notamment à Split et à Zagreb, mais aussi à l'étranger. Emprisonné par les oustachis *(p. 42)* pendant la Seconde Guerre mondiale, il dut sa libération à l'intervention du Vatican dont les musées abritent aujourd'hui sa *Pietà Romana*. Au retour de la paix, Ivan Meštrović s'installa en 1946 aux États-Unis où il enseigna dans plusieurs universités. Il mourut dans ce pays en 1962, mais repose avec sa famille dans le mausolée d'Otavice *(p. 110)*.

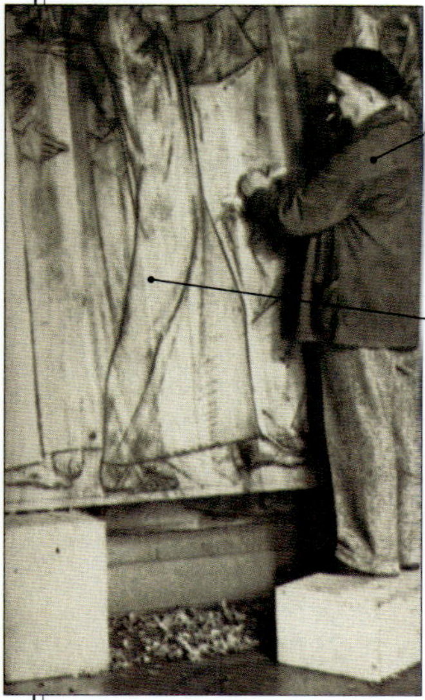

Meštrović, au travail

Détail de la *Résurrection de Lazare* (1944)

Femme au bord de la mer (1926) offre une image à la fois dynamique et gracieuse du corps féminin. La vigueur des épaules contraste avec la finesse des longues mains.

LE SCULPTEUR AU TRAVAIL

Après s'être accordé un long temps de préparation, Meštrović avait une vitesse d'exécution proverbiale. Pour répondre à la demande, il dupliqua certaines de ses œuvres. Il existe ainsi des copies de sa statue de Grégoire de Nin *(p. 100)* à Split et à Koprivnica.

Maternité, une sculpture sur bois de 1942, démontre la force d'expression de l'artiste. L'enfant est à peine représenté pour mieux mettre en valeur le visage de sa mère.

Histoire des Croates date de 1932. La position du personnage, à la tête dressée et au dos droit, exprime une calme détermination par rapport à l'avenir. Il existe trois exemplaires de ce bronze très connu.

Église Saint-Marc à la toiture de tuiles vernissées

Église Saint-Marc 9
Sv. Marko

*Markov trg. **Tél.** (01) 485 16 11.*
t.l.j. 8h-20h.

L'église paroissiale de la ville haute apparaît pour la première fois dans les annales dans un document de 1256 où le roi Bela IV accorde à Gradec l'autorisation d'organiser une foire commerciale sur son parvis. La manifestation durait deux semaines au moment de la Saint-Marc.

L'édifice actuel occupe l'emplacement d'une chapelle détruite par les Mongols en 1242. De style gothique, il possède un splendide portail sculpté par le Pragois Ivan Parler entre 1364 et 1377. Ses 15 niches renferment des statues de Jésus, de la Vierge, de saint Marc et des 12 apôtres. Des copies en bois en remplacent certaines depuis l'époque baroque où fut construit le clocher au couronnement caractéristique.

Saint-Marc a connu bien des transformations. Sa couverture en tuiles vernissées remonte au dernier remaniement majeur effectué en 1882. Les armoiries sont celles de la ville de Zagreb, de la Croatie, de la Dalmatie et de la Slavonie. L'enduit des murs date aussi de cette rénovation. La pierre de la Medvednica utilisée pour la construction de l'église était devenue poreuse.

À l'intérieur, des œuvres d'Ivan Meštrović décorent le chœur : un grand *Christ en croix* domine le maître-autel entre une *Vierge à l'Enfant* et une *Pietà*. Jozo Kljaković peignit dans les années 1930 les fresques montrant des rois croates en action.

Parlement 10
Sabor

Markov trg. (01) 456 92 22.
sur r.-v.

La construction, en 1908, de cet imposant monument néoclassique exigea la démolition de plusieurs bâtiments baroques des XVIIe et XVIIIe siècles. De son balcon fut annoncée en octobre 1918 la dissolution de l'Empire austro-hongrois. Le mois suivant, Stjepan Radić *(p. 42)* prononçait du même endroit un discours prémonitoire contre la création d'un État des Slaves du Sud… Et c'est de là que fut proclamée l'indépendance qui signait la fin de la Yougoslavie en mai 1991.

***Vierge à l'Enfant* de Meštrović, Saint-Mar**

Palais du Ban 11
Banski Dvori

Markov trg. (01) 456 92 22.
sur r.-v.

Du même style que le Parlement, l'ancienne demeure du gouverneur de Croatie a pour origine deux édifices du XVIIIe siècle auxquels furent ajoutées au XIXe deux ailes de deux étages.

Le corps de bâtiments abrite la Chambre des députés, les Archives centrales, la résidence du président de la République et le siège du gouvernement.

Musée d'Histoire croate 12
Hrvatski Povijesni Muzej

*Matoševa ulica 9. **Tél.** (01) 485 19 00. mar.-ven. 10h-17h, sam.-dim. 10h-13h. j.f.*

L'aménagement du palais baroque Vojković-Oršić en un lieu destiné à l'accueil du public a préservé la salle de bal du XVIIIe siècle.

Le musée qui occupe la demeure depuis 1960 n'a pris sa forme actuelle qu'en 1991 avec la réunion de plusieurs collections. Il propose des expositions thématiques à partir d'un fonds dont les origines remontent à 1846. Particulièrement fourni en armes, il couvre une période s'étendant du haut Moyen Âge à aujourd'hui. Ses fleurons sont les objets liés aux rois hungaro-croates et des cartes du XVIe au XVIIIe siècle. Les chercheurs disposent d'une riche bibliothèque spécialisée.

Le Parlement (Sabor) construit dans le style néoclassique en 1908

***Ma terre natale* (1961) par Ivan Rabuzin, musée d'Art naïf**

Musée croate d'Art naïf ⓭

Hrvatski Muzej Naivne Umjetnosti

Ćirilometodska ulica 3. ***Tél.*** *(01) 485 19 11.* *mar.-ven. 10h-18h, sam.-dim. 10h-13h.* *j. f.*
www.hmnu.org

Le palais Raffay néobaroque (XIXe s.) abrite depuis 1994 le dernier avatar de la Galerie d'art paysan fondée en 1952.

Deux thèmes dominent la collection permanente : « L'art naïf, tendance de l'art moderne » et « Ils ont créé l'histoire de l'art naïf croate ». Les fondateurs Ivan Generalić et Franjo Mraz occupent une place de choix. Parmi les œuvres de l'école de Hlebine *(p. 21)* se détachent aussi les tableaux d'Ivan Cečenaj et de Mijo Kovačić. Les artistes d'autres régions comprennent Ivan Lacković, Ivan Rabuzin, Stjepan Stolnik et Matija Skurjeni. Lavoslav Torti compte parmi les précurseurs de la sculpture naïve croate.

Église Saints-Cyrille-et-Méthode ⓮

Sv. Ćiril i Metod

Ćirilometodska ulica.
Tél. *(01) 485 17 73.*

L'église néoclassique édifiée vers 1830 par l'architecte Bartol Felbinger (1785-1871) ne survécut pas au tremblement de terre de 1880 et Hermann Bollé la reconstruisit dans le style néobyzantin. Une iconostase ferme le chœur décoré de quatre peintures par Ivan Tišov. Elle est de l'artiste ukrainien Epaminondas Bučevski.

L'église jouxte le séminaire catholique grec élevé en 1774 et agrandi au début du XXe siècle.

Tour de Lotrščak ⓯

Kula Lotrščak

Strossmayerovo Šetalište. ***Tél.*** *(01) 485 17 68.* *avr.-oct. : mar.-ven. 11h-19h, sam.-dim. 14h-19h.*

Depuis le milieu du XIXe siècle, les habitants de Zagreb ont pris l'habitude de régler leur montre au coup de canon tiré à midi de cette tour de plan carré du XIIIe siècle qui compte parmi les plus vieux bâtiments de la capitale croate.

Elle abrita longtemps une cloche qui annonçait chaque soir la fermeture des portes de la ville. Son nom dérive d'ailleurs du latin *campana latruncolorum* signifiant « cloche des voleurs » car quiconque restait dehors à la nuit risquait de se faire détrousser.

La tour de Lotrščak abrite une galerie d'art au rez-de-chaussée et offre une belle vue de son sommet.
Elle bordait à l'origine les remparts de Gradec. On leur incorporait des chaînes à la construction… Une mesure de prévention parasismique.

Église Sainte-Catherine ⓰

Sv. Katarina

Katarinin trg. ***Tél.*** *(01) 485 19 50.* *t.l.j. 8h-20h.*

Les jésuites édifièrent vers 1630 sur le site d'un bâtiment dominicain cette église consacrée à sainte Catherine d'Alexandrie, martyre du IIIe siècle symbolisant l'union de la philosophie et de la religion. Considérée comme l'une des plus belles de Zagreb, l'église possède une sobre façade typique du début du baroque. Les statues des quatre Évangélistes encadrent le portail dominé par une effigie de la Vierge.

L'intérieur à nef unique possède une décoration d'une grande richesse. Les œuvres les plus intéressantes comprennent les stucs (1721-1723) par Antonio Quadrio, les *Scènes de la vie de sainte Catherine* de Franc Jelovšek, au médaillon du plafond, un bel *Autel de saint Ignace* par Francesco Robba (1698-1757) et, au maître-autel (1762), *Sainte Catherine parmi les philosophes alexandrins* par Kristof Andrej Jelovšek (1729-1776).

Au centre de la place voisine, Jezuitski trg, la fontaine du *Pêcheur au serpent* (1908) est de Simeon Roksandić. En face se dressent l'ancien monastère jésuite (XVIIe s.) et son ancien séminaire. Ce dernier devint un temps un internat réservé aux fils de la noblesse.

Riche intérieur baroque de l'église Sainte-Catherine

Théâtre national croate de style néobaroque

Théâtre national croate ⓱

Hrvatsko Narodno Kazalište

Trg Maršala Tita 15. **Tél.** *(01) 482 85 32.* *seul. pour les spectacles.* *lun. ; 1er janv., Pâques, 1er mai, 1er nov., 25-26 déc.* . **www**.hnk.hr

Dans la ville basse, la place du Maréchal-Tito marque le début du « fer-à-cheval vert », une série d'esplanades et d'espaces verts dessinée par l'ingénieur Milan Lenuci (1849-1924) et autour de laquelle se sont organisés les quartiers modernes. Œuvre des architectes viennois Hermann Helmer et Ferdinand Fellner, le Théâtre national croate compte parmi les édifices monumentaux qui la bordent. Lors de son inauguration par l'empereur François-Joseph, le 14 octobre 1895, il restait entouré de champs.

De style néobaroque, le bâtiment possède un intérieur somptueusement décoré par des artistes viennois et croates. Les cinq rideaux de scène comprennent le splendide *Renouveau croate* par Vlaho Bukovac. La salle de spectacle n'est pas réservée à l'art dramatique et accueille aussi des ballets et des opéras.

Devant le théâtre, ne manquez pas *La Fontaine de la vie,* l'un des chefs-d'œuvre de l'artiste Ivan Meštrović.

Musée des Arts décoratifs ⓲

Muzej Za Umjetnost i Obrt

Trg Maršala Tita 10. **Tél.** *(01) 488 21 11.* *mar.-ven. 10h-19h, sam.-dim. 10h-13h.* *sur r.-v.* **www**.muo.hr

Ce musée fondé en 1880 occupe un bâtiment construit entre 1882 et 1892 d'après des plans d'Hermann Bollé. Le fonds est riche de plus de 160 000 objets d'art. Ils couvrent une palette de styles allant du gothique au design et offrent un panorama de l'évolution de la culture en Croatie et de sa relation avec le reste de l'Europe.

Pendule du XIXe siècle, musée des Arts décoratifs

Les collections comprennent des bijoux, des instruments de musique, du mobilier, des ivoires français, des peintures italiennes du XVIe siècle et de la verrerie de Murano, d'Allemagne et de Bohême (la section consacrée au passage du style Biedermeier autrichien à la Sécession viennoise est passionnante). Les textiles comptent des broderies de Varaždin *(p. 202-203)* et des tapisseries Renaissance de Tournai, d'Anvers et de Bruxelles. Toutes les grandes manufactures européennes de porcelaine sont représentées. La bibliothèque possède 50 000 ouvrages spécialisés.

Musée Mimara ⓳

Muzej Mimara

Rooseveltov trg 5. **Tél.** *(01) 482 81 00.* *mar., merc., ven. et sam. 10h-17h, jeu. 10h-19h, dim. 10h-14h.* *lun.*

Un contrat de donation conclu en 1973 et 1986 avec la République socialiste de Croatie et la ville de Zagreb a permis l'accès du public aux 3 750 œuvres et objets d'art de toutes époques et origines rassemblés, dans des conditions qui restent mystérieuses, par l'homme d'affaires et restaurateur Ante Topić Mimara. Le musée a ouvert en 1987 dans un immense bâtiment néo-Renaissance construit en 1895 par les architectes allemands Ludwig et Hülsner.

L'exposition suit l'ordre chronologique, de la préhistoire à nos jours.

Au rez-de-chaussée, les salles de la section archéologique contiennent des pièces provenant d'Égypte, de Mésopotamie, de Perse, d'Amérique précolombienne, du Moyen-Orient et de pays comme le Japon, le Cambodge, l'Indonésie et l'Inde. La verrerie comprend des objets fabriqués en Égypte antique, en Perse, en Turquie, au Maroc et en Europe. Certains tapis persans, turcs et marocains sont vieux de plusieurs siècles. Quelque 300 pièces retracent 3 500 ans d'évolution de l'art chinois, des Han à la dynastie Qing.

Au premier étage, un millier de meubles et d'objets d'art offrent un large aperçu de la création européenne dans

La Baigneuse (1868) par Renoir, musée Mimara

ces domaines du Moyen Âge au XIXe siècle. Les quelque 200 sculptures vont de la Grèce antique à la période de l'impressionnisme. Elles comptent des œuvres de représentants de la Renaissance florentine comme Jean de Bologne, Della Robbia et Verrocchio, et des Français Jean-Antoine Houdon et Auguste Rodin. La collection de peintures italiennes est prestigieuse avec des toiles de Véronèse, Paolo Veneziano, Pietro Lorenzetti, Raphaël, Canaletto, Giorgione et le Caravage.

Le musée possède aussi des tableaux des maîtres du baroque hollandais : Rembrandt, Jacob Van Ruisdael et Jan Van Goyen, ainsi que des plus grands noms de l'école flamande, dont Rogier Van der Weyden, Jérôme Bosch, Antoine Van Dyck et Pierre Paul Rubens.

L'Espagne, avec Diego Velazquez, Bartolomé Esteban Murillo et Francisco Goya, la Grande-Bretagne, avec John Constable et Joseph Mallord William Turner, et la France avec Édouard Manet, Pierre-Auguste Renoir et Camille Pissarro, sont représentées.

Costumes traditionnels croates, Musée ethnographique

Putto par Verrocchio, musée Mimara

Musée ethnographique 20

Etnografski Muzej

Mažuranićev trg 14. ***Tél.*** *(01) 482 62 20.* *mar.-jeu. 10h-18h, ven.-dim. 10h-13h.* *j.f.* **www**.etnografski-muzej.hr

Fondé en 1919, le plus riche musée ethnographique de Croatie occupe un bâtiment Sécession entrepris en 1902 par l'architecte Vjekoslav Bastl pour accueillir des expositions organisées par la Chambre de commerce. Des sculptures de Rudolf Valdec décorent la partie centrale de la façade, devant la coupole peinte à l'intérieur de fresques par Oton Iveković.

Le musée ne présente qu'une petite partie de ses possessions : 2 800 pièces sur 80 000. Bijoux en or et en argent, instruments de musique, broderies, ustensiles de cuisine et outils offrent un large aperçu des cultures populaires croates de la Pannonie, de la bordure adriatique et des zones montagneuses de l'aire dinarique. La collection de costumes traditionnels, masculins et féminins, est exceptionnelle. Des reconstructions de fermes et de pièces d'habitation font revivre des modes de vie anciens.

La collection Ljeposav Perinić réunit de fascinantes poupées en tenues folkloriques.

Le département des cultures non européennes doit son fonds aux donations de personnalités aussi diverses qu'un ethnologue, une chanteuse d'opéra et des explorateurs comme Dragutin Lerman et les frères Mirko et Stevo Lejman. Les pièces proviennent d'Afrique centrale et orientale, d'Extrême-Orient, d'Océanie et d'Amérique du Sud.

Jardin botanique 21

Botanički Vrt

Marulićev trg 9. *(01) 484 40 02.* *mars-sept. : lun.-mar. 9h-14h30, mer.-dim. 9h-19h.* **www**.botanic.hr

Un grand jardin à l'anglaise créé en 1890 par le professeur de botanique Antun Heinz ferme au sud le « fer-à-cheval vert » dessiné par Milan Lenuci. Il reste un lieu d'étude et de recherche au sein du département de biologie de la Faculté des sciences de l'Université de Zagreb.

D'une superficie de 5 ha, il offre en centre-ville un havre de paix où échapper à l'agitation urbaine et compte parmi les lieux de promenade préférés des Zagrébois. Environ 10 000 plantes différentes composent la végétation des zones boisées, des parterres et des étangs. L'Asie est particulièrement bien représentée dans les 1 800 espèces tropicales.

Des allées relient des bosquets de conifères, des plans d'eau artificiels, les pavillons de l'université et les serres. Des bassins spécialisés servent à la culture de plantes aquatiques.

L'un des nombreux étangs du jardin botanique

Le pavillon des Arts accueille de grandes expositions

Pavillon des Arts ㉒

Umjetnički Paviljon

Trg Kralja Tomislava 22.
Tél. *(01) 484 10 70.* *lun.-sam. 11h-19h ; dim. 10h-13h.*
www.umjetnicki-paviljon.hr

Ce vaste édifice à structure métallique dessiné par les architectes Korb et Giergl représentait la Croatie à Budapest lors des célébrations du Millénaire de la Hongrie en 1896. Les Viennois Fellner et Helmer le remontèrent sur son emplacement actuel. Il accueille depuis des expositions temporaires. Devant se dresse un monument d'Ivan Meštrović au peintre de la Renaissance Andrija Medulić (Andrea Schiavone).

Le pavillon des Arts borde une place dédiée au premier roi croate : Tomislav.

Galerie des Maîtres anciens ㉓

Galerija Starih Majstora

Voir p. 164-165.

Galerie d'Art moderne ㉔

Moderna Galerija

Andrije Hebranga 1.
Tél. *(01) 492 23 68.* *mar.-sam. 10h-18h ; dim. 10h-13h.* *1er janv., Pâques, 25 et 26 déc.*

Le palais Vraniczany, construit en 1882, abrite depuis 1973 des créations des plus éminents peintres et sculpteurs croates des XIXe et XXe siècles. Le fonds a pour origine l'acquisition, en 1902, d'œuvres d'Ivan Meštrović, de Mirko Raćki et de F. Bilak. Achats et donations ont augmenté la collection, riche aujourd'hui de 9 500 tableaux, sculptures, aquarelles, dessins et gravures.

Une grande composition romantique de Vlaho Bukovac, *Gundulić – le rêve d'Osman* (1894), accueille le visiteur. La galerie d'Art moderne permet aussi de découvrir le travail d'artistes tels que Ljubo Babić, Miljenko Stančić, V Karas, M Mašić, Emanuel Vidović, C Medović, MC Crnčić, B Csikos-Sessia, Ivan Meštrović, Robert Frangeš-Mihanović, Josip Račić, Miroslav Kraljević, V Becić, O Hermann et Edo Murtić.

Musée archéologique ㉕

Arheološki Muzej

Trg Nikole Šubića Zrinskog 19.
Tél. *(01) 487 31 01.* *mar.-ven. 10h-17h, sam.-dim. 10h-13h.* *sur r.-v.* **www**.amz.hr

Le palais Vraniczany-Hafner présente un aspect caractéristique de l'historicisme en vogue à la fin du XIXe siècle et le décor de sa façade joue d'éléments Renaissance tels que bossage rustique, colonnes et frontons. Depuis 1945, il abrite l'un des successeurs directs du Musée national fondé en 1846.

***Tête de Plautilla,* Musée archéologique**

Le Musée archéologique possède environ 400 000 pièces provenant de toute la Croatie mais principalement de la région de Zagreb. Elles sont réunies en cinq grandes sections : Préhistoire, Égypte, Antiquité classique, Moyen Âge et monnaies et médailles.

Le premier département couvre une période allant

***Gundulić – le rêve d'Osman* (1894) par Vlaho Bukovac, galerie d'Art moderne**

Hôtels et restaurants de la région p. 230-231 et p. 246-247

Allée du parc Maksimir

du néolithique à la fin de la culture des Iapodes au Ier siècle apr. J-C. Il possède notamment la *Colombe de Vučedol* *(p. 188)* devenue un symbole de Vukovar. Ce vase en terre cuite date de l'âge du cuivre. Bijoux, pièces de monnaie et armes témoignent des progrès de la métallurgie.

Le deuxième département réserve une salle entière à la « momie de Zagreb » et à la bande de lin qui l'enveloppait. Sur ce *Liber Linteus Zagrabiensis* est écrit le plus long texte en étrusque à nous être parvenu. Cette langue reste en partie indéchiffrable.

Poignée d'épée, Musée archéologique

La collection d'antiquités classiques est la plus importante. Elle comprend des vases grecs de styles variés et, dans les salles dédiées à Rome, des sculptures et des objets provenant des villes qui se développèrent sous l'Empire, dont une *Tête de Plautilla* retrouvée à Salona *(p. 116-117)*.

L'exposition consacrée au Moyen Âge commence sur le thème des « Grandes migrations des peuples ». Un fragment de jubé de 888 porte la plus vieille inscription citant un souverain croate : le prince Branimir *(p. 36)*.

Les monnaies et médailles appartiennent aux cultures grecque, celte, romaine, byzantine et moderne.

La bibliothèque voisine conserve 45 000 volumes.

Parc Maksimir 26

Maksimirski Perivoj

Maksimirska Cesta 125.
☐ *t.l.j.* **www**.zoo.hr

Aménagé entre 1794 et 1843 dans une forêt de chênes centenaires à l'initiative de l'évêque Maksimilijan Vrhovac, le plus vaste parc de Zagreb s'étend sur plus de 3 km².

Paysagé à l'anglaise, avec ses bosquets, ses pelouses et ses plans d'eau, il renferme un chalet suisse, un belvédère et le pavillon de l'Écho.

Près d'un des lacs, le **Jardin zoologique** (Zoološki vrt), fondé en 1925, abrite près de 2 000 animaux appartenant à environ 200 espèces d'invertébrés, de poissons, d'amphibiens, de reptiles, d'oiseaux et de mammifères.

Cimetière Mirogoj 27

Groblje Mirogoj

Mirogoj. ☐ *t.l.j. 7h30-18h, été : t.l.j. 7h30-20h.*

À 4 km du centre au pied de la Medvednica, dont le nom signifie le « mont des Ours » en croate, le grand architecte Herman Bollé aménagea en 1876 le plus prestigieux lieu de sépulture de la capitale croate. 300 000 personnes y reposent sur une superficie de 28 000 m². Parmi elles figurent les personnalités politiques, artistiques et culturelles les plus illustres de l'histoire récente du pays.

L'entrée des chapelles catholique et orthodoxe donne accès à deux longues arcades néo-Renaissance protégeant les salles funéraires des familles locales éminentes.

De part et d'autre d'une longue avenue centrale, des allées divisent le cimetière en parcelles plantées d'arbres et de buissons. Véritable musée en plein air, il renferme des monuments funéraires exécutés par de grands noms de la sculpture et de la gravure croates, dont Ivan Meštrović, Jozo Kljaković, Ivan Rendić, Antun Filipović, Antun Augustinčić, Edo Murtić, Markus Sutej, Dozo Dražić, Ivan Kerdić et Robert Frangeš-Mihanović.

Outre des tombeaux privés, le cimetière Mirogoj abrite trois monuments collectifs. Grinçante ironie de l'histoire, l'un d'eux rend hommage aux victimes juives de la Seconde Guerre mondiale et un autre aux soldats allemands tués pendant le conflit. Le premier est d'Antun Augustinčić. Le troisième monument, dédié aux soldats tombés pendant la Première Guerre mondiale, est de Juri Turkalj et V. Radauš.

Les fleurs fraîches et les bougies déposées par les Zagrébois devant les sépultures de grands personnages historiques témoignent de la force de leur attachement à l'histoire de leur nation.

Arcade du cimetière Mirogoj, l'un des plus beaux d'Europe

La galerie des Maîtres anciens ㉓

Galerija Starih Majstora

Josip Juraj Strossmayer, le riche et puissant évêque de Dakovo, commanda en 1876 la construction d'un bâtiment destiné à l'Académie croate des arts et des sciences. Le don de sa collection d'environ 600 œuvres d'art permit de créer la galerie des Maîtres anciens. Son inauguration eut lieu en 1884. Ivan Meštrović sculpta en 1926 la grande effigie du mécène qui se dresse en face de l'entrée.

Le bâtiment néo-Renaissance entoure une cour bordée d'arcades. La collection rassemble des peintures appartenant aux principales écoles européennes, des primitifs italiens du *quattrocento* aux maîtres français du début du XIXe siècle.

Vierge à l'Enfant entre saint François et saint Bernard
Ce petit tableau est l'une des rares œuvres de Bartolomeo Caporali (v. 1420-1505) exposée en dehors de Pérouse (Italie).

Suzanne et les vieillards
Dans cette composition, Majstor Izgubljenogsina fait preuve d'une grande maîtrise de la couleur. Les visages des deux anciens sont d'une remarquable expressivité. Le désir qu'ils éprouvent pour la jeune femme qu'ils ont surprise seule au bain semble les rajeunir.

SUIVEZ LE GUIDE
Dans l'entrée du bâtiment, ne manquez pas la stèle de Baška (XIe siècle), le plus vieux document de Croatie rédigé en écriture glagolitique. La galerie se trouve au deuxième étage. Les œuvres sont regroupées par grandes écoles européennes du XIVe au XIXe siècle. Elles comprennent des tableaux majeurs de maîtres italiens, flamands, hollandais et français.

Pont de trois arches sur le canal de Cannaregio
Francesco Guardi (1712-1793) confirme avec ce paysage son art de la veduta, la « vue » de Venise. Il se distingue de son contemporain Canaletto par des atmosphères plus chaleureuses.

Hôtels et restaurants de la région p. 230-231 et p. 246-247

Vierge avec Jésus, Jean et un ange.
Jacopo del Sellaio, l'auteur toscan de ce « tondo » (tableau rond), appartenait au cercle de Filippo Lippi et Sandro Botticelli.

MODE D'EMPLOI

Trg Nikole Šubića Zrinskog 11.
Tél. *(01) 489 51 17.*
◯ *mar. 10h-13h et 17h-19h ; mer.-dim. 10h-13h.*

Adam et Ève
Le Florentin Mariotto Albertinelli (1474-1515) donne une atmosphère presque légère à la disgrâce des parents de l'espèce humaine au moment où Dieu les chasse du paradis.

LÉGENDE

- École italienne XIVe-XVIe siècle
- École italienne XVIe-XVIIIe siècle
- Maîtres flamands et hollandais et école européenne XVe-XVIe siècle
- École flamande et hollandaise XVIe-XVIIe siècle
- Maîtres français XVIIIe-XIXe siècle

★ Saint Nicolas et saint Benoît
Dans ces portraits s'exprime toute la force d'expression de Giovanni Bellini (1430-1516), l'un des maîtres de la Renaissance vénitienne.

★ Saint Sébastien
Saint Sébastien a été souvent représenté pendant la longue période où la peste, dont il était censé protéger, ravagea l'Europe. Ce portrait délicat faisait probablement partie d'un polyptyque. Vittore Carpaccio (1465-1525) montre le martyr sous les traits d'un jeune homme que sa foi rend serein face à la souffrance.

À NE PAS MANQUER

★ Saint Nicolas et saint Benoît

★ Saint Sébastien

ALTARE PRIVILEGIATUM
IN
PERPETVUM

LA CROATIE CENTRALE

Cette région a pour limite occidentale les collines couvertes de vignobles qui courent entre Samobor et Ogulin. Elle borde au sud la frontière de la Bosnie-Herzégovine jusqu'à Jasenovac. Au nord-est, une vallée fertile irriguée par la Save s'étend de Zagreb au parc naturel de Lonjsko Polje situé au sud-est de Sisak. Il protège une zone inondable peuplée de nombreux oiseaux.

Le centre de la Croatie a longtemps été un point de rencontre entre civilisations. Au IVe siècle av. J.-C., des Celtes vinrent se mêler aux Illyriens qui l'occupaient depuis déjà quelque 800 ans. Les implantations illyriennes devinrent ensuite des cités romaines à compter du Ier siècle apr. J.-C. Siscia était la plus importante. Les tribus slaves qui la repeuplèrent après sa destruction par les Avars prirent le nom de Sisaks.

Tête de Mitra, IIe siècle apr. J.-C., Sisak

L'établissement d'une frontière avec la Bosnie date de 271 apr. J.-C. La ligne de démarcation fut confirmée au moment de la séparation entre les églises catholiques d'Orient et d'Occident en 1054, puis consolidée quand les Turcs investirent les Balkans au XVe siècle. Pour s'opposer à leur progression, l'empereur d'Autriche donna en 1578 le statut de confins militaires *(Vojna Krajina)* à la zone de contact. Les Croates l'ayant pour une grande part abandonnée pour chercher asile dans les villes du littoral, il favorisa l'implantation de réfugiés serbes et de petits groupes de Valaques, d'Albanais, de Monténégrins et de germanophones. Des villages peuplés de catholiques, d'orthodoxes et de musulmans se développèrent. Ces communautés hétérogènes cohabitèrent sans tensions sérieuses jusqu'au milieu du XIXe siècle où les sentiments nationalistes s'éveillèrent dans toute l'Europe. Cette diversité s'est beaucoup réduite depuis le conflit de 1991-1995 qui s'est conclu par l'exode de milliers de Serbes.

Cette partie du pays est la moins visitée. Elle offre pourtant aux voyageurs de splendides paysages ruraux, ainsi que l'occasion de goûter une bonne cuisine locale. Châteaux médiévaux, belles églises, musées et réserves naturelles comptent parmi ses autres attractions.

Chevaux en liberté dans le Parc naturel de Lonjsko Polje

◁ *L'Assomption,* fresque par Franc Jelovšek de l'église du monastère franciscain de Samobor

À la découverte de la Croatie centrale

Trois régions bien distinctes forment la Croatie centrale : les alentours de Zagreb riches en édifices du XVIIIe siècle bâtis sur les sites d'anciens châteaux, le terroir de coteaux viticoles s'étendant entre Samobor et Karlovac et la bande frontalière au contact avec la Bosnie-Herzégovine au sud de Sisak. Les paysages sont variés. Des plaines vallonnées alternent avec des rangées de collines plantées de vignes. D'épaisses forêts couvrent les reliefs, tandis qu'à Lonjsko Pole, le terrain est si plat qu'il est régulièrement envahi par la Save et ses affluents. Les monuments comprennent des églises baroques, des monastères, des forteresses et des musées. Beaucoup ont souffert du conflit des années 1990.

Relief romain, musée de la Ville, Sisak

Intérieur de l'église Sainte-Marie de Jastrebarsko

CIRCULER

La Croatie centrale possède un bon réseau routier récemment amélioré. Depuis Zagreb, l'autoroute A3 mène d'un côté à Samobor et de l'autre au parc naturel de Lonjsko Pole. L'autoroute A1 passe par Karlovac et Ogulin, tandis que la nationale 30 conduit à Sisak. Le train dessert toutes les principales localités en dehors de Samobor. Il est possible de se rendre en bus jusque dans les plus petits villages.

D'UN COUP D'ŒIL

Garić 15
Jasenovac 11
Jastrebarsko 4
Karlovac 6
Kostajnica 10
Kutina 14
Novska 12
Ogulin 7
Okić 3
Ozalj 5
Parc naturel de Lonjsko Polje 13
Samobor 1
Sisak 9
Topusko Toplice 8

Excursion

Excursion des manoirs p. 172-173 2

CARTE DE SITUATION

VOIR AUSSI

- ***Hébergement*** p. 231-232
- ***Restaurants*** p. 247-248

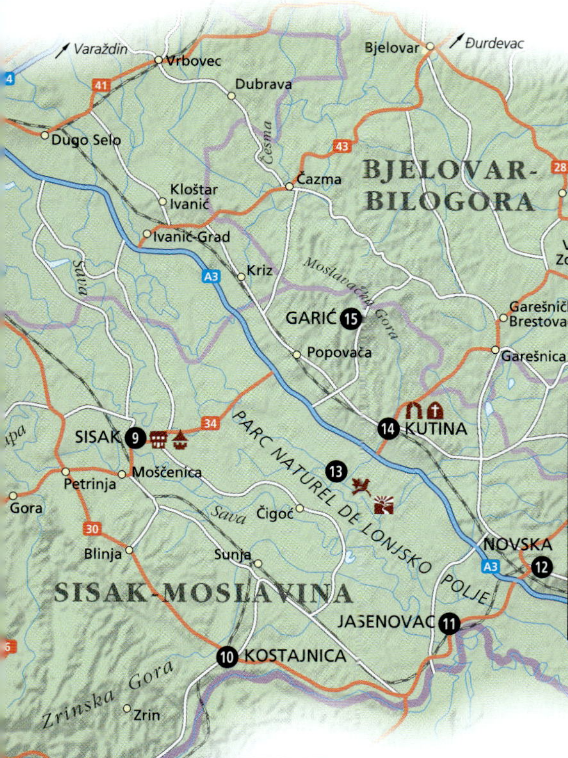

La Save près de Sisak

Coteaux plantés de vignes autour d'Okić

LÉGENDE

- Autoroute
- Route principale
- Route secondaire
- Voie ferrée
- Frontière de comitat
- Frontière internationale

Maître-autel de l'église du monastère franciscain, Samobor

Samobor ❶

Plan C2. *35 000.*
(01) 336 66 34. Trg kralja Tomislava 5, (01) 336 00 44.
Carnaval (fév.) ; fête de la Ville (26-28 juil.).

Ce joli bourg s'étend au pied des ruines de sa vieille ville (Stari Grad) abandonnée au XIXe siècle. Après avoir obtenu le statut de ville royale libre en 1242, Samobor devint un important centre d'échanges. C'est aujourd'hui l'un des hauts lieux de la gastronomie croate.

Le centre (Taborec) a conservé des maisons en bois anciennes et des édifices baroques. Malgré ses origines gothiques, l'église Saint-Michel (Sv. Mihovil) présente, elle aussi, un visage baroque dû à un remaniement au XVIIIe siècle. L'église paroissiale **Sainte-Anastasie** (Sv. Anastazija) fut édifiée entre 1671 et 1675. Le monastère franciscain est doté d'un cloître rectangulaire. Des fresques baroques ornent le réfectoire et la bibliothèque. Son église renferme au maître-autel une fresque de L'*Assomption* (1752) par Franc Jelovšek. Valentin Metzinger décora l'autel de gauche en 1734.

Le **musée de la Ville** (Muzej Grada Samobora) occupe le palais Livadić du XVIIIe siècle. Il retrace l'histoire de Samodor et de sa région. La section consacrée à l'alpinisme est particulièrement intéressante.

Sainte-Anastasie
Ulica Sv. Anastazija. ***Tél.*** *(01) 336 38 61. sur r.-v.*

Musée de la Ville
Livadićeva 7. ***Tél.*** *(01) 336 10 14. mar.-ven. 9h-15h, sam.-dim. 9h-13h. anglais, allemand.*

Excursion des manoirs ❷

Voir p. 172-173.

Okić ❸

Plan C2.
du comitat : *Remetinečka 75, Zagreb, (01) 652 11 17.*

Les ruines d'une citadelle perchée au sommet d'un piton dominent Okić. Mentionnée dans des documents de 1183, elle appartint aux familles nobles des Okić, des Zrinski, des Frankopan et des Erdödy. Sa situation apparemment imprenable n'empêcha pas les Turcs de la détruire et elle fut abandonnée en 1616. Des vestiges de remparts garnis de tours rondes, un portail d'entrée et une chapelle gothique subsistent.

Dans le village au pied de la colline, l'**église Sainte-Marie** (Sv. Marija) reconstruite en 1893 possède un clocher octogonal. Elle incorpore un porche de 1691 et mérite une visite pour ses autels baroques, sa chaire et ses fonts baptismaux.

Ruines de la citadelle dominant Okić

Peinture par Metzinger, église Sainte-Marie de Jastrebarsko

Jastrebarsko ❹

Plan C2. *17 000. depuis Zagreb. depuis Zagreb.*
du comitat : *Remetinečka 75, Zagreb, (01) 652 11 17 ;* **hôtel de ville :** *Braće Kazić 1, (01) 628 11 15.*
www.jastrebarsko.com

Au pied des monts de Plešivica, entre Samobor et Karlovac, Jastrebarsko, mentionnée dans les annales en 1249, prit son essor quand Bela IV en fit une ville royale libre en 1257. Elle se développa grâce au commerce du bois d'œuvre, du bétail et du vin. La région reste réputée pour sa production viticole.

Au XVe siècle, le bourg était devenu un fief de la famille Erdödy qui y construisit un château-fort de plan carré défendu par des tours rondes. Des arcades bordaient sa cour intérieure. Transformé deux siècles plus tard en palais résidentiel, il abrite aujourd'hui le **musée de la Ville** (Gradski Muzej).

L'**église Saint-Nicolas** (Sv. Nikola) élevée dans le

style baroque entre 1772 et 1775 contient une fresque de Rašica et le tombeau de Petar Erdödy (1567). Les dominicains édifièrent en 1740 l'**église Sainte-Marie** (Sv. Marija) plus tard reprise par des franciscains. Une peinture de 1735, par Valentin Metzinger, orne l'un de ses autels baroques, dédié à la Vierge.

Ozalj 5

Plan C2. *1 200. (047) 731 158. Karlovac, (047) 614 701, Ozalj, (047) 731 107. Kurilovac 1, (047) 731 196. fête de la Ville (30 avr.) ; Soirées d'été à Ozalj (15-20 août).*

Ozalj doit sa renommée à un château mentionné dès 1244. Perché sur un rocher dominant la Kupa, il contrôlait la circulation sur la rivière et jouissait du statut de ville libre. Les comtes Babonić le renforcèrent puis il devint une propriété des Frankopan à partir de 1398. En 1550, ils l'offrirent aux Zrinski. La fête de la ville commémore l'exécution de deux membres éminents de ces familles en 1671 *(p. 177)*. Quand la menace turque s'évanouit, un village se développa autour de la forteresse transformée en manoir résidentiel.

La demeure reste aujourd'hui entourée de murailles garnies de tours. À côté s'élèvent un grenier (*palas*) du XVIe siècle et une chapelle gothique. La famille Thurn und Taxis rénova les bâtiments en 1928 après en avoir hérité. Ils restèrent un temps à l'abandon avant d'être occupés par un **musée** en 1971. L'exposition illustre l'histoire du château et celle de la région. Elle comprend des inscriptions en écriture glagolitique.

Château d'Ozalj ayant appartenu aux Frankopan et aux Zrinski

Musée et château
Ulica Zrinski Frankopana.
(047) 731 170. lun.-ven. 9h-15h, sam.-dim. 11h-17h.

Karlovac 6

Plan C2.
71 000. (060) 333 444.
(047) 600 740.
local : *Ulica Petar Zrinskog 3, (047) 615 115;* **régional :** *A Vranczanya 6, (047) 615 320.*
www.karlovac-touristinfo.hr
Carnaval (fév.), Été de Karlovac (juin) ; Festival international de folklore (août).

Armoiries, musée de la Ville, Karlovac

Ville industrielle à un important carrefour routier pour la Slovénie, Karlovac eut pour première vocation la défense de la région contre les Turcs. C'est en effet pour leur barrer la route que l'archiduc d'Autriche Charles de Habsbourg, qui lui donna son nom, décida de sa création en 1579 au confluent de la Korana et de la Kupa. L'Italien N. Angelini la dessina selon les idéaux d'ordre et d'harmonie de la Renaissance et il l'entoura d'une enceinte fortifiée en forme d'étoile à six branches. Les remparts et leurs fossés ont aujourd'hui été transformés en jardins publics, mais le quartier ancien conserve à l'intérieur son découpage régulier et nombre de ses immeubles du XVIIe siècle.

Le cœur du quartier est la place Strossmayer où le palais baroque Frankopan abrite le **musée de la Ville** (Gradski Muzej). Il retrace l'histoire de Karlovac depuis la préhistoire et propose un riche aperçu des modes de vie ruraux de la région. Sur la place bana Jelačića, un **musée d'Art sacré** occupe le cloître d'un monastère franciscain.

Clocher de l'église de la Sainte-Trinité de Karlovac

Non loin, l'**église de la Sainte-Trinité** (Presvetoga Trojstva) possède un autel en marbre noir exécuté par Michele Cussa en 1698. L'église Saint-Nicolas (Sv. Nikola) de rite orthodoxe date de 1786.

À l'est, les faubourgs de la ville s'étendent jusqu'au **château de Dubovac.** Cette ancienne forteresse médiévale très remaniée au XIXe siècle est devenue un hôtel.

Musée de la Ville
Strossmayerov trg 7. ***Tél.*** *(047) 615 980. avr.-oct. : mar. et jeu. 7h-15h, mer. et ven. 7h-15h, 17h-19h ; nov.- fév. : mar.-ven. 7h-15h, sam.-dim. 10h-12h. sur r.-v.*

Musée d'Art sacré
Trg bana Jelačića 7. ***Tél.*** *(047) 615 950/1. pour restauration.*

Église de la Sainte-Trinité
Trg bana Jelačića 7.
Tél. *(047) 615 950/1.*
pour la messe ou sur r.-v.

Excursion des manoirs ❷

Au sud et à l'ouest de Zagreb, plusieurs petites localités aisément accessibles par l'autoroute A1 conservent des résidences historiques qui séduiront les amateurs d'architecture. Elles jalonnent notamment la route entre Zaprešić et les collines du Zagorje. Commandées par l'aristocratie après le reflux des Turcs, ce sont principalement des reconstructions, aux XVIIIe et XIXe siècles, de résidences plus anciennes. Presque toutes ont changé d'affectation après leur expropriation par l'État yougoslave au sortir de la Seconde Guerre mondiale. Généralement, elles ne sont pas ouvertes au public.

Lužnica ④
Ce vaste édifice du XVIIIe siècle abrite une maison de retraite des Filles de la Charité de Saint-Vincent-de-Paul. Des tours à toit conique, de la même hauteur que le corps de bâtiment, marquent les angles de la façade. Au centre, trois hautes fenêtres cintrées dominent le portail d'entrée.

Januševec ⑤
À 6 km de Zaprešić, l'un des plus beaux exemples d'architecture néoclassique de Croatie fut commandé vers 1830 par le baron Josip Vrkljan. Rénové entre 1947 et 1989, il renferme une partie des Archives nationales. Quatre hautes colonnes reposant sur des arcades donnent de la légèreté à un portique au fronton massif. L'intérieur s'organise autour d'un hall d'entrée éclairé par une lanterne.

Laduč ⑥
L'architecte K. Waidman construisit en 1882 pour le baron Vladimir Vranyczani ce manoir situé à 7 km à l'ouest de Zaprešić et aujourd'hui occupé par une école d'infirmières. Au centre de la façade néo-Renaissance aux tons pastel, le portique protégeant l'entrée supporte une gracieuse loggia.

Novi Dvori ③
Le bâtiment actuel, de style néoroman, occupe l'emplacement d'une ancienne résidence de villégiature du ban Josip Jelačić (1801-1859) près de de Zapresić. Partiellement restauré en 1991, il se distingue par le pignon à redents de sa façade. Il domine une terrasse couvrant l'entrée. Le vaste parc renferme les tombes de membres de la famille.

MODE D'EMPLOI

Point de départ : *Brezovica.*
Longueur : *40 km aller.*
Informations : *Toutes les demeures de l'excursion peuvent être contemplées de l'extérieur. Il est parfois possible de découvrir une partie de l'intérieur.* **i** *Office de tourisme de Zagreb : Trg bana Jelačića 11, (01) 481 40 51, 481 40 52.* ***Où faire une pause :*** *l'Hotel Restoran Babylon, Betonska testa 5* ***Tél.*** *(01) 337 15 00, est un restaurant gastronomique proche de Samobor. À Samobor, la brasserie Samoborska Pivnica permet de se restaurer à moindre coût.*

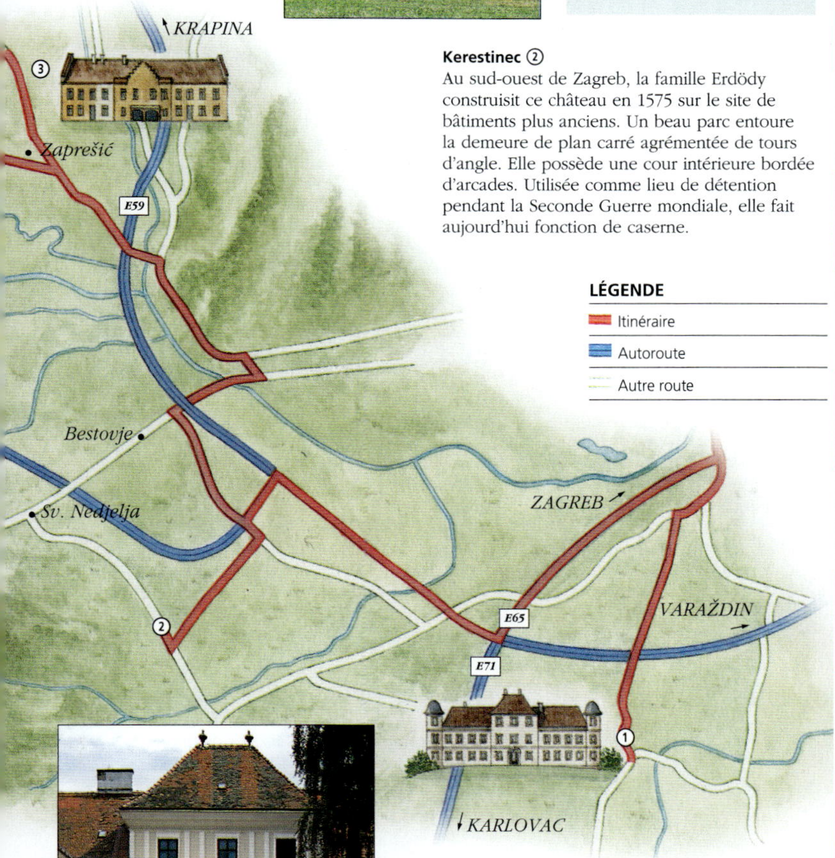

Kerestinec ②
Au sud-ouest de Zagreb, la famille Erdödy construisit ce château en 1575 sur le site de bâtiments plus anciens. Un beau parc entoure la demeure de plan carré agrémentée de tours d'angle. Elle possède une cour intérieure bordée d'arcades. Utilisée comme lieu de détention pendant la Seconde Guerre mondiale, elle fait aujourd'hui fonction de caserne.

LÉGENDE
- Itinéraire
- Autoroute
- Autre route

Brezovica ①
Un hôtel de luxe permet de séjourner dans le palais d'été baroque édifié au XVIIIe siècle par la famille Drašković à partir d'une résidence du XVIe siècle. Le bâtiment possède une partie centrale plus élevée, jadis destinée aux pièces d'apparat. Deux tours d'angle cylindriques enjolivent la façade.

Château bâti au XVe siècle par les Frankopan à Ogulin

Ogulin ❼

Plan C2. *11 000.* *(047) 525 001.* *Ulica B. Frankopana 2, (047) 532 278.* **www**.ogulin.hr

Ogulin apparaît dans les manuels d'histoire parce que Tito *(p. 42)* y fut emprisonné à deux reprises, en 1927 et en 1933. Sa prison se trouvait dans un château Renaissance construit par le prince Bernard Frankopan en 1498. L'édifice, doté dun jardin abrite le **Musée régional** divisé en trois départements. Sa section archéologique présente des objets de la culture des Iapodes *(p. 163)*. La collection ethnographique évoque les modes de vie traditionnels de la région. L'exposition sur l'alpinisme rappelle que le mont Klek (1 181 m) voisin a suscité de nombreuses vocations.

À courte distance, le « vieux château » se trouve près du gouffre de Đula où la Dora disparaît sous terre.

Topusko Toplice ❽

Plan D2. *4 400.* *depuis Zagreb.* *Trg bana Jelačića 4, (044) 885 203.* *Un été de sport (30 mai-15 sept.).*

L'abbaye cistercienne fondée en 1204 par le roi André II dans une zone boisée contribua à la christianisation de la Banovine, une région de vertes vallées entre les cours de la Save et de la Glina au sud de Sisak. Des fouilles sont en train de mettre au jour les fondations des bâtiments conventuels. Un village se développa autour au Moyen Âge. De l'abbatiale subsistent des parties de la façade en cours de restauration. Des incisions dont la signification reste incertaine ont été découvertes à la base de certaines colonnes.

Les Romains tiraient déjà parti des sources d'eau chaude qui alimentent des piscines en plein air. De hauts dignitaires de l'Empire austro-hongrois, dont l'empereur François-Joseph, fréquentèrent le centre thermal créé dans la première moitié du XIXe siècle. Il reçoit aujourd'hui des curistes souffrant de problèmes rhumatismaux et neurologiques ou des effets secondaires de blessures incapacitantes.

Sisak ❾

Plan D2. *61 000.* *(044) 524 724.* *(060) 330 060.* *Rimska ulica, (044) 522 655.*

La ville qui s'est développée à l'endroit où la Kupa et l'Odra se jettent dans la Save a de tout temps joué un rôle important dans l'histoire croate. Son nom a changé plusieurs fois au cours de ses quelque 2 500 ans d'existence. La Segestica illyrienne devint Siscia pour les Celtes et la Colonia Flavia Siscia sous l'Empire romain. Celui-ci dut livrer une féroce bataille pour s'en emparer,

Forteresse de Sisak élevée au XIIIe siècle au bord de la Kupa

mais il en fit la capitale de la province de Pannonia Savia quand il eut achevé d'imposer sa domination aux Balkans. La cité se transforma en un grand centre marchand.

Détruite par Attila en 441, elle subit au VIe siècle les incursions des Avars et des Slaves. Les Croates qui la reconstruisirent la rebaptisèrent Sisak. C'est de là que le prince Ljudevit dirigea au IXe siècle la première révolte contre le pouvoir franc en Pannonie. De nouveau dévastée au Xe siècle, par les Hongrois cette fois, Sisak perdit le siège de l'évêché local au profit de Zagreb. Au milieu du XVIe siècle, les évêques de Zagreb consolidèrent sa forteresse du XIIIe siècle. C'est au pied de ses remparts que les Turcs subirent leur première défaite dans les Balkans en 1593.

***Hercule* (Ier siècle apr. J.-C.), musée de Sisak**

Sisak bénéficia d'une longue période de prospérité grâce aux péages perçus sur le trafic fluvial. Elle conserve quelques édifices baroques, dont le nouveau et l'ancien hôtel de ville. La **forteresse** (Stari Grad) domine la Kupa au sud de la ville. De plan triangulaire, elle possède trois grosses tours rondes aux toits coniques. Le parc qui l'entoure renferme une magnifique ferme traditionnelle. Le **musée de la Ville** (Gradski Muzej) retrace l'histoire du site et de ses habitants, de la préhistoire au haut Moyen Âge. Sa collection archéologique est surtout riche d'objets provenant de la Siscia romaine.

Forteresse
Brkljača Erdelja. *(044) 811 811.* *pour restauration.*

Musée de la Ville
Kralja Tomislava 8. ***Tél.*** *(044) 811 811.* *mar.-ven. 9h-17h, sam. 10h-13h.*

Aux environs
À une vingtaine de kilomètres au sud-ouest, **Gora** était au Moyen Âge la capitale d'une *županija* dirigée depuis un château cité dans des

documents de 1242. En 1578, les Turcs le détruisirent et endommagèrent l'**église Sainte-Marie** (Sv. Marija) d'origine gothique. Elle fut restaurée dans le style baroque au XVIIIe siècle. Des chapelles aux quatre angles lui donnent un aspect fortifié. Elle renferme des vestiges de fresques et un autel et une chaire en marbre. Le village a beaucoup souffert des combats des années 1990.

Monument dessiné par Bogdan Bogdanović pour le cimetière de Jasenovac

Kostajnica ⑩

Plan D2. *2 700.*
depuis Zagreb, Sisak.
depuis Zagreb, Sisak.
Vladimira Nazora, (044) 672 366.

Sur la rive gauche de l'Una dont le cours marque la frontière entre la Croatie et la Bosnie-Herzégovine, ce village reste lui aussi marqué par le dernier conflit. Sur une île, près d'un pont démoli, se dresse un château construit au Moyen Âge. Il n'en subsiste plus aujourd'hui que trois tours reliées par un haut mur. Le **monastère Saint-Antoine-de-Padoue** et son église, édifiés après le repli des Turcs à la fin du XVIIe siècle, ont bénéficié d'une restauration. Ils n'ont toutefois pas retrouvé leur mobilier alors qu'ils étaient réputés pour la beauté de certains de leurs autels baroques.

Aux environs
À une quinzaine de kilomètres au sud de Kostajnica, **Zrin** conserve sur une colline les ruines d'un château construit au début du XIVe siècle par la famille des Babonić. Il devint en 1347 la propriété des princes Bribir de Šubić ; dynastie dont une branche prit le nom de Zrinski, d'après le village entourant la forteresse. Celle-ci tomba aux mains des Turcs en 1577 et ils la démantelèrent en l'abandonnant au XVIIe siècle.

Les Zrinski jouèrent un rôle de premier plan dans l'histoire de la Croatie jusqu'à leur disgrâce en 1671 *(p. 177)*.

Ruines du château d'origine médiévale de Kostajnica

Jasenovac ⑪

Plan E2. *1 200.* *depuis Sisak.* *depuis Sisak.* *Trg kralja Petra Svačića 3, (044) 672 366.*

Ce village abrita pendant la Seconde Guerre mondiale un camp de concentration où les oustachis exterminèrent environ 85 000 Serbes, Croates, Juifs et Tziganes, selon des estimations fiables. Un grand monument à leur mémoire domine le cimetière. L'artiste Bogdan Bogdanović lui a donné la forme d'une gigantesque tulipe de béton.

Sobre façade de l'église Saint-Luc de Novska

Novska ⑫

Plan E2. *8 000.* *depuis Zagreb, Sisak, (044) 600 060.* *depuis Zagreb, Sisak.* *Trg Luke Ilića Oriovčanina 2, (044) 601 305.*

Ce bourg industriel bien desservi par les réseaux ferroviaire et routier offre une base d'où partir à la découverte du parc naturel de Lonjsko Polje *(p. 176)* ou en excursion sur le mont Psunj (986 m), le point culminant de la Slavonie.

Un remaniement a donné un visage baroque à l'**église Saint-Luc** (Sv. Luke) d'origine gothique. Elle abrite un bel autel et une peinture moderne de Z. Sulentić.

La **galerie Bauer** expose des œuvres naïves et contemporaines.

Nid de cigogne dans le parc naturel de Lonjsko Polje

Parc naturel de Lonjsko Polje ⓭

Plan D2. **Bureau du parc (Jasenovac)** *(044) 672 080. Entrée à Čigoć* *(044) 715 115.* *t.l.j. 8h-16h.* **www**.pp-lonjsko-polje.hr

Entre Sisak et Nova Gradiska, le cours sinueux de la Save traverse la plus vaste zone inondable d'Europe. Devenue une réserve ornithologique en 1963, puis le parc naturel de Lonjsko Polje en 1990, elle possède une superficie de plus de 500 km². Une digue y protège les villages des crues de la rivière et de ses affluents, la Lonja, l'Ilova Praka et la Cazma. Les maisons rurales traditionnelles en bois sont superbes. Les prés permettent l'élevage en plein air de deux races spécifiques à la région : les chevaux de Posavina et les porcs tachetés de Turopolje.

Les marais couvrent une superficie de 6,5 km². Des forêts de chênes, de peupliers, de frênes et de saules couvrent les rives de la Save et les hautes terres. Des moutons paissent en été sur les espaces de pacage les plus secs. Beaucoup d'habitations ont sur le toit un nid que des cigognes occupent du printemps à l'automne. Le parc est aussi un refuge pour de nombreuses variétés de hérons et d'aigrettes, ainsi que pour des oiseaux de proie comme l'aigle serpentaire et le pyrargue à queue blanche. La faune comprend également des sangliers, des cerfs, des loutres et des chats sauvages.

Kutina ⓮

Plan D2. *15 000.* *(044) 682 381.* *(044) 682 605.* *Hrvatskih branitelja 2, (044) 681 004.*

La localité la plus importante de la province de la Moslavina occupe l'emplacement d'un ancien *castrum* romain dont de nombreux vestiges ont été retrouvés. Son histoire est liée à deux châteaux : Kutinjac Grad, cité dans un document de 1256, et la forteresses de Plodvin dont ne subsistent que des ruines.

Kutina s'est développée au XVIIe siècle dans la plaine qui s'étend au sud. Le comte Karl Erdödy y fit élever vers 1770 l'**église Notre-Dame-des-Neiges** (Sv. Marije Snježne) aux clochers à bulbe typiques du baroque. Son décor intérieur, notamment les sculptures et le mobilier en bois de l'autel du Saint-Sépulcre, est d'une exubérance propre à ce style. Josip Görner peignit en 1779 les fresques en trompe l'œil.

Le château Erdödy, reconstruit en 1895, abrite le **musée de la Moslavina** (Muzej Moslavine). Il propose un aperçu de la région sous les angles archéologique, historique et ethnographique. Une galerie de peintures et de sculptures complète l'exposition.

Musée de la Moslavina
Trg kralja Tomislava 13. ***Tél.*** *(044) 683 548.* *lun.-ven. 8h-13h*

Intérieur de l'église Notre-Dame-des-Neiges de Kutina

Aux environs

Ivanić et Križ se trouvent à une cinquantaine de kilomètres au nord-ouest de Kutina dans une région viticole et d'élevage.

Des ateliers entretiennent à Ivanić-Grad une vieille tradition de travail du lin.

Kloštar Ivanić renferme un monastère franciscain fondé en 1508 et réputé pour ses collections d'argenterie et de peinture. Ses archives musicales comptent des manuscrits enluminés.

L'origine de l'église paroissiale de Križ est un sanctuaire fondé au XIe siècle par les templiers. Son mobilier baroque comprend de splendides orgues de 1787.

Vestiges des fortifications de la citadelle de Garić

Garić ⓯

Plan D2. *76 (Podgarić).* **Regional**: *Trg Eugena Kvaternika 4, Bjelovar, (043) 243 944.*

Près de Podgarić, les ruines de la ville fortifiée de Garić se découpent sur une colline au centre du massif de Moslavačka gora. Elle existait déjà en 1256 et le roi la concéda en 1277 à l'évêque de Zagreb Timotej. Celui-ci en confia la défense aux comtes de Gardun puis de Celje. L'ordre des pauliniens entreprit en 1295 la construction du couvent Sainte-Marie-sous-Garić. Les Turcs détruisirent le monastère et la citadelle en 1544.

Les vestiges montrent que Garić possédait de hautes murailles de forme irrégulière. Un fossé précédait l'enceinte fortifiée jalonnée de tours.

Les dynasties Zrinski et Frankopan

À la mort de Dujmo, comte de Krk, en 1163, ses descendants prirent le nom de Frangipani, ou Frankopan, d'après *« frangere panem »* qui signifie « pain rompu ». Ils restèrent alliés de Venise jusqu'en 1480 où ils durent renoncer à l'île *(p. 78-79)* et se replier sur les vastes domaines que leur avaient concédés les souverains hongrois. Les Šubić devinrent comtes de Bribir quand le roi André II leur accorda la ville en 1290, puis comtes de Zrinski en 1347 quand ils durent s'installer à Zrin *(p. 175)*. L'exécution du ban de Croatie Petar Zrinski et de son beau-frère Franjo Krsto Frankopan en 1671 mit un terme au pouvoir des deux plus puissantes dynasties croates. Les Habsbourg confisquèrent leurs biens et la lignée des Zrinski s'éteignit. Une branche de la famille des Frankopan survit au Frioul, en Italie.

Franjo Krsto Frankopan *(1645 ?-1671), arrière-petit-fils de Krsto Frankopan et héritier de Mario Frangipani (de la branche romaine de la famille), fut exécuté en public à Wiener Neustadt en 1671 pour complot contre l'Empire.*

Krsto Frankopan, *(1480 ?-1527), fils de Bernard, ban de Croatie, et de Louise d'Aragon, dirigea les troupes de l'empereur Maximilien dans la guerre contre Venise au début du XVI*[e] *siècle. Il mourut en combattant pour l'indépendance de la Hongrie dont la Croatie faisait partie.*

EXÉCUTION DES REBELLES

Le 30 avril 1671 eut lieu sur la grand-place de Wiener Neustadt la décapitation du ban de Croatie Petar Zrinski et de son beau-frère le marquis Franjo Krsto Frankopan. Léopold Ier les jugeait coupables de haute trahison parce qu'ils avaient tenté de former une coalition des seigneurs féodaux croates visant à limiter l'influence austro-hongroise.

Nikola Zrinski *s'illustra dans la guerre contre les Turcs. Il mourut en 1566 à la bataille de Siget après avoir refusé l'offre du sultan de devenir gouverneur de Croatie s'il renonçait à servir l'Empereur.*

Petar Zrinski, *ban (gouverneur) de Croatie à partir de 1664, prit la tête du mouvement qui cherchait à réduire le pouvoir des Habsbourg. Trahis, les deux chefs de la révolte se rendirent à Vienne en croyant répondre à une proposition de négociation. Emprisonnés dès leur arrivée, ils furent décapités quelques mois plus tard.*

Nénuphars dans le parc naturel de Lonjsko Polje, un paradis pour de nombreuses espèces d'oiseaux et d'animaux ▷

LA SLAVONIE ET LA BARANJA

Surnommée le « grenier de Croatie », l'une des régions les plus fertiles d'Europe s'étend au nord-est du pays entre la Hongrie, la Serbie et la Bosnie-Herzégovine. Les paysages y sont agricoles et de vastes champs de blé et de maïs s'étendent au pied de collines couvertes de vignobles et de forêts. La capitale, Osijek, conserve à l'intérieur d'une ancienne citadelle un quartier baroque très homogène.

Les Illyriens qui peuplaient depuis la préhistoire les actuelles provinces de Slavonie et de Baranja se retrouvèrent confrontés à l'expansion du monde latin au IIe siècle av. J.-C. Les Romains mirent 200 ans à les soumettre, rebaptisant la région Pannonia. À partir de 402, celle-ci fut envahie successivement par les Huns, les Wisigoths, les Burgondes, les Gépides, les Lombards, les Sarmates et enfin les Avars. Quand les Slaves arrivèrent, l'autorité romaine n'avait plus de véritable poids et le territoire était pratiquement vidé de ses habitants. Il prit alors le nom de Slavonie.

Fresque de l'église Saint-François, Požega

Établi en 925, le royaume des Croates n'eut qu'une brève existence avant son intégration à celui de Hongrie par Koloman en 1102. Après la bataille de Mohács, en 1526, la Slavonie se retrouva intégrée à l'Empire ottoman et le resta jusqu'en 1689 et sa reconquête par les Habsbourg. Ils lui donnèrent alors le statut particulier des « confins militaires » *(Vojna Krajina)* et favorisèrent l'implantation de réfugiés serbes. Elle ne retrouva sa place dans l'État croate qu'en 1881, au moment où l'Autriche-Hongrie repoussa les Turcs hors de Bosnie-Herzégovine.

À la déclaration d'indépendance en 1991, la Serbie, qui avait le contrôle de l'armée yougoslave, envahit la Slavonie sous prétexte de venir défendre la minorité serbe. Vukovar opposa une résistance acharnée et les assaillants, échaudés, se tinrent à l'écart des autres villes. Les traces du conflit, qui dura jusqu'en 1995, demeurent toutefois visibles, y compris dans des espaces naturels comme le parc de Kopački Rit, une vaste zone inondable où vivent des dizaines de milliers d'oiseaux. Certaines zones y restent inaccessibles au public en attendant la fin du déminage.

Les fêtes folkloriques offrent l'occasion de revêtir des costumes traditionnels

◁ Cathédrale néogothique d'Osijek *(p. 188)* au bord de la Drave

À la découverte de la Slavonie et de la Baranja

Clocher de l'église Saint-Roch, Virovitica

Vaste plaine alluviale bordée de collines boisées et de coteaux plantés de vigne, la Slavonie s'étend entre la Save, la Drave et le Danube. Elle est aujourd'hui drainée, mais ces cours d'eau la transformaient jadis en marécage plusieurs mois pendant l'année. La Baranja forme un triangle à l'extrémité nord-est de la Croatie, dans la pointe dessinée par le cours du Danube et la frontière hongroise.

Dans les plaines dominent les cultures céréalières, tandis que les collines produisent des vins dont certains sont réputés. Sur la rive droite de la Drave, la capitale de la région, Osijek, a un cœur double : une ancienne citadelle du XVIIIe siècle au cachet baroque préservé et une ville haute riche en immeubles du tournant du XXe siècle.

À quelques kilomètres au sud-est, les crues du Danube créent du printemps à l'automne une vaste zone marécageuse peuplée de centaines d'espèces d'oiseaux, dont la rare cigogne noire. Le site est devenu le parc naturel de Kopački Rit en 1967.

D'UN COUP D'ŒIL

Bizovac 21
Đakovo 8
Darda 20
Daruvar 1
Donji Miholjac 23
Erdut 15
Ernestinovo 17
Ilok 12
Kutjevo 5
Lipik 2
Našice 24
Nova Gradiška 3
Novi Mikanovci 9
Orahovica 25
Osijek p. 190-193 16
Parc naturel de Kopački Rit p. 194-195 18
Požega 4
Šarengrad 13
Slavonski Brod 6
Topolje 19
Valpovo 22
Vinkovci 11
Virovitica 26
Vrpolje 7
Vukovar 14
Županja 10

Paysage rural près de Slavonski Brod

CIRCULER

Depuis le conflit des années 1991-1995, Osijek n'est plus un nœud ferroviaire ni un port fluvial importants. Elle reste néanmoins au centre du réseau routier de la région. La nationale 2 la relie à Varaždin au nord-ouest et à Vukovar au sud-est. L'E73 conduit au nord en Hongrie. La ville possède un bon service de trams. Depuis son aéroport domestique, situé à 7 km du centre, des navettes quotidiennes assurent des liaisons avec Zagreb. L'autoroute reliant la capitale croate à Belgrade passe par Slavonski Brod, au sud de la région près de la frontière avec la Bosnie-Herzégovine. Des bus desservent l'ensemble des localités.

CARTE DE SITUATION

VOIR AUSSI

- ***Hébergment*** p. 232-233
- ***Restaurants*** p. 248-249

Costumes traditionnels de Bizovac

LÉGENDE

- Autoroute
- Route principale
- Route secondaire
- Voie ferrée
- Frontière de comté
- Frontière internationale

Ruines de Grad Ružica, près d'Orahovica

Daruvar ❶

Plan E2. *10 000. Osijek, 91 km ; Zagreb, 150 km. Julijev Park 1, (043) 623 000. Exposition viticole (mai).*

Ses sources d'eau chaude, qui ont leur origine au pied du mont Papuk, valaient à la région de porter le nom d'Aquae Balissae à l'époque romaine. La localité actuelle s'est développée à partir de trois villages médiévaux distincts. Son nom signifie « ville de la grue ».

Un comte hongrois, Antun Janković, la reçut en fief en 1760. Il y fit construire un manoir baroque et le premier établissement thermal. Aujourd'hui, Daruvar garde sa vocation de ville de cure grâce à son centre médical (Daruvarske Toplice) et à son hôtel attenant.

Elle possède deux églises du XVIIIe siècle, l'une catholique l'autre orthodoxe, et abrite une communauté tchèque fidèle à sa langue et à ses coutumes.

Établissement thermal
Julijev Park. ***Tél.*** *(043) 331 215.*

Lipik ❷

Plan E2. *11 300. Osijek, 93 km ; Zagreb, 155 km. depuis Pakrac. Ulica Marije Terezije 27, (034) 421 001. Fête de la ville (4 nov.).*

Dans la région baptisée Aquae Balissae par les Romains, Lipik est devenue l'une des cités thermales les plus en vogue de Croatie pendant l'entre-deux-guerres grâce à une source chaude redécouverte au début du XIXe siècle riche en fluor, en sodium et en calcium. La ville a subi d'importants dégâts pendant le conflit des années 1990, mais un nouvel établissement de cure a été construit et les centres médicaux ont été restaurés. Lipik est également réputée pour ses haras de lipizzans, des chevaux dont l'élevage a commencé au XVIe siècle en Slovénie.

Établissement thermal (Toplice)
Marije Terezije 5. ***Tél.*** *(034) 421 322.*

Immeuble baroque de la grand-place de Požega

Nova Gradiška ❸

Plan E2. *14 800. Osijek, 93 km ; Zagreb, 155 km. (035) 361 610 (035) 361 219 Slavonskih graničara 15, (035) 361 494.*

Fondée en 1725 par les Viennois qui projetaient d'y construire une forteresse, la ville portait à l'origine le nom de Friedrichsdorf. Elle est située dans une plaine fertile au pied du mont Psunj et un marché fermier se tient régulièrement sur sa grand-place bordée d'édifices baroques, dont l'**église Sainte-Thérèse** (Sv. Terezija) élevée en 1756. De style néoclassique, l'**église de l'Immaculée-Conception** était à l'origine consacrée à saint Étienne de Hongrie (Sv. Stjepan Kralj).

Immaculée-Conception
Aloizija Stepinca 1. ***Tél.*** *(035) 362 203. t.l.j. 8h-18h.*

Église Sainte-Thérèse de Nova Gradiška

Požega ❹

Plan E2. *21 000. Osijek, 67 km ; Zagreb, 175 km. (034) 273 911 (034) 273 133* **local :** *trg Sv. Trojstva 1, (034) 274 900.* **régional :** *Županijska 7, (034) 272 505/668. Saint-Grégoire (12 mars), festival de musique Zlatne zice Slavonije (sept.).*

Au cœur d'une région viticole, ce chef-lieu de comté a pour origine la colonie romaine d'Incerum fondée à mi-chemin entre les cités aujourd'hui baptisées Sisak et Osijek. Ce fut au Moyen Âge un des centres d'où rayonna la secte des bogomiles. Le premier document à citer la ville elle-même date de 1227. Il confirme sa donation, par le roi André III, à l'archevêque de Kalocsa chargé de lutter contre l'hérésie. Des franciscains y fondèrent un monastère au XIIIe siècle.

Son église devint une mosquée pendant l'occupation turque qui commença en 1537. Libérée en 1688, Požega prit le surnom d'« Athènes de la Slavonie » pour la richesse de sa vie culturelle et intellectuelle au XVIIIe siècle. Elle changea alors de visage avec la construction d'édifices baroques qui donnent son cachet au centre ancien et à la grand-place, trg Sv. Trojstva.

En son centre se dresse une colonne de la peste érigée en 1749. Gabrijel Granić sculpta ses statues. Rénovée, l'**église Saint-François** (Sv. Franjo) date également du XVIIIe siècle. Le monastère attenant abrite

Hôtels et restaurants de la région p. 232-233 et p. 248-249

toujours une communauté de franciscains. Les autres monuments baroques comprennent le Collège jésuite (1711) et le Gymnasium, un lycée ouvert par les jésuites en 1726. Ceux-ci fondèrent également l'Academia Požegana en 1763, année de la construction de l'**église Sainte-Thérèse d'Avila** (Sv. Terezije Avilske) promue cathédrale en 1997. Ses fresques sont de Celestin Medović et Oton Iveković.

L'**église Saint-Laurent** (Sv. Lovre) remaniée dans le style baroque au début du XVIIIe siècle conserve dans l'abside des fresques datant de sa construction au XIVe siècle. Elle renferme également les tombeaux de personnalités locales, dont le poète Antun Kanizlić (1699-1777). Sur la place qui s'étend entre l'église Saint-François et le Collège, une statue représente le frère Luka Ibrišimović qui s'illustra en 1688 dans la libération de la ville. Le 12 mars, une manifestation appelée « Grgurevo » commémore la bataille.

Le **musée de la Ville** (Gradski Muzej) présente un petit assortiment de découvertes archéologiques, de reliefs romans et de peintures baroques.

Musée de la Ville
Matice Hrvatske 1. ***Tél.*** *(034) 272 130.* *lun.-ven. 8h-15h.*

Église Sainte-Thérèse
Trg Sv. Terezije 13. ***Tél.*** *(034) 274 321.* *t.l.j. 8h-12h, 15h-18h.*

Kutjevo 5

Plan F2. *7 400.* *Osijek, 62 km.* *Našice, 27 km.* *Republike Hrvatske 77, (034) 255 092/3.* *Saint-Grégoire (12 mars).*

Pôle d'une importante région viticole au pied du mont Krndija (792 m), Kutjevo doit sa vocation aux cisterciens qui y fondèrent un monastère en 1232 et encouragèrent la culture de la vigne. Leurs caves, reprises par les jésuites après le départ des Turcs au XVIIe siècle, existent toujours. Un manoir baroque construit par le baron Franjo Trenk occupe l'emplacement des bâtiments conventuels.

Les jésuites construisirent l'église Sainte-Marie (Sv. Marija) en 1732. Elle renferme une *Vierge à l'Enfant* peinte par A. Cebej en 1759.

Fresque du XIVe siècle, église Saint-Laurent de Požega

Slavonski Brod 6

Plan F3. *70 000.* *Osijek, 47 km ; Zagreb, 197 km.* *(060) 333 444.* *trg Hrvatskog proljeća, (035) 444 300.* **local :** *trg Pobjede 28, (035) 447 721.* **Régional :** *Petra Krešimira IV 1, (035) 408 393.* *Fête folklorique Brodsko kolo (mi-juin).* **www**.tzgsb.hr

Cette ville industrielle occupe sur la Save l'emplacement de la cité romaine de Marsonia. Au Moyen Âge, elle appartint aux comtes Berislavić-Grabarski jusqu'à sa conquête par les Turcs en 1526. Ces derniers l'occupèrent jusqu'en 1691.

Autel baroque de l'église de la Sainte-Trinité, Slavonski Brod

En 1741, le gouvernement autrichien décida de doter ce poste-frontière avec la Bosnie-Herzégovine d'une forteresse abritant une caserne, la résidence des gouverneurs et des édifices religieux. Endommagés pendant la Seconde Guerre mondiale et le conflit de 1991-1995, les bâtiments sont en cours de restauration. Certains abritent des écoles, d'autres des musées.

Hors les murs, un **monastère franciscain** de 1725 borde le fleuve. Il a bénéficié d'une récente restauration. L'**église de la Sainte-Trinité** (Sv. Trojstva) de style baroque renferme de somptueux autels et de nombreuses sculptures et peintures.

Le musée du Brodsko Posavlje (Muzej Brodskog Posavlja) propose une exposition archéologique et historique sur la région, notamment sur l'époque des confins militaires *(p. 39)*.

La résidente la plus célèbre de la ville est Ivana Brlić-Mažuranić (1874-1938), poétesse renommée pour ses contes pour enfants. Certains ont été adaptés en dessins animés et diffusés à la télévision sous le titre de Lapitch, le petit cordonnier. Chaque année en juin a lieu le festival folklorique du Brodsko kolo.

Musée du Brodsko Posavlje
Ulica Ante Starčevica 40. ***Tél.*** *(035) 447 415.* *lun.-sam. 8h-16h, dim. 10h-13h.* *25 déc., 1er janv.*

Cloître du monastère franciscain de Slavonski Brod

Cathédrale Saint-Pierre bâtie au XIXe siècle à Đakovo

Vrpolje 7

Plan F3. *2 200.* *Osijek, 39 km.* *depuis Osijek.* **régional :** *Petra Krešimira IV, 1, Slavonski Brod (035) 408 393.*

Le sculpteur Ivan Meštrović (1883-1962) *(p. 157)* n'a passé que très peu de temps dans le village où il est né, mais celui-ci a reçu en donation un certain nombre de ses œuvres. La petite église Saint-Jean-Baptiste (Sveti Ivan Krstitelj) abrite ainsi un relief, un crucifix et une statue du saint auquel elle est consacrée. Un *Buste de femme* orne l'extérieur. La **galerie Ivan Meštrović** (Spomen Galerija Ivana Meštrovića) expose trente de ses créations, ainsi que des esquisses.

***Buste de femme* par Meštrović, Vrpolje**

Đakovo 8

Plan F2. *25 000.* *Osijek, 36 km.* *(031) 811 360.* *(031) 811 390.* *Kralja Tomislava 3, (031) 812 319.* ***Tél.*** *(031) 811 233.* *Les broderies de Đakovo, Đakovački Vezovi (1re sem. de juil.).* **www**.tz-djakovo.hr

Ce gros bourg rural réputé pour son haras de chevaux lippizans a pour origine Civitas Dyaco, la localité qui se développa au Moyen Âge à côté de Castrum Dyaco, le siège fortifié d'un puissant évêché mentionné pour la première fois en 1244. Les Turcs l'occupèrent de 1536 à 1687. Incendiée, la ville dut être reconstruite après leur repli. Une seule des mosquées restait debout, à l'extrémité de l'avenue centrale. Devenue l'église de Tous-les-Saints (Svi Sveti), elle a conservé sa coupole derrière une façade baroque. L'intérieur rénové possède un décor oriental.

Immense monument en brique, la **cathédrale Saint-Pierre** néoromane domine la place centrale. Les architectes viennois Karl Rösner et Friedrich von Schmidt l'édifièrent entre 1866 et 1882 pour l'évêque Josip Juraj Strossmayer. Ses clochers atteignent 84 m de hauteur. Des fresques de Maksimilijan et Ljudevit Seitz, des sculptures d'Ignazio Donegani et Tomas Vodcka et des motifs de Giuseppe Voltolini ornent l'intérieur. La crypte renferme les tombeaux de Strossmayer et de l'évêque Ivan de Zela. À côté de l'église, le palais épiscopal néobaroque date de 1860. Le festival folklorique Les broderies de Đakovo (Đakovački Vezovi) réunit des milliers de participants au début juillet. Il offre l'occasion d'admirer les costumes traditionnels de la région et de déguster ses vins réputés.

Cathédrale Saint-Pierre
Strossmayerov trg. ***Tél.*** *(031) 802 225.* *t.l.j. 6h-12h, 15h-20h.*

Novi Mikanovci 9

Plan F2. *200.* *Osijek, 50 km.* *Stari Mikanovci, 3 km.* *(032) 203 137.*

Ce hameau mérite une visite pour sa petite **église Saint-Barthélemy** (Sveti Bartola). De style roman, elle remonte à la deuxième moitié du XIIIe siècle et offre un exemple rare dans la région d'architecture d'avant la conquête turque. Son clocher, une ancienne tour de guet, doit à son inclinaison le surnom de « tour de Pise de Slavonie ». Une statue de saint Barthélemy orne l'entrée du cimetière qui entoure le sanctuaire.

Županja 10

Plan F3. *12 000.* *Osijek, 67 km.* *(032) 831 183.* *Josipa Jurja Strossmayera 1, (032) 832 711.* *Festival de folklore, Šokačko Sijelo (fév.).*

À la frontière avec la Bosnie-Herzégovine, une large courbe de la Save offre un lieu propice à l'habitat et l'homme y vit depuis des millénaires : on y a retrouvé une nécropole renfermant des objets de l'âge de bronze. Ce fut l'un des premiers sites où s'établirent des Croates. Il devint au XVIIIe siècle un relais de poste des confins militaires *(p. 39)* et un comptoir commercial.

La **maison de la Frontière** en bois a pour origine un édifice du début XIXe siècle destiné aux collecteurs d'impôts. Reconstruite après

Coiffe brodée, Musée ethnographique de Županja

avoir été bombardée en 1991-1995, elle abrite le **Musée ethnographique** (Zavičajni Muzej « Stjepan Gruber »).

Musée ethnographique
Savska 3. ***Tél.*** *(032) 837 101.*
lun.-ven. 9h-13h ; pendant les expositions sam.-dim. 10h-12h.

Vinkovci 11

Plan F2. *36 000.* *Osijek, 43 km.* *(060) 333 444.* *(032) 308 937.* **local :** *trg bana Josipa Šokčevića 3, (032) 334 653 ;* **régional :** *Glagoljaška 27, (032) 344 034.* *Automne à Vinkovci, Vinkovačke Jeseni (sept.).*

Fondé par les Romains sous le nom d'Aurelia Cibalae, le lieu de naissance des empereurs Valens et Valentinien devint le siège d'un évêché dès le IVe siècle. Au Moyen Âge, la cité portait le nom de Zenthelye d'après l'**église Saint-Élie** (Sv. Ilije). Le sanctuaire actuel, aujourd'hui désaffecté, est d'origine gothique. On a mis au jour les fondations de son prédécesseur du XIe siècle.

Sur la place principale aménagée en espace vert, le **musée de la Ville** (Gradski Muzej) occupe une ancienne caserne autrichienne du XVIIIe siècle. Il présente les découvertes faites dans la nécropole romaine, notamment des sarcophages exposés en extérieur, et une collection ethnographique.

Poterie, musée de la Ville, Vinkovci

L'église Saints-Eusèbe-et-Pollion (Sv. Euzebije i Polion) de 1775 et l'hôtel de ville, tous deux en cours de restauration, bordent également le parc.

En septembre, la ville prend un air de fête à l'occasion d'un festival de musique et de traditions populaires qui donne lieu à de nombreuses manifestations.

Musée de la Ville
Trg bana Šokčevica. ***Tél.*** *(032) 332 504.* *mar.-ven. 10h-13h, 17h-19h, sam.-dim. 10h-13h.*

Église Saint-Jean et pan de remparts, Ilok

Ilok 12

Plan G2. *6 800.* *Osijek, 62 km.* *Vukovar, 39 km.* **local :** *Trg Nikole Iločkog 2, (032) 590 020.* **régional :** *Glagoljaška 27, Vinkovci, (032) 344 034.* *Fête des Vendanges (sept.-oct.).*

Dominant une courbe du Danube au pied du massif de la Fruška gora, la capitale de la province du Srikem est la ville la plus orientale de Croatie. Déjà réputée pour ses vins à l'époque romaine, elle prit de l'importance à la fin l'Empire sous le nom de Cuccium. Citée comme un *castrum* à la fin du XIIIe siècle, elle revint à Nikola Kont en 1365. Ses descendants, qui acquirent le titre de comtes d'Ilok, édifièrent les fortifications en brique dont subsistent de grands pans.

Le **monastère Saint-Jean de Capistran** (Sv. Ivan Kapistran) construit à l'intérieur des remparts vient d'être rénové. Son église élevée dans le style gothique au milieu du XIVe siècle abrite la tombe du prédicateur franciscain qui a donné son nom au couvent. Il joua un rôle essentiel dans la victoire sur les Ottomans à Belgrade en 1456.

Les Turcs prirent Ilok en 1526 et la conservèrent jusqu'en 1697. Ils en firent un important centre administratif et militaire qui compta plus de 1 000 foyers. Des bâtiments qu'ils édifièrent, il ne reste aujourd'hui qu'un mausolée et les vestiges de bains aménagés dans une tour.

En 1683, l'empereur d'Autriche fit don de la ville au prince Livio Odescalchi, neveu du pape Innocent XI, en remerciement de son rôle dans la bataille de Vienne. L'aristocrate italien y fit bâtir le **manoir Odescalchi.** La demeure renferme la Collection Odescalchi, un restaurant, des services administratifs et le **musée de la Ville** qui propose une exposition archéologique et ethnographique. Dans les caves creusées dans la colline au XIVe siècle vieillissent toujours d'excellents vins blancs, dont le célèbre traminac.

Église et monastère Saint-Jean de Capistran
Fra Bernardina Lejakovića 13.
Tél. *(032) 746 021.* *sur r.-v. ou avant la messe.*

Manoir Odescalchi et musée de la Ville
Tél. *(032) 529 088.*
lun.-ven. 7h-15h pour des dégustations de vins. **Musée de la Ville** *pour restauration.*

Manoir Odescalchi d'Ilok

Tabernacle du monastère franciscain de Šarengrad

Šarengrad ⓭

Plan G2. *100.* *Osijek, 53 km.* *Vukovar, 30 km.* **local :** *(032) 746 076* ; **régional :** *Vinkovci, (032) 344 034.*

Ce petit village s'étend au bord du Danube sous les ruines d'une forteresse construite au Moyen Âge pour contrôler la circulation sur le fleuve. Le comte Ivan Maroivički favorisa au XVe siècle la fondation d'un monastère franciscain. Après la destruction du château par les Turcs, le site fut déserté jusqu'à leur repli à la fin du XVIIe siècle. À leur retour, les moines ouvrirent une école et rassemblèrent des pièces archéologiques pour un musée. Un remaniement dans le style baroque donna à l'église son apparence actuelle. Elle a été de nouveau restaurée après avoir été bombardée entre 1991 et 1995. Le sommet de la colline couronnée par les ruines de la place forte ménage une belle vue du Danube.

Vukovar ⓮

Plan G2. *45 000.* *Osijek, 23 km.* *Vinkovačka cesta.* *depuis Vinkovci.* **local :** *Vukovar, (032) 442 889* ; **régional :** *Vinkovci, (032) 334 034.*

Ce joyau baroque jadis réputé pour l'élégance de ses églises et de ses maisons du XVIIIe siècle, ainsi que pour la richesse de sa vie culturelle, est devenu malgré lui un symbole de la folie humaine. En 1991, la JNA (Armée populaire yougoslave) et les milices serbes le soumirent à un siège de trois mois qui fit près de 2 000 victimes et 1 400 disparus. Il se conclut par le massacre des blessés et du personnel soignant de l'hôpital. Les bombardements avaient presque intégralement rasé le centre historique. Des projets de restauration en collaboration avec l'Unesco ont commencé, mais pâtissent d'un manque de financement international.

Au confluent du Danube et de la Vuka, la ville a une très longue histoire comme en témoigne la *Colombe de Vučedol* découverte dans un site situé à 5 km. Vieille de plus de 4 000 ans, elle se trouve aujourd'hui au Musée archéologique de Zagreb.

Connue sous le nom de Vukovo au Moyen Âge, Vukovar passa successivement sous l'autorité des Horvat, des Gorjanski et des Talovic avant de tomber aux mains des Turcs et de devenir une garnison militaire et un comptoir commercial clé. La reconquête eut lieu en 1687. Des franciscains fondèrent un monastère en 1727 puis la ville fut attribuée en 1736 aux comtes d'Eltz qui lui donnèrent son nom actuel. Ils édifièrent en 1751 un immense palais baroque au bord du fleuve. Nationalisé après la Seconde Guerre mondiale, ce dernier a beaucoup souffert en 1991, les dégats restent visibles dans les étages. Le rez-de-chaussée abrite le **musée de la Ville** (Gradski Muzej). Ses collections, dont la collection Bauer d'art moderne et le trésor du monastère franciscain, ont été rendues par les Serbes qui les avaient emportées à Belgrade et à Noci Sad. Elles sont en cours de restauration. Souvenirs d'une époque d'harmonie entre les communautés, l'église catholique Saints-Philippe-et-Jacques (Sv. Filip i Jakov) et l'église orthodoxe Saint-Nicolas (Sv. Nikola) n'ont pas non plus échappé aux destructions.

Colombe de Vučedol, symbole de Vukovar

Musée de la Ville
L Ribara u. 2. ***Tél.*** *(032) 441 270.*
lun.-sam. 8h-16h.

Erdut ⓯

Plan G2. *1 500.* *Osijek, 37 km.* *depuis Osijek.* **régional :** *Sunčana ulica 39, Bizovac, (031) 675 897; Županijska 2, Osijek, (031) 203 755.*

Erdut a acquis une place dans l'histoire le 13 novembre 1995 quand Croates et Serbes y signèrent l'accord organisant la démilitarisation dela Slavonie et de la Baranja et la réintégration des deux provinces dans le territoire national.

Le village occupe au-dessus du Danube une position stratégique : une place forte avait été édifiée au même endroit à l'époque romaine. Le **château,** élevé au Moyen Âge, ne résista pas aux assauts répétés des Turcs, mais fut reconstruit par ces derniers. Les Habsbourg l'utilisèrent à leur tour. Deux tours, l'une cylindrique et l'autre de plan carré, subsistent des fortifications. Le vaste **manoir Cseh** où fut rédigé l'accord de 1995 est en cours de restauration. Construit au XIXe siècle, il appartenait à la famille Cseh, les seigneurs locaux depuis le XVIIIe siècle.

Tour cylindrique du château médiéval d'Erdut

Osijek ⓰

Voir p. 190-193.

Hôtels et restaurants de la région p. 232-233 et p. 248-249

Sculptures naïves en plein air, Ernestinovo

Ernestinovo ⑰

Plan F2. *200.* *Osijek, 20 km.* *depuis Osijek.* **comitat :** *Sunčana ulica 39, Bizovac, (031) 675 112; Županijska 2, Osijek, (031) 214 852.* *exposition de sculpture en plein air (août).*

Ce petit village qui a beaucoup souffert du dernier conflit est en cours de reconstruction. Il attire chaque année, en été, de nombreux participants aux ateliers proposés par la colonie de sculpture naïve fondée en 1973 par Petar Smajić (1910-1985). De 1991 à 1996, ils eurent lieu en exil à Osijek. Au départ des occupants serbes, plus de 600 œuvres avaient disparu de la galerie d'art locale. De nombreux dons ont permis de remettre sur pied une exposition. Des sculptures sont également proposées à la vente.

Parc naturel de Kopački Rit ⑱

Voir p. 194-195.

Topolje ⑲

Plan F2. *200.* *Osijek, 46 km.* *Beli Manastir, 16 km.* *depuis Osijek.* **régional :** *Sunčana ulica 39, Bizovac, (031) 675 112.*

En 1687, après avoir libéré la région des Turcs pour le compte de Vienne, le prince Eugène de Savoie, commandant des forces impériales, décida de faire construire une église en pleine campagne pour commémorer sa victoire. Près du petit village de Topolje, le site choisi possède un charme certain : quelques arbres entourent le sanctuaire au sein d'un patchwork de champs de maïs et de tabac. Pillages et dégradations ont presque complètement détruit l'église dans les années 1990. Elle est en cours de restauration, mais son somptueux mobilier baroque a été perdu.

Plusieurs communautés hongroises vivent depuis longtemps dans la région. Leurs membres regagnent peu à peu leurs foyers abandonnés pendant l'occupation serbe. Leurs maisons possèdent un aspect caractéristique avec leurs avant-toits. À l'automne, de longs chapelets de piments sèchent souvent au soleil.

Aux environs

À environ 10 km à l'est de Topolje, au cœur d'une région vallonnée principalement agricole et viticole, **Batina** occupe, sur la rive droite du Danube, le site d'une forteresse romaine connue sous le nom d'Ad Militae. Un pont édifié en 1974 assurait une voie de communication entre la Baranja et la Hongrie et la Voïvodine. Depuis sa démolition pendant le conflit de 1991-1995, qui vida le village de ses habitants, toute circulation routière et fluviale a cessé. Sur une petite colline, un personnage féminin représentant la Victoire se dresse au sommet d'un monument en pierre blanche. Œuvre de l'un des grands artistes croates du XXe siècle, Antun Augustinčić, il rend hommage aux victimes de la Seconde Guerre mondiale.

Piments séchant sur des maisons de style hongrois à Topolje

Manoir des barons Esterházy devenu l'hôtel de ville de Darda

Darda ⑳

Plan F2. *6 700.* *Osijek, 15km.* *depuis Osijek.* **régional :** *Sunčana ulica 39, Bizovac, (031) 675 112.*

Darda ne conserve qu'un témoin de son histoire, le manoir édifié par les barons Esterházy pendant la deuxième moitié du XVIIIe siècle. Le bâtiment qui a été rénové abrite l'hôtel de ville.
Le bourg a pourtant pour origine une ville fortifiée représentée sur les cartes du XVIIe siècle comme une grande citadelle reliée à Osijek par le pont de Soliman. Construit en bois par les Turcs en 1566, il franchissait 8 km de marais. Nikola Zrinski *(p. 177)* l'incendia en 1664, dévastant Darda par la même occasion.

Les deux églises du XVIIIe siècle : l'église Saint-Jean Baptiste (Sv. Ivan Krstitelj) catholique et l'église Saint-Michel (Sv. Mihajlo) orthodoxe n'ont pas survécu au conflit de 1991-1995.

Aux environs

À **Bilje,** à 4 km au sud de Darda, le centre d'information du parc naturel de Kopački Rit *(voir p. 194-195)* occupe un palais bâti au début du XVIIIe siècle par le prince Eugène de Savoie. Celui-ci reçut le village en fief après avoir libéré Osijek des Turcs en 1687.

Osijek ⑯

Au cœur d'une plaine fertile, la capitale de la Slavonie présente au premier abord un aspect industriel. Néanmoins, c'est aussi une ville universitaire animée dont le centre possède une atmosphère propre à l'Europe centrale avec de larges voies reliant trois quartiers : la citadelle (Tvrđa), la ville basse (Donji grad) et la ville haute (Gornji grad). La réunion de ces trois localités remonte à 1786. En 1809, l'empereur François Ier accorda à Osijek le statut de cité royale libre (le musée de Slavonie conserve le document). Après la déclaration d'indépendance de la Croatie, en 1991, la ville subit pendant plus d'un an les bombardements de l'artillerie de l'armée yougoslave. Ils causèrent d'importants dégâts à la ville haute.

Place principale de Tvrđa, la citadelle

À la découverte d'Osijek

Construite au début du XVIIIe siècle à des fins militaires, la citadelle (Tvrđa) se distingue par l'homogénéité de ses bâtiments d'un style baroque remarquablement sobre. Elle a perdu la majeure partie de ses remparts, mais le reste de l'édifice a été préservé, y compris par le conflit des années 1990.

Son pôle est la place de la Sainte-Trinité (Trg Sv. Trojstva) où se dresse une colonne de la peste. Les bâtiments qui l'entourent comprennent le corps de garde surmonté d'une tour de l'horloge du XVIIIe siècle et l'ancien siège de l'état-major qui associe des éléments Renaissance et baroque. Il abrite le rectorat de l'université.

Le véritable cœur d'Osijek est toutefois la place Ante Starčević (trg Ante Starčevića) dans la ville haute. Un palais néo-Renaissance de 1894 y abrite l'administration du comté. Des bars, des restaurants et des magasins ont ouvert au rez-de-chaussée de ses immeubles datant de la deuxième moitié du XIXe siècle et du début du XXe. De la place partent deux grandes avenues bordées d'édifices de la même période : Županijska et Kapucinska.

Musée de Slavonie

Muzej Slavonije

Trg Sv. Trojstva 6, Tvrda. **Tél** *(031) 208 501.* *lun.-ven. 10h-14h, sam.-dim. 10h-13h.*

Sur la place centrale de la citadelle, l'ancien hôtel de ville abrite le musée de Slavonie depuis 1946. Sa section archéologique possède des objets préhistoriques, illyriens et grecs, mais elle présente surtout de l'intérêt pour les découvertes faites dans les nécropoles de la Mursa romaine *(p. 192)*, notamment des statues, des bijoux, des poteries et des pièces de monnaie.

Le département ethnologique expose de superbes costumes traditionnels richement décorés. Ces vêtements fournissent aujourd'hui des modèles pour la fabrication de tissus artisanaux.

Église de la Sainte-Croix

Sv. Križ

Franjevačka ulica, Tvrđa. ***Tél.*** *(031) 208 177.* *8h-12h, 15h-20h.*

Au nord-est de la grand-place de la citadelle, les franciscains édifièrent leur église sur le site d'une mosquée entre 1709 et 1720. Elle renferme une statue de la Vierge du XVe siècle au sein d'un exubérant décor baroque. La première presse d'imprimerie de Slavonie entra en service en 1735 dans le monastère attenant (1699-1767). Il accueillit également des facultés de philosophie et de théologie à partir du milieu du XVIIIe siècle.

Église Saint-Michel

Sv. Mihovil

Trg Jurja Križanića, Tvrđa. ***Tél.*** *(031) 208 990.* *avant la messe.*

Deux tours couronnées de dômes à bulbe typiquement baroques encadrent la façade de cette église achevée en 1726 par les jésuites. Sous le niveau de la rue restent visibles les fondations de la mosquée de Kasim-paša bâtie au XVIe siècle. Des pavés en dessinent le contour sur le parvis.

Monument aux morts du parc Kralja Držislava

Avenue de l'Europe

Europska Avenija

Cette grande artère bordée d'imposants immeubles historicistes relie la citadelle (Tvrđa) et la ville haute (Gornji grad). Elle traverse le parc Kralja Držislava où se dresse le monument en bronze aux morts du 78e régiment d'infanterie. Cette œuvre de Robert Frangeš-Mihanović, *Soldat*

Intérieur de l'église Saints-Pierre-et-Paul néogothique

dans les affres de la mort (1898), est considérée comme la première sculpture publique moderne de Croatie.

Galerie des Beaux-Arts
Galerija Likovnih Umjetnosti

Europska Avenija 9. ***Tél.*** *(031) 213 587. mar.-ven. 10h-18h, sam.-dim. 10h-13h. sur r.d.v.*

Un immeuble néo-Renaissance édifié en 1897 abrite ce musée fondé en 1954. Il présente une intéressante collection de peintures croates des XVIIIe et XIXe siècles, ainsi que les créations d'artistes modernes et contemporains. Une section est consacrée à l'« école d'Osijek ».

Église et monastère Saint-Jacques
Sv. Jakov

Kapucinska ulica 41, Gornji grad. ***Tél.*** *(031) 201 182. 8h-12, 15h-20h.*

L'église du monastère des capucins (1702-1727) est le plus vieux monument d'Osijek. Dans la sacristie, des peintures du milieu du XVIIIe siècle illustrent la vie de saint François.

Église Saints-Pierre-et-Paul
Sv. Petar i Pavao

Trg Marina Držica, Gornji grad. ***Tél.*** *(031) 310 020. 12h-15h, 17h-17h30.*

Osijek a beau ne pas être le siège d'un évêché, cette immense église néogothique en brique, dotée d'une tour haute de 90 m porte le nom de cathédrale. Elle a été conçue à la fin du XIXe siècle par Franz Langenberg. Le Viennois Eduard Hauser est l'auteur d'une partie de la statuaire et des 40 vitraux. Beaucoup ont été brisés pendant le conflit de 1991-1995. Ils sont en cours de restauration.

MODE D'EMPLOI

Plan F2. *107 000.* *5 km Sv. Leopolda Mandića, (031) 215 650.* *Bartula Kašića, (060) 334 466.* *Trg Ružičke, (031) 205 155.* **local :** *Županijska 2, (031) 203 755 ;* **régional :** *Sunčana ulica. 39, Bizovac, (031) 675 897.* *Fête de la ville (2 déc.), nuits d'été d'Osijek.* **www**.osijek.hr

Théâtre national croate
Hrvatsko Narodno Kazalište

Županijska ulica 9, Gornji grad. ***Tél.*** *(031) 220 700.*

Cette salle de spectacle construite au début du XXe siècle dans le style néomauresque propose une saison d'opéra et de théâtre qui dure de septembre à mai.

Salle à l'italienne du Théâtre national

OSIJEK : LE CENTRE-VILLE

- Avenue de l'Europe ④
- Église de la Sainte-Croix ②
- Église Saint-Jacques ⑥
- Église Saint-Michel ③
- Église Saints-Pierre-et-Paul ⑦
- Galerie des Beaux-Arts ⑤
- Musée de Slavonie ①
- Théâtre national croate ⑧

Légende des symboles *voir dernier rabat*

La citadelle (Tvrđa) pas à pas

Acte déclarant Osijek ville royale libre

La vieille ville d'Osijek occupe l'emplacement de l'implantation romaine qui devint en 131 apr. J.-C. la capitale de Basse-Pannonie sous le nom de Colonia Aelia Mursa. Détruite par les Avars et reconstruite par les Croates, elle resta un centre administratif et militaire jusqu'en 1526 où les Turcs la prirent d'assaut et l'incendièrent. Conscients de l'intérêt de sa position stratégique, ils remontèrent ses fortifications et, sous Soliman II, bâtirent un pont long de 8 km jusqu'à Darda *(p. 189)*. Il franchissait la Drave et un vaste marécage. Après avoir repris la ville en 1687, l'empire d'Autriche rasa tous les souvenirs de la présence ottomane pour édifier une citadelle en forme d'étoile aux bâtiments d'une grande homogénéité. Elle abrite notamment le musée de Slavonie. Des remparts démantelés en 1922 subsiste une des pointes de l'étoile. La porte de l'Eau (Vodena Vrata) donne sur la Drave.

★ Église Saint-Michel
Ses deux tours baroques donnent une silhouette caractéristique à cette église jésuite de la première moitié du XVIIIe siècle.

Corps de garde
Cet élégant bâtiment à galerie borde la place centrale à l'ouest. Sa tour de l'horloge date du XVIIIe siècle.

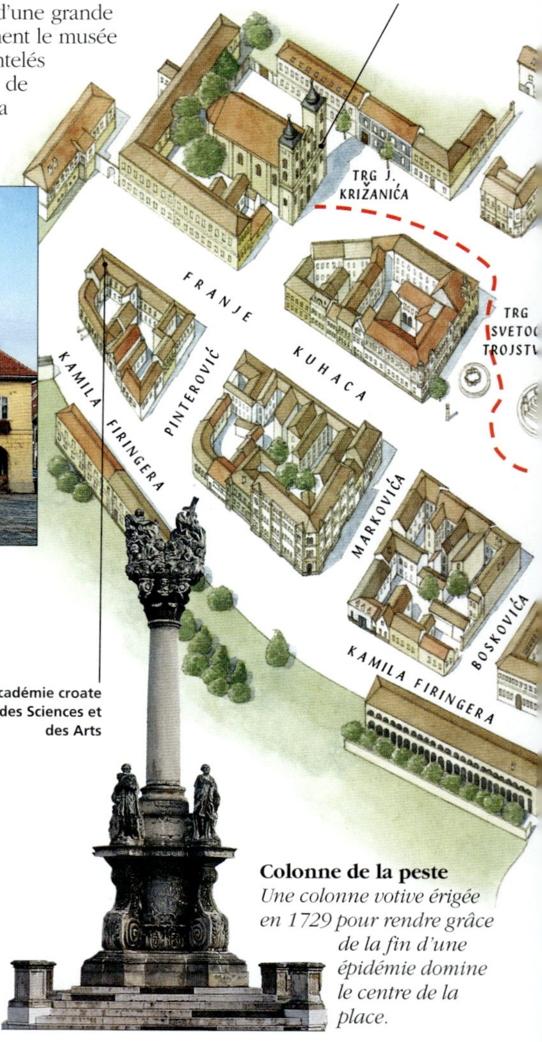

Académie croate des Sciences et des Arts

Colonne de la peste
Une colonne votive érigée en 1729 pour rendre grâce de la fin d'une épidémie domine le centre de la place.

LÉGENDE

- - - Itinéraire conseillé

À NE PAS MANQUER

★ Église Saint-Michel

★ Musée de Slavonie

Église et monastère de la Sainte-Croix
L'église construite par les franciscains entre 1709 et 1720 possède un autel baroque richement décoré.

Vue d'Osijek et de la Drave
Des vues splendides s'ouvrent des bords de la rivière où le trafic fluvial, jadis important, a pratiquement cessé.

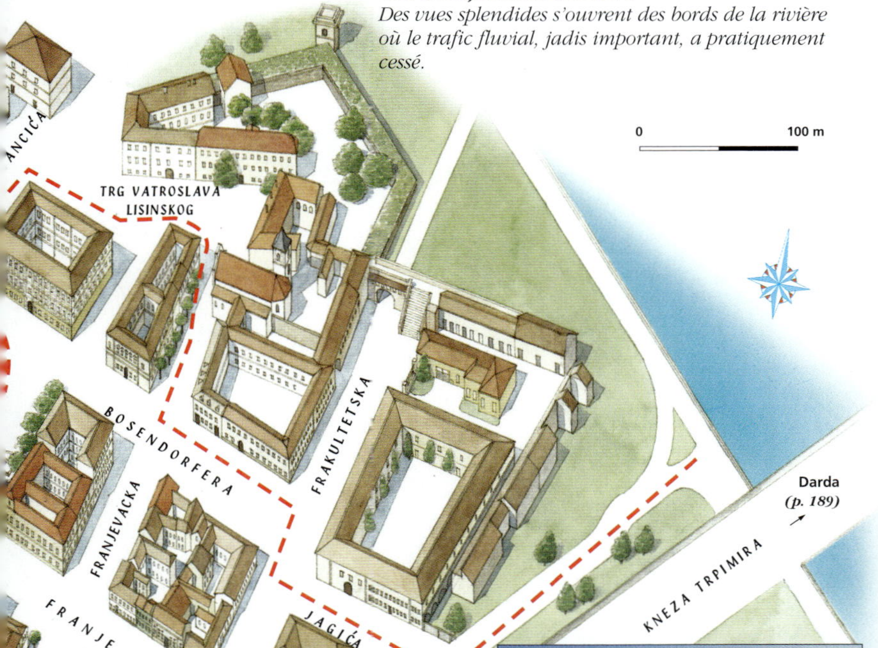

★ Musée de Slavonie
Il présente d'intéressantes expositions géologique, archéologique, historique, ethnographique et numismatique.

Siège de l'état-major
Le rectorat de l'université occupe aujourd'hui ce vaste bâtiment à l'imposant portail baroque. Il ferme le côté nord de la place centrale.

Parc naturel de Kopački Rit ⓲

Park Prirode Kopački Rit

Au confluent de la Drave et du Danube, une zone triangulaire d'une superficie d'environ 180 km² possède un écosystème unique en Europe. Les paysages y changent en fonction des périodes de l'année et des crues du fleuve. En « saison sèche », de hautes futaies et des prairies couvrent un terrain faussement plat où étangs, lacs et canaux emplissent les moindres dépressions. Quand le Danube déborde, l'eau envahit presque tout, jusqu'aux forêts. Un parc naturel fondé en 1967 protège ce site exceptionnel à la faune particulièrement riche. On y a recensé 44 espèces de poissons, 11 d'amphibiens, 11 de reptiles, 55 de mammifères, 291 d'oiseaux et 460 d'invertébrés. Une haute digue retient les eaux à l'ouest. Au sommet, une route permet de circuler en voiture.

Cigogne blanche
Cet échassier compte parmi les symboles du parc, où il vient se reproduire.

Entrée du parc
Le village de Bilje (p. 189) est le principal accès à la réserve naturelle.

Les cigognes noires ne sont que quelques douzaines à séjourner dans le parc.

Lacs
La cuisine locale accorde une grande place aux poissons pêchés dans les plans d'eau.

Pyrargue à queue blanche
De nombreux oiseaux de proie entretiennent l'équilibre de la faune ailée. Le pyrargue à queue blanche est l'aigle le plus rare d'Europe.

Gibier d'eau
Les étangs et les lacs offrent un habitat idéal aux espèces sédentaires de palmipèdes et d'échassiers.

MODE D'EMPLOI

Plan F-G2. *Ulica Petefi Šandora 33, Bilje, (031) 752 320,* **Fax** *(031) 752 321.* *t.l.j. 8h-16h.* *pour louer une barque, se renseigner à l'entrée du parc.* **www**.kopacki-rit.com

Cerfs et chevreuils se rassemblent par centaines pendant de brèves périodes de l'année dans les zones inondées.

Grèbe huppé
Sa parade nuptiale est particulièrement spectaculaire.

Canards et oies
Outre le canard malard au plumage coloré, des canards souchets et des fuligules milouins et morillons peuplent le parc.

Sanglier
Au printemps, on voit parfois passer des laies suivies de leurs marcassins dans les forêts de chênes.

Cormoran
Ces pêcheurs vivent en colonies. Ils ont construit des milliers de nids dans les saules et les peupliers.

LÉGENDE

- Route principale
- Route pittoresque
- Informations touristiques

Établissement thermal du village de Bizovac

Bizovac ㉑

Plan F2. *5 000.* *Osijek, 20 km.* *depuis Osijek.* *depuis Osijek.* **régional :** *Sunčana ulica 39, (031) 675 112.*

Des recherches pétrolifères menées au milieu du XXe siècle ont permis la découverte à près de 2000 m de profondeur d'une source d'eau extrêmement chaude et riche en sels minéraux. L'établissement thermal **Bizovačke Toplice,** ouvert en 1974, connut un tel succès qu'il s'est transformé en immense complexe renfermant deux hôtels, une polyclinique et un centre balnéaire de 9 piscines d'une superficie totale de 1 500 m². Chaque jour, des centaines de curistes viennent y suivre des traitements contre les rhumatismes, les maladies respiratoires et les séquelles de blessures.

Le petit bourg d'Ozivac est également connu en Slavonie pour la qualité de ses broderies en fils d'or et d'argent. Les jeunes femmes de la région qui les fabriquent travaillent en général uniquement sur commande.

Bizovačke Toplice
Suncana 39. ***Tél.*** *(031) 685 100.*
www.bizovacke-toplice.hr

Aux environs
À une dizaine de kilomètres au sud de Bizovac, le village de **Brođanci** organise chaque année en août les Jeux olympiques de sports anciens, une manifestation très populaire. Les concurrents rivalisent de force et d'adresse dans des épreuves jadis traditionnelles dans les campagnes de la Slavonie comme le tir à la corde, le lancer de rochers ou l'équitation à cru.

L'événement donne lieu à une fête populaire animée : des musiciens jouent dans la rue, des artisans montrent des techniques anciennes et vendent leur production.

Valpovo ㉒

Plan F2. *8 200.* *Osijek, 30 km.* *(031) 651 185.* *ulica Matije Gupca 32, (031) 656 207.* *Été de Valpovo : danses, musique folklorique et théâtre (été).*

Le centre de cette petite ville occupe l'emplacement du fort d'Iovallium, l'une des nombreuses places fortes établies par les Romains dans la plaine pannonienne. Au Moyen Âge, un château édifié pour contrôler la Drave voisine passa successivement aux mains des familles Dragovic, Morović et Gereba. Les Turcs s'en emparèrent en 1543 et ils y installèrent une garnison.

Après leur repli en 1687, l'empereur Charles III donna le château à la famille Hilleprand de Prandan. Celle-ci démolit au début du XIXe siècle une grande partie de la forteresse, dont subsistent une tour et des remparts, pour édifier le spacieux palais qui abrite aujourd'hui le **musée de Valpovo** (muzej Valpovstine). Il présente du mobilier d'époque et d'intéressantes pièces archéologiques et

Palais Prandan-Normann de Valpovo

ethnologiques. Un splendide parc de 25 ha l'entoure. Le domaine devint la propriété des Normann de 1895 à 1944.

En ville, l'**église de l'Immaculée Conception** (Začeća Marijina), élevée en 1722, offre un bel exemple d'architecture religieuse baroque.

Musée de Valpovo
Dvorac Prandan-Norman. ***Tél.*** *(031) 650 490.* *pour restauration. On peut visiter l'ancien château, le parc et la tour.*

Pastiche de manoir médiéval à Donji Miholjac

Donji Miholjac ㉓

Plan F2. *7 000.* *Osijek, 45 km.* *Valpovo, 20 km ; Našice, 30 km.* *(031) 631 207.* *Kolodorska 2, (031) 633 103.* *Miholjačko Sijelo : fête costumée (été).*

Ce village au bord de la Drave, à la frontière hongroise, a gardé comme seul vestige de son passé l'**église Saint-Michel** (sv. Mihovil), un édifice baroque tardif. Son hôtel de ville occupe un bâtiment unique en son genre dans la région : le **manoir Majláth** construit au début du XXe siècle dans le style dit « chasseur », un pastiche de l'architecture médiévale.

Manoir Majláth
Vukovarska 1. ***Tél.*** *off. du tourisme (031) 633 103.* *sur r.-v.*

Aux environs
À environ 25 km à l'ouest de Donji Miholjac, des vestiges d'implantations croates ont été découverts près du village de **Cadavica.** Les Turcs transformèrent en mosquée l'église Saint-Pierre d'origine romane. Elle a été remaniée au XVIIIe siècle.

Našice ㉔

Plan F2. *8 300.* *Osijek, 42 km.* *(060) 333 444.* *(060) 313 333.* *Pejačevićev trg 4, (031) 614 951.*

Vignobles et forêts entourent ce gros village agricole fondé sur un petit plateau. Le premier document où il apparaît mentionne une propriété des templiers baptisée Nekche. Après la dissolution de l'ordre en 1312, il passa sous l'autorité des Gorjanski, puis, par mariage, des comtes d'Ilok. Les Turcs s'en emparèrent en 1532.

Leur éviction, en 1687, permit le retour de moines franciscains. Ils reconstruisirent leur monastère fondé au début du XIVe siècle et restaurèrent dans le style baroque l'**église Saint-Antoine-de-Padoue** (Sv. Antuna Padovanskoga) d'origine gothique, la dotant de ses deux chapelles latérales et de son clocher.

Un vaste parc entoure l'ancien palais des comtes Pejačević, construit en 1811 dans un style à la charnière entre le baroque et le néoclassique. La première compositrice croate, Dora Pejačević (1885-1923), y vécut. Récemment restauré, il abrite le **musée de la Ville.** Il consacre plusieurs salles à des artistes locaux, dont la comtesse Dora. Sa section ethnographique possède de magnifiques tissages et propose la reconstitution d'une pièce paysanne où l'on se prépare à une fête.

Musée de la Ville
Pejačevićev trg 5. ***Tél.*** *(031) 613 414.* *lun.-ven. 8h-15h, sam. 9h-12h.*

Église Saint-Antoine de Padoue, Našice

Orahovica ㉕

Plan F2. *4 300.* *Osijek, 62 km.* *(033) 646 079.* *(033) 673 231.* *F. Gavkačića 6, (033) 673 351.* *Printemps à Orahovica : manifestation folklorique (juin).*

Bien connu en Croatie pour ses vins, le village d'Orahovica apparaît dans les annales en 1228 en tant que domaine féodal. Site d'une garnison pendant l'occupation turque, il prit son visage actuel au XVIIIe siècle.

Sur une des collines qui l'entourent se dressent les ruines de **Ružica Grad,** l'une des plus vastes forteresses médiévales de Croatie. Épaisses de 9 m, ses murailles protégeaient des bâtiments militaires, une église et la résidence du gouverneur.

Les Turcs l'incendièrent, puis la restaurèrent partiellement pour y installer des troupes. Reprise par les chrétiens en 1690, elle conserva sa vocation défensive. Un village peuplé de Serbes se développa à sa base.

Aux environs
Sur la route de Kutjevo, à 5 km au sud d'Orahovica, près du village de Duzluk, le **monastère orthodoxe Saint-Nicolas** (Manastir Sv. Nikolaja) renferme des fresques anciennes et des manuscrits enluminés. L'iconostase de l'église date de 1869. À 30 km d'Orahovica, en prenant la route de Virovitica, puis en tournant à gauche en direction de Ceraljie, le petit village de **Voćin** s'étend au pied d'un grand château édifié dans la deuxième moitié du XIIIe siècle par les comtes Aba. Le conflit de 1991-1995 a laissé ses maisons en ruine. Il ne reste qu'un pan de mur de l'**église Sainte-Marie** (Sv. Marija) commandée dans la première moitié du XVe siècle par Jean Corvin, régent Ladislas V de Hongrie.

Autel baroque de l'église Saint-Roch de Virovitica

Virovitica ㉖

Plan E2. *16 000.* *Osijek, 89 km.* *Ulica Stjepana Radića, (033) 730 121.* *trg Fra. B. Gerbera 1, (033) 721 113.* *trg Kralja Tomislava 1, (033) 721 241.* *fête de la ville (16 août).*

Des documents de la fin du premier millénaire donnent à la localité le nom hongrois de **Veröce.** Bela IV lui accorda en 1234 le statut de ville libre et elle s'affirma comme un centre agricole et marchand. De sa période turque, du XVIe siècle à 1684, rien n'a survécu.

L'**église Saint-Roch** (Sv. Roka) date du XVIIIe siècle. Le sculpteur Holzinger et le peintre Göbler lui ont donné un foisonnant décor intérieur baroque. Le manoir **Pejačević,** édifié en 1800-1804 sur le site de l'ancien château Wasserburg, abrite le **musée de la Ville** (Gradski Muzej). Il possède une petite galerie d'art contemporain croate et présente des collections archéologique, historique et ethnographique.

Musée de la Ville
Palazzo Pejačević, trg Bana Jelačića. ***Tél.*** *(033) 722 127.* *lun., mer. et ven. 9h-14h, mar. et jeu. 9h-19h, sam. 9h-12h.*

LES COMTÉS DU NORD

Les provinces du nord de la Croatie offrent au visiteur des plaisirs variés, dont les piscines d'eau thermale des collines du Zagorje que peuplaient déjà des Néandertaliens. Dans le Međimurje, réputé pour ses vins, les villes de Varaždin et de Čakovec se sont développées autour de leurs châteaux. Partout, la construction de somptueux sanctuaires baroques a suivi le reflux des Turcs.

Des forteresses médiévales restées imposantes, les palais baroques et la ville de garnison de Bjelovar témoignent du passé agité des provinces croates situées au nord de Zagreb. Leurs principales localités doivent leur essor au statut de ville royale libre que leur accordèrent les souverains hongrois aux XIIIe et XIVe siècles. La plus importante, Varaždin, entretient une longue tradition universitaire et conserve un élégant centre historique baroque. Elle connut son âge d'or entre 1756 et 1776 quand elle remplaça sa puissante voisine du Sud en tant que capitale.

Assiette en porcelaine, galerie de Hlebine

Avant même que le conflit de 1991-1995 ne touche la région, les guerres de la deuxième moitié du XVIIIe siècle y avaient déjà effacé toute trace du Moyen Âge et de la présence turque. Le style baroque domine donc dans les édifices historiques, séculiers comme religieux. Certaines églises sont de véritables joyaux.

Forêts et vignobles se partagent les hautes collines du Zagorje réputé pour ses châteaux et les fresques peintes par les pauliniens dont l'ordre avait son siège à Lepoglava. La Podravina arrosée par la Drave présente un visage moins vallonné. Nul besoin d'y être déjà venu pour que ses paysages ruraux évoquent une impression de déjà-vu. Les peintres naïfs de l'école de Hlébine les ont fait connaître bien au-delà des frontières du pays.

Paysage agricole entre Belec et Marija Bistrica

◁ Terrasse de café dans le quartier baroque de Varaždin

À la découverte des comtés du Nord

Dans cette région agricole et verdoyante où des plaines fertiles produisent en abondance maïs, tabac et tournesol, les coteaux couverts de vignobles fournissent de bons crus de blanc. Une route des vins permet de découvrir ceux-ci directement chez les producteurs. Malgré ses atouts, entre autres ses établissements thermaux, le nord de la Croatie attire peu de visiteurs étrangers. C'est particulièrement vrai du Međimurje, la vallée traversée par la Mura. Son intégration au pays ne date que de la fin de la Première Guerre mondiale et une part importante de sa population est d'origine hongroise et conserve ses coutumes.

Chapelle du sanctuaire Notre-Dame-des-Neiges, Marija Bistrica

Forteresse de Veliki Tabor

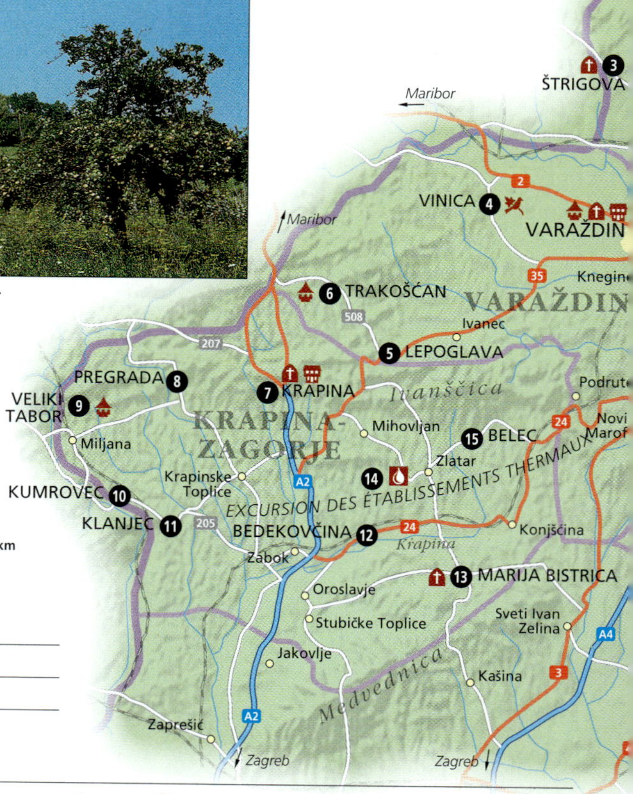

VOIR AUSSI

- ***Hébergement*** p. 233
- ***Restaurants*** p. 249

D'UN COUP D'ŒIL

CIRCULER

Depuis Zagreb, une nouvelle autoroute rejoint Krapina en attendant d'être prolongée jusqu'en Slovénie. Une autre dessert Varaždin et Čakovec sur le chemin de la Hongrie. Elle suit un tracé presque parallèle à celui de la route nationale 3. Celle-ci coupe à Varaždin la nationale 2 qui traverse la région d'ouest en est entre la frontière slovène et Osijek. Varaždin est une plaque tournante ferroviaire entre Zagreb, la Slovénie et la Hongrie, deux pays qui sont également accessibles par le train depuis Čakovec et Koprivnica.

CARTE DE SITUATION

Peinture naïve de la galerie de Hlebine

Château de Varaždin sous la neige

LÉGENDE

- Autoroute gratuite
- Route principale
- Route secondaire
- Voie ferrée
- Frontière de comté
- Frontière internationale

Varaždin ❶

Armoiries, cathédrale de l'Assomption

On a retrouvé autour du château de Varaždin des vestiges datant du néolithique, de la civilisation celte de la Tène et de l'époque romaine. La première mention de la forteresse apparaît dans un document de 1181 où le roi Bela III confirme les droits de l'évêché de Zagreb sur les sources thermales des environs. André II la déclara ville royale libre en 1209. Ravagée par un incendie en 1446, elle appartenait aux comtes Erdödy quand les Turcs l'attaquèrent en 1527. En 1756, elle devint brièvement la capitale de la Croatie, mais les institutions administratives et politiques retournèrent à Zagreb après un nouvel incendie en 1776. Celui-ci a heureusement épargné le centre historique baroque qui attire de nombreux visiteurs.

Vue aérienne du château occupé par le musée de la Ville

Château et musée de la Ville

Stari Grad & Gradski Muzej

Strossmayerovo šetalište 7. ***Tél.*** *(042) 212 918.* *été : mar.-dim. 10h-18h ; hiver : mar.-ven. 10h-17h, sam. -dim. 10h-13h.*

Les Zrinski édifièrent la forteresse d'origine, dont subsiste le donjon rectangulaire, sur les ruines d'une tour de guet. Les deux tours de plan circulaire furent ajoutées au XVe siècle. En 1560, l'architecte italien Domenico dell'Allio remania l'ensemble pour le transformer en château Renaissance. Deux étages de galeries entourent la cour intérieure.

Le bâtiment prit son aspect actuel quand les comtes Erdödy complétèrent ses défenses en le dotant de bastions et d'un fossé. Il abrite aujourd'hui les collections d'armes, de porcelaine, de mobilier et d'artisanat du musée de la Ville. Il présente aussi une pharmacie du XVIIIe siècle. À l'est se dressent les seuls vestiges visibles des anciens remparts : un mur et la tour Lisak.

Galerie des Maîtres anciens et modernes

Galerija Starih i Novih Majstora

Stančićev trg 3. ***Tél.*** *(042) 214 172.* *mar.-ven. 10h-18h, sam.-dim. 10h-13h.* *sur r.-v.*

Cette collection d'œuvres de toute l'Europe a pour points forts des paysages d'artistes flamands et italiens et des portraits de peintres allemands et hollandais.

Place Tomislav

Trg kralja Tomislava

Hôtel de ville (Gradsk Vijećnica) : trg kralja Tomislava 1. ***Tél.*** *(042) 210 985.* *sur r.-v.* **Palais Drašković** (Dvor Drašković) : trg kralja Tomislava 3. ***Tél.*** *(042) 210 985.* *au public.*

La ville a pour cœur une place harmonieuse où voisinent des immeubles d'époques variées. Élevé au XVe siècle, le plus vieux bâtiment de Varaždin est d'origine gothique, mais son dernier remaniement, qui le dota de sa tour de l'horloge, date du XVIIIe siècle. Le prince Georges de Brandebourg le donna à la commune en 1523 et il abrite l'hôtel de ville depuis lors. Des « purgars » en uniforme bleu richement décoré et toque d'ours montent la garde en été.

Du côté est de la place, le palais Drašković, entrepris à la fin du XVIIe siècle, possède une façade rococo. Le Sabor s'y réunit de 1756 à 1776. La maison Ritz Renaissance lui fait face. Construite en 1540, selon la date gravée à l'entrée, c'est la plus ancienne demeure de la ville.

Cathédrale de l'Assomption

Uznesenja Marijina

Pavlinska ulica. ***Tél.*** *(042) 210 688.* *t.l.j. 8h-12h30, 16h-18h.*

Les jésuites édifièrent dans la première moitié du XVIIe siècle, en même temps que le monastère attenant, l'église de l'Assomption fut plus tard confiée à l'ordre des pauliniens. Elle a rang de cathédrale depuis la création de l'évêché de Varaždin en 1997. L'intérieur possède un exubérant décor baroque, en particulier au maître-autel où la peinture du *Retable de l'Assomption* évoque le travail de Titien. Une excellente acoustique lui vaut d'accueillir des concerts des Soirées baroques, le festival qui commence à la fin septembre.

Retable baroque de la cathédrale de l'Assomption

Église Saint-Jean-Baptiste

Sv. Ivan Krstitelj

Franjevački trg 8. ***Tél.*** *(042) 213 166.* *t.l.j. 7h-12h, 17h30-19h30.*

Cette église franciscaine bâtie en 1650 occupe le site d'un sanctuaire du XIIIe siècle. Des effigies de saint François d'Assise et de saint Antoine

Hôtels et restaurants de la région p. 233 et p. 249

Place Tomislav et clocher de l'église Saint-Jean-Baptiste

de Padoue décorent sa façade au portail Renaissance. Le clocher atteint 54 m de hauteur. Huit chapelles latérales entourent la nef au somptueux mobilier baroque, dont une chaire sculptée à la fin du XVIIe siècle.

Sur le parvis se dresse une copie de la statue de l'évêque Grégoire de Nin par Ivan Meštrović *(p. 100)*. La pharmacie voisine conserve au plafond des fresques allégoriques peintes par Ivan Ranger *(p. 206)*.

Palais Herzer

Dvor Herzer

Franjevački trg 6. ***Tél.*** *(042) 210 474.* *pour restauration.* **Département entomologique : *tél.*** *(042) 210 474.* *mar.-ven. 10h-18h, sam.-dim. 10h-13h.*

Un palais datant de la fin du XIXe siècle abrite le **Département entomologique** (Entomoloski Odjel) du musée de la Ville. La visite permet de découvrir le bureau de Franjo Koščék (1882-1968) qui fonda la section en 1954 et fit don de sa collection d'histoire naturelle en 1959. Sa fille Ruzica poursuivit son travail de 1962 à 1980. La présentation de milliers de spécimens, des plus disgracieux aux plus élégants, se révèle très intéressante. Le musée possède aussi un herbier. Il organise périodiquement des expositions sur l'impact des insectes sur le territoire et ses habitants.

Église de la Sainte-Trinité

Sv. Trojstvo

Kapucinski trg. ***Tél.*** *(042) 213 550.* *t.l.j. 6h30-12h, 17h30-19h30.*

Bâtie au début du XVIIIe siècle, elle referme de nombreuses peintures baroques, du mobilier exécuté par un maître local dans la première moitié du XIXe siècle et un orgue décoré d'anges jouant d'instruments. Le monastère voisin contient une bibliothèque célèbre pour ses parchemins, ses manuscrits, ses incunables et certains des plus vieux documents rédigés en dialecte kaïkavien *(kajkavski)*.

MODE D'EMPLOI

Plan D1. *49 000.* *Frane Supila, (042) 210 444.* *Kralja Zvonimira 1, (042) 210 555.* **local :** *Ivana Padovca 3, (042) 210 987 ;* **régional :** *Stanka Vraza 4, (042) 394 100.* **www**.tourism-varazdin.hr *Soirées baroques de Varaždin, (sept.-oct.), Gastrolov (oct.).*

Théâtre national

Narodno Kazalište

Ulica Augusta Cesarca 1. ***Tél.*** *(042) 214 688.* *seul. pour les spectacles.*

Construit en 1873 par le Viennois Hermann Helmer dans le style néo-Renaissance, le Théâtre national compte parmi les principaux pôles culturels de la ville. Son plafond peint est de M. Stančić.

Vignoble près de Čakovec

Čakovec ❷

Plan D1. 16 000. *(040) 384 333.* *Masarykova ulica, (040) 313 947.* **local :** *Kralja Tomislava 1, (040) 313 319, 310 969 ;* **régional :** *R. Boškovića 2, (040) 390 191.* *Musique croate (carnaval), Festival de la fondation de la ville (29 mai).* **www**.tourism-cakovec.hr

Sur un site jadis habité par les Romains, le comte Demetrius Chaky, magistrat à la cour du roi Bela IV, édifia dans la deuxième moitié du XIIIe siècle une tour qui prit le nom de Chaktornya. Au siècle suivant, la principale structure défensive de la région du Međimurje se développa autour. En 1547, l'empereur Ferdinand la donna au ban Nikola Zrinski *(p. 177)* en règlement d'une dette et pour le récompenser de ses services dans la guerre contre les Turcs. Ce combat finit par lui coûter la vie puisqu'il mourut neuf ans plus tard en défendant Siget. Le 29 mai 1579, l'un de ses successeurs accorda des privilèges fiscaux à tous les pionniers prêts à s'installer autour de la forteresse pour y créer un village. Chaque année, une fête commémore cette date considérée comme celle de la fondation de la ville. On renforça alors les fortifications en les dotant de bastions et d'un fossé.

Instigateur d'une révolte de l'aristocratie croate contre le pouvoir des Habsbourg, Petar Zrinski périt sur l'échafaud le 30 avril 1671 avec un autre conjuré, Franjo Krsto Frankopan. Leurs deux familles tombèrent en disgrâce et l'Empire confisqua leurs biens. Quand un tremblement de terre frappa Čakovec en 1738, le Međimurje avait été attribué à la dynastie tchèque des comtes d'Althan. Ils complétèrent la forteresse d'un imposant palais baroque commandé à l'architecte de la cour de Vienne. Haut de deux étages, il entoure une cour intérieure.

Restauré entre 1945 et 1948, le « **château neuf** » n'a pas changé d'aspect depuis son achèvement. Il fait face au « **vieux château** » Renaissance qui a longtemps servi de prison, mais est en cours d'aménagement pour accueillir des activités culturelles. La chapelle seigneuriale a retrouvé sa vocation de lieu de culte.

Le **musée du Međimurje** occupe le château neuf. Il y présente des objets préhistoriques et romains, ainsi que des collections ethnographiques. Une exposition évoque le compositeur local Josip Slavenski (1896-1955). La galerie d'art est particulièrement riche en terres cuites du sculpteur Lujo Bezeredi (1898-1979).

Le Međimurje dont Čakovec est le chef-lieu s'étend le long des frontières avec la Slovénie et la Hongrie. L'ouest vallonné est réputé pour sa production viticole. Les cultures céréalières dominent à l'est.

Musée du Međimurje
Trg Republike 5. ***Tél.*** *(040) 313 285.* *mar.-ven. 10h-15h, sam.-dim. 10h-13h.*

Vieux château et château neuf de Čakovec

Aux environs
Dans un petit village à 2 km de Čakovec, l'église Sainte-Hélène (Sv. Helena) possède un aspect principalement baroque malgré des origines gothiques. Unique vestige d'un monastère fondé par les pauliniens en 1376, elle a connu plusieurs reconstructions.

Mausolée de la puissante dynastie des Zrinski, elle renferme les tombeaux du héros de la lignée, Nikola, de son épouse Katarina Frankopan et de Petar qui provoqua la disgrâce de la famille.

Plusieurs membres de la lignée des Knežević, qui succéda à celle des Zrinski, reposent dans le sanctuaire.

Fresque de l'église Sainte-Hélène proche de Čakovec

Štrigova ❸

Plan D1. *600. depuis Čakovec. depuis Čakovec.* **régional :** *R Boškovića 2, (040) 390 191.*

Les nombreux objets romains découverts sur le site ont conduit certains historiens à croire que Štrigova occupait l'emplacement de la cité antique de Stridon, le lieu de naissance de saint Jérôme.

Il ne reste rien de la forteresse des comtes de Strigovcak détruite lors d'un raid turc. Le château que fit plus tard construire la dynastie des Bannfy connut son heure de gloire au XVe siècle quand le roi de Hongrie Matthias Corvin vint y séjourner. Un remaniement l'a transformé en palais résidentiel au XVIIe siècle. Le village conserve également quelques maisons baroques.

Fresque de l'entree de l'église Saint-Jérôme, Štrigova

Sur une colline voisine, l'église Saint-Jérôme (sv. Jeronima) du début du XVIIIe siècle appartint aux pauliniens jusqu'en 1786. Sa restauration a révélé les fresques qui se trouvent au-dessus de l'entrée et dans les niches de la façade. Ivan Ranger *(p. 206)* a décoré l'intérieur de peintures murales en trompe l'œil : *Les Anges, Les Évangélistes* et *L'Apothéose de saint Jérôme.* Le mobilier comprend des statues représentant des pères de l'Église et un retable en forme d'ostensoir.

Vinica ❹

Plan D1. *1 200. depuis Varaždin.* **local :** *Vinička 5, (042) 722 233.* **Régional :** *(042) 394 000.*

Ce village agricole au pied de collines plantées de vigne doit son existence à une forteresse mentionnée pour la première fois dans un document de 1353. Il en reste quelques pans de murs dans la campagne. Les comtes Patačić édifièrent un vaste palais à Vinica. Il est aujourd'hui en ruine.

Façade et clochers baroques de l'église Saint-Jérôme, Štrigova

À 2 km au sud, un vaste parc entoure un autre édifice délabré : le palais des Drašković construit dans le style baroque au XVIIIe siècle et remanié pendant la période romantique. À la fin du XIXe siècle, le comte Marko Bombelles planta des arbres et des plantes exotiques en provenance du monde entier pour créer l'**arboretum Opeka**. Ce magnifique espace vert est devenu une réserve naturelle en 1961. L'école d'horticulture voisine possède plusieurs serresimportantes et un grand jardin botanique.

Arboretum Opeka
en permanence.

Parterre de fleurs de l'arboretum Opeka, près de Vinica

Stalles du chœur de l'église Sainte-Marie et fresque d'Ivan Ranger

Lepoglava ❺

Plan D1. *38 000.*
(042) 791 193. *pour Ivanec.*
local : *Ulica Hrvatskih Pavlina, (042) 791 090* ; **régional :** *Varaždin, (042) 394 000.* *Exposition de dentelle (sept.).*

Cette petite ville de la vallée de la Bejna est réputée pour ses dentelles, une tradition entretenue par une école fondée au début du XXe siècle.

Elle est aussi connue parce que sa prison compta des détenus célèbres comme. l'archevêque Stepinac, le chef de l'Église de Croatie pendant la Seconde Guerre mondiale. La prison occupait un ancien monastère paulinien fondé vers 1400 par le comte Herman II Celjski. Les Turcs le dévastèrent en 1479 et Ivaniš Corvinus, le fils illégitime de Matthias Corvin, le reconstruisit et l'agrandit à la fin du XVe siècle. Il repose dans l'église.

L'institution abrita un lycée et des collèges de philosophie et de théologie. Elle perdit sa vocation éducative en 1786 à la dissolution de l'ordre des pauliniens, puis devint en 1854 une propriété de l'Empire qui transforma en geôles les cellules des moines.

Désaffecté, le bâtiment de détention construit derrière le cloître devrait être rénové.

La restauration de l'église Sainte-Marie (Sv. Marije), en revanche, est achevée. Elle marie harmonieusement une structure gothique et une décoration baroque datant d'un remaniement de la fin du XVIIe siècle. Les modifications apportées à cette occasion inclurent l'allongement de la nef unique et la création des chapelles latérales. L'intérieur abrite des stucs d'Antonio Quadrio et des fresques d'Ivan Ranger, dont *L'Apocalypse* (1743) au-dessus des stalles du chœur. Un autre paulinien, Aleksije Köninger, sculpta la chaire et le retable du maître-autel.

Dentelle de Lepoglava

Église Sainte-Marie
Trg 1. hrvatskog sveučilišta 3.
Tél. *(042) 791 128.* *sur r.-v.*

Trakošćan ❻

Plan D1. *30.*
for Bednja. **régional :** *Varaždin, (042) 796 281.*
www.trakoscan.net

Le cadre rural du **château de Trakošćan** et son excellent état de conservation en font un des sites touristiques les plus visités du Zagorje. Au depart, une forteresse fut construite pour garder la route qui descend de Ptuj vers la vallée de la Save. Elle apparaît dans les annales en 1434 parmi les propriétés accordées par Sigismond d'Autriche au comte Celjski. Elle garda sa vocation défensive jusqu'au repli des Turcs. Les Drašković en prirent possession en 1568.

Entre 1850 et 1860, Juraj

IVAN RANGER (JOHANNES BAPTISTE RANGER).

Né en 1700 à Axams – qui est aujourd'hui une banlieue de la ville autrichienne d'Innsbruck – Ivan Ranger entra dans l'ordre paulinien très jeune. On sait peu de chose de ses années d'apprentissage, mais il est certain qu'il fit des séjours à Venise, Rome, Bologne et Mantoue où il s'imprégna du baroque italien. À l'âge de 30 ans, il rejoignit Lepoglava où l'ordre avait son siège. Il y resta jusqu'à sa mort en 1753. Dans la région, ses fresques d'une grande virtuosité technique, notamment dans les trompe-l'œil, parent des édifices religieux à Lepoglava, Gorica, Purga, Belec, Štrigova, Kamenica, Križevci et Krapina. À Varaždin, il décora la pharmacie du monastère attenant à l'église Saint-Jean-Baptiste. En Slovénie, il travailla au monastère d'Olimje et au château monastère de Sveti Jernej à Rogatec. Il créa également un atelier et forma de nombreux disciples.

Fresque du moine paulinien Ivan Ranger

Le château de Trakošćan devenu un musée

Drašković transforma le château en une somptueuse résidence néogothique qui conservait l'aspect d'une forteresse au sommet d'une colline boisée. Il aménagea les alentours en un parc doté d'un lac artificiel.

En 1953, 25 pièces, dont la cuisine et la bibliothèque, furent transformées en musée. Elles offrent un aperçu de la demeure au moment de sa rénovation et renferment du mobilier, des armes, des vêtements et des œuvres d'art. Une série de portraits des Drašković et de leurs parents couvre une période allant du XVIe au XIXe siècle.

Château et musée
Tél. *(042) 796 422, 796 495. juin-sept. : t.l.j. 9h-18h ; oct.-mai : t.l.j. 9h-15h.*

Krapina 7

Plan D1. *4 500. Frana Galovića, (049) 371 012.*
A. Starčevića, (049) 315 018.
Magistratska 11, (049) 371 330.
Semaine de la musique et la culture kajkaviennes (sept.).

Le bourg doit son renom à *Homo krapinensis,* un néandertalien qui habitait la région au paléolithique. Les ossements d'une vingtaine de personnes découverts en 1899 sous un abri rocheux à flanc de colline se trouvent aujourd'hui au Musée archéologique de Zagreb. Le petit **musée de l'Évolution** conserve néanmoins sur place des outils et des armes qui les accompagnaient.

Le site est pour la première fois mentionné dans un document de 1193 évoquant un château – aujourd'hui détruit –, élevé pour garder la rivière également baptisée Kaprina. Quand la menace turque s'évanouit, il fut concédé aux comtes Keglević et devint un important centre administratif.

Franjo Keglević finança au milieu du XVIIe siècle la construction du monastère franciscain et de l'église Sainte-Catherine. Ivan Ranger décora de fresques la sacristie et quelques pièces des bâtiments conventuels.

Né à Kaprina en 1809, le poète et philologue Ljudevit Gaj fut une figure majeure du mouvement de renouveau national de la première moitié du XIXe siècle. Un buste par Ivan Rendić le représente sur la place centrale qui lui est dédiée.

Musée de l'Évolution
Šetalište V Sluge. ***Tél.*** *(049) 371 491, 371 161. juin-sept. : t.l.j. 8h-18h ; oct.-mai : t.l.j. 8h-15h. sur r.-v.*

Aux environs
Sur une colline à 1 km au nord-est de Krapina, à Trški Vrh, le sanctuaire de pèlerinage **Notre-Dame-de-Jérusalem** compte parmi les plus beaux exemples d'art baroque de Croatie. Une enceinte de plan carré l'entoure. Aux quatre coins coupés, une chapelle rappelle par sa forme le clocher à bulbe. Des peintures décorent les voûtes de l'arcade. L'église, édifiée entre 1750 et 1761, possède un décor luxuriant. L'artiste styrien Anton Lerchinger a recouvert les murs et les voûtes d'un cycle de fresques inspirées de l'Ancien Testament et de la vie de la mère du Christ. Le retable du maître-autel est de Filip Jacob Straub. Anton Mersi exécuta la chaire et les trois autels dédiés aux Douze Disciples, à la Sainte Croix et à saint Jean Népomucène.

Buste de Ljudevit Gaj, Krapina

Fresque de l'église baroque Notre-Dame-de-Jérusalem à Trški Vrh

Pregrada ❽

Plan C1. 400. **local :** *trg Gospe Kunagorske 3, (049) 377 050;* **régional :** *Zagrebacka 6, Krapinske Toplice, (049) 233 653.* *Carnaval (fév.), Branje grojzdja, fête des vendanges (sept.).*

Les deux clochers qui encadrent la façade donnent un aspect caractéristique à l'église paroissiale construite au début du XIXe siècle. De style néoclassique, elle possède une vaste nef unique coiffée d'une coupole et renferme les tombes de membres des familles Keglević et Gorup. Les orgues (1835) proviennent de la cathédrale de Zagreb.

À 3 km du centre sur la route des vins, dans les bois du Hrvatsko Zagorje, le **château de Gorica** arbore toujours les armoiries des Keglević au portail. Construit au XVIe siècle, il appartient à la Renaissance tardive. Derrière les deux tours rondes, des bâtiments abritent aujourd'hui un domaine viticole.

Aux environs

À 7 km à l'ouest de Pregrada, le village de Vinagora renferme sur une colline plantée de vignes l'église paroissiale **Sainte-Marie-de-la-Visitation** (Sv. Marija od Pohoda), un ancien sanctuaire de pèlerinage entouré d'une enceinte bordée d'arcades comme il en fut beaucoup construit en Europe centrale au XVIIIe siècle. Deux chapelles en forme de tour, à l'entrée, renforcent son aspect fortifié. L'église au plan en croix latine possède un riche mobilier, de belles statues gothiques notamment.

Autel baroque de l'église Sainte-Marie-de-la-Visitation, Vinagora

Veliki Tabor ❾

Plan C1. *depuis Krapina ou Zagreb pour Desinić.* **régional :** *Zagrebačka 6, Krapinske Toplice, (049) 233 653.* *tournoi de fauconnerie (oct.).* **www**.veliki-tabor.hr

Cette puissante forteresse au sommet d'une petite colline dénudée n'a pratiquement pas changé d'aspect depuis la fin du Moyen Âge. Elle associe une tour pentagonale du XIIe siècle et des éléments gothiques et Renaissance des XVe et XVIe siècles. Le ban Ivaniš Corvinus la concéda aux comtes Ratkaj en 1503. Ils en restèrent propriétaires jusqu'en 1793.

Le portail d'entrée ouvre sur une cour intérieure bordée de deux étages d'arcades. Son puits a une profondeur de 31 m. Un musée permet de découvrir l'intérieur du château, notamment sa chapelle baroque, la cave voûtée où l'on pressait le raisin et la salle principale décorée de hallebardes. Les collections comprennent des armures, du mobilier, des objets ethnographiques et des œuvres d'art.

Château
Desinić. ***Tél.*** *(049) 343 052.* ***Fax*** *(049) 343 055.* *lun.-dim. 10h-17h.*

Aux environs

Au sud-ouest de Veliki Tabor, Miljana conserve une autre demeure des Ratjak. Ce château baroque, construit entre le XVIIe et le XIXe siècle, présente un aspect particulièrement pittoresque. Antun Lerchinger et un disciple exécutèrent ses peintures murales rococo : des paysages et des scènes allégoriques.

Château médiéval de Veliki Tabor

Kumrovec ❿

Plan C1. *300.* *(049) 553 129.* *depuis Zagreb.* *(049) 502 044.* *Mariage du Zagorje (sept.).*

Un monument sculpté par Antun Augustinšić en 1948 se dresse devant la petite maison où le maréchal Tito vit le jour en 1892 sous le nom de Josip Broz. Construite en 1860 et transformée en musée en 1953, elle abrite des meubles et objets ayant appartenu à sa famille. L'exposition évoque aussi la carrière politique du fondateur de la république de Yougoslavie.

La demeure fait partie du **Musée ethnographique – Staro Selo** qui illustre dans une vingtaine de chaumières la vie rurale du Zagorje au XIXe siècle et au début du XXe. Des ateliers reconstitués font revivre des métiers

◁ **Vignoble aux environs de Kumrovec dans les collines du Zagorje**

Maison natale du maréchal Tito au musée Staro Selo de Kumrovec

oubliés comme celui du forgeron ou du tissage du chanvre et du lin.

Musée ethnographique - Staro Selo
Tél. *(049) 553 107. juin.-sept. : t.l.j. 9h-18h ; oct.-mai : t.l.j. 9h-15h.*

Klanjec ⓫

Plan C1. *600. (049) 550 404. depuis Zagreb, Krapina, Zabok. trg A. Mihanovića 3, (049) 550 235. Carnaval (fév.).*

Un bâtiment moderne, construit en 1976, abrite la **galerie Antun Augustinšić** fondée pour présenter les œuvres dont l'artiste (1900-1979) fit don à son village natal. L'exposition occupe deux salles et un jardin de sculptures.

La puissante famille Erdödy commanda au XVIe siècle la construction du monastère franciscain ; son monument funéraire se trouve dans l'église Sainte-Marie attenante. Le mobilier baroque comprend des stalles marquetées de 1774.

Sur la place principale, un buste de Robert Frangeš-Mihanović rend hommage au poète Antun Mihanović (1796-1861), auteur de l'hymne national croate. Un autre monument lui est dédié à 3 km au nord de Klanjec en direction de Tuheljske Toplice : une stèle haute de neuf mètres érigée à Zelenjak.

Statue d'Antun Mihanović, Klanjec

Galerie Antun Augustinčić
Trg A. Mihanovića 10. ***Tél.*** *(049) 550 343. lun.-sam. 9h-16h.*

Bedekovčina ⓬

Plan D1. *3 500. trg A Starčevića 12, (049) 213 106. depuis Zagreb.* **régional :** *Zagrebačka 6, Krapinske Toplice, (049) 233 653. Fête du vin (juin).*

Quand la menace turque faiblit, le nord de la Croatie connut aux XVIIe et XVIIIe siècles une période de renouveau artistique qui se manifesta par la construction de nombreux édifices baroques. Dans les collines du Zagorje, des palais résidentiels remplacèrent les forteresses détruites pendant le conflit. Le château, achevé à Bedekovčina en 1750, possède un toit de la même hauteur que les murs, un trait typique de cette période. Il est aujourd'hui occupé par des bureaux.

Marija Bistrica ⓭

Plan D1. *1 000. Zlatar Bistrica, 5 km. depuis Zagreb. Zagrebacka, (049) 468 380. Semaine de Bistrica (juil.).*

Ce petit village situé du côté nord des monts de la Medvednica renferme l'un des lieux de pèlerinage les plus fréquentés de Croatie : le **sanctuaire Sainte-Marie-des-Neiges** (Sv. Marija Snježna). Il doit sa popularité à la *Vierge noire à l'Enfant*. Cette sculpture sur bois, œuvre d'un maître local, fut miraculeusement retrouvée en 1588 dans l'église qui occupait le site à l'époque. La statue avait été dissimulée dans un mur quelques décennies plus tôt pour la protéger d'une éventuelle attaque turque.

Entouré d'une galerie d'arcades ornée de fresques et d'ex-voto, l'édifice actuel est une reconstruction historiciste achevée en 1883 par Hermann Bollé. L'architecte s'est efforcé de marier, avec un succès mitigé, les styles roman, gothique, Renaissance, baroque et classique.

Les objets votifs conservés par le sanctuaire comprennent des pièces de monnaie d'or et d'argent, du mobilier et des vêtements liturgiques brodés d'or. Ils ne constituent qu'une partie du trésor dont certaines pièces, d'orfèvrerie en particulier, sont désormais exposées au Musée diocésain de Zagreb.

Sanctuaire Sainte-Marie-des-Neiges
Trg pape Ivana Pavla II 24.
Tél. *(049) 469 156.*
t.l.j. 8h-11h.

Sanctuaire Sainte-Marie-des-Neiges de Marija Bistrica

Hôtels et restaurants de la région p. 233 et p. 249

Excursion des établissements thermaux ⓮

Cinq établissements thermaux *(toplice)* d'époques différentes jalonnent la route entre Varaždin et Zagreb. Dans une région de collines plantées de vigne et de forêts, ils attirent une clientèle de Croates et des germanophones. Ces curistes viennent profiter d'un équipement de qualité et du charme des localités voisines. De nombreux châteaux, musées et églises leur offrent en outre des buts de visite.

Relief des thermes romains de Varaždinske Toplice

Krapinske Toplice ③
Cet établissement de cure du milieu du XIXe siècle traite les rhumatismes et les maladies cardiovasculaires et neurologiques. Il possède 5 piscines (dont une intérieure) alimentées par 4 sources chaudes riches en calcium, en magnésium et en hydrocarbonate. On peut y prendre des bains de boue.

Sutinske Toplice ④
À 8 km au nord-ouest de Zlatar, à une altitude de 170 m, une eau légèrement radioactive et riche en sels minéraux, dont le calcium et le magnésium, alimente des bassins en plein air. Également utilisée en bains de boue, elle est réputée pour ses vertus curatives depuis le XIIIe siècle.

Stubičke Toplice ①
Au pied de la Medvednica, à 3 km de Donja Stubcka, l'établissement thermal date de 1776. Il comprend un hôpital spécialisé dans le traitement des maladies dégénératives des articulations et de la colonne vertébrale. L'eau jaillit du sol à une température de 69 °C.

Tuheljske Toplice ②
À 46 km de Zagreb, un établissement spécialisé dans les rhumatismes et les affections respiratoires, urologiques et gynécologiques possède 8 piscines.

0 10 km

Hôtels et restaurants de la région p. 233 et p. 249

MODE D'EMPLOI

Longueur : *100 km.* ***Étapes :*** *Hotel Matija Gubec, V. Šipeka 31, Stubičke T., (049) 282 501/ 630; Hotel Minerva, Varaždinske T., (042) 630 431.* ℹ *Stubičke T., V. Šipeka 24, (049) 282 727 ; Krapinske T., Zagrebačka 2, (049) 232 106 ; Hotel Toplice, (049) 232 165; Tuheljske T., Gajeva 4, (049) 556 224; Sutinske T., (049) 439 226; Varaždinske T., (042) 630 000.*

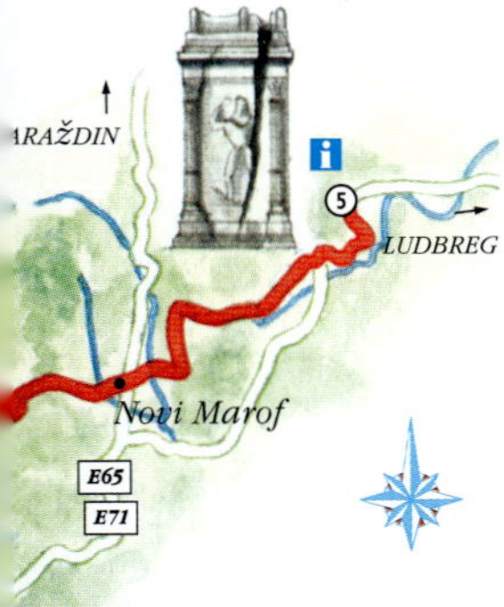

Varaždinske Toplice ⑤
L'aménagement des premiers bains date de la fin du XVIIIe siècle. L'établissement ouvrit au public en 1829. Une source connue depuis l'Antiquité favorise la guérison des problèmes rhumatismaux et orthopédiques.

LÉGENDE

- Excursion
- Autoroute
- Autres routes
- Informations touristiques

Intérieur richement décoré de Notre-Dame-des-Neiges, Belec

Belec ⓯

Plan D1. 500. *depuis Zabok.* ℹ *Magistratska 11, Krapina, (049) 371 330.*

Dans les collines du Zagorje, un petit village conserve l'un des rares édifices romans à avoir survécu en Croatie intérieure. L'église Saint-Georges possède un clocher massif d'aspect défensif. Un petit porche, sur le côté, protège le portail de la nef unique. Elle renferme une table d'autel gothique et des fragments de peintures murales des XIVe, XVe et XVIIe siècles.

Plus bas sur la colline, l'**église Notre-Dame-des-Neiges** (Sv. Marija Snježna), édifiée par la famille Keglević, date de 1674. Sa somptueuse ornementation intérieure vaut à cet ancien sanctuaire de pèlerinage d'être considéré comme un chef-d'œuvre du baroque croate. Ivan Ranger *(p. 206)* peignit vers 1740 ses fresques en trompe l'œil, notamment la grande composition de la voûte illustrant la *Légende de Notre-Dame-des-Neiges et des donateurs*. Elles s'accordent à la virtuosité de la chaire et des autels exécutés par Josip Schokotnig, un sculpteur de Graz. La tribune offre un point de vue privilégié sur cet ensemble d'un grand dynamisme.

Notre-Dame-des-Neiges
Tél. *(049) 460 040.* *sur r.-v.*

Varaždinske Toplice ⓰

Plan D1. *2 000.* *depuis Zagreb et Novi Marof.* *depuis Zagreb.* ℹ *Trg Slobode 16, (042) 630 000.*

La tribu illyrienne des Iasi connaissait déjà au IIIe siècle av. J.-C. la source d'eau sulfureuse qui jaillit au pied d'une colline au sud de Varaždin. Le lieu prit le nom d'Aquae Iasae sous les Romains, et des thermes se développèrent rapidement comme le montrent les nombreuses découvertes archéologiques faites sur le site. L'invasion de la région par les Goths mit fin à leur utilisation, puis un glissement de terrain les ensevelit sous la boue. Ils sombrèrent dans l'oubli.

Au XIIe siècle, l'évêque de Zagreb fonda sur le site un village fortifié baptisé Toplissa. Ses habitants recommencèrent à utiliser l'eau chaude de la source. Au XIXe siècle, la construction de la station thermale actuelle mit au jour les vestiges de la cité romaine.

Varaždinske Toplice possède aussi un quartier médiéval où le **Musée archéologique** occupe une partie du château. À l'intérieur d'une petite forteresse, l'église paroissiale abrite des orgues de 1766 et deux autels sculptés par Francesco Robba.

Dans le parc voisin, une maison rurale du XVIIIe siècle, Seoska Kuća, renferme du mobilier et des objets d'époque.

Église de la Sainte-Trinité, Ludbreg

Ludbreg ⓱

Plan D1. *3 300.* *depuis Koprivnica.* *depuis Zagreb.* *Trg Sv. Trojstva 14, (042) 810 690.* *Célébration du Saint-Sang (1er dim. de sept.).*

Les fouilles menées pour mettre au jour des vestiges romains, de murailles et de thermes notamment, ont conduit les historiens à identifier le site comme celui de la colonie de Iovia.

Ludbreg devint au XIVe siècle le siège d'un des premiers évêchés de Croatie intérieure. En 1411, un prêtre célébrant la messe vit le vin dans le calice se transformer en sang. La ville se mit à attirer les pèlerins et le pape Léon X confirma en 1513 la nature miraculeuse de l'événement.

Une enceinte typique des sanctuaires de pèlerinage entoure l'**église de la Sainte-Trinité** (Sv. Trojstva) d'origine gothique. Reconstruite et agrandie en 1829, elle possède un mobilier baroque. Mirko Rački peignit en 1937 ses fresques symbolistes.

La chapelle votive a été enfin consacrée en 1994. Le Parlement croate avait voté sa construction en 1739 pour offrir au calice sacré l'écrin qu'il méritait à l'entrée de Ludbreg. Un vaste palais néoclassique édifié par les Batthyány en 1745 renferme des ateliers de l'Institut croate de restauration. Ils remettent en état des œuvres dégradées pendant le conflit de 1991-1995.

Koprivnica ⓲

Plan D1. *24 000.* *Kolodvorska 10, (048) 621 017.* *Zagrebačka ulica, (048) 621 282.* *Bana Jelačića 7, (048) 621 433.* **www**.tz-koprivnicko-krizevacka.hr *Podravski Motivi, exposition d'art naïf (1re sem. de juil.).*

La Kukaproncza fondée par la puissante famille Ernust devint une ville royale libre en 1356 et joua un rôle clé dans les échanges commerciaux au sein de la région de la Podravina. Les Turcs l'incendièrent au XVIe siècle et elle prit un visage baroque lors de sa reconstruction. Les principaux édifices publics et privés bordent une grande avenue centrale. À une extrémité se dresse le siège du comté de Koprivnica et Križevci, édifié au XIXe siècle. L'église de la Sainte-Croix (Sv. Duha) orthodoxe rappelle l'importance de l'immigration serbe dans cette partie de la Croatie. Elle date de 1793.

Le **monastère franciscain** (Franjevački Samostan), achevé en 1685, joua un rôle éminent dans la vie culturelle de la région. Son église, consacrée à saint Antoine de Padoue, possède un décor intérieur baroque.

Non loin, le **musée de la Ville** (Gradski Muzej) présente des collections archéologique, historique et ethnographique. Elles offrent un aperçu de la vie en Podravina au cours des siècles passés. La **galerie de Koprivnica** inaugurée en 1977 propose une exposition de peintures naïves en rapport avec l'école de Hlebine *(p. 21)*. À côté, la brasserie Kraluš *(p. 249)* vieille de 250 ans n'a rien perdu de sa popularité.

Musée de la Ville
Trg Leandera Brozovića 1.
Tél. *(048) 642 538.* *lun.-ven. 8h-14h30, sam. 10h-13h.*

Galerie de Koprivnica
Zrinski trg 9/1. ***Tél.*** *(048) 622 564.* *lun.-ven. 8h30-15h30, sam. 9h30-13h.*

Aux environs

Hlebine, à 13 km à l'est de Koprivnica, a sa place dans les ouvrages d'art grâce aux peintres paysans parrainés par Krsto Hegedusić au début du XXe siècle. La fraîcheur avec laquelle ils représentaient leur univers leur valut d'être connus sous le nom d'« école de Hlebine ». Leurs paysages et scènes de la vie rurale sont à l'honneur dans les galeries d'art naïf du village et de Koprivnica.

Galerie de Hlebine
Trg Ivana Generalića 15. ***Tél.*** *(048) 836 075.* *lun.-ven. 10h-16h, sam. 10h-14h.*

Peinture de l'école de Hlebine, galerie de Koprivnica

Château médiéval de Đurđevac

Đurđevac ⓳

Plan E1. *7 000. Kolodvorska 21, (048) 813 089. (048) 812 002. Stjepana Radića 1, (048) 812 046. Đurđevo, fête de la ville (23 avr.), Légende de Picok, spectacle culturel et folklorique (der. sem. de juin).*

Baptisé d'après un édifice religieux dédié à saint Georges (Sv. Juraj) et aujourd'hui disparu, ce bourg rural conserve une forteresse (Stari Grad) d'origine médiévale. Elle reste imposante, même si elle n'a plus ses dimensions du Moyen Âge où, selon des fouilles, elle possédait un plan rectangulaire et un pont-levis gardé par une tour. Deux niveaux de galeries en bois entourent sa cour intérieure. Un restaurant occupe le rez-de-chaussée. À l'étage, un musée propose une sélection éclectique de peintures croates du XXe siècle.

Bjelovar ⓴

Plan D1. *27 000. Masarykova ulica, (043) 241 263. Masarykova ulica, (043) 241 269.* **local :** *Trg Eugena Kvaternika 4, (043) 243 944 ;* **régional :** *Trg Eugena Kvaternika 4, (043) 243 944. Terezijana, exposition culturelle (juin).*

Le village baptisé Belovac au Moyen Âge prit son essor en 1756 quand Marie-Thérèse d'Autriche décida d'y établir une garnison. Le centre de l'actuelle Bjelovar a conservé son organisation géométrique toute militaire. Autour de la grande place centrale se dressent la caserne, l'église orthodoxe du Saint-Esprit et l'église Sainte-Thérèse achevée en 1772 et encadrée de deux écoles. La collection du musée de la Ville doit beaucoup au comte Barešić.

Musée de la Ville
Trg Eugena Kvaternika 1. ***Tél.*** *(043) 244 207. mar.-ven. 9h-14h, 17h-19h, lun. et sam. 9h-12h.*

Iconostase de l'église de la Sainte-Trinité, Križevci

Križevci ㉑

Plan E1. *12 000. (048) 716 193. (048) 681 149. Nemčićev trg 6, (048) 681 199.* **www** tz-koprivnicko-krizevacka.hr *Križevačko Veliko Spravišće, manifestation culturelle et gastronomique (1re sem. de juin).*

Citée dès 1193, Križevci acquit le statut de ville royale libre en 1252. Le parlement croate s'y réunissait à l'occasion, et elle fut en 1397 le théâtre de la « Diète sanglante » où des partisans de Sigismond de Luxembourg massacrèrent le prince palatin Stjepan Lacković. Il ne subsiste que des fragments de remparts des fortifications élevées pour résister à l'expansion turque au XVIe siècle.

L'existence de l'**église de la Sainte-Croix** (Sv. Križ) est attestée dès 1326. Elle doit son aspect actuel à une reconstruction menée en 1913, mais elle a conservé de l'édifice d'origine le portail latéral de style gothique primitif. Sa nef abrite l'autel de la Sainte-Croix sculpté en 1756 par Francesco Robba pour la cathédrale de Zagreb.

L'ancien monastère franciscain, fondé au XVIIe siècle, est devenu le **Palais épiscopal** (Biskupski Dvor). Il renferme des tableaux, des icônes, des manuscrits, des objets liturgiques et une colonne votive dédiée à saint Florian. L'**église de la Sainte-Trinité** (Sv. Trojstva) lui était jadis attachée. On y pratique désormais le rite catholique grec et une iconostase ferme le chœur. Les fresques, de Celestin Medović et Ivan Tišov, datent du début du XIXe siècle.

Le **musée de la Ville** propose une exposition archéologique, ethnographique et artistique.

Église de la Sainte-Croix
Ivana Dijankovečkog 1. ***Tél.*** *(048) 711 210. sur r.-v.*

Palais épiscopal
Tél. (048) 712 171.
sur r.-v.

Musée de la Ville
Šenoina 2. ***Tél.*** *(048) 711 210. mar.-ven. 8h-15h, sam. et dim. 10h-12h.*

Autel de Francesco Robba, église de la Sainte-Croix, Križevci

LES BONNES ADRESSES

HÉBERGEMENT

Enseigne d'hôtel à Bežanec, près de Pregrada

La Croatie est depuis longtemps une destination de vacances populaire, en particulier auprès des Allemands, des Autrichiens et des Italiens. Les visiteurs y disposent donc d'un large choix d'hébergements. Après avoir beaucoup souffert du conflit de 1991-1995, l'activité touristique a retrouvé son élan et le nombre de structures d'accueil ne cesse d'augmenter. Les hôtels, appartements et villages de vacances modernes abondent, notamment sur la côte. Les chambres chez l'habitant et les campings offrent un mode de logement plus simple mais parfaitement acceptable. De nombreux voyagistes proposent des séjours tout compris dans différents complexes hôteliers de Croatie, mais vous pouvez facilement organiser votre propre séjour même s'il est plus prudent de réserver les hébergements pendant les mois de juin, de juillet et d'août, les plus fréquentés. Vous ne devriez avoir aucun problème à trouver un hébergement en basse saison. Les prix sont en outre moins élevés.

Hôtel Palace-Bellevue d'Opatija *(p. 223)*, sur la côte istrienne

HÔTELS

Le tourisme s'est fortement développé en Croatie dans les années 1970 et 1980, à l'époque de la Yougoslavie, et beaucoup d'hôtels, en particulier dans les stations balnéaires de la côte, datent de cette période. Ils possèdent en général des équipements modernes, mais leur décoration et leur ameublement manquent souvent de personnalité. Ce type d'hébergement n'offre peut-être pas le charme des établissements historiques existant ailleurs en Europe, mais les clients y bénéficient d'un service dans l'ensemble efficace et de chambres propres, spacieuses et dotées de leur propre salle de bains. Ces dernières années, les ouvertures de villages de vacances en bord de mer se sont multipliées.

Seules Zagreb, la capitale, et Opatija, sur le golfe du Kvarner, conservent de grands hôtels du tournant du XXe siècle. Opatija était en effet une station de villégiature populaire à l'époque des Habsbourg. L'élégance surannée de ces anciens palaces permet d'échapper un temps à l'atmosphère uniforme de leurs concurrents.

Zagreb renferme aussi de grands hôtels de luxe appartenant à des chaînes internationales comme Sheraton. Le haut niveau de standing des prestations se reflète dans les tarifs.

CHAMBRES CHEZ L'HABITANT

Les logements privés *(privatne sobe)* offrent une forme d'hébergement bien meilleur marché que les hôtels. Ils permettent en outre de lier connaissance avec des gens du cru et de découvrir leur mode de vie. Un système de classification en trois catégories s'impose peu à peu aux chambres ainsi proposées. Les tarifs demandés varient en fonction de cette classification, de la région et de la saison.

Grand complexe hôtelier typique du littoral

◁ Figues séchant au soleil

Élégante réception de l'hôtel Esplanade de Zagreb *(p. 231)*

Pour appartenir à la meilleure catégorie, trois-étoiles, les chambres doivent avoir leur propre salle de bains. Les chambres deux-étoiles partagent leur salle de bains avec une autre chambre. Les une-étoile n'offrent qu'un confort sommaire.

Dans toutes les zones touristiques, il suffit de passer par une agence ou un office du tourisme pour effectuer une réservation. Au prix s'ajouteront une taxe et une commission. Il est parfois difficile, surtout en été, de trouver des chambres à louer pour moins de trois nuits.

En règle générale, il n'est pas nécessaire de passer par un intermédiaire. Des propriétaires attendent souvent les touristes aux débarcadères, aux arrêts de bus, dans les gares ou même dans de grands cafés. N'hésitez pas à effectuer plusieurs visites pour comparer les offres avant de prendre votre décision.

Un moyen plus simple encore consiste à surveiller les panneaux annonçant *sobe, zimmers, rooms* ou *camere.* Commencer à prospecter relativement tôt dans la journée vous permettra de bénéficier d'un plus large choix. Les prix sont libres et il vous reviendra donc de discuter directement des conditions. Il est courant qu'un supplément de 20 % à 30 % soit appliqué à la nuitée si l'on ne reste qu'un ou deux jours. Rien n'interdit de marchander, surtout en basse saison.

La location ne comprend normalement que la chambre, mais certaines familles proposent des séjours en demi-pension ou même pension complète.

APPARTEMENTS

Certains des plus grands complexes hôteliers du littoral renferment également des appartements, une solution économique en famille ou en groupe. Elle laisse une grande autonomie tout en permettant d'avoir accès à des équipements tels que piscines, centres de remise en forme et restaurants.

CLASSIFICATION

L'utilisation, en Croatie, du système de classification par étoiles en vigueur dans le reste de l'Europe est en train de se généraliser. Vous verrez toutefois subsister l'ancienne classification par lettres datant de la Yougoslavie. Ce système divise les hôtels en cinq catégories. Un « L » correspond au plus haut standing, proche de celui d'un cinq-étoiles. Ce type d'établissement offre donc un large éventail de services et d'équipements. Il possède au moins un restaurant et un parc de stationnement, et souvent une boîte de nuit, du matériel de sport, une piscine et, sur le littoral, une plage privée. Les hôtels de type « L » sont rares dans le pays et la plupart se trouvent à Zagreb.

Les établissements appartenant à la catégorie « A », soit à peu près l'équivalent des quatre-étoiles, diffèrent peu des « L » dans la gamme de prestations proposées, le mobilier est plus simple et moins personnalisé.

En majorité, les hôtels appartenaient jadis à la catégorie « B », offrant le niveau moyen de confort d'un trois-étoiles. Les établissements affichant un « C » ou un « D » permettent de se loger à moindre coût, mais dans des conditions plus spartiates. Ils imposent en général de partager la salle de bains.

Presque tous les hôtels proposent des séjours en demi-pension *(polupansion)* à des prix à peine supérieurs à ceux de la chambre seule. Certains ne laissent même pas le choix. Si la cuisine, souvent internationale et standardisée, ne vous séduit pas, sachez que la restauration locale est encore très abordable en Croatie.

Logement chez l'habitant

Zagreb abrite des hôtels plus haut de gamme que ceux de la côte

Panneau indiquant un camping

CAMPINGS

Les terrains de camping sont très nombreux, en particulier en Istrie, sur le golfe du Kvarner et en Dalmatie. Ils sont également d'une grande diversité. Les plus petits n'offrent que quelques emplacements près d'une ferme ou d'une maison, tandis qu'un grand *autocamp* renferme souvent restaurants, boutiques et même boîtes de nuit et piscine.

Tous les campings sont ouverts de début juin à septembre, en revanche, renseignez-vous si vous souhaitez partir en mai ou après le 15 septembre car les périodes d'ouverture peuvent varier d'une année sur l'autre. Beaucoup sont situés en forêt, mais le couvert en Méditerranée, en particulier au bord de la mer, est rarement assez dense pour fournir de l'ombre partout.

L'organisation FKK *(p. 267)* gère de nombreux sites réputés pour la beauté des cadres isolés où ils sont aménagés. Ils n'accueillent cependant que des adeptes du naturisme.

Le camping sauvage est interdit dans toute la Croatie. Ne vous y risquez pas, même en camping-car, vous risqueriez une amende.

AUBERGES DE JEUNESSE

La Croatie compte huit auberges de jeunesse, et elles accueillent des personnes de tous âges. Le site Internet de la fédération croate, l'**HFHS,** les décrit (en anglais) et permet de faire des réservations avant le départ. Mieux vaut avoir la carte YHF (Youth Hostelling International) disponible en France auprès de la **FUAJ.**

PRIX

Pour tous les modes d'hébergement, les tarifs, à confort égal, sont plus élevés à Zagreb et dans les zones touristiques comme le littoral, les îles ou les alentours des lacs de Plitvice. Sauf à Zagreb, les prix baissent en basse saison – le rabais peut atteindre 30 %. S'ils restent dans l'ensemble encore raisonnables, ils ont tendance à s'aligner sur les prix pratiqués dans le reste de l'Europe. Il est à noter que les campings, surtout les mieux équipés, n'offrent pas toujours la forme de logement la plus économique, en particulier si l'on ne voyage pas en famille. Une chambre chez l'habitant se révèle souvent plus avantageuse.

Malgré la proximité de la mer, les hôtels avec piscine sont appréciés

RÉSERVATIONS

Réserver à l'avance ses hébergements, notamment grâce à l'Internet, permet en général de gagner du temps sur place, mais restreint beaucoup la liberté de modifier ses projets au gré des rencontres ou des découvertes. La réservation n'est pas indispensable, hormis peut-être en août, l'apogée de la haute saison. Vous devriez partout pouvoir trouver à vous loger le jour même, que ce soit en vous adressant directement à un hôtel ou un propriétaire, ou en passant par un office du tourisme. Toutes les localités en possèdent un.

L'entrée de l'hôtel Dubrovnick à Zagreb

VOYAGEURS HANDICAPÉS

Les handicapés reçoivent une attention particulière de la part de la population en Croatie car, malheureusement, leur nombre a augmenté du fait du conflit des années 1991-1995. Il reste néanmoins beaucoup à faire en matière d'infrastructures. Rampes et ascenseurs adaptés aux personnes en fauteuil roulant manquent encore souvent, notamment dans les hôtels et restaurants occupant des bâtiments déjà anciens. Pour tout renseignement, contactez, en France, l'APAJH, l'Association pour adultes et jeunes handicapés, et en Croatie, Savez Organizicija Invalida Hrvatske, la fédération des associations de handicapés *(p. 267)*.

Vue aérienne du port de Sveti Andrija près de Dubrovnik

PHARES

La Croatie permet de réaliser un rêve que nous sommes nombreux à avoir eu enfant et à continuer à avoir : dormir dans un phare. Une agence touristique de Zagreb, adriatica.net, en propose onze à la location. Certains sont isolés en pleine mer sur un îlot, d'autres accessibles par route sur des promontoires du littoral ou de grandes îles. Tous ménagent des panoramas exceptionnels et offrent un calme rare. Ils sont divisés en appartements pouvant accueillir de deux à six personnes.

Le phare le plus au nord, **Savudrija,** est aussi le plus ancien. Construit en 1818, il se trouve à 9 km d'Umag en un lieu desservi par une route bitumée et apprécié des véliplanchistes.

Un peu plus au sud, entre Novigrad et Poreč, **Rt Zub** se dresse à 13 km de ces deux villes sur la péninsule Lanterna. Deux baies bordées de plages de galets l'encadrent.

Sur un îlot à 3,5 km au large de Rovinj, **Sveti Ivan na pučini** séduira tout particulièrement les pêcheurs et les plongeurs sous-marins.

À 20 km de Pula, **Porer** occupe le centre d'un rocher plat de 80 m de diamètre, à 2,5 km au large de la pointe la plus méridionale d'Istrie. **Veli Rat** s'élève sur un promontoire couvert de pins au nord-ouest de l'île de Dugi Otok, tandis que **Sveti Petar** signale l'entrée du port de Makarska, près de l'une des plus belles plages de l'Adriatique. Entre les deux, **Prinjak** se trouve sur une petite île aux eaux poissonneuses et propices à la baignade, à 300 m au large de Murter.

Entre Hvar et Korčula, la petite île plate de **Pločica** se prête à l'accueil d'un groupe et invite à se prendre pour la famille Robinson. **Struga** jouit d'une position dominante sur un cap fermant une splendide baie de Lastovo, une île restée longtemps interdite aux touristes.

En pleine mer, **Sušac** et **Palagruža** offrent sans doute le plus grand dépaysement. La première île ne se prête toutefois pas à un séjour avec des enfants et, sur la deuxième, la position du phare, au sommet d'une arête rocheuse, en rend l'accès difficile aux personnes âgées

Presque tous les phares ont encore un gardien prêt à rendre, contre rétribution, certains services, faire des courses notamment. Le trajet en bateau jusqu'aux îles non desservies par des lignes régulières est relativement coûteux.

ADRESSES

ASSOCIATIONS D'AGENCES DE VOYAGES

UHPA Association des agences de voyages croates
Crnčićeva 42, Zagreb.
Tél. *(01) 230 31 45, 230 49 92.*
Fax (01) 230 31 45, 230 49 92.
www.uhpa.hr
www.croatia-travel.org

UNPAH Union des associations de voyages croates indépendantes
Jurišićeva 1, Zagreb.
Tél. *(01) 6678 141.*
Fax *(01) 6678 141.*

Studentska Turistička Agencija Zagreb (agence de tourisme des étudiants)
Ribnjak 36, Zagreb.
Tél. *(01) 4886 340.*

CAMPINGS

Kamping Udruženje Hrvatske (Union des campings croates)
Pionirska 1, Poreč.
Tél. *(052) 451 324, 451 292.*
www.camping.hr

AUBERGES DE JEUNESSE

FUAJ Fédération unie des auberges de jeunesse
27, rue Pajol, 75018 Paris.
Tél. *01 44 89 87 27.*
Fax *01 44 89 87 49.*
www.fuaj.org

HFHS Association des auberges de jeunesse croates
Savska 5, Zagreb.
Tél. *(01) 482 92 96.*
Fax *(01) 482 92 94.*
www.hfhs.hr

PHARES

Adriatica.net
Slavonska avenija 26/9, Zagreb.
Tél. *(01) 2415 611.*
Fax *(01) 2452 909.*
www.adriatica.net
Réservations possibles en ligne.

Choisir un hôtel

Sélectionnés pour leurs prestations, leur rapport qualité-prix et leur situation, et dans une large gamme de tarifs, les hôtels sont classés par région. Les prix baissent en basse saison, les rabais peuvent atteindre un tiers du prix par rapport à juillet-août. Les références cartographiques renvoient au dernier rabat intérieur.

LES PRIX correspondent à une nuit en chambre double et en haute saison, service et taxes compris. Le petit déjeuner est généralement inclus.

(Kn) moins de 500 KUNA
(Kn)(Kn) 500-750 KUNA
(Kn)(Kn)(Kn) 750-1000 KUNA
(Kn)(Kn)(Kn)(Kn) 1000-1200 KUNA
(Kn)(Kn)(Kn)(Kn)(Kn) plus de 1200 KUNA

L'ISTRIE ET LE GOLFE DU KVARNER

ÎLES BRIJUNI Karmen (Kn)(Kn)(Kn)(Kn)

Veliki Brijuni. ***Tél.*** *(052) 525 400* ***Fax*** *(052) 212 110* ***Chambres*** *53* ***Plan*** *A3*

Les îles Brijuni, encore préservées et très calmes, sont splendides. Cerné par les pins, le *Karmen* jouit d'une jolie situation au bord de l'eau. Comme souvent en Croatie, les chambres donnant sur la mer sont plus chères. Le *Neptun-Istra* voisin offre un confort similaire. **www.brijuni.hr/en**

CRES Kimen (Kn)(Kn)

Riva Creških Kapetana, Cres. ***Tél.*** *(051) 571 161* ***Fax*** *(051) 571 163* ***Chambres*** *212* ***Plan*** *B3*

À 15 minutes à pied de la ville, ce complexe hôtelier en pleine pinède possède sa propre plage et offre des activités et des équipements particulièrement bien adaptés aux familles. Il est d'un bon rapport qualité-prix, même si les chambres sont plutôt basiques et de taille modeste. **www.cresanka.hr**

CRIKVENICA Hotel Esplanade (Kn)(Kn)

Strossmayerovo šetalište 52. ***Tél.*** *(051) 785 006* ***Fax*** *(051) 785 090* ***Chambres*** *64* ***Plan*** *B2*

Derrière un joli bâtiment au charme suranné, l'hôtel est principalement formé d'édifices modernes et plus fonctionnels que beaux. Le cadre boisé en bord de plage se prête à un séjour en famille. Essayez d'obtenir une chambre avec balcon et vue sur la mer. **www.jadran-crikvenica.hr**

CRIKVENICA Kaštel (Kn)(Kn)

Frankopanska 22. ***Tél.*** *(051) 241 044* ***Fax*** *(051) 241 490* ***Chambres*** *73* ***Plan*** *B2*

Au bord de la rivière, non loin de la plage, le *Kaštel* occupe un ancien château ayant pour origine un monastère du XIVe siècle. Si son extérieur en impose, l'intérieur laisse malheureusement un peu à désirer… À moins d'avoir un faible pour le mobilier des années 1970. **www.jadran-crikvenica.hr**

KRK Marina (Kn)(Kn)

Obala hrvatske mornarice 17, Krk. ***Tél.*** *(051) 221 128* ***Fax*** *(051) 221 357* ***Chambres*** *18* ***Plan*** *B3*

Le seul hôtel de la vieille ville comprend un restaurant dont la terrasse offre sur le port une position de choix pour contempler la foule. Le personnel se montre prévenant. Les chambres sont un peu exiguës et il leur manque la climatisation, mais elles restent d'un bon rapport qualité-prix au vu de la situation.

KRK Koralj (Kn)(Kn)(Kn)

Vlade Tomašića, Krk. ***Tél.*** *(051) 221 044* ***Fax*** *(051) 221 063* ***Chambres*** *190* ***Plan*** *B3*

Près d'une jolie baie, ce grand établissement permet de profiter d'équipements tels que piscine, salle de gymnastique et sauna. Il convient donc bien à un séjour avec des enfants même si l'accueil est un peu impersonnel. Simples, modernes et confortables, toutes les chambres sont climatisées depuis 2007. **www.zlatni-otok.hr**

LOŠINJ Alhambra (Kn)(Kn)

Mali Lošinj. ***Tél.*** *(051) 232 022* ***Fax*** *(051) 232 042* ***Chambres*** *40* ***Plan*** *B3*

Entourée de cyprès et de pins à quelques pas de l'eau dans la jolie baie de Čikat, cette grande et élégante villa renferme des chambres spacieuses et meublées avec goût même si elles manquent un peu de personnalité. Même les chambres qui ont vue sur la mer, et sont donc un peu plus chères, offrent un bon rapport qualité-prix. **www.jadranka.hr**

LOŠINJ Bellevue (Kn)(Kn)(Kn)

Čikat, Mali Lošinj. ***Tél.*** *(051) 231 222* ***Fax*** *(051) 231 268* ***Chambres*** *226* ***Plan*** *B3*

À 1,5 km du centre, la splendide pinède de Čikat enveloppe ce grand hôtel moderne caché à quelques pas du rivage. Il propose des chambres confortables et un choix supérieur à la norme d'activités et d'équipements de loisirs. **www.jadranka.hr**

LOŠINJ Punta (Kn)(Kn)(Kn)

Veli Lošinj. ***Tél.*** *(051) 662 000* ***Fax*** *(051) 236 301* ***Chambres*** *231* ***Plan*** *B3*

Ce vaste complexe hôtelier s'étend à la sortie de la baie de Veli Lošinj, la deuxième ville de l'île. Construit sur les rochers, il bénéficie d'une excellente situation en bord de mer. Il abrite un institut de beauté et permet la pratique de toutes les activités sportives habituelles, dont la plongée sous-marine. **www.jadranka.hr**

Légende des symboles *voir rabat de couverture*

LOŠINJ Apoksiomen ⓀⓀⓀⓀ

Riva Lošinjskih kapetana I, Mali Lošinj. ***Tél.*** *(051) 520 820* ***Fax*** *(051) 520 830* ***Chambres*** *25* ***Plan*** *B3*

Cet hôtel de charme sur le port ne propose pas toutes les prestations en vogue mais il est d'une élégance discrète et ménage de belles vues de la mer. Ses chambres sans sophistication particulière disposent toutes d'un accès à l'Internet et de la télévision par satellite. Il y a même un étage non-fumeur. **www.apoksiomen.com**

LOŠINJ Villa Favorita ⓀⓀⓀⓀ

Sunčana Uvala bb. ***Tél.*** *(051) 520 640* ***Fax*** *(051) 232 853* ***Chambres*** *8* ***Plan*** *B3*

Ce petit quatre-étoiles occupe en pleine pinède une élégante demeure du XIXe siècle située à un jet de pierre de l'eau cristalline de la « baie du Soleil ». Quatre de ses chambres confortables donnent sur la mer, et les hôtes ont accès à un joli jardin, un sauna et une petite piscine. **www.villafavorita.hr**

LOVRAN Bristol ⓀⓀⓀ

Šetalište Maršala Tita 27. ***Tél.*** *(051) 292 022* ***Fax*** *(051) 292 049* ***Chambres*** *101* ***Plan*** *B2*

Ce bel immeuble historiciste de la fin du XIXe siècle fait face à l'Adriatique sur la promenade. Les meilleures chambres ont de grandes fenêtres, de hauts plafonds et un balcon. Malgré l'absence de climatisation, elles sont d'un bon rapport qualité-prix. La plage déçoit un peu car elle se résume à des plates-formes en béton. **www.liburnia.hr**

MOTOVUN Hotel Kaštel ⓀⓀⓀ

Trg Andrea Antico 7. ***Tél.*** *(052) 681 607* ***Fax*** *(052) 681 652* ***Chambres*** *28* ***Plan*** *A2*

L'unique hôtel d'un spectaculaire village perché occupe une maison patricienne du XVIIIe siècle qui ménage une vue superbe de l'arrière-pays. Il loue des chambres lumineuses et accueillantes. Le restaurant sert une bonne cuisine locale, à base de truffes notamment. **www.hotel-kastel-motovun.hr**

OPATIJA Galeb ⓀⓀⓀ

Maršala Tita 160. ***Tél.*** *(051) 271 177* ***Fax*** *(051) 271 349* ***Chambres*** *24* ***Plan*** *B2*

Ce charmant petit établissement dans le centre-ville et sur le front de mer est d'un bon rapport qualité-prix. Rénovées en 2000, ses chambres élégantes et spacieuses possèdent souvent des balcons donnant sur la mer. Le personnel se montre accueillant, y compris au bar et au restaurant. **www.hotel-galeb.hr**

OPATIJA Istra ⓀⓀⓀ

Maršala Tita 145. ***Tél.*** *(051) 271 299* ***Fax*** *(051) 271 826* ***Chambres*** *115* ***Plan*** *B2*

Sur le front de mer, à cinq minutes à pied du centre et de ses bars et restaurants, cet établissement de taille moyenne offre une gamme intéressante de prestations pour les tarifs pratiqués. L'aménagement intérieur du bâtiment relativement moderne a toutefois un petit côté démodé. **www.liburnia.hr**

OPATIJA Palace-Bellevue ⓀⓀⓀ

Maršala Tita 144-146. ***Tél.*** *(051) 271 811* ***Fax*** *(051) 271 964* ***Chambres*** *211* ***Plan*** *B2*

Deux grands immeubles de la fin du XIXe siècle évoquent les fastes de l'Empire austro-hongrois près de la plage. Les pièces communes ont perdu un peu de leur fraîcheur mais restent d'une emphase propice à la nostalgie avec leurs colonnes de marbre et leurs lustres. **www.liburnia.hr**

OPATIJA Villa Ariston ⓀⓀⓀ

Maršala Tita 179. ***Tél.*** *(051) 271 379* ***Fax*** *(051) 271 494* ***Chambres*** *8* ***Plan*** *B2*

À un quart d'heure à pied du centre-ville, la villa, édifiée en 1924, sur le rivage rocheux bénéficie d'une vue splendide. Les statues qui décorent le jardin ajoutent à son charme romantique. Elle abrite deux vastes suites et des chambres spacieuses, ainsi qu'un excellent restaurant. **www.villa-ariston.hr**

OPATIJA Hotel Milenij ⓀⓀⓀⓀ

Maršala Tita 109. ***Tél.*** *(051) 278 003* ***Fax*** *(051) 278 021* ***Chambres*** *125* ***Plan*** *B2*

Dans un parc au bord de la promenade, cet établissement de luxe a pour origine des villas du début du XIXe siècle. Les bâtiments sont meublés avec goût. Piscines, sauna et soins de beauté comptent parmi les prestations proposées. Certaines chambres jouissent d'une vue superbe. **www.ugohoteli.hr**

OPATIJA Hotel Mozart ⓀⓀⓀⓀ

Maršala Tita 138. ***Tél.*** *(051) 718 260* ***Fax*** *(051) 271 739* ***Chambres*** *28* ***Plan*** *B2*

Ce cinq-étoiles en centre-ville, sur le front de mer, date de la fin du XIXe siècle et possède une plage privée. Il loue de belles chambres au plancher de bois sombre et au mobilier de qualité. Des fleurs fraîches les égaient. La plupart ont un balcon donnant sur la mer. **www.hotel-mozart.hr**

OPATIJA Admiral ⓀⓀⓀⓀⓀ

Maršala Tita 139. ***Tél.*** *(051) 271 533* ***Fax*** *(051) 271 708* ***Chambres*** *180* ***Plan*** *B2*

Ce grand immeuble moderne sur le front de mer renferme un club de remise en forme, un salon de beauté et de massage, toutes sortes de sauna, une boîte de nuit et plusieurs piscines. Il a même son propre port de plaisance. Malgré la taille de l'établissement, le tout est superbement entretenu. **www.liburnia.hr**

PLITVICE Grabovac Ⓚ

Plitvička Jezera. ***Tél.*** *(053) 751 999* ***Fax*** *(053) 751 892* ***Chambres*** *31* ***Plan*** *C3*

Le bâtiment moderne et sans attrait évoque plutôt un motel. Il renferme des chambres simples et deux restaurants, dont un self-service. À l'écart du principal complexe hôtelier, il offre un hébergement d'une qualité correcte vue la modicité des prix. **www.np-plitvice.com**

PLITVICE Plitvice

Plitvička Jezera. **Tél.** *(053) 751 100* **Fax** *(053) 751 165* **Chambres** *52* **Plan** *C3*

Le meilleur, sans doute, des quatre hôtels gérés par le parc naturel des lacs de Plitvice loue des chambres simples et propres, même si les pièces communes manquent de personnalité. Il donne accès aux équipements sportifs et de loisirs du complexe principal. **www.np-plitvice.com**

POREČ Hotel Neptun

Obala Maršala Tita 15. **Tél.** *(052) 400 800* **Fax** *(052) 431 351* **Chambres** *143* **Plan** *A2*

La situation du *Neptun*, au cœur de la vieille ville, sur le promontoire donnant vue de la mer au-dessus du port, excuse le bruit (léger). N'hésitez pas à prendre une chambre en façade. Les nageurs apprécieront les navettes gratuites en bateau jusqu'à l'île Saint-Nicolas. **www.riviera.hr**

POREČ Hotel Hostin

Rade Koncara 4. **Tél.** *(052) 408 800* **Fax** *(052) 408 857* **Chambres** *41* **Plan** *A2*

Les bâtiments d'un blanc éclatant ne comptent pas parmi les plus grandes réussites de l'architecture hôtelière croate, mais ils se trouvent près d'une plage sûre et à courte distance de la ville. Les prestations sont variées : accès à l'Internet, à la salle de gymnastique et au sauna. **www.hostin.hr**

POREČ Tamaris

Lanterna. **Tél.** *(052) 401 000* **Fax** *(052) 443 500* **Chambres** *345* **Plan** *A2*

Ce grand complexe hôtelier, situé à environ 10 km de Poreč, propose toutes sortes d'activités dans un cadre isolé particulièrement propice à un séjour en famille. Il peut accueillir jusqu'à 700 personnes. Des pins donnent de l'ombre au bord de la plage de galets. **www.riviera.hr**

POREČ Parentium

Zelena Laguna. **Tél.** *(052) 411 500* **Fax** *(052) 451 536* **Chambres** *340* **Plan** *A2*

Ce village de vacances s'étend parmi les pins sur sa propre péninsule. Elles est bordée d'un côté par un port de plaisance et de l'autre par de belles plages. La gamme habituelle d'équipements et d'activités garantit que des enfants ne s'ennuieront pas. Attention, les arbres masquent la vue dans certaines chambres. **www.plavalaguna.hr**

PULA Hotel Omir

Serđa Dobrića 6. **Tél.** *(052) 218 186* **Fax** *(052) 213 944* **Chambres** *18* **Plan** *A3*

Un accueil très personnalisé dans un chaleureux deux-étoiles tenu en famille au cœur de la ville. Il renferme une pizzeria et une animalerie. Inutile de préciser que les animaux familiers sont les bienvenus. Relativement bon marché, les chambres sont fonctionnelles et climatisées. **www.hotel-omir.com**

PULA Hotel Riviera

Splitska 1. **Tél.** *(052) 211 166* **Fax** *(052) 540 285* **Chambres** *65* **Plan** *A3*

Avec une imposante façade à colonnes typique de l'historisme austro-hongrois, le *Riviera* affiche un aspect grandiose en décalage avec le niveau de confort qu'il propose. Il loue des chambres simples et propres à des prix modérés pour le centre-ville. **www.arenaturist.hr**

PULA Hotel Scaletta

Flavijevska 36. **Tél.** *(052) 541 599* **Fax** *(052) 540 285* **Chambres** *12* **Plan** *A3*

Cet hôtel de charme, tenu en famille et décoré avec goût, est d'un excellent rapport qualité-prix. Il est situé à proximité des principaux sites du centre-ville et son restaurant, réputé, permet aux beaux jours de déguster en terrasse des spécialités culinaires locales. **www.hotel-scaletta.com**

PULA Hotel Histria

Verudela. **Tél.** *(052) 590 000* **Fax** *(052) 214 175* **Chambres** *240* **Plan** *A3*

Ce grand complexe hôtelier confortable et bien équipé fait face à Marina Veruda à 4 km en dehors de la ville. Il propose de grandes chambres dont certaines bénéficient d'une vue splendide de la mer. Mieux vaut apprécier la restauration de masse pour souscrire à la demi-pension. **www.arenaturist.hr**

PULA Hotel Valsabbion

Pješćana Uvala 1X/26. **Tél.** *(052) 218 033* **Fax** *(052) 383 333* **Chambres** *10* **Plan** *A3*

Ce petit hôtel de grand luxe occupe une villa en bord de mer à 6 km au sud de Pula. Ses propriétaires maîtrisent avec brio l'art de l'accueil. John Malkovich, Placido Domingo et Naomi Campbell ont fait partie de leurs hôtes. Le restaurant est l'un des meilleurs de Croatie. **www.valsabbion.net**

RAB Imperial

Palit bb. **Tél.** *(051) 724 522* **Fax** *(051) 724 126* **Chambres** *134* **Plan** *B3*

Dans le parc Komcar situé en bordure de la vieille ville de Rab, un immeuble entouré de verdure abrite des chambres spacieuses, simples et agréablement meublées, certaines avec balcon. Comme d'habitude, elles coûtent quelques kunas de plus quand elles sont côté mer. **www.imperial.hr**

RAB Padova

Banjol bb. **Tél.** *(051) 724 184* **Fax** *(051) 724 117* **Chambres** *175* **Plan** *B3*

Ce grand hôtel moderne fait face à la vieille ville de Rab, de l'autre côté de la baie, et il en offre une belle vue. Ses équipements de sport et de santé comprennent un sauna, un institut de beauté et deux piscines, dont une couverte. Certaines chambres n'ont pas l'air conditionné. **www.imperial.hr**

Catégories de prix, *voir p. 222* **Légende des symboles,** *voir rabat de couverture*

RABAC Hotel Mimosa Kn Kn Kn

52221 Rabac. ***Tél.*** *(052) 872 024* ***Fax*** *(052) 872 097* ***Chambres*** *217* ***Plan*** *B3*

Le *Complesso dei Fiori* comprend trois hôtels modernes, dont le *Mimosa*, qui s'adossent à la colline face à la mer. Si vous aimez les séjours en complexe hôtelier, vous apprécierez les équipements et les activités, ainsi que de tout avoir à votre porte. Mieux vaut sinon chercher un hébergement plus intime. **www.maslinicarabac.com**

RABAC Villa Annette Kn Kn Kn Kn

Raška 24. ***Tél.*** *(052) 884 222* ***Fax*** *(052) 884 225* ***Chambres*** *30* ***Plan*** *B3*

Sur une colline dominant la baie de Rabac à environ 15 minutes à pied de la mer, une grande villa moderne offre exactement l'inverse des immenses complexes hôteliers. Les chambres sont lumineuses et confortables et une belle piscine permet de se baigner sur la terrasse. Le restaurant sert une cuisine recherchée. **www.villaannette.hr**

RIJEKA Jadran Kn Kn Kn

Šetalište XIII divizie 46. ***Tél.*** *(051) 216 600* ***Fax*** *(051) 216 458* ***Chambres*** *69* ***Plan*** *B3*

Sur la route côtière entre Rijeka et Split, ce monolithe entrepris au ras de l'eau en 1914 propose depuis sa rénovation en 2005 les prestations d'un quatre-étoiles. Les chambres, spacieuses et bien meublées, ménagent en façade un large panorama de l'Adriatique. **www.jadran-hoteli.hr**

RIJEKA Bonavia Kn Kn Kn Kn

Dolac 4 ***Tél.*** *(051) 357 100* ***Fax*** *(051) 335 969* ***Chambres*** *121* ***Plan*** *B3*

Restauré en 2000, le *Bonavia* ne fait pas ses 125 ans d'âge. Il vise en centre-ville une clientèle de standing et d'affaires habituée à un service haut de gamme. Les chambres ont un décor soigné, certaines ont vue sur la mer. Le personnel peut organiser excursions et visites **www.bonavia.hr**

ROVINJ Vila Lili Kn Kn Kn

A. Mohorovicica 16. ***Tél.*** *(052) 840 940* ***Fax*** *(052) 840 944* ***Chambres*** *16* ***Plan*** *A3*

Dans un paisible quartier résidentiel proche de la plage, ce petit hôtel de charme loue des chambres au mobilier moderne et dotées d'une connexion Internet et de la télévision par satellite. Le thème du petit déjeuner (inclus dans le prix) change tous les jours. **www.hotel-vilalili.hr**

ROVINJ Hotel Adriatic Kn Kn Kn Kn

P Budicin bb. ***Tél.*** *(052) 815 088* ***Fax*** *(052) 813 573* ***Chambres*** *27* ***Plan*** *A3*

Construit en 1912, le plus vieil hôtel de la ville bénéficie d'une situation privilégiée en front de mer sur la place principale de Rovinj. Les chambres spacieuses ont un équipement moderne, dont l'accès sans fil à l'Internet, mais elles ne donnent pas toutes vue sur l'Adriatique. **www.maistra.hr**

ROVINJ Valdaliso Kn Kn Kn

Monsena. ***Tél.*** *(052) 805 500* ***Fax*** *(052) 811 541* ***Chambres*** *120* ***Plan*** *A3*

À courte distance de la ville, l'hôtel partage avec ses deux annexes et un camping une plage de galets et des rochers au bord de l'eau. Il se prête à un séjour avec des enfants mais pas à la recherche de solitude. Les chambres sont confortables mais sans cachet. Le large éventail d'activités comprend la plongée et même des cours de peinture. **www.rovinjturist.hr**

ROVINJ Hotel Angelo D'Oro Kn Kn Kn Kn Kn

V Svalba 38–42. ***Tél.*** *(052) 840 502* ***Fax*** *(052) 840 111* ***Chambres*** *23* ***Plan***

Un hôtel de charme vient d'ouvrir dans un palais du XVIIe siècle restauré avec amour. Des antiquités meublent les chambres. On peut y prendre le soleil dans un patio ou paresser sur la loggia en laissant courir son regard sur les toits de tuiles rouges et la mer. Le restaurant et le service sont soignés. **www.rovinj.at**

ROVINJ Park Kn Kn Kn Kn Kn

I M Ronjigova. ***Tél.*** *(052) 811 077* ***Fax*** *(052) 816 977* ***Chambres*** *202* ***Plan*** *A3*

Cet hôtel très fréquenté fait face à la vieille ville de l'autre côté de la baie, à environ 20 minutes de marche. Certaines chambres offrent une vue splendide de la mer. Une large gamme d'équipements et d'activités justifie le succès du *Park* auprès des familles ayant les moyens de payer de tels tarifs. **www.maistra.hr**

UMAG Adriatic Kn Kn

Jadranska. ***Tél.*** *(052) 741 644* ***Fax*** *(052) 741 470* ***Chambres*** *145* ***Plan*** *A2*

Cet immeuble sans charme particulier, situé en bord de mer, à seulement 10 minutes à pied de la ville, offre un riche éventail d'activités sportives à prix accessible. Les chambres ont toutefois perdu de leur fraîcheur et ne disposent pas de la climatisation. **www.istraturist.hr**

UMAG Sol Aurora Kn Kn Kn Kn Kn

Katoro. ***Tél.*** *(052) 717 000* ***Fax*** *(052) 717 999* ***Chambres*** *306* ***Plan*** *A2*

Depuis une récente rénovation, ce grand complexe hôtelier compte parmi les meilleurs des environs d'Umag. En bord de mer à 2,5 km du centre-ville, il propose un large choix d'activités pour tous les âges. Les chambres sont neutres mais propres. Des pins bloquent parfois la vue. **www.istraturist.hr**

VRSAR Hotel Panorama Kn Kn Kn

Vrsar. ***Tél.*** *(052) 441 346* ***Fax*** *(052) 441 050* ***Chambres*** *151* ***Plan*** *A2-3*

Le *Panorama* est l'un de ces grands complexes où le fonctionnel l'emporte sur l'esthétique. Récemment rénové, il ménage, à 200 m du rivage, une vue splendide de l'Adriatique. Les familles apprécieront ses piscines en plein air, dont une d'eau de mer, et la modicité de ses tarifs. **www.maistra.hr**

VRSAR Belvedere ⓀⓀⓀ

Vrsar. **Tél.** *(052) 441 118* **Fax** *(052) 441 730* **Chambres** *134* **Plan** *A3*

Ce grand village de vacances loue des chambres fonctionnelles, propres et modernes et 176 appartements d'un excellent rapport qualité-prix. Près du centre ancien et de la promenade du front de mer, il jouit d'une belle vue depuis un flanc de colline. **www.maistra.hr**

VRSAR Pineta ⓀⓀⓀⓀ

Vrsar. **Tél.** *(052) 441 131* **Fax** *(052) 441 150* **Chambres** *95* **Plan** *A3*

Cet établissement de luxe, proche du centre et de la mer, possède une piscine couverte et ses hôtes peuvent utiliser les équipements du Belvedere voisin. Il se prête aussi bien à la pratique de nombreuses activités qu'au farniente au bord de la piscine ou sur une jolie plage de gravier. **www.maistra.hr**

LA DALMATIE

BRAC Hotel Kaktus ⓀⓀⓀ

Put Vele Luke 4, Supetar. **Tél.** *(021) 631 133* **Fax** *(021) 631 344* **Chambres** *120* **Plan** *D5*

Supetar accueille moins de visiteurs d'une journée que Bol et possède un charme légèrement plus authentique avec son port et sa promenade. Le trois-étoiles le mieux équipé de la ville fait partie d'un immense village de vacances et offre un très large éventail d'activités. **www.watermanresorts.com**

BRAC Hotel Kaštil ⓀⓀⓀⓀ

F Radica bb, Bol. **Tél.** *(021) 635 995* **Fax** *(021) 635 997* **Chambres** *32* **Plan** *D5*

Ce trois-étoiles de taille moyenne dominant le port de Bol séduira tous ceux qui préfèrent un hébergement personnalisé aux équipements des grands complexes de vacances. Il occupe une ancienne forteresse baroque et toutes les chambres et la terrasse du restaurant font face à la mer. **www.kastil.hr**

BRAC Elaphusa ⓀⓀⓀⓀⓀ

Bračka Cesta 13, Bol. **Tél.** *(021) 306 200* **Fax** *(021) 635 447* **Chambres** *300* **Plan** *D5*

Au cœur d'une pinède, non loin de la célèbre plage de Bol et à 10 minutes à pied du centre, cet établissement récemment rénové propose, entre autres, des soins de beauté. La moitié des chambres sont climatisées. Les arbres dissimulent souvent la vue sur la mer. **www.bluesunhotels.com**

BRAC Hotel Riu Borak ⓀⓀⓀⓀⓀ

Bračka Cesta 13, Bol. **Tél.** *(021) 306 202* **Fax** *(021) 306 215* **Chambres** *136* **Plan** *D5*

Le meilleur des grands quatre-étoiles de Bol se niche parmi les pins et les cyprès, près du sentier reliant la célèbre plage de Zlatni Rat au centre de Bol. Bondé en haute saison, il a bénéficié d'une rénovation et propose les prestations habituelles d'un hôtel de luxe. **www.bluesunhotels.com**

CAVTAT Hotel Cavtat ⓀⓀⓀ

Tiha bb. **Tél.** *(020) 478 246* **Fax** *(020) 478 651* **Chambres** *94* **Plan** *F6*

Un immeuble moderne, bas et isolé parmi les arbres au-dessus de la plage et non loin du centre, offre un hébergement fonctionnel et les prestations d'un trois-étoiles. Dubrovnik est facile à rejoindre en bateau depuis le joli et paisible village de Cavtat. **www.iberostar.com**

CAVTAT Hotel Supetar ⓀⓀⓀ

Obala Dr A. Starcevića 27. **Tél.** *(020) 479 833* **Fax** *(020) 479 858* **Chambres** *28* **Plan** *F6*

Difficile de trouver mieux du point de vue du charme, de la situation et du rapport qualité-prix que cette vieille maison de pierre en front de mer. L'intérieur est toutefois un peu terne. Ne vous laissez pas rebuter par la « plage » en béton, la péninsule voisine couverte de pins recèle de splendides endroits où se baigner. **www.hoteli-croatia.hr**

CAVTAT Croatia ⓀⓀⓀⓀⓀ

Frankopanska. **Tél.** *(020) 475 555* **Fax** *(020) 478 213* **Chambres** *158* **Plan** *F6*

Tel un repaire de terroristes dans un film de James Bond, ce grand hôtel s'accroche au flanc d'une colline boisée et n'apparaît au regard qu'au dernier instant. De ses terrasses, la vue porte jusqu'à Dubrovnik. Il possède deux piscines d'eau de mer, dont une couverte. Des avancées depuis les rochers permettent de se baigner dans l'Adriatique. **www.hoteli-croatia.hr**

DUBROVNIK Hotel Sali ⓀⓀ

23 281, Sali, Dugi Otok. **Tél.** *(023) 377 049* **Fax** *(023) 377 078* **Chambres** *52* **Plan** *C4*

À la pointe sud de l'île, près du parc des îles Kornati, quatre pavillons modernes cachés dans les arbres bordent une petite baie aux eaux limpides. Toutes les chambres lui font face et possèdent des balcons. Le restaurant sert une bonne cuisine et l'hôtel possède son propre club de plongée. **www.hotel-sali.hr**

DUBROVNIK Adriatic ⓀⓀⓀ

Masarykov put 9. **Tél.** *(020) 433 520* **Fax** *(020) 433 530* **Chambres** *8* **Plan** *F6*

Le moderne Adriatic n'offre pas un éventail de prestations aussi large que certains de ses concurrents, mais il est aussi moins cher. Malgré des chambres un peu défraîchies, il reste populaire du fait de sa situation et de la vue. Attention, les escaliers peuvent rendre les déplacements pénibles. **www.hotelimaestral.com**

Catégories de prix, *voir p. 222* **Légende des symboles,** *voir rabat de couverture*

DUBROVNIK Hotel Sumratin Kn Kn Kn

Šetalište Kralja Zvonimira 27. ***Tél.*** *(020) 436 333* ***Fax*** *(020) 436 006* ***Chambres*** *44* ***Plan*** *F6*

Sur la péninsule de Lapad, cette villa de 1922 possède un agréable jardin près de la plage et non loin de restaurants et de bars. Malgré une rénovation, le décor intérieur démodé et les limites de l'équipement ne lui permettent pas de dépasser son statut de deux-étoiles. **www.hotels-sumratin.com.**

DUBROVNIK Zagreb TV Kn Kn Kn

Šetalište Kralja Zvonimira 56. ***Tél.*** *(020) 436 146* ***Fax*** *(020) 436 006* ***Chambres*** *18* ***Plan*** *F6*

Ce petit hôtel confortable de Lapad, à 4 km du centre de Dubrovnik, occupe une villa de la fin du XIXe siècle au joli jardin planté de palmiers. Le personnel se montre accueillant et prévenant. Certaines salles de bains sont un peu petites. Un bus permet de rejoindre la vieille ville. **www.hotels-sumratin.com**

DUBROVNIK Excelsior TV Kn Kn Kn Kn Kn

Frana Supila 12. ***Tél.*** *(020) 353 353* ***Fax*** *(020) 311 425* ***Chambres*** *160* ***Plan*** *F6*

Cet établissement haut de gamme construit les pieds dans l'eau à l'est de la ville propose de belles chambres offrant un panorama fantastique. Il renferme de bons restaurants et une terrasse très agréable. Néanmoins, l'équipement et le service sont parfois un peu décevants vu le prix... Très élevé. **www.hotel-excelsior.hr**

DUBROVNIK Hotel Stari Grad TV Kn Kn Kn Kn Kn

Od Sigurate 4. ***Tél.*** *(020) 322 244* ***Fax*** *(020) 321 256* ***Chambres*** *8* ***Plan*** *F6*

Ce minuscule hôtel de charme permet de loger dans une demeure aristocratique de la vieille ville. Son point fort est la vue qui s'ouvre du toit en terrasse. On peut y prendre son petit déjeuner. Si vous avez un sommeil léger, notez que le centre de Dubrovnik n'est pas un endroit calme. **www.hotelstarigrad.com**

DUBROVNIK Hotel Pucic Palace TV Kn Kn Kn Kn Kn

Od Puca 1. ***Tél.*** *(020) 324 826* ***Fax*** *(020) 324 826* ***Chambres*** *17* ***Plan*** *F6*

Ce cinq-étoiles de charme a ouvert en 2003 dans un palais du XVIIIe siècle dominant la place du marché (Gundulic). Mobilier ancien et poutres apparentes donnent le ton dans les chambres somptueuses. La bonne société locale se retrouve au bar à vin, au café et au restaurant. **www.thepucicpalace.com**

DUBROVNIK Hotel Vis TV Kn Kn Kn Kn Kn

Masarykov put 4. ***Tél.*** *(020) 433 540* ***Fax*** *(020) 437 333* ***Chambres*** *136* ***Plan*** *F6*

Sur la baie de Lapad, ce groupe d'immeubles modernes et blancs manque de personnalité mais il offre la gamme classique d'équipements et de prestations des complexes de vacances et un service de qualité. Si possible, prenez une chambre donnant sur la mer. **www.hotelimaestral.com**

DUGI OTOK Hotel Lavanda TV Kn Kn

23286, Bozava, Dugi Otok. ***Tél.*** *(023) 291 291* ***Fax*** *(023) 377 682* ***Chambres*** *80* ***Plan*** *C4*

À la pointe nord de l'île, ce groupe de petits immeubles récemment rénovés fait face à une paisible crique à quelques pas de l'eau. Toutes les chambres ont un balcon et les équipements et prestations comprennent une piscine, un sauna, des massages, des cours de tennis, un bowling et la possibilité de faire de la plongée sous-marine. **www.hoteli-bozava.hr**

HVAR Amfora TV Kn Kn Kn Kn Kn

Hvar. ***Tél.*** *(021) 750 300* ***Fax*** *(021) 750 301* ***Chambres*** *330* ***Plan*** *D5*

Cet ambitieux complexe hôtelier renferme également 100 appartements. À 10 minutes à pied du centre de Hvar en front de mer, il loue des chambres joliment meublées. Ses deux agréables restaurants donnent vue de la mer. Les hôtes disposent de courts de tennis et d'une école de plongée. **www.suncanihvar.hr**

HVAR Hotel Podstine TV Kn Kn Kn Kn Kn

Podstine bb, Hvar. ***Tél.*** *(021) 740 400* ***Fax*** *(021) 740 499* ***Chambres*** *40* ***Plan*** *D5*

À un peu moins de 2 km du centre de la ville de Hvar, dans une crique paisible, cet hôtel construit au sein d'un arboretum possède sa propre plage. Les chambres sont simples et donnent toutes vue de la mer. Certaines ont un balcon. On peut y louer un bateau et faire de la plongée sous-marine. **www.podstine.com**

HVAR Hotel Riva TV Kn Kn Kn Kn Kn

Obala Sv. Nlikole 71, Hvar. ***Tél.*** *(021) 750 100* ***Fax*** *(021) 741 147* ***Chambres*** *57* ***Plan*** *D5*

En plein centre-ville, une complète restauration a transformé le modeste Slavija en un luxueux établissement de standing. Mobilier design et télévisions à écran plat donnent beaucoup d'allure aux chambres. À proximité du populaire bar-club *Carpe Diem*, n'espérez pas le silence absolu. **www.suncanihvar.hr**

HVAR Palace TV Kn Kn Kn Kn Kn

Hvar. ***Tél.*** *(021) 741 966* ***Fax*** *(021) 742 420* ***Chambres*** *63* ***Plan*** *D5*

Le plus vieil hôtel de Hvar domine la grand-place. Une élégante terrasse occupe le toit au-dessus d'une jolie loggia ancienne. Le reste est plus moderne, mais la décoration a un peu perdu de sa fraîcheur. Malheureusement, les chambres ne sont pas climatisées. On parle d'une rénovation. **www.suncanihvar.hr**

KORČULA Bon Repos TV Kn Kn Kn

Korčula. ***Tél.*** *(020) 711 102* ***Fax*** *(020) 711 122* ***Chambres*** *278* ***Plan*** *E6*

Pins et cyprès entourent en bord de mer ce grand hôtel des années 1970. Il loue des chambres simples et propres, mais les repas tournent parfois un peu à la mêlée en période d'affluence. La ville est à 15 minutes à pied, une promenade plaisante le long de la baie. Un bateau-taxi circule également en haute saison.

KORČULA Korčula (Kn)(Kn)(Kn)

Korčula. ***Tél.*** *(020) 711 078* ***Fax*** *(020) 711 746* ***Chambres*** *24* ***Plan*** *E6*

Ce petit hôtel dans un immeuble en pierre possède une atmosphère un peu démodée et certaines des chambres ne sont plus de première fraîcheur. Les conditions d'hébergement n'y sont pas idéales, mais sa grande terrasse en front de mer est idéale pour contempler l'animation du centre-ville le soir.

KORČULA Liburna (Kn)(Kn)(Kn)

Korčula. ***Tél.*** *(020) 726 006* ***Fax*** *(020) 711 746* ***Chambres*** *83* ***Plan*** *E6*

Dans un cadre paisible et isolé à environ cinq minutes à pied de la ville, cet hôtel bénéficie d'une situation privilégiée face à la mer. Construit dans les années 1980, il loue des chambres de bonne dimension, simples mais climatisées. La plage est petite, mais il y a mieux un peu plus loin.

MAKARSKA Hotel Meteor (Kn)(Kn)(Kn)

21300, Makarska. ***Tél.*** *(021) 602 600* ***Fax*** *(021) 611 419* ***Chambres*** *270* ***Plan*** *E5*

L'un des hôtels les plus confortables de la région offre tout l'équipement d'un quatre-étoiles, dont une piscine d'eau de mer. Sur le front de mer, à l'ouest de la ville, toutes les chambres ont des balcons donnant sur l'Adriatique. La cuisine est décevante, prévoyez de manger dehors. **www.hoteli-makarska.hr**

MAKARSKA Biokovo (Kn)(Kn)(Kn)(Kn)

Obala Kralja Tomislava. ***Tél.*** *(021) 615 244* ***Fax*** *(021) 615 081* ***Chambres*** *60* ***Plan*** *E5*

Dans le centre-ville, sur une promenade plantée de palmiers à 150 mètres de la plage, le *Biokovo* propose des chambres bien équipées, une large palette de soins de beauté et un centre sportif proche. Toutefois, si vous recherchez la solitude, envisagez un hébergement plus excentré, voire hors de Makarska. **www.hotelbiokovo.hr**

OREBIC Hotel Bellevue (Kn)(Kn)

Obala pomoraca 36. ***Tél.*** *(020) 713 148* ***Fax*** *(020) 714 310* ***Chambres*** *152* ***Plan*** *E6*

Proche de la partie la plus ancienne de la ville à un jet de pierre d'une agréable plage de galets, le *Bellevue* offre une gamme de prestations surprenante pour un simple deux-étoiles. La plupart des chambres ont vue sur la mer et certaines ont un balcon. Bon rapport qualité-prix à courte distance de la plage presque sablonneuse de Trstenica. **www.orebic-htp.hr**

OREBIC Hotel Rathaneum (Kn)(Kn)(Kn)

Petra Kresmira 1V 107. ***Tél.*** *(020) 713 022* ***Fax*** *(020) 714 310* ***Chambres*** *175* ***Plan*** *E6*

Hors de la ville, au bord d'une plage frangée d'arbres, le principal avantage de ce grand hôtel est sa situation isolée. Il fournit l'éventail habituel d'équipements et d'activités, mais les prestations sont tout juste acceptables. Le service laisse parfois franchement à désirer. **www.orebic-htp.hr**

PAG Pagus (Kn)(Kn)

Ante Starčevića 1, Pag. ***Tél.*** *(023) 611 309* ***Fax*** *(023) 611 101* ***Chambres*** *70* ***Plan*** *C4*

Cet établissement moderne s'étire le long de sa propre plage de galets à la sortie de la ville et il permet de pratiquer de nombreux sports nautiques. Il existe aussi un bâtiment plus ancien sans climatisation. Spacieuses, les chambres donnent sur la mer en façade. L'une des meilleures adresses de la région. **www.coning.hr/hotelpagus**

POMENA Hotel Odisej (Kn)(Kn)(Kn)

Pomena bb, Mljet. ***Tél.*** *(020) 362 111* ***Fax*** *(020) 744 042* ***Chambres*** *157* ***Plan*** *E6*

Le pittoresque port de Pomena se trouve au cœur du parc national de Mlejt, c'est-à-dire à des kilomètres des sentiers battus, sur une langue de terre couverte d'une forêt préservée. Difficile de trouver mieux pour se détendre au calme ou profiter des possibilités offertes par la mer et la nature. **www.hotelodisej.hr**

PRIMOŠTEN Zora (Kn)(Kn)(Kn)(Kn)(Kn)

Velika Raduća. ***Tél.*** *(022) 581 022* ***Fax*** *(022) 571 161* ***Chambres*** *385* ***Plan*** *D5*

Niché dans un épais tapis de pins et de cyprès, ce grand village de vacances bénéficie d'une excellente situation sur un isthme étroit en face de Primošten. Il possède de jolies chambres avec balcon, et la promenade pour rejoindre la ville à pied est agréable. **www.dalamcija.net/primosten/zora_eng.htm**

ŠIBENIK Hotel Jadran (Kn)(Kn)

Obala Dr Franje Tudmana 52. ***Tél.*** *(022) 242 009* ***Fax*** *(022) 212 480* ***Chambres*** *57* ***Plan*** *D5*

Le moderne *Jadran* paraît un peu déplacé au milieu des vieux édifices en pierre de Šibenik, mais il offre la seule solution pour séjourner en ville. Il jouit d'une situation agréable sur le port et se révèle d'un très bon rapport qualité-prix. **www.rivijera.hr**

ŠIBENIK Hotel Jakov (Kn)(Kn)(Kn)

Hotelsko nasilje Solaris bb. ***Tél.*** *(022) 361 001* ***Fax*** *(022) 361 800* ***Chambres*** *238* ***Plan*** *D5*

Au bord d'une belle plage à 6 km du centre, cet immense complexe de vacances permet, entre autres, de se baigner dans une piscine d'eau de mer ou de jouer au volley-ball, au basket-ball et au tennis. Le *Jakov* est le moins important de ses cinq hôtels. Ils affichent complet en pleine saison. **www.solaris.hr**

ŠIBENIK Ivan (Kn)(Kn)(Kn)

Hotelsko nasilje Solaris bb. ***Tél.*** *(022) 361 001* ***Fax*** *(022) 361 800* ***Chambres*** *347* ***Plan*** *D5*

Comme le *Jakov*, cet hôtel moderne fait partie du complexe Solaris à 6 km de Šibenik. Il en abrite le centre de remise en forme, le plus grand de Croatie, qui propose un large choix de soins de beauté. Le complexe renferme également des appartements et un camping. **www.solaris.hr**

Catégories de prix, *voir p. 222* **Légende des symboles,** *voir rabat de couverture*

SPLIT Hotel Slavija ⓀⓀⓀ

Buvinina 2. **Tél.** *(021) 323 840.* **Fax** *(021) 323 868.* **Chambres** *25* **Plan** *D5*

L'hôtel offre la rare possibilité de dormir à l'intérieur du palais de Dioclétien (bâtiment du XVIIe siècle). Il loue des chambres agréables au mobilier moderne. Trois d'entre elles possèdent une petite terrasse. Mieux vaut réserver très longtemps à l'avance en haute saison. **www.hotelslavija.com**

SPLIT Hotel Consul ⓀⓀⓀ

Trščanska 34. **Tél.** *(021) 340 130* **Fax** *(021) 340 133* **Chambres** *19* **Plan** *D5*

Ce petit établissement familial doit une part de sa popularité à sa proximité du centre historique (de 5 à 10 minutes à pied) et de la péninsule de Marjan. L'intérieur se révèle plus chaleureux que l'extérieur. Le restaurant sert une cuisine de qualité. **www.hotel-consul.net**

SPLIT Hotel Jadran ⓀⓀⓀ

Sustipanski put 23. **Tél.** *(021) 398 622* **Fax** *(021) 398 586* **Chambres** *31* **Plan** *D5*

À 20 minutes de marche du centre de Split, cet hôtel moderne propose, sur le rivage, des chambres qui donnent pour la plupart sur la mer. L'équipement sportif de haut niveau comprend une piscine olympique et des courts de tennis. La péninsule de Marjan et ses plages isolées se trouvent à courte distance à pied. **www.hoteljadran.hr**

SPLIT Hotel President ⓀⓀⓀ

Starcevica 1. **Tél.** *(021) 305 222* **Fax** *(021) 305 225* **Chambres** *43* **Plan** *D5*

Le *President* permet de profiter, au centre de Split, d'un service soigné pour des prix corrects. Ses chambres, bien équipées, abritent du mobilier d'époque. La clientèle compte principalement des personnes en déplacement professionnel. **www.hotelpresident.hr**

SPLIT Hotel Globo ⓀⓀⓀⓀ

Lovretska 18. **Tél.** *(021) 481 111* **Fax** *(021) 481 118* **Chambres** *25* **Plan** *D5*

Dans un immeuble construit en 2003, des chambres spacieuses et raffinées, un service de haut niveau et les prestations d'un quatre-étoiles compensent un cadre urbain sans cachet. Il faut compter 15 minutes de marche pour rejoindre la ville, les plages sont encore plus loin, mais elles n'ont jamais été le point fort de Split. **www.hotelglobo.com**

SPLIT Hotel Split ⓀⓀⓀⓀ

Put Trstenika 19. **Tél.** *(021) 303 111* **Fax** *(021) 303 011* **Chambres** *135* **Plan** *D5*

Ne vous fiez pas au site Internet. Les chambres standard possèdent un décor daté et fatigué. La plupart ont toutefois des balcons donnant sur la mer. Préférez les « supérieures ». La terrasse offre un cadre agréable où boire un verre ou déguster une grillade. Il faut compter 25 minutes à pied pour rejoindre le centre. **www.hotelsplit.hr**

STON Vila Koruna ⓀⓀ

Peljeski put 1, Ston. **Tél.** *(020) 754 999* **Fax** *(020) 754 642* **Chambres** *6* **Plan** *E6*

Avec seulement six chambres, ce petit établissement familial sur le port de Mali Ston est davantage un restaurant où l'on peut rester dormir qu'un véritable hôtel. Des bassins alimentés en eau de mer entourent la terrasse couverte. Ils contiennent les poissons qui sont servis à table. **www.vila-koruna.hr**

STON Hotel Ostrea ⓀⓀⓀ

20230, Mali Ston, Ston. **Tél.** *(020) 754 555* **Fax** *(020) 754 575* **Chambres** *9* **Plan** *E6*

Ce petit hôtel de charme situé sur le port abrite des chambres étonnamment spacieuses. Le service y est à la fois souriant et professionnel. En outre, deux excellents restaurants servent sur le pas de sa porte les fruits de mer et les huîtres de la région. Vous pourrez les accompagner des vins locaux. **www.ostrea.hr**

TROGIR Villa Sikaa ⓀⓀ

Obala Kralja Zvonimira 13. **Tél.** *(021) 798 240* **Fax** *(021) 885 149* **Chambres** *10* **Plan** *D5*

Un petit hôtel familial occupe sur le front de mer un bâtiment vieux de trois siècles en face de la vieille ville de Trogir. Un personnel prévenant et des chambres bien meublées, récemment rénovées et pour la plupart spacieuses en font un établissement d'un excellent rapport qualité-prix. **www.vila-sikaa-r.com**

TROGIR Hotel Concordia ⓀⓀ

Bana Berislavica 22. **Tél.** *(021) 885 400* **Fax** *(021) 885 401* **Chambres** *14* **Plan** *D5*

Une maison de ville du XVIIIe siècle située dans le cœur historique de la ville a été transformée en hôtel de charme. Les chambres sont parfois un peu exiguës, mais elles ont presque toutes vue sur la mer. Le service surpasse ce que l'on attend d'un simple deux-étoiles. **www.concordia-hotel.hnet.hr**

TROGIR Trogirski Dvori ⓀⓀ

Kralja Trpimira 245. **Tél.** *(021) 885 444* **Fax** *(021) 881 318* **Chambres** *12* **Plan** *D5*

Ce petit hôtel familial est à 10 minutes de marche pour rejoindre le centre, et à 2 minutes de la plage la plus proche. Les joueurs de tennis disposent d'un court où pratiquer. Le bon restaurant sert des spécialités dalmates et des vins croates sur une agréable terrasse ombragée. **www.hotel-trogirskidvori.com**

TROGIR Vila Tina ⓀⓀ

Arbanija, Trogir. **Tél.** *(021) 888 305* **Fax** *(021) 888 401* **Chambres** *24* **Plan** *D5*

À 5 km à l'est de Trogir, ce charmant établissement familial loue en bord de mer de grandes chambres fonctionnelles dotées de balcons. Il possède une agréable terrasse où siroter un verre en regardant le soleil se coucher. Le restaurant est à recommander pour les poissons grillés. **www.vila-tina.hr**

VIS Hotel Tamaris

Obala sv. Jurja 20. ***Tél.*** *(021) 711 350* ***Fax*** *(021) 711 349* ***Chambres*** *27* ***Plan*** *D6*

Une majestueuse villa austro-hongroise du XIXe siècle aux pièces à hauts plafonds et planchers de bois permet un nombre surprenant d'activités malgré sa situation en plein centre. Les chambres bon marché sont meublées simplement. Avec un peu de chance vous aurez une chambre donnant sur le port.

VIS Hotel Paula

Petra Hektorovića, Vis. ***Tél.*** *(021) 711 362* ***Chambres*** *35* ***Plan*** *D6*

Dans la partie orientale de la ville aux rues pavées bordées d'édifices anciens, ce chaleureux petit établissement familial est particulièrement joli. Il est en outre d'un bon rapport qualité-prix. Certaines chambres sont plus agréables que d'autres. N'hésitez pas à essayer le restaurant. **www.paula-hotel.hnet.hr**

VIS Issa

Setaliste Apolonija Zanelle 5, Vis. ***Tél.*** *(021) 711 124* ***Fax*** *(021) 711 740* ***Chambres*** *125* ***Plan*** *D6*

Au bout de la baie à environ 800 m du centre, un immeuble moderne en bord de mer propose un large choix d'activités sportives, dont le tennis, le mini-football, le volley-ball et le basket-ball. Toutes les chambres ont un balcon et donnent sur la mer ou sur le parc.

ZADAR Hotel Donat

Majstora Radovana 7. ***Tél.*** *(023) 206 500* ***Fax*** *(023) 332 065* ***Chambres*** *240* ***Plan*** *C4*

Ce grand complexe hôtelier moderne offre d'excellentes prestations. Une rénovation récente l'a doté d'une piscine et de meilleurs équipements sportifs. Ses points forts restent néanmoins les tarifs et sa situation en bordure de plage. **www.falkensteiner.com**

ZADAR Hotel Adriana Select

Majstora Radovana 7. ***Tél.*** *(023) 206 636* ***Fax*** *(023) 332 065* ***Chambres*** *48* ***Plan*** *C4*

L'Adriana appartient à la même chaîne que le Donat mais obéit à un concept complètement différent. Dans une jolie villa du XIXe siècle proche de la plage, il ne loue pas de chambres mais seulement des « suites juniors ». Il possède une belle piscine et un excellent restaurant. **www.falkensteiner.com**

ZADAR Hotel President

Vladana Desnice 16. ***Tél.*** *(023) 333 696* ***Fax*** *(023) 333 595* ***Chambres*** *27* ***Plan*** *C4*

Cet hôtel élégant et cossu a une decoration un peu chargée à base de bois sombre et des draperies. Il en émane toutefois une sensation de sérénité et de qualité. Le service et le restaurant ne déçoivent pas non plus. La proximité de la plage est un atout supplémentaire. **www.hotel-president.hr**

ZAGREB

ZAGREB Hotel Ilica

Ilica 102. ***Tél.*** *(01) 37 77 522* ***Fax*** *(01) 37 77 722* ***Chambres*** *23* ***Plan*** *D2*

Si vous appréciez l'anonymat des hôtels d'affaires, ce petit établissement familial, à côté de la place principale, décoré avec un goût très personnel ne vous conviendra pas. Il est d'un remarquable rapport qualité-prix mais il faut réserver tôt et il n'accepte pas les cartes bancaires. **www.hotel-ilica.hr**

ZAGREB Hotel Jadran

Vlaška 50. ***Tél.*** *(01) 45 53 777* ***Fax*** *(01) 46 12 151* ***Chambres*** *48* ***Plan*** *D2*

Cet établissement à la façade austère possède un parking à quelques minutes à pied de la place centrale. Visitez les chambres avant d'en choisir une, certaines manquent un peu d'élégance. Préférez celles donnant sur l'arrière si le bruit vous gêne. **www.hup-zagreb.hr**

ZAGREB Hotel Sliško

Binićeva 7. ***Tél.*** *(01) 61 84 777* ***Fax*** *(01) 61 94 223* ***Chambres*** *18* ***Plan*** *D2*

Cet hôtel modeste, derrière la gare routière, loue des chambres sans prétention au mobilier moderne et fonctionnel. Elles disposent de l'air conditionné et de la télévision par satellite. Le niveau de prestations est remarquable, compte tenu de la modicité des prix. **www.slisko.hr**

ZAGREB Laguna

Kranjčevićeva 29. ***Tél.*** *(01) 382 02 22* ***Fax*** *(01) 382 00 35* ***Chambres*** *160* ***Plan*** *D2*

Cet agréable établissement moderne, situé à quelques minutes en voiture du centre, possède un parc de stationnement. Il abrite des chambres et des pièces communes au mobilier de qualité. À prestations égales, il se révèle meilleur marché que ses concurrents mieux placés. **www.hotel-laguna.hr**

ZAGREB Central

Branimirova 3. ***Tél.*** *(01) 484 11 22* ***Fax*** *(01) 484 13 04* ***Chambres*** *79* ***Plan*** *D2*

Ce trois-étoiles moderne proche des gares routière et ferroviaire propose des chambres bien meublées mais un peu petites. Toutes ont la télévision par satellite, et la plupart une connexion à Internet. Il n'y a pas de restaurant, mais un bar permet de boire un verre. **www.hotel-central.hr**

Catégories de prix, *voir p. 222* **Légende des symboles,** *voir rabat de couverture*

ZAGREB Hotel Vila Tina Kn Kn Kn

Bukovačka cesta 213. ***Tél.*** *(01) 24 45 138* ***Fax*** *(01) 24 45 204* ***Chambres*** *25* ***Plan*** *D2*

Cet hôtel moderne relativement haut de gamme offre un bon rapport qualité-prix dans un quartier résidentiel proche à la fois du centre et du parc Maksimir. Ses atouts comprennent la climatisation, une belle piscine couverte et un institut de beauté. **www.vilatina.co**

ZAGREB International Kn Kn Kn

Miramarska 24. ***Tél.*** *(01) 610 88 00* ***Fax*** *(01) 615 94 59* ***Chambres*** *207* ***Plan*** *D2*

Grand parallélépipède vitré dans un complexe ultramoderne du quartier des affaires, l'International s'adresse principalement à une clientèle de professionnels, mais il possède aussi des chambres destinées à des familles. La vieille ville reste accessible à pied. **www.hup-zagreb.hr**

ZAGREB Hotel Palace Kn Kn Kn Kn

Trg J.J. Strossmayera 10. ***Tél.*** *(01) 489 96 00* ***Fax*** *(01) 481 13 57* ***Chambres*** *123* ***Plan*** *D2*

La grande dame des hôtels de Zagreb s'efforce de tenir son rang depuis 1891. Elle jouit d'une situation centrale et garde une atmosphère aristocratique. Les chambres spacieuses abritent un mobilier élégant, mais les pièces communes sont un peu vieillottes. **www.palace.hr**

ZAGREB Westin Zagreb Kn Kn Kn Kn

Kršnjagova 1. ***Tél.*** *(01) 489 20 00* ***Fax*** *(01) 489 20 01* ***Chambres*** *378* ***Plan*** *D2*

Une chaîne internationale spécialisée dans le luxe vient de rénover l'ancien Opera Hotel. L'immeuble moderne se trouve au cœur de la ville, près des principaux centres d'intérêt culturels et touristiques. Les prix restent raisonnables pour des équipements et des prestations haut de gamme. **www.westin.com/zagreb**

ZAGREB Esplanade Kn Kn Kn Kn Kn

Mihanovićeva 1. ***Tél.*** *(01) 456 66 66* ***Fax*** *(01) 456 60 50* ***Chambres*** *209* ***Plan*** *D2*

Un magnifique édifice Art nouveau abrite sans doute le meilleur hôtel de Zagreb. Les pièces communes ont une décoration somptueuse. Les chambres au décor recherché possèdent de luxueuses salles de bains. L'Esplanade renferme un restaurant, un bistro et un bar. **www.regenthotels.com**

LA CROATIE CENTRALE

CAKOVEC Hotel Aurora Kn Kn

Franje punčeća 2. ***Tél.*** *(040) 310 700* ***Fax*** *(040) 3100 787* ***Chambres*** *10* ***Plan*** *D1*

La meilleure adresse de Cakovec propose des prestations surprenantes pour un établissement comptant aussi peu de chambres. Les hôtes disposent en particulier d'une piscine couverte, d'un sauna et d'équipements sportifs. Les chambres sont toutes spacieuses. **www.gutex.hr**

CAKOVEC Park Kn Kn

Zrinjsko Frankopanska. ***Tél.*** *(040) 311 255* ***Fax*** *(040) 311 244* ***Chambres*** *10* ***Plan*** *D1*

Le bâtiment rappelle les années 1970 et les pièces communes ne sont pas plus excitantes que la façade. Avec des chambres bon marché et confortables, bien que petites, le Park offre néanmoins une solution économique à cinq minutes à pied du centre. C'est aussi une position de repli si l'Aurora affiche complet. **www.union-ck.hr**

KARLOVAC Hotel Carstadt Kn

A. Vraniczanyeva 2. ***Tél.*** *(047) 611 111* ***Fax*** *(047) 611 111* ***Chambres*** *37* ***Plan*** *C2*

Apprécié des personnes en déplacement d'affaires, cet hôtel jouit d'une excellente situation centrale. Il loue des chambres simples mais climatisées et dotées de la télévision par satellite. Le restaurant n'est pas mauvais, mais le « cocktail bar » et la « salle de jeu » sont décevants. **www.carlstadt.hr**

KARLOVAC Hotel Korana Srakovcic Kn Kn Kn Kn

Perivoj Josipa Vrbanica 8. ***Tél.*** *(047) 609 090* ***Fax*** *(047) 609 091* ***Chambres*** *15* ***Plan*** *C2*

Le meilleur hôtel de la région, et de loin, occupe au bord de la rivière Korana une superbe villa à la sortie de la vieille ville. Centre de remise en forme et de nombreuses activités sportives, du tennis à l'équitation. **www.hotelkorana.hr**

SAMOBOR Hotel Livadić Kn

Kralja Tomislava 5. ***Tél.*** *(01) 336 58 50* ***Fax*** *(01) 336 58 51* ***Chambres*** *12* ***Plan*** *C2*

Proche du centre historique, ce petit hôtel à la façade pastel en possède l'esthétique baroque. À l'intérieur, mobilier ancien et literie douillette créent une merveilleuse atmosphère. La terrasse du café offre le cadre idéal à la dégustation de la spécialité et de la région : le millefeuille appelé Samoborske kremsnite. **www.hotel-livadic.hr**

SAMOBOR Babylon Kn Kn

Franje Tuđmana 5, Novaki. ***Tél.*** *(01) 337 15 00* ***Fax*** *(01) 337 10 44* ***Chambres*** *23* ***Plan*** *C2*

À 3 km de Samobor sur la route entre Zagreb et Sveta Nedelja, le Babylon ressemble à un gros pavillon de banlieue, mais à l'intérieur, boiseries et pierre blanche composent un décor original. Le bon restaurant a pour spécialité des recettes traditionnelles en cocotte (peka). **www.babylon.hr**

SAMOBOR Garni Hotel Samobor
Josipa Jelačića 30. **Tél.** *(01) 336 69 71* **Fax** *(01) 336 69 71* **Chambres** *12* **Plan** *C2*

Dans des collines boisées à la sortie de la ville, un grand chalet abrite des chambres sans prétention et des pièces communes à la décoration plus originale. Le personnel se montre accueillant et le bar-restaurant possède une terrasse dominant les courts de tennis. L'hôtel dispose aussi d'équipement de conférence. **www.hotel-samobor.hr**

SISAK Hotel I
Obrtnička bb. **Tél.** *(044) 527 277* **Fax** *(044) 527 278* **Chambres** *16* **Plan** *D2*

Un trois-étoiles moderne ressemblant davantage à un motel qu'à un véritable hôtel propose des chambres sans caractère mais climatisées. Elles conviendront à un arrêt d'une nuit lors d'une découverte en voiture de la Croatie centrale.

SISAK Panonija
Ivana Kukuljevića Sakćinskog 21. **Tél.** *(044) 515 600* **Fax** *(044) 515 601* **Chambres** *84* **Plan** *D2*

Le Panonija possède sans doute l'allure extérieure la moins engageante possible pour un hôtel. Heureusement, il n'en va pas de même de l'intérieur. Les chambres rénovées se révèlent même chaleureuses. Le bâtiment renferme également un bon restaurant et un petit bar. **www.hotel-panonija.hr**

LA SLAVONIE ET LA BARANJA

ĐAKOVO Blaža
A Starčevića 156a. **Tél.** *(031) 816 760* **Fax** *(031) 816 764* **Chambres** *23* **Plan** *F2*

Cet hôtel-restaurant à 1,5 km du centre propose une gamme surprenante de prestations, dont une grande piscine en plein air et l'accès à des courts de tennis et à une salle de gymnastique. Elles lui permettent de revendiquer trois étoiles alors que les chambres sont vraiment ternes et que les pièces communes manquent de charme. Une étape où ne rester qu'une nuit.

DARUVAR Hotel Balise
Trg Kralja Tomislava 22. **Tél.** *(043) 440 220* **Fax** *(043) 440 220* **Chambres** *17* **Plan** *E2*

Ce petit établissement bon marché bénéficie d'une situation centrale dans un bâtiment élégant bien qu'un peu décrépit. Une banque en occupe le rez-de-chaussée. Les chambres sans prétention sont relativement basiques mais d'un bon rapport qualité-prix.

DARUVAR Termal
Julijer Park 1. **Tél.** *(043) 623 000* **Fax** *(043) 331 455* **Chambres** *150* **Plan** *E2*

Ce grand hôtel construit près des sources thermales dans un parc verdoyant date de 1980. Il décline la version croate habituelle de la balnéothérapie et ressemble à un croisement entre un hôpital et un club de sport. L'ambiance est plus intime dans la Vila Arcadia voisine. Elle appartient à la même société.

OSIJEK Hotel Central
Trg A Starčevića 6. **Tél.** *(031) 283 399* **Fax** *(031) 283 891* **Chambres** *39* **Plan** *F2*

Un bâtiment de 1889 abrite dans le centre un hôtel traditionnel de taille moyenne. Il loue des chambres spacieuses au mobilier récent mais d'une sobriété classique. Il règne dans les pièces communes une atmosphère à l'ancienne, dans le bon sens du terme. Le café entretient la tradition viennoise. **www.hotel-central-os.hr**

OSIJEK Hotel Waldinger
Županijska ulica 8. **Tél.** *(031) 250 450* *Fax (031) 250 453* **Chambres** *16* **Plan** *F2*

Près du centre et à 100 m de la promenade en bord de Drave, un superbe édifice Sécession de 1904 renferme 14 chambres et 2 suites dotées pour la plupart d'un jacuzzi. Le café offre le cadre idéal à la consommation de pâtisseries. Un sauna et une salle de sport permettent d'éliminer les calories. **www.waldinger.hr**

OSIJEK Hotel Osijek
Šamačka. **Tél.** *(031) 230 333* **Fax** *(031) 212 135* **Chambres** *147* **Plan** *F2*

Ce grand immeuble moderne récemment rénové s'adresse principalement à une clientèle professionnelle et ses chambres au mobilier moderne disposent d'un accès sans fil à l'Internet. Le bâtiment renferme plusieurs cafés et un restaurant, ainsi qu'un centre de remise en forme équipé d'un bain turc. **www.hotelosijek.hr**

SPISIC BUKOVICA Hotel Mozart
Kinkovo bb. **Tél.** *(033) 801 000* **Fax** *(033) 801 016* **Chambres** *14* **Plan** *E2*

Ce quatre-étoiles offre en pleine campagne tout le confort urbain. Entre autres, on peut s'y détendre dans un sauna et un grand jacuzzi et déguster les produits locaux dans un restaurant et une cave à vin. Les activités disponibles comprennent le tennis, la pêche, l'équitation, la chasse et même le paintball. **www.hotelmozart.hr**

VINKOVCI Slavonija
Duga ulica 1. **Tél.** *(032) 342 555* **Fax** *(032) 342 550* **Chambres** *86* **Plan** *F2*

Ce gratte-ciel de 1980 domine la Bosut, une rivière réputée pour la lenteur de son cours. Classé trois-étoiles, il offre les meilleures prestations de la ville. Même s'il y a mieux comme référence, vous disposerez sur place d'un restaurant, de deux cafés et de deux salons de coiffure. **www.son-ugo-cor.com**

VINKOVCI Cibalia Kn Kn

A Starčevića 51. **Tél.** *(032) 339 222* **Fax** *(032) 332 920* **Chambres** *23* **Plan** *F2*

Cet hôtel inauguré en 2000 se trouve à courte distance du centre, au nord, près des gares routière et ferroviaire. Ses grandes chambres simples et relativement bien équipées sont d'un bon rapport qualité-prix. Il possède un petit restaurant et un parking. **www.hotel-cibalia.com**

VUKOVAR Dunav Kn

Trg Republike 1. **Tél.** *(032) 441 285* **Fax** *(032) 441 762* **Chambres** *35* **Plan** *G2*

Le Dunav date des années 1980 et a dû être entièrement reconstruit, à l'identique, après le conflit de 1991-1995. Il n'a pas plus de cachet à l'intérieur qu'à l'extérieur, mais il offre un bon rapport qualité-prix au bord du Danube.

VUKOVAR Hotel Lav Kn Kn Kn

J J Strossmayera 18. **Tél.** *(032) 445 100* **Fax** *(032) 445 110* **Chambres** *38* **Plan** *G2*

L'unique quatre-étoiles de Vukovar est de loin l'hôtel le plus élégant de la ville. Ses chambres fonctionnelles occupent un bâtiment récent et donnent vue du Danube. Elles permettent l'accès sans fil à l'Internet. Le restaurant met l'accent sur la cuisine et les vins locaux. **www hotel-lav.h**

LES COMTÉS DU NORD

KRAPINSKE TOPLICE Hotel Aquae Vivae Kn Kn

A Mihanovića 2. **Tél.** *(049) 202 202* **Fax** *(049) 232 322* **Chambres** *155* **Plan** *D1*

Hôtes de passage et curistes se côtoient dans cet hôtel thermal moderne. Il possède un bon équipement, mais les établissements de balnéothérapie croates ne fournissent pas de prestations haut de gamme. C'est néanmoins l'endroit où profiter des sources chaudes de la région. **www.aquae-vivae.hr**

PREGRADA Hotel Dvorac Bezanec Kn Kn

Valentinovo bb. **Tél.** *(049) 376 800* **Fax** *(049) 376 810* **Chambres** *21* **Plan** *C1*

L'un des rares cinq-étoiles de Croatie est d'un formidable rapport qualité-prix. Voici l'occasion de séjourner dans un château. Celui-ci date du XVIIe siècle. Il renferme un excellent restaurant et le parc contient des courts de tennis. Les activités disponibles comprennent le vélo et l'équitation dans la campagne verdoyante du Zagorje. **www.bezanec.hr**

STUBIĆKE TOPLICE Hotel Matija Gubec Kn Kn

Ulica Viktora 31. **Tél.** *(049) 282 501* **Fax** *(049) 282 403* **Chambres** *97* **Plan** *D1*

Stubičke Toplice n'offre pas d'autre choix. L'hôtel ne présente pas d'intérêt pour ses chambres ou son confort, mais pour sa richesse en piscines, cascades et bains à bulles alimentés par des sources chaudes. Les hôtes disposent aussi d'une salle de gymnastique, d'un sauna, d'instituts de beauté, d'un restaurant et d'une pâtisserie. **www.hotel-mgubec.com**

TRAKOŠĆAN Hotel Coning Kn Kn

Trakošćan 5. **Tél.** *(042) 796 224* **Fax** *(042) 796 205* **Chambres** *80* **Plan** *D1*

Près de la frontière slovène et du château de Trakosćan, cet établissement moderne en bordure de forêt offre une base confortable pour la découverte à vélo des collines du Zagorje. Il possède deux courts de tennis et un bon restaurant où déguster les spécialités gastronomiques locales. **www.coning.hr**

VARAŽDIN La'Gus Kn

Varaždinberg. **Tél.** *(042) 652 940* **Fax** *(042) 652 944* **Chambres** *26* **Plan** *D1*

Si vous disposez d'une voiture, ce petit hôtel bon marché à 15 minutes de route de Varaždin vous permettra de profiter d'un cadre rural dans une région viticole, ou simplement de vous loger si tout est pris en ville. L'agneau grillé compte parmi les spécialités du restaurant. **www.hotel-lagus.hr**

VARAŽDIN Pansion Garestin Kn

Zagrebačka 34. **Tél.** *(042) 214 314* **Fax** *(042) 214 314* **Chambres** *10* **Plan** *D1*

À quelques minutes à pied du centre-ville historique, cette auberge moderne à la façade inspirée du baroque loue des chambres sans prétention et bon marché. À l'arrière, une grande terrasse couverte prolonge le restaurant, réputé notamment pour ses plats de poisson.

VARAŽDIN Hotel Turist Kn

Kralja Zvonimira 19. **Tél.** *(042) 395 395* **Fax** *(042) 215 028* **Chambres** *104* **Plan** *D1*

Malgré son nom, ce grand établissement moderne en centre-ville vise plutôt une clientèle d'affaires. Les chambres sont agréables mais le reste manque de personnalité. Il y a un bar, un café et un restaurant, mais ce dernier n'égale pas le Zlatna Guska *(p. 249)* ou la Pansion Garestin. Le casino ne vaut pas le dérangement. **www.hotel-turist.hr**

VARAŽDINSKE TOPLICE Minerva Kn

Kralja Zvonimira 19. **Tél.** *(042) 630 438* **Fax** *(042) 630 826* **Chambres** *261* **Plan** *D1*

Ce grand hôtel se dresse près des anciens thermes romains. Il complète depuis 1981 l'Hotel Terme et un hôpital de réadaptation. Il possède un équipement sportif digne d'un centre de préparation aux Jeux olympiques. Les chambres ne sont pas vilaines, mais ne vous attendez pas à vibrer au moment des repas. **www.varazdinsketoplice.com**

RESTAURANTS

Veljko Barbieri, cuisinier et écrivain

Le pays possède une tradition culinaire très diversifiée, des spécialités de poisson et des fruits de mer très répandus sur la côte adriatique jusqu'aux mets d'Europe, centrale comme le goulasch, populaires en Croatie intérieure. Elle résulte de plusieurs influences, vénitienne et italienne sur le littoral dalmate et en Istrie, viennoise et hongroise dans le Nord. Les Turcs eux-mêmes ont laissé des plats comme les *ražnjići* et le *burek*. Les recettes tirent parti des produits frais disponibles sur place, y compris le gibier et les poissons d'eau douce dans les régions riches en forêts et en lacs. Le jambon fumé appelé *pršut* et de célèbre fromage de brebis de Pag, le *paški sir,* composent de délicieux en-cas. Pour manger sur le pouce, on trouve sinon partout des pizzas et des plats de pâtes. Les tarifs pratiqués restent en général inférieurs à ceux des pays d'Europe occidentale.

Le restaurant Boban de Zagreb *(p. 246)*

TYPES D'ÉTABLISSEMENTS

Le terme *restoran* désigne généralement un établissement d'un certain standing appartenant à un hôtel ou un grand complexe touristique. Il offre un bon niveau de service, mais sert presque toujours une cuisine dite « internationale », rassurante mais standardisée. Même si elle est bien préparée, celle-ci n'accorde pas de véritable place aux spécialités culinaires locales. Or, la Croatie a une gastronomie variée qui mérite d'être découverte *(p. 236-237).* Comptez un minimum de 190 kuna (26 €) pour un repas complet.

Plus populaires et décontractées, les nombreuses *gostionica* « auberges » et *konoba* « tavernes » sont souvent tenues en famille et permettent de déguster les recettes traditionnelles de la région.

Mais elles n'affichent pas toujours la carte à l'extérieur. N'hésitez pas à entrer pour demander à la consulter, ou obtenir du serveur ou du propriétaire qu'il vous indique les plats proposés. Cette démarche n'engage à rien. Vous restez complètement libre de partir si le cadre, l'accueil, les mets disponibles ou les prix ne vous satisfont pas ou si vous souhaitez comparer plusieurs établissements avant de prendre votre décision et éventuellement revenir.

Un repas comprenant une entrée, un plat principal (toujours accompagné d'un légume) et un dessert coûte normalement entre 120 et 200 kuna (16-27 €) dans une *gostionica* ou une *konoba*. Les prix varient beaucoup entre la côte, où ils sont plus élevés, et l'intérieur du pays. Le service est normalement compris, contrairement au pain et au couvert (le supplément ne doit pas dépasser 20 kuna).

Sur le littoral, l'Adriatique fournit en abondance poissons et fruits de mer ; pourtant, ils ne sont pas bon marché. Les cartes indiquent en général des prix au poids et non à la portion. Pour avoir une idée de ce que vous devrez régler, partez du principe qu'une portion moyenne pèse aux alentours de 250 g. Les restaurants restent pour une grande part alimentés par les pêcheurs locaux et leurs offres varient en fonction des prises du jour.

Enseigne du Zlatna Guska *(p. 249)*

La Croatie produit de bons vins *(p. 239).* Ses habitants ont donc l'habitude d'en consommer à table. Ils le coupent fréquemment d'eau plate, la boisson ainsi obtenue étant appelée *bevanda*. Un *gemišt* est un mélange de vin blanc et d'eau gazeuse. Elle est

Enseigne d'une *gostionica* servant une cuisine traditionnelle

Terrasse d'une pizzeria sur le front de mer d'Umag

servie à part afin que chacun prépare la boisson à son goût.

PIZZERIAS ET BISTROS

Influence italienne oblige, les pizzerias abondent en Croatie. Pratiquant des tarifs inférieurs de 30 à 40 % à ceux généralement en vigueur dans la majeure partie de l'Europe, elles permettent de se restaurer à très bon prix.

Le « bistro », autre établissement bon marché propose une gamme restreinte de mets simples tels que le *rižot* (risotto), les spaghettis (considérées comme un hors-d'œuvre, comme en Italie), les *ražnjići* (chich kebab), les *čevapčići* (boulettes de viande), le poulpe grillé et les beignets de calmar.

Dans les pizzerias comme dans les bistros, les Croates accompagnent normalement leur repas d'une bière *(pivo),* mais on peut également y boire de l'eau minérale, des sodas, des jus de fruit et et du vin.

PIQUE-NIQUE ET CUISINE INDÉPENDANTE

Si vous souhaitez passer la journée dans la nature, et donc loin de tout établissement de restauration,vous devrez vous préparer un pique-nique. Vous trouverez un large choix de pains dans une *pekara* (boulangerie) où vous pourrez aussi vous munir de pâtisseries salées et sucrées. Petits magasins d'alimentation, supermarchés et marchés en plein air permettent d'acheter des produits locaux tels que charcuteries, fromages, olives et fruits. Les en-cas vendus en kiosques comprennent les *burek,* des feuilletés fourrés à la viande *(od mesa)* ou au fromage *(od sira).*

Les prix restent très raisonnables et rares sont les commerçants qui ne feront pas tout leur possible pour vous aider, entre autres à dépasser les barrières de la langue.

Si vous voyagez en groupe ou en famille et louez un appartement, vous n'aurez probablement pas besoin de vous rendre en ville pour faire des courses. Le complexe hôtelier où vous résiderez possédera presque certainement au moins un libre-service.

CUISINE VÉGÉTARIENNE

Il n'existe pas en Croatie de restaurants strictement végétariens et même des mets qui devraient l'être comme la *maneštra,* une soupe de légumes, ont souvent pour base un bouillon de viande. Les établissements servant de la cuisine italienne offrent l'option la plus sûre, notamment dans le choix de pizzas et de plats de pâtes. Ailleurs, il est généralement possible de commander une omelette *(omlet)* ou des accompagnements de légumes sans plat principal. Le choix augmente en automne, la saison des champignons, en particulier en Istrie.

MODES DE PAIEMENT

Le règlement par carte bancaire devenu la norme dans les restaurants presque partout en Europe occidentale demeure peu pratiqué en Croatie en dehors des grands établissements touristiques. Il reste en particulier impossible dans beaucoup de *konoba* et de *giostinica.* Que les prix soient aussi affichés en euros ne garantit pas que vous puissiez payer dans cette monnaie.

HEURES D'OUVERTURE

Les débits de boissons et les établissements de restauration ont des horaires très souples et il est possible de s'y faire servir à peu près à n'importe quel moment de la journée. Cependant, les habitudes alimentaires locales ne diffèrent guère de celles des autres contrées méditerranéennes. On prend le déjeuner entre 12 h et 14 h et le dîner entre 20 h et 22 h.

L'élégant restaurant de l'hôtel Esplanade de Zagreb ***(p. 231)***

Les saveurs de la Croatie

On peut grossièrement diviser la Croatie en quatre grandes régions gastronomiques. Fière de son héritage italien, la cuisine istrienne compte de nombreuses recettes de pâtes, de gnocchis et de plats parfumés à la truffe. Les produits de la mer dominent en Dalmatie qui reste très marquée par Venise. C'est une influence hongroise qui se manifeste dans les territoires agricoles de la Slavonie, tandis que le centre du pays garde des prédilections autrichiennes : viandes panées et pâtisseries gourmandes. Néanmoins, des constantes se retrouvent partout. Le poisson, de mer ou d'eau douce, et le pain, fait maison ou acheté dans une boulangerie, jouent un rôle central dans l'alimentation. La grillade est le mode de cuisson préféré.

Asperges

Maquereaux et sardines sur le marché aux poissons de Split

ISTRIE

En dehors de Zagreb, la nourriture est particulièrement importante en Istrie. Les truffes *(tartufi)*, noires et blanches, y font l'objet d'une véritable vénération. Utilisées fraîches ou séchées, elles entrent dans la préparation de nombreux plats de pâtes comme le *mare monti* qui associe des fruits de mer et des champignons. Beaucoup de restaurants utilisent aussi la *peka,* une cloche permettant de cuire à l'étouffée, sur un lit de braises, de la viande ou de la volaille. Ne manquez pas non plus l'agneau rôti, le ragoût de chevreuil aux gnocchis baptisé *srnetina,* le jambon fumé appelé *pršut* et les huîtres et les moules élevées dans les eaux limpides du canal de Lim.

DALMATIE

Les chenaux séparant des centaines d'îles ne se prêtent pas à la pêche industrielle, mais l'Adriatique fournit néanmoins à la Croatie un ample approvisionnement en poissons tels que daurades royales, rougets, soles et saint-pierre, ainsi qu'en fruits de mer comme les palourdes, les moules, les huîtres, les crevettes et même les crabes et les langoustes. Les recettes privilégient une cuisson

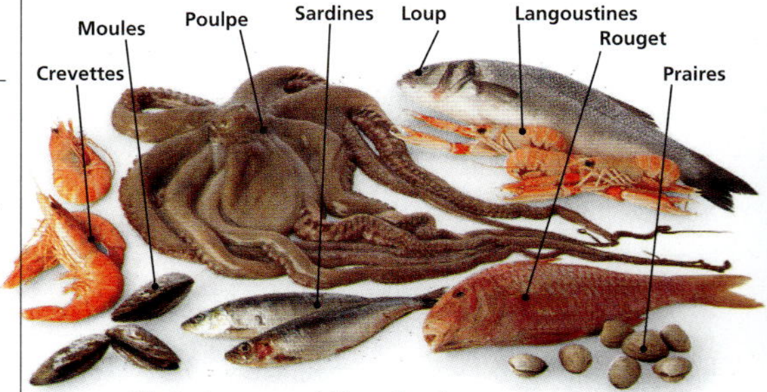

Poissons et fruits de mer appréciés en Croatie

SPÉCIALITIÉS CROATES

Pršut **– jambon fumé**

Beaucoup de fêtes religieuses et populaires sont traditionnellement associées à un plat particulier, comme la *bakalar* (morue) mangée au réveillon de Noël et le Vendredi saint, le *kulen* (salami épicé) qui accompagne certaines festivités rendant grâce des récoltes et la *guska* (oie) aux marrons servie à la Saint-Martin. Différents mets comme la *sarma* (feuille de chou fourrée au riz et à la viande hachée), le *burek* (feuilleté au fromage ou à la viande) et les *baklava* (gâteaux aux noix et au miel) entretiennent le souvenir de l'occupation ottomane 200 ans après sa fin. Les spécialités du littoral comprennent le *brodet* (ragoût de poisson à la polenta), le *crni rizot* (risotto à l'encre de seiche) et le *lignje* (encornet) servi entier grillé (*na zaru*) ou en rondelles panées.

Menestra *Viande fumée, haricots, pâtes et légumes entrent dans la composition de la version istrienne du minestrone.*

Pains et pâtisseries en vente dans une boulangerie *(pekara)*

rapide, à la poêle, sur le gril ou en court-bouillon, et un assaisonnement simple à base d'huile d'olive, d'ail et d'aromates. Les plats populaires italiens, risottos, pizzas et pâtes, connaissent aussi un grand succès. Essayez le *pršut* de Dalmatie, plus ferme que celui d'Istrie. L'agneau *(janjetina)* est particulièrement savoureux à la broche quand il s'est nourri des herbes parfumées des îles.

CROATIE CENTRALE ET DU NORD

Les Croates de l'intérieur des terres ont une alimentation plus riche : l'huile d'olive cède la place au beurre et au lard. Des recettes comme l'escalope de veau panée et des accompagnements comme les boulettes de pâtes *(knedle)* rappellent la longue présence autrichienne. Cette influence s'exprime aussi dans les desserts : crêpes, strudels et nourrissants *strukli*. Il existe des tables gastronomiques à Zagreb, mais, hors de la capitale, les plats rustiques l'emportent. Volaille, agneau, sanglier et chevreuil sont servis en ragoût, grillés ou rôtis à la broche *(picenje)*.

Étals de fromages locaux, entre autres de chèvre et de brebis

SLAVONIE ET BARANJA

L'appartenance à l'Autriche-Hongrie a aussi marqué la cuisine de la Slavonie, mais avec une touche plus hongroise. Des mets nourrissants aident une population principalement rurale à supporter un climat froid, humide et souvent neigeux. Les cours d'eau fournissent des poissons comme le brochet et la carpe, nappés, comme les viandes, de riches sauces parfumées au paprika. Essayez le *kulen*, une espèce de salami pimenté.

À LA CARTE

Fiš paprikaš : ragoût de poisson, souvent de la carpe, épicé au paprika.

Zagrebački odrezat : jambon et fromage garnissent une escalope de veau panée.

Ajvar : purée de poivrons rouges et d'aubergines.

Čevapčići : boulettes de viande grillées servies avec une galette de blé et de l'oignon cru et de l'*avjar*.

Blitva sa krumpiron : bettes cuites à l'eau avec pommes de terre, ail et huile d'olive.

Palačinka : crêpe fourrée à la confiture, aspergée de chocolat liquide et garnie de noisettes.

Škampi buzara *Des crevettes non décortiquées mijotent dans une sauce au vin, à la tomate, à l'ail et aux herbes.*

Pašticada *Une pièce de bœuf marinée cuit des heures dans du vin auquel on ajoute parfois des prunes.*

Strukli *Plat du Nord, ces chaussons au fromage blanc, bouillis puis passés au four, peuvent être soit sucrés, soit salés.*

Que boire en Croatie

La Croatie produit une large gamme de boissons alcoolisées – bière, vin et eaux-de-vie. Les bières nationales les plus répandues sont des blondes, mais il existe aussi de bonnes brunes comme la Velebitsko Tamno et des marques étrangères brassées sous licence comme Stella Artois, Tuborg et Kaltenberg. Des pubs permettent de boire des bières irlandaises comme la Guinness. Les vignobles des îles, du littoral et des côteaux de l'intérieur des terres produisent des vins difficiles à se procurer hors du pays et dont la qualité ne cesse de s'améliorer. Très populaires, les marcs et les eaux-de-vie de fruit se consomment plutôt en apéritifs qu'en digestifs. L'eau du robinet est partout potable, mais vous pourrez lui préférer de l'eau minérale en bouteille, plate ou pétillante.

Enseigne d'un bar à bière traditionnel ou *pivnica*

La préparation du café turc obéit à un véritable rituel

CAFÉ ET INFUSIONS

Partout dans le pays, des percolateurs à espresso équipent cafés et restaurants. Les amateurs de cappuccinos ne manqueront pas d'essayer aussi le *kava sa šlagom* à la crème fouettée. Le café turc, encore répandu, est versé dans la tasse avec son marc. Moulu très fin, celui-ci se dépose au fond. Des tisanes *(čaj)* sont partout disponibles. Le thé est le plus souvent accompagné d'une rondelle de citron ; si l'on veut du lait, il faut le préciser.

BIÈRE

Les Croates ont un faible pour la bière *(pivo)* blonde servie très fraîche, dont l'Ožujsko de Zagreb et la Karlovačko de Karlovac, les marques locales les plus réputées. La Pan fabriquée à Koprivnica est également bien distribuée, contrairement aux bières brunes comme la Velebitsko Tamno plus difficiles à se procurer. Les grandes marques internationales comme Stella Artois et Tuborg reviennent en général plus cher, même quand elles sont brassées sous licence en Croatie.

Bière Karlovačko

Bière Ožujsko

SPIRITUEUX

Le choix disponible témoigne de l'engouement national pour les alcools forts, consommés aussi bien en apéritifs qu'en digestifs. Les eaux-de-vie comprennent la *loza* tirée du raisin et la *šljivovica* de Slavonie obtenue à partir de prunes mises à fermenter. Le *vinjak* s'apparente au cognac, un distillat de vin vieilli en fût de chêne, tandis que des herbes aromatiques parfument le marc de raisin appelé *travarica*. Le *pelinkovac* est une liqueur de plantes médicinales. La production du *maraskino,* une liqueur à la cerise, a commencé à Zadar au début du XVIe siècle. Le *bermet* fabriqué à Samobor, près de Zagreb, selon une recette ancienne tenue jalousement secrète, est bu avant le repas avec de la glace et une rondelle de citron.

Liqueur Pelinkovac

Cognac Zrinski

Eau-de-vie Šljivovica

La fabrication à la maison d'eau-de-vie aux fruits est une tradition dans tout le pays

EAU MINÉRALE, SODAS ET JUS DE FRUITS

De nombreux jus de fruits, notamment du nectar de fraise, rare en France, sont disponibles dans les cafés. Les bars servent aussi un large éventail de boissons gazeuses comme les colas. Les deux principales eaux minérales *(mineralna voda)* nationales sont la Studena et la Jamnica, mais de nombreuses marques étrangères sont également distribuées. Partout dans le pays, l'eau du robinet est parfaitement potable.

Eau minérale

Jus d'orange

Réunion entre amis dans un bar où jouent des musiciens

TRADITIONS LIÉES À LA BOISSON

Beaucoup de Croates ont l'habitude de couper leur vin avec de l'eau ou une autre boisson, ce qui surprend de nombreux Français. Un *bevanda* est ainsi un verre de vin rouge ou blanc coupé d'eau plate, tandis qu'un *gemišt* est un blanc additionné d'eau gazeuse. Très apprécié en été, le *bambus* pousse le sacrilège jusqu'à faire mousser du vin rouge avec du cola.

Comme le révèlent les terrasses bondées aux beaux jours, les bars et les cafés restent des pôles importants de la vie sociale où l'on vient se retrouver entre amis. Pour le visiteur, ils offrent une chance de faire des connaissances. Offrir quelque chose à boire compte parmi les marques universelles d'hospitalité, mais les rituels liés à la consommation d'alcool peuvent aller beaucoup plus loin, telles ces réunions en Slavonie qui se déroulent en trois phases. La première, avant que ne soit bue la moindre goutte, s'appelle la *dočekusa*. Elle précède la *razgovoruša* où l'on discute en sirotant au moins sept verres de vin. Les plus endurants continuent de boire pendant la dernière étape, la *putnicka,* où l'on échange vœux et salutations avant de se séparer.

VINS

Zlahtina

L'introduction de la vigne en Croatie remonte au IVe siècle av. J.-C. Les ceps plantés à flanc de côteau à l'intérieur des terres et dans des poches de sol rocailleux sur la côte et les îles produisent quelques crus excellents. Dans le golfe du Kvarner, ils comprennent un blanc fruité, le *žlahtina* de Vrbnik, un terroir de Krk, ainsi que le cabernet de Poreč (rouge) et le *teran* de Buzet, un rouge léger. En Dalmatie les blancs les plus réputés comptent le *pošip* et le *grk* de Korčula, et les rouges, le *plavac* de Brač et le *dingač* et le *postup* de la péninsule de Pelješac. Le *malmsy* de Dubrovnik est un vin de dessert. En Slavonie, ne manquez pas le *kutjevačka graševina,* le *krauthaker graševina* et le chardonnay et le riesling de Kutjevo.

Dingač

Postup

OÙ BOIRE

Il existe en Croatie plusieurs types de débits de boissons, même si les distinctions entre ce qu'ils proposent ne sont pas réellement rigides. Une *kavana* correspond à un café où l'on consomme aussi bien des boissons alcoolisées que non alcoolisées. C'est dans une *konoba* que l'on a le plus de chance d'avoir un bon choix de vins, tandis que les amateurs de bière se rendront plutôt dans une *pivnica,* ou, s'ils aiment la Guinness, dans un pub irlandais. Dans les grandes villes, l'équivalent croate d'un snack-bar s'appelle un *bife*. Les cafés ouvrent très tôt et ferment tard, pour la plupart autour de 23 h en été.

Les liens étroits entretenus par la Croatie avec l'Autriche expliquent la diversité des gâteaux disponibles. Les pâtisseries *(slastičarna)* qui font aussi salons de thé permettent de les accompagner de café ou de thé, et de boissons comme les sodas et les jus de fruits, mais rarement d'alcool. Elles servent également de délicieuses crèmes glacées (*sladoled*). Sauf exception, elles ne restent pas ouvertes en soirée.

Terrasse de snack-bar à Fažana, une station balnéaire du littoral istrien

Choisir un restaurant

En Croatie, beaucoup de restaurants ne possèdent pas de zone non-fumeurs. Les établissements classés ci-dessous par région ont été sélectionnés dans une large gamme de tarifs pour leur situation et leur bon rapport qualité-prix. Les références cartographiques renvoient à la couverture intérieure.

CATÉGORIES DE PRIX

Pour un repas complet avec boissons (sauf le vin), service compris (un pourboire est recommandé).

- (Kn) Moins de 100 kuna
- (Kn)(Kn) 100-200 kuna
- (Kn)(Kn)(Kn) 200-300 kuna
- (Kn)(Kn)(Kn)(Kn) 300-400 kuna
- (Kn)(Kn)(Kn)(Kn)(Kn) Plus de 400 kuna

L'ISTRIE ET LE GOLFE DU KVARNER

BUZET Toklarija (Kn)(Kn)(Kn)(Kn)(Kn)

Sovinjsko Polje 11, Buzet. ***Tél.*** *(052) 663 031* **Plan** *A2*

Perché au sommet d'une colline, à l'extérieur de la ville, le *Toklarija* est l'un des meilleurs restaurants de Croatie. La réservation est indispensable. La carte propose une longue liste de mets « cuits lentement ». Ils se distinguent par l'attention portée aux détails et l'emploi de produits véritablement locaux et de fours à bois.

CRES Gostionica Belona (Kn)(Kn)

Šetalište 20 travnja 24, Cres. ***Tél.*** *(051) 571 203* **Plan** *B3*

Une clientèle locale rend cet établissement particulièrement animé le soir. La cuisine s'accorde au décor rustique. Essayez les produits de la mer ou la spécialité de l'île : l'agneau nourri aux herbes aromatiques et rôti à la broche.

CRES Riva (Kn)(Kn)

Obala Creskih Kapetana 13, Cres. ***Tél.*** *(051) 571 107* **Plan** *B3*

Au cœur de la ville de Cres, le *Riva* donne d'un côté sur la place rénovée. De l'autre, une grande terrasse domine le port. Comme on peut s'y attendre, le poisson est frais et bon. Essayez le loup, les langoustines ou le risotto aux fruits de mer.

KASTAV Kukuriku (Kn)(Kn)(Kn)(Kn)(Kn)

Trg Matka Laginje 1a, Kastav. ***Tél.*** *(051) 691 417* **Plan** *B2*

Le fleuron gastronomique de la région propose une cuisine très créative, notamment dans l'utilisation d'ingrédients locaux comme l'agneau, le miel, le fromage et les champignons. La carte s'adapte aux saisons : asperges au printemps et truffes à l'automne. Vous pouvez vous fier aux recommandations du chef.

KRK Konoba Šime (Kn)

Ulica Antuna Mahnića 1, Krk. ***Tél.*** *(051) 220 042* **Plan** *B3*

Ce restaurant, récemment remis à neuf, possède une salle à l'atmosphère médiévale un peu sombre et une terrasse couverte donnant directement sur la promenade du port. Il sert des plats simples comme de grands encornets grillés et de la *blitva,* des bettes aux pommes de terre et à l'ail.

KRK Konaba Nono (Kn)(Kn)

Krckih Iseljenika 8, Krk. ***Tél.*** *(051) 222 221* **Plan** *B3*

À côté de la gamme habituelle de plats de poisson, ce restaurant traditionnel, dans le centre-ville, propose des recettes à base de viande plus authentiques. Essayez les pâtes appelées *šurlice,* une spécialité de l'île servie avec une sauce épaisse de type goulasch enrichie au vin.

KRK Marina (Kn)(Kn)

Puntica 9, Punat. ***Tél.*** *(051) 854 132* **Plan** *B3*

Dans la baie de Punat, qui abritait déjà un port à l'époque romaine, les œuvres d'un peintre naïf décorent la salle. Sur la carte voisinent des plats de poisson et de grands classiques méditerranéens préparés à l'huile d'olive locale. Terrasse.

CANAL DE LIM Viking (Kn)(Kn)

Limski Kanal 1. ***Tél.*** *(052) 448 223* **Plan** *A3*

Le canal de Lim est réputé pour les fruits de mer. Nous vous recommandons : les huîtres, les moules ou les langoustines accompagnées de nouilles aux ceps. L'aménagement intérieur qui évoque les années 1970 est banal, contrairement à la situation du restaurant dans le fjord.

LOŠINJ Villa Diana (Kn)(Kn)

Baia di Čikat, Čikat13, Mali Lošinj. ***Tél.*** *(051) 232 055* **Plan** *B3*

Le restaurant d'un petit hôtel de la baie de Čikat possède une grande terrasse au bord de l'eau qu'ombragent des essences méditerranéennes. Il offre une large sélection de plats internationaux et de spécialités typiquement croates. Une adresse qui mérite le déplacement.

Légende des symboles, *voir rabat de couverture*

LOŠINJ Lanterna Kn

Sv Marije 71, Mali Lošinj. ***Tél.*** *(051) 233 625* ***Plan B3***

Ce petit établissement demande de sortir des sentiers battus, mais il permet d'échapper à la foule, un atout en été. Depuis le port, dirigez-vous à l'est vers l'église sur la colline. Les plats de poisson, de viande grillée et de pâtes n'ont rien d'original, mais sont plutôt bien exécutés.

MOTOVUN Barbacan KnKnKn

Ulica Barbacan 1, Motovun. ***Tél.*** *(052) 681 791* ***Plan A2***

Cette table d'un excellent rapport qualité-prix met un point d'honneur à glisser de la truffe partout, des omelettes à la terrine de bœuf. En fait, seul un bon gâteau au chocolat y échappe. Les clients ont le choix entre la terrasse et une salle romantique éclairée aux chandelles.

MOTOVUN Restoran Zigante KnKnKnKn

Livade 7, Motovun. ***Tél.*** *(052) 664 302* ***Plan A2***

Fondé par le découvreur de la plus grosse truffe blanche du monde, ce temple voué au culte du délicieux champignon en parfume même la glace. Dans un petit village perché, il propose des menus dégustation et affiche avec fierté les photos de célébrités internationales qui s'en sont régalées.

OPATIJA Madonnina Kn

Pava Tomašića 3, Opatija. ***Tél.*** *(051) 272 579* ***Plan B2***

Le *Madonnina* fait face au célèbre hôtel Kvarner sur la promenade qui court tout le long du front de mer d'Opatija. Les pizzas sont sa principale spécialité, mais nous conseillons également les pâtes aux fruits de mer. Commandez de la bière plutôt que du vin.

OPATIJA Amfora KnKnKn

Črnikovica 4, Volosko. ***Tél.*** *(051) 701 222* ***Plan B2***

Cet établissement élégant s'élève indéniablement au-dessus du niveau moyen de la *konoba* de bord de mer. Sa terrasse donne sur la baie de Volosko à courte distance du centre. Poissons et crustacés sortent tout droit de l'aquarium. Le propriétaire est l'un des gourous de la gastronomie croate.

OPATIJA Bevanda Lido KnKnKnKn

Zert 8, Lido, Opatija. ***Tél.*** *(051) 712 772* ***Plan B2***

Ce bon restaurant de poisson, réputé pour ses langoustes, jouit d'une situation privilégiée sur une petite péninsule où sa splendide terrasse s'étend jusqu'aux rochers. La musique n'est (en général) pas trop forte. Choisissez parmi plus de 20 hors-d'œuvre et tout ce que la mer peut offrir.

OPATIJA Plavi Podrum KnKnKnKnKn

Obala Frane Supila 4, Opatija. ***Tél.*** *(051) 701 223* ***Plan B2***

L'établissement abrite un restaurant depuis plus de cent ans. L'un des meilleurs sommeliers de Croatie permet de choisir le vin, proposé à la bouteille ou au verre, qui accompagnera poisson ou viande toujours soignés. Essayez une omelette au poulpe, aux langoustines ou aux asperges, ou les crevettes à l'huile parfumée à la truffe.

POREČ Istra KnKn

Bože Milanovića 30, Poreč. ***Tél.*** *(052) 434 636* ***Plan A2***

Ce restaurant d'habitués tenu en famille propose les poissons pêchés localement, mais vous pouvez aussi goûter au tendre jarret de veau braisé ou à la *mučkalica,* un ragoût de bœuf aux poivrons et aux aromates qui ressemble au goulasch.

POREČ Nono KnKn

Zagrebačka 4, Poreč. ***Tél.*** *(052) 453 088* ***Plan A2***

Du fait de sa petite taille, le *Nono* est souvent bondé, mais ses pizzas, probablement les meilleures et certainement les plus grandes de Croatie, justifient l'attente. Les autres plats – steak et encornet grillé – sont aussi servis en portions généreuses.

POREČ Konoba Ulixes KnKnKn

Dekumanus 2, Porec. ***Tél.*** *(052) 451 132* ***Plan A2***

Dans la vieille ville, ce petit joyau intime à la salle rustique et chaleureuse permet de goûter à des plats istriens à la truffe sans se ruiner. Les poissons et les fruits de mer sont, eux aussi, délicieux. Un olivier ombrage la petite terrasse aménagée dans un patio.

PULA Vodnjanka Kn

Vitezica 4. ***Tél.*** *(052) 210 655* ***Plan A3***

Ce petit établissement sans prétention dresse quelques tables en plein air et propose une cuisine familiale istrienne d'un très bon rapport qualité-prix. Les habitants du quartier viennent s'y détendre, boire un vin honnête et bon marché et se restaurer de plats roboratifs.

PULA Milan KnKn

Stoja 4, Pula. ***Tél.*** *(052) 210 200* ***Plan A3***

Depuis son ouverture en 1967, cet hôtel-restaurant au décor discret et relativement moderne s'est constitué une cave de 700 vins. Il sert de délicieux plats à base de produits de la mer comme la baudroie, la seiche, le rouget ou les sardines. Essayez les lasagnes à la langouste *(lazanje sa jastogom).*

PULA Vela Nera KnKnKn
Pješčana Uvala bb, Pula. ***Tél.*** *(052) 219 209* ***Plan*** *A3*

Au sud du centre, ce restaurant relativement récent propose des plats à la fois internationaux et locaux, ainsi qu'un large éventail de vins de Croatie, d'Europe et du reste du monde. L'aménagement de la salle lui donne une atmosphère légèrement nautique. La terrasse fait face à une petite baie.

PULA Valsabbion KnKnKnKnKn
Pješčana Uvala IX/26, Pula. ***Tél.*** *(052) 218 033* ***Plan*** *A3*

Sting, Naomi Campbell et Vanessa Mae ont séjourné dans l'hôtel qui possède l'une des meilleures tables de Croatie, selon les critiques gastronomiques locaux. Elle propose une cuisine raffinée où entrent des ingrédients comme les huîtres, les truffes et les asperges sauvages. Essayez le loup au cognac en papillote ou le carpaccio de langoustine tiède.

RAB Konoba Riva KnKn
Biskupa Draga 3, Rab. ***Tél.*** *(051) 725 887* ***Plan*** *B3*

Ce bon restaurant de milieu de gamme arbore un décor de *konoba* typique : bric-à-brac de pêcheur, poutres apparentes et murs en pierre. La terrasse offre une belle vue de la mer. Des musiciens se produisent à l'occasion. On peut aussi se faire livrer les plats sur un bateau de plaisance amarré au port.

RAB Kordić KnKn
Barbat 176, Rab. ***Plan*** *B3*

À 2 km à l'est de la ville de Rab sur la côte, la pêche est une vieille tradition à Barbat, ce que reflète la carte du restaurant de la famille Kordić. Essayez la salade d'araignée de mer, les prises du jour au barbecue ou une langouste du bassin, grillée ou en sauce tomate. Arrosez le tout d'un verre de vin blanc sec bien frais.

RAB Astoria KnKnKn
Trg Municipium Arba 7, Rab. ***Tél.*** *(051) 774 844* ***Plan*** *B3*

La meilleure table de Rab occupe un ancien palais vénitien situé au-dessus de la place principale. La salle possède des murs de pierre et un plafond en bois. La terrasse ménage un splendide panorama du port. *L'Astoria* met un point d'honneur à faire pousser ses propres aromates et à n'utiliser que les meilleurs produits locaux.

RIJEKA Konoba Korkyra KnKn
Slogin Kula 5, Rijeka. ***Tél.*** *(051) 339 528* ***Plan*** *B2*

Filets de pêche et coquillages composent le décor classique d'une *konoba,* et celle-ci ne déroge pas à la règle. Le propriétaire vient de Korčula, ce qui marque sa cuisine et influence sa cave. La carte varie en fonction des saisons mais compte parmi ses valeurs sûres un goulasch de chevreuil aux boulettes de pâte et l'agneau de l'île aux légumes.

RIJEKA Municipium KnKnKn
Trg Riječka Revolucije, Rijeka. ***Tél.*** *(051) 213 000* ***Plan*** *B2*

Un édifice historique du XIXe siècle abrite un des meilleurs restaurants de Rijeka. Essayez le *škampi buzara* (du poisson dans une riche sauce à l'ail, à la tomate et au cognac) ou une solide *pašticada* (un ragoût de bœuf) accompagnée de gnocchis. Les produits de la mer sont à l'honneur et il y a même quelques plats végétariens.

RIJEKA Bonavia KnKnKnKn
Dolac 4, Rijeka. ***Tél.*** *(051) 357 100* ***Plan*** *B2*

Le *Grand Hôtel Bonavia* a pour devise « un service cinq-étoiles dans un hôtel quatre-étoiles ». Sa cuisine s'adresse davantage à une clientèle en déplacement professionnel qu'à des visiteurs avides de découvertes, mais la salle et son jardin d'hiver offrent un cadre agréable à un repas.

ROVINJ Veli Jože KnKnKn
Svetoga Kriza 1, Rovinj. ***Tél.*** *(052) 816 337* ***Plan*** *A3*

Ce joli restaurant sert des pâtes, des poissons grillés et des plats traditionnels istriens comme la *bakalar* (morue) en sauce blanche ou le ragoût d'agneau aux pommes de terre. La terrasse est spacieuse et le *malvajiza,* un vin blanc sec local, glisse tout seul.

ROVINJ Amfora KnKnKn
Obala Aldo Rismondo 23, Rovinj. ***Tél.*** *(052) 816 663* ***Plan*** *A3*

Une cuisine de qualité dans un cadre soigné sur le port vaut à l'*Amfora* une clientèle d'habitués. Le chef maîtrise avec brio les grands classiques : poissons grillés et plats de viande et de pâtes comme le *mare monti* associant fruits de mer et champignons.

ROVINJ La Puntuleina KnKnKnKn
Ulica Svetog Kriza 38, Rovinj. ***Tél.*** *(052) 813 186* ***Plan*** *A3*

Un balcon dominant la mer en bordure de la vieille ville offre un cadre rêvé à un tête-à-tête romantique. La meilleure table de Rovinj sert des plats italiens et istriens. Arrêtez-vous au bar du rez-de-chaussée pour prendre l'apéritif avant de monter à l'étage avec l'élu(e) de votre cœur.

UMAG Badi KnKnKn
Umaska, Lovrečica bb. ***Tél.*** *(052) 756 293* ***Plan*** *A2*

Dans le petit village côtier de Lovrečica, à 10 minutes en voiture d'Umag, le *Badi* possède une terrasse agréable dans un cadre verdoyant. La carte ne vous surprendra pas, mais les produits de la mer, les pâtes et risottos sont bons. Essayez la spécialité de la maison : le poisson au four.

Catégories de prix, *voir p. 240* **Légende des symboles,** *voir rabat de couverture*

LA DALMATIE

BRAČ Konoba Marija Kn Kn

Frane Radića 14, près de Bol. ***Tél.*** *(021) 524 743* ***Plan*** *D5*

Le sublime panorama de la mer et de Hvar, et le soulagement d'échapper à la foule des visiteurs d'un jour en haute saison, justifie l'effort de sortir franchement des sentiers battus. La carte est simple : savoureuses grillades de viande et de poisson.

BRAČ Ribarska Kućica Kn Kn

Ante Starčevića, Bol. ***Tél.*** *(021) 635 144* ***Plan*** *D5*

Depuis la terrasse s'ouvre une vue splendide de la mer et d'une plage privée. La carte offre un large choix de plats de poisson, des pizzas et un menu à prix fixe à partir de 20 h. Si vous avez besoin de reprendre des forces après une journée passée à nager, essayez les gnocchis au *pršut* en sauce au fromage.

BRAČ Taverna Riva Kn Kn Kn

Frane Radića 5, Bol. ***Tél.*** *(021) 635 236* ***Plan*** *D5*

Bol reçoit tellement de visiteurs que certains restaurants ne se donnent guère de mal. Le Riva n'en fait pas partie. Il possède une grande terrasse en pierre et sert d'excellentes versions des plats de poisson habituels. Essayez la *salata od hobotnice* (salade de poulpe), le *pršut* (jambon dalmate) ou le *rižot od liganja* (risottos à l'encornet).

CAVTAT Galija Kn Kn Kn

Vuličevićeva 1. ***Tél.*** *(020) 478 566* ***Plan*** *F6*

Mieux vaut réserver, surtout le week-end, pour obtenir une table dans cette taverne à l'ancienne dont la charmante terrasse s'étend en bord de mer à l'ombre des pins. Au bout de la promenade près du monastère franciscain, le meilleur restaurant de Cavtat propose une carte plus aventureuse qu'à l'accoutumée.

CAVTAT Kolona Kn Kn Kn

Put Tiha 2, Cavtat. ***Tél.*** *(020) 478 787* ***Plan*** *F6*

Le *Kolona* possède une salle traditionnelle et chaleureuse et une terrasse donnant vue de la mer au milieu d'une verdure embaumée. Les spécialités de poisson sont bonnes, mais ce qui distingue vraiment l'établissement, c'est la gentillesse du personnel.

DUBROVNIK Lokanda Peskarija Kn

Na Ponti. ***Tél.*** *(020) 324 750* ***Plan*** *F6*

Près du marché aux poissons, voici l'adresse préférée des habitants de la ville en quête de produits de la mer de première fraîcheur et cuisinés simplement. Des meubles en bois créent un décor chaleureux dans la salle qui renferme un bar animé. La terrasse est très agréable en été. Les mets sont servis dans de petites marmites en fonte. Mieux vaut réserver.

DUBROVNIK Tabasco Kn

Cavtatska 11. ***Tél.*** *(020) 429 595* ***Plan*** *F6*

Cette pizzeria située juste à l'extérieur des fortifications au nord de la porte Ploče sert des portions copieuses et bon marché. Essayez les *panzerotti,* des chaussons de pâte farcis au jambon et au fromage et nappés d'une sauce tomate.

DUBROVNIK Orsan Kn Kn

Ivana Zajca 2. ***Tél.*** *(020) 435 933* ***Plan*** *F6*

Affilié au yacht-club local, l'*Orsan* propose principalement des produits de la mer. Le client choisit le mode de cuisson des langoustes et des prises du jour qu'il paye au poids. La carte propose aussi de la salade de poulpe *(salata od hobotnice),* du risotto à l'encre de seiche et des steaks pour les carnivores impénitents. C'est simple, frais et savoureux.

DUBROVNIK Rosarij Kn Kn

Zlatarska 4. ***Tél.*** *(020) 321 257* ***Plan*** *F6*

Cet adorable petit restaurant familial dans les murs, au bout de la rue parallèle à Stradun près du palais Sponza, ne sert que des produits de la mer d'une grande fraîcheur. Essayez le melon au jambon cru, l'encornet frit, le risotto à l'encre de seiche *(crni rižot od sipa)* et la version croate de la crème caramel *(rozata).*

DUBROVNIK Levenat Kn Kn Kn

Šetalište Nika i Meda Pucica 15, Lapad. ***Tél.*** *(020) 435 352* ***Plan*** *F6*

Ce petit établissement au décor assez recherché offre une vue panoramique depuis sa terrasse en bord de mer dans la baie de Lapad. C'est l'endroit idéal pour dîner en contemplant un coucher de soleil. La cuisine est excellente malgré sa simplicité : produits de la mer, viandes grillées et crêpes au chocolat et aux noix *(palačinke).*

DUBROVNIK Orhan Kn Kn Kn

Od Tabakarije 1. ***Tél.*** *(020) 414 183* ***Plan*** *F6*

Ce restaurant sans prétention et d'un bon rapport qualité-prix sert principalement, mais pas uniquement, du poisson. Au pied de la vieille ville, sa terrasse ménage une belle vue des remparts depuis une crique accessible par un escalier.

DUBROVNIK Jadran

Poljana Paška Miličevića 1. ***Tél.*** *(020) 429 325* ***Plan*** *F6*

Le couvent Sainte-Claire, situé à droite de la porte Pile en entrant, possède un élégant cadre historique et propose des plats locaux et internationaux. Sur la carte figurent les habituels plats de poisson ainsi que du steak *(biftek)* et, pour les petites bourses, des brochettes *(ražnjići)* tout aussi savoureuses.

DUBROVNIK Nautika

Brsalje 3. ***Tél.*** *(020) 442 526* ***Plan*** *F6*

L'adresse la plus chic de la ville, à côté de la porte Pile, offre une belle vue des remparts et de la mer. La cuisine répond aux mêmes critères de standing. Les langoustes grillées et le ragoût de poissons *(brodet)* à la polenta sont succulents. Réservation conseillée le week-end.

DUGI OTOK Tamaris

Obala Kralja Tomislava 17, Sali. ***Tél.*** *(023) 377 377* ***Plan*** *C4*

Le *Tamaris* ne paie pas de mine mais il sert des plats de bonne qualité, même s'il s'agit de classiques comme les langoustines grillées et les spaghettis aux fruits de mer. Les habitants du village de Sali aiment à s'y retrouver, en particulier au bar et dans la salle de billard.

HVAR Jurin Podrum

Srnja kola bb, Stari Grad. ***Tél.*** *(021) 765 804* ***Plan*** *D5*

Le *Jurin Podrum* borde une petite rue en dehors des sentiers battus. Son aspect rustique s'accorde avec la simplicité de la cuisine. Accompagnez d'un vin blanc de l'île bien frais la petite friture ou les crustacés en sauce tomate *(buzara)*, et poursuivez avec un bon fromage local.

HVAR Eremitaž

Priko, Stari Grad. ***Tél.*** *(021) 765 056* ***Plan*** *D5*

Dans un ancien hôpital pour marins en quarantaine, ce restaurant familial propose un large éventail d'excellentes spécialités de poissons. Situé du côté le plus calme de la baie, il possède une belle terrasse ombragée faisant face au quartier ancien, un spectacle très romantique de nuit.

HVAR L'Antica

Stari Grad. ***Plan*** *D5*

Ce petit établissement, dans une jolie rue pavée du centre du vieux Hvar, a la réputation d'être un repaire d'artistes et d'intellectuels. Il sert de bons cocktails et une cuisine de qualité : thon en sauce aux câpres, baudroie à l'aneth, agneau grillé et steak. Une terrasse a été aménagée sur le toit.

HVAR Hanibal

Pjaca 12, Hvar. ***Tél.*** *(021) 742 760* ***Plan*** *D5*

À côté de l'église Saint-Étienne, vieilles pierres et poutres en bois donnent le ton d'un décor recherché. Baptisé d'après le poète du XVIe siècle Hanibal Lucic, cet excellent restaurant propose langoustines, langoustes, crevettes et poulpe au four, mais aussi agneau grillé et steak. Mieux vaut réserver à l'avance.

HVAR Macondo

Groda, Hvar. ***Tél.*** *(021) 742 850* ***Plan*** *D5*

Depuis la place principale, il faut grimper la colline (suivez les panneaux) pour atteindre l'élégant *Macondo* souvent bondé le week-end. Des tables sont dressées dans une ruelle pour ceux qui souhaitent manger dehors. Essayez les anchois marinés ou les sublimes spaghettis à la langouste. Un *prošec* (vin doux) de la maison apportera la touche finale.

HVAR Panorama

Smokovnik, Hvar. ***Tél.*** *(021) 742 515* ***Plan*** *D5*

Comme son nom l'indique, le *Panorama* ménage une vue splendide de la baie depuis un petit fort autrichien situé à 2 km de Hvar. Sa spécialité est l'agneau cuit à l'étouffée avec des légumes sous la cloche appelée *peka*. La viande caramélise et les jus se mêlent en une sauce délicieuse. Il faut passer commande 24 h à l'avance.

KORČULA Morski Konjić

Stari Grad 47a, Korčula. ***Tél.*** *(020) 711 642* ***Plan*** *E6*

Attendez-vous à faire la queue pour déguster les excellents plats de poissons et de fruits de mer de cette *konoba* sans prétention à la pointe de la péninsule fortifiée. Une terrasse permet de manger en plein air et la carte des vins propose un large choix de bons crus de Croatie.

MAKARSKA Jež

Petra Krešmira IV 90. ***Tél.*** *(021) 641 741* ***Plan*** *E5*

Le *Jež* sert des spécialités traditionnelles dalmates dans un cadre lumineux et moderne. L'huile provient de l'oliveraie voisine. Les plats de poisson et les vins croates sont excellents. Proche de l'autoroute Split-Dubrovnik, il permet de faire étape pour prendre un déjeuner digne de ce nom.

METKOVIĆ Villa Neretva

Kravac 2. ***Tél.*** *(021) 672 200* ***Plan*** *E5*

L'une des meilleures tables de Croatie se trouve sur la route entre Opuzen et Metković au cœur de la fertile vallée de la Neretva. Dans un cadre traditionnel, mais chic, vous dégusterez des poissons de l'Adriatique et des spécialités locales à base d'anguille, de poissons d'eau douce et de cuisses de grenouilles.

Catégories de prix, *voir p. 240* **Légende des symboles,** *voir rabat de couverture*

OREBIĆ Amfora ⓚⓝ

Kneza Domagoja 6. ***Tél.*** *(020) 713 719* ***Plan*** *E6*

Ce restaurant familial, sur le front de mer, sert de copieuses portions de plats de poisson. Il est très apprécié des gens du cru. La viande figure également à la carte. C'est l'endroit idéal pour se caler l'estomac avant de rejoindre un peu plus loin l'embarcadère des bateaux pour Korčula.

PAG Konoba Bodulo ⓚⓝ

Vangrada 19. ***Tél.*** *(023) 611 989* ***Plan*** *C4*

Dégustez à l'ombre d'une tonnelle des mets simples, bon marché et d'une grande fraîcheur. La carte propose du *pršut,* des fromages locaux, un délicieux ragoût de poissons *(brodet)* et toutes sortes de viandes grillées et de plats de pâtes.

PELJEŠAC Kapetanova Kuća ⓚⓝⓚⓝⓚⓝ

Mali Ston. ***Tél.*** *(020) 754 264* ***Plan*** *E6*

Sur le port, le « Pavillon du capitaine » propose tous les grands classiques, notamment des huîtres, des plats de poisson et le risotto à l'encre de seiche, ainsi qu'une bonne sélection de vins de la région. Gardez de la place pour son légendaire gâteau de macaronis aux fruits secs et au chocolat.

ŠIBENIK Tinel ⓚⓝⓚⓝ

Trg Pučkih Kapetana 1. ***Tél.*** *(022) 331 815* ***Plan*** *D5*

Le Tinel compte parmi les meilleures adresses de la ville et il possède certainement la meilleure carte des vins. Sur une placette à côté de l'église Saint-Chrysogone, il sert sur deux niveaux tous les standards dalmates : produits de la mer, viandes grillées, ragoût, saucisses et steaks.

ŠIBENIK Uzorita ⓚⓝⓚⓝⓚⓝ

Bana Josipa Jelačića 50. ***Tél.*** *(022) 213 660* ***Plan*** *D5*

Légèrement à l'écart des sentiers battus, un bâtiment en pierre recouvert de végétation abrite un décor intérieur moderne et élégant. L'*Uzorita* est principalement spécialisé dans les produits de la mer. Osez vous lancer à l'aventure et commander l'une des délicieuses spécialités de la maison comme le poulpe et les moules en aspic.

SPLIT Galija ⓚⓝ

Tončićeva 12. ***Tél.*** *(021) 347 932* ***Plan*** *D5*

Le centre de Split n'est pas réputé pour la qualité de ses restaurants : la pizza bon marché y tient le haut du pavé. Cuites au feu de bois, celles du Galija font partie des meilleures. On peut aussi déguster du *pršut* et des crevettes. Cet établissement très fréquenté se trouve près du marché aux poissons, au nord de la place principale (trg Republike).

SPLIT Ponoćno Sunce ⓚⓝⓚⓝ

Teutina 15. ***Tél.*** *(021) 361 011* ***Plan*** *D5*

Près du Théâtre national croate, ce petit restaurant sans prétention, apprécié des habitants de la ville, propose une bonne cuisine nourrissante. Essayez les gnocchis au saumon. Le personnel est souriant. Les végétariens disposeront d'un choix de plats sans viande ni poisson (ce qui est rare en Croatie).

SPLIT Stellon ⓚⓝⓚⓝ

Šetalište Baćvice. ***Tél.*** *(021) 489 200* ***Plan*** *D5*

Ce pavillon de béton et de verre d'un goût architectural douteux domine la station balnéaire de Baćvice et l'on s'y presse le soir. Pâtes, pizzas et plats de poissons sont d'un bon rapport qualité-prix. Pour ceux qui aiment le spectacle de la comédie humaine.

SPLIT Boban ⓚⓝⓚⓝⓚⓝ

Hektorovićeva 49. ***Tél.*** *(021) 543 300* ***Plan*** *D5*

Cet établissement où se retrouve l'élite splitoise possède un aménagement intérieur moderne mais un peu daté (beaucoup de chrome et de verre fumé). Néanmoins, le poisson est frais (renseignez-vous sur la prise du jour) et la viande extrêmement bonne, notamment l'escalope de veau aux champignons.

SPLIT Kod Joze ⓚⓝⓚⓝⓚⓝ

Ulica Sredmanuška 4. ***Tél.*** *(021) 347 397* ***Plan*** *D5*

Au nord de la porte d'Or, cette taverne traditionnelle fréquentée par les gens du cru occupe une vieille maison de pierre et mérite qu'on fasse l'effort de la dénicher. Elle propose la pêche du jour et des plats de viande servis en portions généreuses. On peut aussi prendre place sur une terrasse ombragée.

SPLIT Šumica ⓚⓝⓚⓝⓚⓝⓚⓝ

Put Firula 6. ***Tél.*** *(021) 389 897* ***Plan*** *D5*

Dans un quartier chic à l'est de la ville, ce restaurant jouit d'une situation privilégiée d'où il domine la mer à l'ombre de pins. Préférez la terrasse, l'intérieur n'a pas d'intérêt particulier. Les viandes grillées, les pâtes et les poissons sont excellents. Face au coucher du soleil, accompagnez des langoustines d'un blanc sec.

TROGIR Kamerlengo ⓚⓝⓚⓝ

Vukovarska 2, Trogir. ***Tél.*** *(021) 884 772* ***Plan*** *D5*

Au cœur de la vieille ville, un jardin clos renferme le four à bois et le barbecue. Plutôt spécialisé dans les produits de la mer, le *Kamerlengo* propose aussi des viandes grillées ou rôties. Le restaurant, dans une petite traverse pavée, est difficile à trouver, mais l'enseigne devrait vous permettre de le repérer.

TROGIR Fontana Kn Kn Kn

Obrov 1. ***Tél.*** *(021) 884 811* **Plan** *D5*

L'aménagement de la salle est un peu terne, mais la terrasse de cet hôtel-restaurant offre un panorama spectaculaire du front de mer. La carte laisse l'embarras du choix, des pizzas jusqu'au ragoût de bœuf appelé *pastičada,* en passant par les spécialités locales de poisson.

VIS Villa Kaliopa Kn Kn Kn Kn Kn

V Nazora 32, Vis. ***Tél.*** *(021) 711 755* **Plan** *D6*

Au milieu du jardin clos du palais Garibaldi, bâti au XVIe siècle, statues et plantes exotiques entourent la Villa Kaliopa. Le charme du cadre, une cuisine et des vins excellents bien qu'un peu chers, séduisent la clientèle huppée des yachts et les couples d'amoureux.

ZADAR Konoba Marival Kn Kn

Don Ive Prodana 3. ***Tél.*** *(023) 213 239* **Plan** *C4*

Il règne une atmosphère familiale et intime dans cette taverne gaie et bon marché du quartier ancien. Elle sert des plats de viande standard tels que brochettes et ragoûts, mais sa carte regarde plutôt vers l'Adriatique avec des mets comme les anchois, le *brodet,* les spaghettis aux fruits de mer, le poisson frit et l'encornet.

ZADAR Maestral Kn Kn

Ivana Mažuranića 2. ***Tél.*** *(023) 236 186* **Plan** *C4*

Sur le port de plaisance, dont il ménage une belle vue à partir du premier étage, le *Maestral* dépasse un peu en standing le restaurant de front de mer moyen. Les poissons et les viandes, en particulier le steak, sont bons. Le week-end, quand le trafic portuaire augmente, il peut y avoir beaucoup de monde.

ZAGREB

ZAGREB Mimice Kn

Jurišićeva ulica 21. ***Tél.*** *(01) 481 45 24* **Plan** *D2*

Cette véritable institution mérite sa popularité auprès des Zagrebois. On y vient à toute heure du jour pour déguster un éventail restreint de plats chauds ou froids de produits de la mer tels que sardines, anchois, maquereaux ou encornets. Les habitués y mangent généralement sur le pouce.

ZAGREB Pizzicato Kn

Gundulićeva ulica 4. ***Tél.*** *(01) 483 15 55* **Plan** *D2*

Cette pizzeria animée, dans la ville basse, pratique des prix très raisonnables. Vous pouvez déguster de savoureuses pizzas à l'intérieur ou sur les tables dressées dans une jolie cour ou vous contenter d'un en-cas et d'un verre au bar.

ZAGREB Boban Kn Kn

Gajeva ulica 9. ***Tél.*** *(01) 481 15 49* **Plan** *D2*

Installé en sous-sol sous de grandes arcades en brique, le *Boban* propose des spécialités italiennes. La cuisine n'est pas mauvaise, mais la carte, très longue, est trop ambitieuse. Le bar à l'étage possède une terrasse qui permet d'échapper à la fumée.

ZAGREB Gračanka Kamanjo Kn Kn

Gračanka cesta 48. ***Tél.*** *(01) 461 75 55* **Plan** *D2*

Un peu à l'écart du centre en direction du mont de la Medvednica, ce restaurant apprécié des gens du quartier accueille, selon les patrons, des acteurs, des sportifs et des hommes politiques. En tout cas, on y mange bien, surtout si l'on aime la viande et, en saison, les champignons.

ZAGREB Kaptolska Klet Kn Kn

Kaptol 5. ***Tél.*** *(01) 481 48 38* **Plan** *D2*

Ce vaste établissement jouit d'une situation exceptionnelle en face de la cathédrale. Il possède un aménagement intérieur au charme suranné et de grandes terrasses couvertes. Sans être particulièrement excitante, la cuisine traditionnelle se révèle d'un bon rapport qualité-prix.

ZAGREB Ćiho Kn Kn

Pavla Hatza 15. ***Tél.*** *(01) 48 17 060* **Plan** *D2*

Le bric-à-brac sur les murs de la salle en sous-sol confère une atmosphère un peu excentrique au restaurant. Le *Ćiho* sert d'excellentes spécialités de l'île de Korčula, principalement de poisson, à des prix très modérés. Si le service vous paraît lent, respirez profondément, détendez-vous et reprenez une gorgée du bon vin de la maison.

ZAGREB Vallis Aurea Kn Kn

Tomićeva 4. ***Tél.*** *(01) 48 31 305* **Plan** *D2*

Près du funiculaire. Murs blanchis et boiseries sombres donnent une ambiance agréablement démodée au *Vallis Aurea.* Sur la carte, truite et côtelette de porc fumée figurent à côté des omniprésents *pastičada* (bœuf en sauce aux prunes) et *strukli* (chaussons fourrés). Les vins ne sont pas mauvais et le personnel est aimable.

Catégories de prix, *voir p. 240* **Légende des symboles,** *voir rabat de couverture*

ZAGREB Baltazar (Kn)(Kn)(Kn)

Nova Ves 4. ***Tél.*** *(01) 466 68 24* ***Plan*** *D2*

Près de la cathédrale, cette valeur sûre de la capitale croate propose dans trois salles tous les grands classiques nationaux. Il règne une ambiance particulièrement chaleureuse dans le sous-sol aux voûtes en brique. Aux beaux jours, mieux vaut réserver pour obtenir une des tables dressées dans la cour.

ZAGREB Dubravkin Put (Kn)(Kn)(Kn)

Dubravkin Put 2. ***Tél.*** *(01) 483 49 75* ***Plan*** *D2*

Situé à la limite du centre près d'un parc, le *Dubravkin Put* cuisine des ingrédients frais livrés tous les jours de Dalmatie. Il est donc particulièrement recommandé pour les produits de la mer. Une terrasse permet de profiter en été d'un cadre verdoyant.

ZAGREB Jagerhorn (Kn)(Kn)(Kn)

Ilica 14. ***Tél.*** *(01) 483 3877* ***Plan*** *D2*

Au sommet d'un escalier près de la cathédrale, l'existence de deux terrasses surprend dans un quartier aussi central. Le décor est une combinaison des styles rustique et kitsch. C'est la meilleure adresse de Zagreb pour déguster des plats de gibier comme le chevreuil grillé et la daube de sanglier.

ZAGREB Okrugljak (Kn)(Kn)(Kn)

Mlinovi 28. ***Tél.*** *(01) 467 4112* ***Plan*** *D2*

Ce grand établissement de style rural sur la route entre Zagreb et le mont de la Medvednica possède un jardin pour les enfants et de spacieuses terrasses ombragées. Les clients s'installent à des tables en bois pour savourer une assiette où un gratin de pâtes, le *mlinci, est* accompagné d'agneau, de dinde ou de canard rôtis.

ZAGREB Pod Gričkim Topom (Kn)(Kn)(Kn)

Zakmardijeve stube 5. ***Tél.*** *(01) 48 33 607* ***Plan*** *D2*

Il faut prendre le funiculaire jusqu'au terminus pour partir à la recherche de ce restaurant installé dans un cadre presque campagnard. Il possède une jolie terrasse où l'on peut savourer des plats de viande croates et du poisson grillé servi avec un mélange aillé de *blitva* (bette) et de pommes de terre.

ZAGREB Paviljon (Kn)(Kn)(Kn)(Kn)(Kn)

Trg Kralja Tomislava 22. ***Tél.*** *(01) 481 30 66* ***Plan*** *D2*

Le bâtiment, dans le parc, mérite une visite rien que pour son architecture, intérieure comme extérieure. La cuisine et le service y sont également de premier ordre. Tagliatelles à la truffe blanche, carpaccio au parmesan et à la roquette… L'Italie inspire la carte. Celle-ci propose aussi une version dalmate du *saltimbocca* associant filet de porc, sauge et *pršut*.

ZAGREB Zinfadels (Kn)(Kn)(Kn)(Kn)(Kn)

Hotel Esplanade, Mihanoviceva 1. ***Tél.*** *(01) 456 6666* ***Plan*** *D2*

Malgré l'élégance du cadre, il n'est pas nécessaire de s'habiller pour déguster la grande cuisine de la table gastronomique du magnifique hôtel *Esplanade*. L'ambiance est même détendue, adoucie à l'occasion par le son du piano. La cave renferme des crus européens, nationaux et californiens.

LA CROATIE CENTRALE

JASTREBARSKO K Lojzeku (Kn)

Strossmayerov trg 12. ***Tél.*** *(01) 628 11 29* ***Plan*** *C2*

Le chef s'efforce de donner une touche créative à une cuisine familiale traditionnelle. Par exemple, il nappe du blanc de dinde d'une sauce au gorgonzola et aux olives. Si le résultat n'est pas toujours à la hauteur, il réussit bien les classiques. Au frais sur une grande terrasse ombragée, vous pourrez accompagner vos plats d'un vin choisi parmi une large sélection.

KARLOVAC Žganjer (Kn)(Kn)

Turanj-Jelaši 41. ***Tél.*** *(047) 641 304* ***Plan*** *C2*

L'établissement fait également motel sur la route de Plitvice. Les tables occupent pour la plupart une terrasse couverte. Le *Žganjer* se flatte de proposer des spécialités croates comme l'agneau des îles et le cochon de lait rôti, mais il fait aussi figurer l'autruche à sa carte.

SAMOBOR Pri Staroj Vuri (Kn)(Kn)

Giznik 2. ***Tél.*** *(01) 336 05 48* ***Plan*** *C2*

Le nom signifie « Aux vieilles pendules » et celles-ci décorent en effet les murs à l'intérieur de cette maison rurale d'un charmant village. D'authentiques recettes campagnardes comprennent le *hrvatska pisanica* (du steak, des champignons, des oignons et des tomates en sauce au vin), des boulettes de pâtes *(knedel)* au bœuf et des *strukli* sucrés.

SAMOBOR Samoborska Pivnica (Kn)(Kn)

Šmidhenova 3. ***Tél.*** *(01) 336 13 33* ***Plan*** *C2*

Près du parc, ce restaurant en sous-sol sert toute la journée de bonnes spécialités traditionnelles locales à prix raisonnables. Le terme « *pivnica* » signifie littéralement « taverne » et l'aménagement de la salle voûtée en respecte le caractère, même si c'est en l'embourgeoisant.

SISAK Cocktail Kn Kn

A Starčevića 27. **Tél.** *(044) 549 137* **Plan** *D2*

Près du musée municipal, dans le centre, ce restaurant d'un bon rapport qualité-prix occupe un bâtiment moderne à la sobriété rafraîchissante. Il propose des mets croates et italiens, traditionnels et actuels, ainsi qu'une bonne carte des vins.

LA SLAVONIE ET LA BARANJA

ĐAKOVO Trnavački Vinodom Kn

A Starečevića 52. **Tél.** *(031) 811 891* **Plan** *F2*

En bordure de route, ce petit restaurant slavonien sans prétention sert à petits prix une cuisine slavonienne honorable. Essayez la carpe poêlée ou les *ražnjići* (brochettes de porc). Si vous ne conduisez pas, vous pourrez les accompagner d'un verre ou deux de *graševina* ou de traminac.

ĐAKOVO Croatia Turist Kn Kn

Preradovića 25. **Tél.** *(032) 813 391* **Plan** *F2*

Malgré son nom, le *Croatia Turist* propose des plats locaux authentiques. Si vous avez envie de découvrir la cuisine craote, ne manquez pas les produits fumés sur place, notamment la saucisse épicée appelé *kulen*. Le *kobanac* s'inspire du goulasch. Les vins blancs de la région sont excellents.

DARUVAR Terasa Kn Kn

Julijev Park 1. **Tél.** *(043) 331 705* **Plan** *E2*

À proximité des stations thermales, ce restaurant, baptisé d'après sa grande terrasse, est décoré avec du mobilier imitation baroque. La carte affiche un éclectisme impérial avec des mets croates, hongrois, tchèques et italiens. La cuisine est de qualité et les prix sont corrects.

KUTJEVO Schön Blick Kn Kn

Zagrebačka 11, Vetovo. **Tél.** *(034) 267 108* **Plan** *F2*

En pleine nature au bord du lac, à 8 km du village sur la route de Velika, le « Belle Vue » (en allemand) propose une nourrissante cuisine de campagne. Si vous ne conduisez pas, n'hésitez pas à l'accompagner d'un *kutjevački risling*. Ce vin est le fleuron d'un terroir qui s'est développé grâce aux moines cisterciens.

LIPIK Lipa Kn

Marije Terezije 5. **Tél.** *(034) 421 244* **Plan** *E2*

Le *Lipa* fait partie d'un petit hôtel rose bonbon qui accueille principalement des curistes venus profiter des eaux médicinales de Lipik. Sans considération pour les conceptions modernes de la diététique, il reste fidèle à de solides plats de Slavonie bien préparés. Le décor manque un peu d'éclat.

NAŠICE Ribnjak Kn Kn

Stjepana Radića 1, Ribnjak, Našice. **Tél.** *(031) 607 006* **Plan** *F2*

Ce restaurant rustique bénéficie d'une situation pittoresque à 10 km de Našice sur la route d'Osijek. Dans une région réputée pour ses poissons d'eau douce, il offre l'occasion de déguster les spécialités de Slavonie qui en tirent parti, dont le *fiš paprikaš* d'inspiration hongroise.

NOVA GRADIŠKA Slavonski Biser Kn Kn

Nikole Tesle 2-4, Nova Gradiška. **Tél.** *(035) 363 259* **Plan** *E2*

L'établissement comprend aussi un motel. Bien situé pour les voyageurs en transit près des gares ferroviaire et routière, il propose de la cuisine croate et la gamme standard de classiques internationaux. La terrasse borde malheureusement la route, mais la circulation est relativement limitée.

OSIJEK Bastion Kn

Trg Vatroslava Lisinskog 1, Osijek. **Tél.** *(031) 207 800* **Plan** *F2*

Le *Bastion* occupe une tour de l'ancienne forteresse, près de la Drave d'où provient une partie du poisson d'eau douce servi à table. Il fait aussi café et l'on peut donc y déguster une boisson chaude et une pâtisserie. Le vendredi, ne manquez pas le *fiš paprikaš*.

OSIJEK Bijelo Plavi Kn Kn

Martina Divalta 8, Osijek. **Tél.** *(031) 571 000* **Plan** *F2*

Près de la piscine et du stade Gradski Vrt, le *Bijelo Plavi* propose une cuisine typique de la région avec des ragoûts au paprika et des plats à base de poissons d'eau douce. Une sélection avisée de vins permettra de les accompagner du cru adapté. Poutres de bois sombre et murs blancs créent un cadre chaleureux.

SLAVONSKI BROD Slavonski Podrum Kn Kn

Andrije Štampa 1, Slavonski Brod. **Tél.** *(035) 444 856* **Plan** *F2*

Dans une charmante maison ancienne à colombage, les clients prennent place sur de vieux bancs en bois pour déguster de délicieuses recettes campagnardes. Essayez le saucisson *kulen,* ou le jarret de porc ou de veau rôti. Un groupe folklorique joue certains soirs.

Catégories de prix, *voir p. 240* **Légende des symboles,** *voir rabat de couverture*

VUKOVAR Tri Vrske Kn Kn

Parobrodska 3. ***Tél.*** *(032) 441 788* ***Plan*** *G2*

C'est l'un des rares restaurants de la ville à avoir survécu au conflit de 1991-1995. Il possède une atmosphère décontractée au bord du fleuve. Sa spécialité est le poisson d'eau douce : *fiš paprikaš*, *kečiga* (esturgeon), *šaran* (carpe) et *som u šampinjonima* (poisson-chat aux champignons) figurent sur sa carte.

LES COMTÉS DU NORD

KOPRIVNICA Kraluš Kn

Zrinski trg, 10. ***Tél.*** *(048) 622 302* ***Plan*** *D1*

Sur une place en centre-ville, cette brasserie traditionnelle, vieille de 250 ans, fabrique ses propres bières et propose des menus dégustation conçus pour découvrir celles-ci. Essayez la saucisse à la bière *(pivskih kobasica)* avec des haricots *(podravskog graha).*

KOPRIVNICA Podravska Klet Kn Kn

Starogradska Cesta (à 4 km de Koprivnica). ***Tél.*** *(048) 634 069* ***Plan*** *D1*

Cet établissement rustique au toit de chaume, aux fenêtres en vitrail et aux solides tables de bois donne l'occasion de découvrir des vins de la région et de bons produits locaux : saucisses artisanales, fromage de vaches crémeux, langue de bœuf et la spécialité de la maison, un ragoût baptisé *gorički gulaš.* Des musiciens traditionnels se produisent à l'occasion.

KRAPINSKE TOPLICE Zlatna Lisica Kn

Martinišce 38a. ***Tél.*** *(049) 236 627* ***Plan*** *D1*

Ce restaurant sans prétention jouit d'une vue splendide sur les collines de la région. Il sert de solides et bons plats campagnards comme la saucisse «tre » *(kobasice na metre),* des ragoûts de gibier *(gulaš od divljači)* et, surtout, du sanglier rôti *(pečena veprovina iz banjica).*

PREGRADA Dvorac Bezanec Kn Kn Kn

Valentinovo. ***Tél.*** *(049) 376 800* ***Plan*** *C1*

Si vous en avez les moyens, ne manquez pas ce restaurant d'un hôtel situé en pleine campagne dans un palais du XVIIe siècle. Une cave riche de 500 crus recèle l'accompagnement idéal d'une perche au champagne, d'un médaillon de chevreuil aux myrtilles ou de crêpes à la crème glacée et aux cerises cuites au vin.

STUBIČKE TOPLICE Slamnati Krovovi Kn Kn

Ljube Đalsog 4. ***Tél.*** *(049) 282 569* ***Plan*** *D1*

Ce joli restaurant rustique au grand toit de chaume et aux petites fenêtres à croisillons paraît sorti d'un conte de fées. Sans surprise, il propose la cuisine rurale typique de la région. Le boudin noir, le chou mariné et les *strukli* fourrés au fromage blanc sont excellents.

TRAKOŠĆAN Coning Kn Kn

Trakošćan 5. ***Tél.*** *(042) 796 224* ***Plan*** *D1*

Au bord d'un lac près du château médiéval de Tracoškan, le restaurant d'un grand complexe hôtelier sert des spécialités des collines du Zagorje. Profitez de sa grande terrasse pour savourer devant une belle vue une côtelette de porc au jus de raisin *(svinjski kotlet u moštu).*

VARAŽDIN Restoran Raj Kn Kn

Gundulićeva 11. ***Tél.*** *(042) 213 146* ***Plan*** *D1*

Malgré des arcades en pierre et des lustres médiévaux, le décor reste d'un agréable minimalisme moderne. Le *Raj* demeure fidèle à la tradition : foies de poulet bardés *(pileća jetrica u slanini),* boudin noir *(krvavice),* canard rôti *(domaća pečena patka),* etc. Une glycine ombrage la terrasse.

VARAŽDIN Royal Kn Kn

Uska ulica 5. ***Tél.*** *(042) 213 477* ***Plan*** *D1*

Dans le centre-ville, le *Royal* propose en sous-sol une cuisine savoureuse et de bons vins croates. La salle à manger est un peu sombre à cause des boiseries en acajou mais on peut prendre son repas sur une petite terrasse. Les spécialités comptent des plats de chevreuil et de sanglier. Le poisson, d'eau douce et de mer, figure également à la carte.

VARAŽDIN Zlatna Guska Kn Kn

Habdelića 4. ***Tél.*** *(042) 213 393* ***Plan*** *D1*

Mieux vaut réserver sa table dans ce restaurant réputé installé dans un palais du XVIIe siècle. Étendards et boucliers décorent les murs de pierre soutenant la voûte. Essayez le *biftek u požaru 1776,* un steak flambé au cognac et accompagné d'une sauce à la moutarde et à la crème fraîche.

VELIKI TABOR Grešna Gorica Kn Kn

Taborgradska Klet, Desinić. ***Tél.*** *(049) 343 001* ***Plan*** *C1*

Vous dégusterez dans cette ferme bâtie sur une colline en face de la ville, près du château de Milijana, des plats croates simples. Elle offre le choix entre une salle rustique et un verger. Une ménagerie distrait les enfants. Les poulets, dindes et chevreuils qu'elle renferme figurent également à la carte, grillés ou rôtis.

FAIRE DES ACHATS EN CROATIE

Les acquisitions effectuées par les visiteurs étrangers jouent un rôle non négligeable dans l'économie de la Croatie et la variété des articles propres à constituer des souvenirs ou à être offerts en cadeau ne cesse de s'étendre. Les prix restent très raisonnables. L'artisanat traditionnel comprend céramiques et bijoux, mais il est surtout réputé pour les broderies, les poupées en costume folklorique et les dentelles. Le pays s'enorgueillit d'avoir donné naissance à deux objets devenus universels : la cravate et le stylo-plume. Nombreux sont les artistes, plus ou moins talentueux, qui proposent des peintures naïves ou des aquarelles. Par leur saveur ou leur parfum, des produits comme la lavande de Hvar, le fromage *paški sir* de Pag ou les vins de Slavonie et du golfe du Kvarner vous remettront en mémoire paysages et atmosphères.

Poupées en costume, Osijek

Pots de miel, une spécialité de l'île de Šolta

HEURES D'OUVERTURE

Les boutiques et les grands magasins ouvrent normalement de 8 h à 20 h du lundi au vendredi et de 8 h à 14 h ou 15 h le samedi. Les petits commerces ferment souvent pour le déjeuner, en général de 12 h à 16 h. Si les rideaux restent traditionnellement baissés le dimanche et les jours fériés, en haute saison dans les zones touristiques, beaucoup de magasins conservent des horaires de semaine sept jours sur sept.

PRIX

Les produits disponibles en magasin ont des prix fixes et il n'est pas d'usage de marchander. En revanche, vous pouvez négocier aux éventaires des marchés ou aux étals dressés dans la rue. Sachez que les commerçants ont tendance à augmenter leurs prix pour les touristes. En effet, les Croates sont encore loin d'avoir le pouvoir d'achat des visiteurs étrangers. Les commerçants ont donc tendance à essayer de profiter au maximum de ces derniers sans perdre pour autant la clientèle de leurs compatriotes moins aisés.

MODE DE PAIEMENT

Vous pourrez régler un achat avec une carte bancaire dans les grands magasins, les centres commerciaux et les succursales de grandes chaînes. Dans les petites boutiques et sur les marchés, vous devrez payer en liquide et dans la monnaie locale, le kuna.

REMBOURSEMENT DE TVA

Les visiteurs n'appartenant pas à l'Union européenne peuvent obtenir le remboursement de la TVA (PDV en Croatie) pour tout achat d'un objet coûtant plus de 500 kuna. Au moment de l'acquisition, le magasin doit fournir, dûment rempli et tamponné, le formulaire appelé PDV-P.

À la sortie du territoire, le client fait viser ce document par les autorités douanières qui vérifient que l'article quitte bien le pays.

Le remboursement doit être demandé dans les six mois. Le plus simple, si l'on doit revenir en Croatie, consiste à se rendre directement au magasin où l'achat a été effectué et à percevoir immédiatement son dû. Il faut sinon envoyer le formulaire visé par la douane en fournissant un numéro de compte bancaire. Le paiement, en kuna, est alors effectué par virement dans les 15 jours.

MARCHÉS

Les marchés offrent en Croatie un spectacle coloré et l'occasion de se mêler à la population locale. À Zagreb, le marché Dolac *(p. 153)* a lieu tous les jours autour de l'église Sainte-Marie. Des parasols rouges protègent les fruits et légumes présentés sur les étals en plein air qui s'installent sur la plate-forme abritant le marché couvert. Celui-ci mérite également un coup d'œil.

À Split, un grand marché en plein air se tient le matin sur Pazar, le long des remparts, à l'est du palais de Dioclétien. Les forains y vendent absolument de tout : des primeurs, des fleurs, des

Étal de fruits et légumes au marché Dolac de Zagreb

chaussures, des vêtements et un vaste assortiment de souvenirs. Selon un dicton local, si vous n'y trouvez pas ce que vous cherchez, c'est que ça n'existe probablement pas (du moins à Split).

CENTRES COMMERCIAUX

Les principales villes de Croatie possèdent de grandes galeries marchandes réunissant sous un même toit des boutiques variées. Le plus souvent, elles renferment aussi un grand magasin ou un supermarché, ainsi que des débits de boissons et des établissements de restauration.

À Zagreb, la plus connue et la plus fréquentée, **Nama,** se trouve en plein centre près de la place Jelačić. L'**Importanne Centar** abrite une pharmacie et un bureau de tabac accessibles 24h/24. Ses autres commerces ouvrent de 9 h à 21 h du lundi au samedi. L'**Importanne Galerija** n'accueille de visiteurs que le week-end.

Deux des autres centres commerciaux, le **Plaza** et la **Rotunda,** ferment le samedi à 15 h.

ARTISANATS TRADITIONNELS

Les Croates portent un grand attachement à leurs patrimoines culturels variés et les autorités encouragent et soutiennent la production d'objets artisanaux traditionnels. Le développement du tourisme en a considérablement accru les débouchés car ils constituent d'excellents souvenirs et des cadeaux de choix.

À Zagreb, sur la place centrale, **Rukotvorine,** un magasin fondé en 1927, a pour spécialité le mobilier et les objets en bois sculpté, mais vous y trouverez également des broderies, des poupées en costume traditionnel et des poteries et céramiques.

À Split, les souvenirs variés proposés aux visiteurs sont souvent inspirés de thèmes maritimes. Les boutiques installées dans les impressionnantes salles souterraines du palais de Dioclétien *(p. 119)* vendent des reproductions d'objets datant de l'époque romaine.

Souvenirs en céramique

À Osijek, la capitale de la Slavonie, de nombreux magasins du centre-ville proposent des produits artisanaux typiques de la région, notamment de splendides poupées aux costumes raffinés, des dentelles et des tissus finement brodés au fil d'or et d'argent.

BRODERIES ET DENTELLES

L'art de la broderie se transmet en Croatie de mère en fille, ou au moins de génération en génération. Il produit dans sa version noble des créations raffinées au fil d'or particulièrement réputées à Osijek. Les techniques et les motifs, généralement floraux, varient selon les régions. Dans les campagnes, les brodeuses utilisent plutôt des fils de couleurs vives pour leurs parures. Très répandu, un motif géométrique rouge sur fond blanc sert à la décoration aussi bien de vêtements que de linge de table et d'oreillers. Đakovo organise tous les ans en été un festival des broderies *(p. 186)*.

Broderie au fil d'or dans la tradition de la ville d'Osijek

La dentelle de Pag mérite amplement l'estime dont elle jouit. L'origine de cette tradition remonte à la période de la Renaissance où les grandes dames de l'île commencèrent à en orner leurs corsages et leurs coiffes. La véritable renommée n'est cependant venue qu'au début du XXe siècle grâce à un chemisier offert par une aristocrate à l'archiduchesse d'Autriche Marie-Joséphine. Celle-ci admira tant le travail qu'elle se rendit personnellement à Pag pour passer commande d'autres atours. La vogue née à la cour de Vienne n'est depuis jamais retombée.

Les dentellières travaillent à l'aiguille sur un coussin cylindrique et interprètent des motifs aux origines parfois très anciennes. Malgré les différences marquées qui peuvent exister entre leurs créations, toutes utilisent les mêmes formes géométriques de base : triangles, cercles et rosaces.

Dentellière au travail sur l'île de Pag

C'est à Pag même que vous avez le plus de chances d'obtenir une assurance d'authenticité. Bien entendu, le coût d'une pièce dépend du travail qu'elle a demandé, et donc de ses dimensions. Il faut compter 24 h d'efforts et de patience pour réaliser un napperon de 10 cm de diamètre.

La boutique contiguë au **musée de Pag** ouvre en été de 18 h à 21 h. Vous trouverez aussi des artisanes au travail dans la même rue et sur l'ulica Tomislava. Elles vendent sans intermédiaire leur production au public. Ce contact direct permet non seulement de faire de meilleures affaires, mais aussi de passer une commande spéciale si l'on effectue un séjour assez long pour que l'ouvrage ait le temps d'être accompli.

Les sœurs du couvent bénédictin de Hvar entretiennent une tradition séculaire en réalisant des dentelles en fil d'agave.

BIJOUX PORTE-BONHEUR

La Croatie n'a pas une grande tradition en joaillerie, mais il existe un bijou que vous ne trouverez nulle part ailleurs : le *morčić,* une petite figurine représentant un Noir en turban.

Selon la légende, elle tire ses origines d'un siège de Rijeka mené par les Turcs au XVIe siècle. Les femmes de la ville auraient joué un tel rôle dans la défaite des assaillants que leurs hommes auraient décidé de leur offrir en hommage des boucles d'oreilles à l'effigie des ennemis qu'elles avaient mis en déroute. Même s'il ne s'agit certainement que d'une fiction, le *morčić* lui doit d'avoir été remis au goût du jour par le conflit provoqué par la dislocation de la Yougoslavie. Symbole de résistance, il a été officiellement promu mascotte de Rijeka en 1991.

En fait, son apparition remonte probablement au XVIIe siècle. Déclinaison locale et populaire du *moretto,* un bijou vénitien inspiré par l'Orient et la fascination qu'il exerçait, la figurine était au départ fabriquée avec des matériaux pauvres. Elle fut pourtant rapidement considérée comme un porte-bonheur en Istrie. Au XIXe siècle, elle devint dans la haute société une marque d'appartenance régionale, de statut social et de richesse. Sa production devint alors l'apanage des orfèvres. En boucle d'oreille, bracelet, pendentif ou épingle de cravate, le *morčić* reste le plus souvent un objet simplement émaillé, mais des pierres précieuses parent les exemplaires les plus luxueux.

Vous ne trouverez pas à Rijeka de meilleure sélection que celle de la **Mala Galerija.**

CURIOSITÉS

Parmi le choix relativement restreint de souvenirs vraiment originaux disponibles en Croatie, il en est paradoxalement un que nous considérons tous comme une pièce d'habillement banale et universelle : la cravate. Elle a pourtant une origine purement croate. Il s'agissait au départ d'une bande de tissu nouée autour du cou d'un soldat partant au combat par son épouse ou sa promise afin de symboliser leur union. Cette écharpe devint dans la première moitié du XVIIe siècle un signe de reconnaissance des cavaliers légers croates engagés comme mercenaires par les rois français pendant la guerre de Trente Ans. Le terme « cravate » sous lequel on les appelait servit également à désigner cet accessoire de mode quand il fut adopté à la cour de Louis XIV avant de gagner

***Morčić* de Rijeka en boucle d'oreille**

L'une des nombreuses bijouteries

des adeptes en Europe.

La production nationale offre un large choix de modèles et de qualités. Le centre de Zagreb renferme d'excellentes boutiques de prêt-à-porter pour hommes où vous fournir, dont **Follow Me, Heruc Galeria et Jobis.**

Caresser au bureau une cravate croate vous remettra peut-être pour quelques instants dans l'ambiance des vacances. Un autre article d'usage quotidien peut avoir le même pouvoir s'il provient de Zagreb. C'est en effet dans cette ville que la première usine de production de stylos à encre du monde a ouvert ses portes. Son fondateur, un ingénieur du nom d'Eduard Slavoljub Penkala, avait déposé en 1907 un brevet décrivant le premier outil d'écriture de ce type. La compagnie TOZ-Penkala, basée dans la capitale croate, a repris le flambeau.

Cravates en vitrine d'une boutique du centre de Zagreb

PRODUITS DE TERROIR

Dans presque toute la Croatie, la lavande est vendue séchée dans de petits sacs ou sous forme d'essence, mais elle est omniprésente sur l'île de Hvar *(p. 126-127)* qu'elle enveloppe d'une odeur entêtante à la période de la floraison. Il émane le même parfum des éventaires proposant près du port toutes sortes de produits cosmétiques à base de la fleur odorante.

Tommes de *paški sir,* en cours d'affinage sur l'île de Pag

Les gourmands ne manqueront pas de rapporter des spécialités culinaires : un pot de moutarde de Samobor *(muštarda),* du miel de Grohote sur l'île de Šolta, des biscuits *cukarini* de Korčula ou des pains d'épice en forme de cœur de Zagreb. Les charcuteries comprennent le jambon fumé d'Istrie et de Dalmatie appelé *pršut,* et le *kulen,* un saucisson épicé de Slavonie. Dans la région de Buzet, qui domine la vallée de la Mirna en Istrie, c'est la truffe qui fait l'objet de toutes les attentions. Parmi les nombreux vins produits par les terroirs croates, les crus les plus réputés comptent le blanc sec *malvajiza,* le rouge *dingac* et le *prošec,* un vin de dessert passerillé (issu de raisin partiellement séché). Les spiritueux les plus typiques incluent le bermet, un apéritif de Samobor, et la *šlivovica,* une eau-de-vie de prune appréciée dans tous les Balkans.

La spécialité gastronomique la plus réputée de Croatie reste sans doute le *paški sir,* le fromage tiré du lait des brebis nourries aux herbes aromatiques sur l'île de Pag. Passé dans la cendre et badigeonné d'huile d'olive avant affinage, il possède une saveur inimitable. Vous le trouverez sur place directement à la ferme ou dans le magasin de **Tonci Buljanovic.**

ADRESSES

CENTRES COMMERCIAUX

Importanne
Starcevicev trg, Zagreb.
Tél. *(01) 457 70 76.*
lun.-sam 9h-21h.

Importanne Galerija
Iblerov trg, Zagabria.
Tél. *(01) 461 95 03.*
lun.-sam. 9h-21h.

Nama
Ilica près de trg Jelačića, Zagreb.

Plaza
Maksimirska 2, Zagreb.
Tél. *(01) 230 18 17. lun.-ven. 9h-20h, sam. 8h-15h.*

Rotonda
Jurišićeva 19, Zagreb.
Tél. *(01) 481 77 85. lun.-ven. 9h-20h, sam. 9h-15h.*

BOUTIQUES

Follow Me
Teslvia 5, Zagreb.
Tél. *(01) 481 93 93.*

Heruc Galeria
Ilica 26, Zagreb.
Tél. *(01) 483 35 69.*

Jobis
Gajeva 21, Zagreb.

Mala Galerija
Užarska 12, Rijeka.
Tél. *(051) 335 403.*

Musée de Pag
Kralja Zvonimira, Pag.
été : 18h-21h.

Rukotvorine
Trg Jelačića 7, Zagreb.

Tonći Buljanović
Prošika 6, Pag.

Vendeuse de lavande, séchée et en essence, sur l'île de Hvar

SE DISTRAIRE EN CROATIE

Malgré la barrière créée par la langue, peu de visiteurs parlant le croate, le pays offre une gamme étonnamment variée de divertissement accessibles aux étrangers de toutes tranches d'âge. Les grandes salles de spectacle présentent des ballets et des opéras. Les casinos et les boîtes de nuit autorisent des distractions plus légères. De prestigieuses équipes de football et de basket-ball s'affrontent lors de matchs passionnants. Des concerts se déroulent dans des monuments historiques : églises, palais et arènes romaines. Partout des groupes de musique et de danses folkloriques se produisent. Zagreb possède une excellente compagnie de marionnettes. Les offices du tourisme fournissent les programmes des manifestations culturelles et sportives, certains permettent de réserver des places.

Ballet classique, Théâtre national de Zagreb

Salle à l'italienne du Théâtre national de Zagreb

INFORMATIONS ET BILLETS

Pour connaître les dates, les horaires, le prix des places et les modes de réservation d'un spectacle ou d'un festival, adressez-vous sur place aux offices du tourisme locaux. Ils connaissent le programme culturel de leur région. Avant le départ, vous pouvez aussi vous renseigner auprès de l'Office national croate du tourisme ou consulter son site Internet *(p. 267)*.

Les affiches offrent un autre moyen simple de découvrir les manifestations prévues, y compris des événements ponctuels ou « marginaux » n'ayant pas accès aux modes de publicité institutionnels.

Si vous connaissez le lieu où le spectacle doit être donné, le mieux est de vous rendre directement à la billetterie pour obtenir un complément d'information et, éventuellement, acheter votre place à l'avance.

THÉÂTRE ET DANSE

À moins de vouer à l'art dramatique une passion suffisante pour assister à une pièce sans en comprendre un traître mot, le théâtre peut difficilement constituer une distraction. Il existe toutefois une raison de surveiller les programmes des grandes salles : elles proposent aussi des représentations d'opéra et de ballet. Les plus prestigieuses ont lieu au **Théâtre national croate** de Zagreb, au **Théâtre national** de Zadar, au **théâtre Ivan Zajc** de Rijeka et au **Théâtre national** de Split.

La barrière des langues pose moins de problème aux spectateurs, notamment les plus jeunes, qui assistent aux spectacles de marionnettes donnés presque tous les week-ends à Zagreb par le **Zagrebačko Kasalište Lutaka,** une compagnie ambitieuse d'une cinquantaine de membres.

Beaucoup de fêtes locales sont l'occasion de voir des danses folkloriques. La plus célèbre est sans conteste la *moreška* de Korčula, une danse des épées qui fait traditionnellement partie des célébrations de la Saint-Théodore, le 29 juillet. Elle connaît un tel succès qu'elle est désormais présentée comme un spectacle touristique payant : en juillet et en août, le lundi et le jeudi à 21 h, en mai-juin et septembre-octobre, le jeudi seulement. Les sept tableaux durent en tout 90 minutes.

La *poskokica* aux nombreuses déclinaisons locales fait partie des danses les plus populaires. Les hommes y font mine de rivaliser de grâce et d'entrain pour séduire leurs partenaires féminines. Le *kolo* prend aussi des formes diverses selon les régions. En Slavonie, il se danse en cercle. Jadis, son accompagnement vocal permettait d'aborder sous forme humoristique tous les sujets de la vie villageoise. Le *drmeš*, ou « danse tremblante », ressemble à une polka en plus rapide.

Pièce de répertoire au palais du Recteur de Dubrovnik

Groupe de musique traditionnelle

MUSIQUE

La Croatie a donné naissance à de grands compositeurs classiques et abrite aujourd'hui de nombreux groupes de rock aspirant à la gloire, mais inconnus hors du pays. Surveillez les programmes des grandes et des petites salles pour les découvrir.

La musique folklorique est la musique la plus aisée à découvrir pour un visiteur étranger. Tout l'été sur la côte, des musiciens se produisent dans des lieux de concerts en plein air, des festivals et même des hôtels et des restaurants. Depuis les *klape,* des chœurs polyphoniques chantant a cappella, jusqu'à des groupes de *turbofolk* mettant en avant des chanteuses en minijupe soutenues par des rythmes modernes, l'éventail est particulièrement large.

Les instruments les plus répandus et les plus typiques comprennent la *tambura,* une sorte de luth sans archet introduit au XVIIe siècle, et la *citura,* cithare à sept cordes à la sonorité particulièrement poignante.

Le **Club Aquarius** propose à Zagreb une programmation musicale particulièrement éclectique. Ne manquez pas les concerts présentés dans le décor somptueux de l'**amphithéâtre romain** de Pula, ni ceux, de grande qualité, donnés dans le cadre du **Festival d'été de Dubrovnik.** Il dure cinq semaines entre juillet et août.

BOÎTES DE NUIT

Il est difficile de trouver des endroits pour danser jusqu'au matin en Croatie hors de la capitale et du littoral en été. Cependant, partout, de nombreux bars et cafés accueillent des musiciens, en particulier le week-end. Ils permettent de commencer la soirée avant de partir danser. Les boîtes de nuit ouvrent vers 22 h, mais l'atmosphère commence rarement à y être animée avant minuit. Les prix d'entrée oscillent entre 50 et 100 kuna.

En hiver, les débits de boisson ferment à 23 h du dimanche au jeudi, et à minuit le vendredi et le samedi. En été, sur la côte adriatique, les bars en plein air servent jusqu'à 3 h du matin et les discothèques en plein air s'arrêtent à 5 h.

Les jeunes Croates n'ont tout simplement pas les moyens financiers de sortir souvent. Ils se réservent donc pour les occasions spéciales, si un groupe se produit en week-end par exemple. En semaine, dans une station balnéaire, vous avez de fortes de chance de retrouver d'autres touristes. Si vous tenez à vous mêler aux gens du cru, essayez l'un des nouveaux complexes rassemblant cafés, cinémas et clubs à Zagreb et à Split.

La capitale, Rijeka, Split, Pula et Dubrovnik renferment les boîtes de nuit les plus réputées et les plus anciennes. À 4 km du centre de Zagreb, l'**Aquarius Club** permet de danser sur de la techno ou sur la musique de groupes croates. Sa terrasse domine le lac Jarun. Il règne une ambiance plus sophistiquée au **Saloon** où une clientèle plus âgée chaloupe sur des tubes et sous le regard de paparazzi attirés par l'espoir de voir arriver une vedette locale. Le **Sokol Klub** accueille des concerts le dimanche et accorde l'entrée libre aux femmes jusqu'à minuit tous les jours. Pilier de la scène « alternative », le **Močvara** occupe une usine désaffectée au bord de la Save. Il propose une programmation musicale variée. Il accueille aussi des manifestations telles que lectures de poésie, projections de films et expositions.

Une traverse de Rijeka abrite depuis plus de 20 ans un club culte qui a vu naître de nombreux groupes.

L'amphithéâtre de Pula accueille des spectacles de prestige

Bar de nuit à Dubrovnik

Baptisé le **Palach** en souvenir de l'étudiant tchèque qui s'immola par le feu en 1968 pour protester contre l'invasion de Prague par les chars soviétiques, c'est sans doute le lieu le plus intéressant de la ville. À Opatija, si vous voulez échapper au calme un peu empesé de la station balnéaire, le **Colosseum** vous offre l'atmosphère beaucoup plus électrique d'un vaste club techno grouillant d'adolescents.

Les noctambules de Split apprécient les terrasses donnant sur la mer, dont celles du **Shakespeare** de deux étages et du **Tropic Club Ecuador** empli de palmiers. La techno domine au **Mississippi,** tandis qu'il règne une ambiance plus *mainstream* au **Metropolis.** Celui-ci accueille parfois des concerts.

Dans un bâtiment désaffecté au-dessus du chantier naval de Pula, le **Club Uljanik** programme des groupes alternatifs. Deux établissements plus classiques existent hors de la ville : le **Fort Bourguignon** dédié aux amateurs de techno et de raves, et l'**Aquarius,** l'un des plus grands clubs en plein air de Croatie.

L'éventail disponible à Dubrovnik comprend le **Labirint,** un restaurant et night-club haut de gamme, le **Latino Club Fuego** aux choix musicaux éclectiques et l'**Esperanza** qui propose en alternance techno d'importation et groupes croates.

Dans les îles, Hvar a acquis la réputation d'un Saint-Tropez de l'Adriatique. L'activité de début de soirée a pour pôle le port dans des bars et clubs comme le **Carpe Diem.** Ils rejoignent ensuite sur la colline une forteresse vénitienne transformée en discothèque en plein air, le **Veneranda.** La dance est à l'honneur au **F1,** près de Trogir. Le **Faces Club,** près de Bol, sur l'île de Brac, est moins chic, mais on s'y amuse autant.

CASINOS

Zagreb abrite le plus grand nombre d'établissements de jeux d'argent. Ils se situent, comme dans le reste du pays, dans les hôtels haut de gamme, notamment l'International, l'Esplanade et le Panorama. En plus des inévitables rangées de bandits manchots, ils renferment des tables de jeu où les mises restent relativement modestes. Il n'est pas nécessaire de s'habiller, une tenue décente suffit. On vous demandera peut-être une pièce d'identité.

CINÉMA

Les films étrangers étant projetés en version originale sous-titrée, les anglophones n'auront que l'embarras du choix parmi les grosses productions hollywoodiennes présentées dans les cinémas des grandes villes. À Zagreb, la **Kinoteca** défend une programmation expérimentale et d'art et d'essai et offre plus de chances de pouvoir regarder un film en français. Les cinémas dans les campagnes proposent des conditions de confort parfois franchement rustiques.
Les projections en plein air organisées en été offrent, elles aussi, des occasions de se construire des souvenirs sortant des sentiers battus.

RENCONTRES SPORTIVES

La Yougoslavie communiste de Tito a toujours mis un point d'honneur à posséder des équipes de handball, de football, de basket-ball et de water-polo de haut niveau international. Depuis son indépendance en 1991, la Croatie, petite nation de 4,5 millions d'habitants, a continué d'obtenir dans ces disciplines d'excellents résultats. Elle a en outre ajouté le tennis à son répertoire. L'adresse Internet www.croatiaopen.hr vous fournira toutes les informations sur l'Open de Croatie ATP qui se déroule en juillet à Umag.

Comme dans tous les autres pays d'Europe, le football est très populaire. Les années 1990

L'hôtel Esplanade de Zagreb abrite un casino

ont vu des joueurs légendaires comme Stimac et Boban accéder au rang de stars internationales, tandis que le pays, défendant désormais seul ses couleurs, a réussi à accéder au quart de finale du Championnat d'Europe de 1996 et à la troisième place de la Coupe du monde de 1998.

Le **stade Maksimir** de l'équipe du Dinamo de Zagreb, à l'est de la capitale, et le **stade Poljud** du Hajduk Split offrent les meilleures conditions pour assister à un match. Ceux-ci ont lieu le dimanche après-midi. La saison ne s'interrompt qu'en été.

En basket-ball comme en football, Split et Zagreb ont les meilleures équipes.
Le KK Split a d'ailleurs maintes fois remporté le championnat des clubs européens. Son grand rival est le Cibona de Zagreb. Tous les passionnés connaissent les noms des joueurs qui se sont imposés sur la scène internationale, comme Cosic, Petrovic, Kukoc, Tabak et Rada. Ils se souviennent aussi que la Croatie a obtenu la troisième place à la Coupe du monde de Toronto en 1994. Le **Centre de basket-ball Drazen Petrovic** de Zagreb accueille des matchs tous les samedis soir d'octobre à avril. Les places sont vendues à la porte.

Joueur de l'équipe du Cibona de Zagreb en pleine action

ADRESSES

THÉÂTRES

Théâtre Ivan Zajc
Uljarska 1,
Rijeka.
Tél. *(051) 355 900.*

Théâtre national
Trg Gaje Bulata 1,
Split.
Tél. *(021) 344 999.*

Théâtre national
Široka ulica 8,
Zadar.
Tél. *(023) 314 552.*

Théâtre national croate
Trg Maršala Tita 15,
Zagreb.
Tél. *(01) 482 85 32.*

Zagrebačko Kasalište Lutaka
Ulica Baruna Trenka 3,
Zagreb.
Tél. *(01) 369 54 57.*

MUSIQUE

Amphithéâtre romain
Office du tourisme :
Forum 3,
Pula.
(052) 219 197, 212 987.

Festival d'été de Dubrovnik
Poljana Paska Milicevica 1,
Dubrovnik (billeterie).
Tél. *(020) 326 100.*

BOÎTES DE NUIT

Aquarius
Medulin, Pula.

Aquarius Club
Aleja Matije Ljubeka,
Jarun, Zagreb.
Tél. *(01) 364 02 31.*

Carpe Diem
Riva Center, Hvar.

Club Palach
Kruzna 6,
Rijeka.
Tél. *(051) 215 063.*

Club Uljanik
Dobrilina 2,
Pula.

Colosseum
Sur le font de mer,
Opatija.

Esperanza
Put Republike 30,
Dubrovnik.

Faces Club
près de Bol, Brac.

F1
Carrefour de la Magistrala et de la route de l'aéroport, Trogir.

Fort Bourguignon
près de la baie de Valsaline, Pula.

Labirint
Svetog Dominika 2,
Dubrovnik.
Tél. *(020) 322 222.*

Latino Club Fuego
Brsalije 11,
près de la porte Pile,
Dubrovnik.

Metropolis
Matice Hrvatska 1,
Split.
Tél. *(021) 305 110.*

Mississippi
Osjecka, Split.
Tél. *(021) 314 47 88.*

Mocvara
Trnjanski Nasip,
Zagreb.
Tél. *(01) 615 96 67.*

Saloon
Tuskanac 1a,
Zagreb.
Tél. *(01) 481 07 33.*

Shakespeare
Cvijetna 1,
Split.
Tél. *(021) 519 492.*

Sokol Klub
Trg Marsala Tita 6,
Zagreb.
Tél. *(01) 482 85 10.*

Tropic Club Ecuador
Kupaliste Bacvice 11,
Split.
Tél. *(021) 323 571.*

Veneranda
Sur la colline derrière l'hôtel Delphin, Hvar.

CASINOS

Hotel Esplanade
Mihanovićeva,
Zagreb.
Tél. *(01) 450 10 00.*

Hotel International
Miramarska 24,
Zagreb.
Tél. *(01) 615 00 25.*

Hotel Panorama
Trg Sportova 9,
Zagreb.
Tél. *(01) 309 26 53.*

CINÉMA

Kinoteca
Kordunska 1,
Zagreb.
Tél. *(01) 377 17 53.*

RENCONTRES SPORTIVES

Centre de basket-ball Drazen Petrovic
Savska cesta 30,
Zagreb.
Tél. *(01) 48 43 333.*

Stade Maksimir
Maksimirska 128,
Zagreb.
Tél. *(01) 48 43 769.*

Stade Poljud
Mediteranskih igara 2,
21000 Split
Tél. *(021) 381 235*
www.hnkhajduk.hr

ACTIVITÉS DE PLEIN AIR

La Croatie doit une grande part de son attrait touristique à deux atouts majeurs, son climat et ses ressources naturelles : îles et côtes rocheuses ; lacs, rivières, gorges et cascades ; montagnes et collines ; forêts méditerranéennes et alpines ; parcs aux paysages exceptionnels… Les autorités ont su protéger ce patrimoine tout en créant une infrastructure d'accueil. Une multitude d'organisations offrent aux visiteurs les moyens de pratiquer des activités comme la randonnée, le vélo, l'escalade, le rafting, la plongée sous-marine, la planche à voile et la navigation de plaisance. Les soins de santé restent la priorité des établissements thermaux, mais de plus en plus d'hôtels proposent une balnéothérapie de bien-être. Enfin, une mer cristalline permet le plus simple des plaisirs : la baignade.

Élève d'une école de voile

Voiliers au large de la côte croate

NAVIGATION DE PLAISANCE

Des centaines d'îles, un littoral découpé, une mer propre et limpide et des vents modérés et réguliers font de la Croatie un paradis du plaisancier. Rien ne permet d'apprécier davantage la façade adriatique du pays que de la parcourir en voilier ou en cabin-cruiser. De très nombreux ports naturels, de pêcheurs et de plaisance permettent presque partout de mouiller en sécurité. Il faut toutefois se méfier des courants parfois violents qui parcourent les chenaux.

Si vous en avez la possibilité, évitez les mois de juillet et d'août, à moins que vous ne teniez vraiment à passer vos vacances en compagnie de tous les amiraux du dimanche d'Europe. En mai, juin, septembre et octobre, vous jouirez d'un climat clément, d'une affluence moindre aux points de mouillage et de prix plus avantageux.

Selon l'**Office national croate de tourisme,** il existe plus de 140 sociétés louant 2 700 bateaux à voile ou à moteur, le plus souvent à la semaine du samedi 17 h au samedi 9 h. Son site Internet (www.croatia.hr) fournit davantage d'informations en anglais qu'en français. Pour louer un bateau « nu », le chef de bord doit posséder un permis de conduire en mer valide et une licence de radio VHF qu'il peut éventuellement passer sur place. Il doit également enregistrer la liste de l'équipage. Un skipper coûte en moyenne 130 € par jour plus les repas, mais il connaît le voilier. Le prix dépend de la période de l'année. Par exemple, la société française **Évasion Yachting** loue un onze-mètres sans skipper pouvant accueillir six à huit personnes 1 450 € en mai et 2 100 € en août. Avec la compagnie croate **Club Adriatic,** en août, un 10-mètres de quatre couchettes revient à 2 000 €.

Quiconque entre dans les eaux territoriales avec une embarcation de plus de 3 m de longueur et un moteur de plus 4 kW doit se présenter à la capitainerie la plus proche dès son premier accostage.

Entre Umag et Dubrovnik, plus de 50 ports de plaisance offrent tout ce que peut espérer un marin : carburant, réparations, branchements d'eau et d'électricité, assistance et surveillance médicale, commerces, bars et restaurants. L'**Adriatic Croatia International Club,** ou **ACI,** gère une chaîne de 21 marinas et organise des régates de prestige. Les marins de passage disposent d'un grand nombre de postes de mouillage temporaires. Ils peuvent aussi simplement jeter l'ancre dans une baie déserte.

Participer à un stage de voile, d'initiation ou de perfectionnement offre un bon moyen de découvrir les côtes croates en joignant l'utile à l'agréable. **Adriatic.net,** parmi beaucoup d'autres sociétés, en organise pour tous les niveaux d'expérience.

Au mouillage au port de Makarska

Parmi les stations de radio émettant sur le littoral, Radio Rijeka UKW canal 24, Radio Split UKW canaux 07, 21, 23, 81 et Radio Dubrovnik UKW canaux 07 et 04 fournissent des bulletins météorologiques. Le service Metsea (www.metsea.com) les envoie, traduits, par SMS.

PLANCHE À VOILE

Il est possible de louer l'équipement et de prendre des cours dans la plupart des stations balnéaires, mais deux spots ont les faveurs des véliplanchistes : Bol, sur l'île de Brac, et Viganj sur la péninsule de Peljesac, près d'Orebić. Les deux localités abritent plusieurs clubs réputés proposant locations et cours et accueillent en juillet des rencontres internationales.

La planche à voile est un sport très populaire en Croatie

La saison de planche à voile commence en avril et s'arrête à la fin du mois d'octobre. Les vents d'ouest atteignent leur force maximale en début d'après-midi. Les conditions sont les meilleures à deux périodes : fin mai mai-début juin et fin juillet-début août.

PLONGÉE SOUS-MARINE

La Croatie possède de nombreux sites de plongée intéressants. L'érosion a créé dans le calcaire karstique des cavités pittoresques, des bancs de poissons s'ébattent près de la surface et, à plus grande profondeur, des coraux et des épaves composent des paysages mystérieux. Les eaux

À la découverte des coraux et de leur faune

de l'île de Losinj recèlent toutes ces attractions. Si vous recherchez plutôt une faune abondante, essayez Vis : l'île est restée sous statut militaire jusqu'en 1989, ce qui a protégé la zone de la pêche. Les plus belles cavernes sous-marines creusent les splendides îles Kornati. Des navires naufragés se trouvent près de Rovinj (*Baron Gautsch*, 1914, transport de passagers), Dubrovnik (*Taranto*, 1943, navire marchand) et la péninsule de Peljesac (*S57*, 1944, un autre navire marchand coulé pendant la Seconde Guerre mondiale).

Pour plonger en indépendant, il faut détenir une licence émise par un organisme internationalement reconnu. Celle-ci permet d'acquérir une carte de plongée d'un an auprès de l'**Association de plongée croate** ou l'un de ses agents agréés, qui peut très bien être le club le plus proche de votre hôtel. Les clubs de plongée où l'on peut louer son équipement abondent en effet dans les zones touristiques.

La plongée sous-marine est interdite autour des installations militaires, de certains monuments culturels protégés, et dans quelques réserves naturelles, dont les parcs de Krk et des îles Brijuni. Elle est en revanche autorisée, avec un permis, dans le parc national des îles Kornati et autour de Mljet.

PÊCHE

L'Adriatique se prête mal à la pêche industrielle au large de la Croatie et la mer y reste poissonneuse comparée à la majeure partie des eaux littorales d'Europe. Les autorités s'emploient à protéger cette richesse halieutique tout en profitant de son intérêt touristique. Les permis de pêche, à la ligne et au fusil harpon, sont accordés par les offices du tourisme, des agences autorisées et des centres de plongée agréés par le ministère de l'Agriculture et des Forêts. Leur prix, peu élevé, dépend de la durée choisie : un jour, trois jours, une semaine ou 30 jours. Il est remis, avec le permis, une liste des zones où il ne s'applique pas, comme les réserves marines des îles Kornati, Brijuni, Krk et Mljet, et des indications sur le nombre de spécimens de chaque espèce que le détenteur a l'autorisation de prendre.

Un pêcheur fier de ses prises

RANDONNÉE EN MONTAGNE

Les espaces naturels de la Croatie sont parcourus d'innombrables sentiers de randonnée au tracé signalisés, sur des arbres et des rochers, par des points blancs inscrits dans des cercles rouges. L'**HPS (Association croate d'alpinisme)** vous renseignera sur les nombreux clubs de marche locaux, les lieux où trouver des cartes et la situation des refuges. Les conditions peuvent devenir difficiles en montagne de novembre à fin mars. Dans les régions les plus touchées par le conflit de 1991-1995, le déminage n'est pas partout achevé et il est fortement déconseillé de se risquer hors des pistes balisées. Le site Internet du HCR (www.hcr.hr), centre d'action croate contre les mines, vous fournira des indications plus précises.

Quelques itinéraires méritent qu'on leur accorde la priorité. Le sentier de crête du Premužić traverse sur 50 km, à environ 900 m d'altitude, le massif du Velebit parallèle au littoral. Il ménage des panoramas spectaculaires vers l'intérieur des terres comme vers la mer. Le parc national de Paklenica protège de belles gorges et des forêts de hêtres à 40 km au nord-est de Zadar. Le mont Ilija offre une superbe vue de la côte au-dessus d'Orebić. Ne manquez pas non plus les villages fortifiés de l'Istrie, le parc national de Risjnak sur le plateau du Gorski Kotar et la région des châteaux du Zagorje dans les comtés du Nord.

ESCALADE

Mieux vaut éviter la mauvaise saison où souffle la bora, un vent du nord-est souvent violent. La fondation de la Société croate d'escalade remonte à 1874. Elle a donné naissance à l'**HPS** actuelle qui est, entre autres, en charge de l'entretien des refuges et des secours en montagne. Les reliefs du pays offrent un large choix de voies. Le Parc national de Paklenica permet à lui seul plus de 400 escalades différentes. Beaucoup de grimpeurs apprécient également la vallée de la Cetina près d'Omis, en Dalmatie centrale.

Sur un sentier du Parc national de Paklenica

Descente en rappel par une belle journée d'été

Si vous souhaitez profiter en même temps des plaisirs de la mer, les parcs naturels d'Istrie, de la péninsule de Peljesac et des îles de Brac, de Vis, de Mjlet, de Krk, de Hvar, de Cres et de Losinj devraient répondre à vos vœux.

BICYCLETTE

Le vélo, comme la randonnée, constitue un excellent moyen de profiter d'espaces superbement préservés et de rencontrer des Croates avec qui l'on partage une passion. Les offices du tourisme régionaux ont fait de gros efforts pour promouvoir des parcours adaptés. Les parcs et les réserves naturels nationaux ont ouvert la voie en créant des circuits en boucle clairement balisés. Les lacs de Plitvice offrent un cadre particulièrement remarquable. Des itinéraires similaires existent sur les îles de Rab, Hvar et Mjlet où des plages isolées et des restaurants où l'on peut faire étape ajoutent au plaisir. L'office du tourisme d'Istrie a effectué un travail remarquable en transformant des chemins ruraux en pistes cyclables. Elles permettent des promenades en boucle au départ de Rovinj, Labin et Novigrad. Comptez de 10 à 15 € par jour

Courts de tennis en terre battue

pour louer une bonne bicyclette.

TENNIS

Le tennis est devenu le sport le plus populaire en Croatie après le football. Vous trouverez généralement d'excellents courts en terre battue, dans presque chaque village, complexe hôtelier ou terrain de camping. Le **Tenis Klub Pećine** de Rijeka et le **Smrikve Tennis Club** de Pula font partie des clubs les mieux équipés. L'Open ATP de Croatie organisé à Umag en juillet permet d'assister à des matchs de haut niveau. Partout, vous verrez sans doute des souvenirs liés au plus célèbre tennisman croate : Goran Ivanisevic vainqueur de la finale du simple hommes à Wimbledon en 2001. Il passe parfois au club de Split.

GOLF

Il n'existe en tout et pour tout que deux terrains de golf en Croatie. Les visiteurs désireux d'effectuer un parcours ont donc toutes les chances de se retrouver à la dernière place d'une longue liste de golfeurs étrangers. Si vous voulez malgré tout essayer, sachez que le dix-huit-trous de **Dolina Kardinala** est situé près de Karlovac et que l'**île Brijuni** renferme un neuf-trous près de Pula.

Vous risquez de devoir présenter une carte de membre, indiquant votre handicap, émise par la fédération nationale de votre pays d'origine.

RAFTING

Le plus accessible des sports extrêmes s'est développé en Croatie à la fin des années 1980, offrant un mode d'accès nouveau à des rivières et des gorges jusque-là réservées aux kayakistes. Plusieurs cours d'eau, sans rapides dangereux, permettent de belles descentes au sein d'une nature sauvage. Ils comprennent, en Dalmatie, la Zrmanja (près de Zadar) et la Cetina (près d'Omis), et en Croatie centrale, la Dobra et la Kupa proches de Karlovac. Des agences comme **Active Holidays** fournissent guides et matériel. Essayez sinon les sites www.raft.hr et www.rafting.com.hr.

RELAXATION

Alimentés par des sources naturelles, les établissements thermaux *(p. 212-213)* ont surtout une vocation thérapeutique. Un nombre croissant d'hôtels propose des soins de détente et de bien-être.

Sur l'un des deux parcours de golf de Croatie

ADRESSES

PLAISANCE

Marinas ACI
M.Tita 151, Opatija
Tél. *(051) 271 288*
www.aci-club.hr

Adriatica.net
Slavonska avenija 26/9, HR 10132 Zagreb
www.adriatica.net

Club Adriatic
www.clubadriatic.com

Évasion Yachting
www.evasionlocation.fr

PLANCHE À VOILE

www.croatia.hr

PLONGÉE

Association de plongée croate
Dalmatinska 12, Zagreb
Tél. *(01) 484 87 65*
www.diving-hrs.hr

RANDONNÉE ET ESCALADE

Association croate d'alpinisme (HPS)
Kozarceva 22, Zagreb
Tél. *(01) 482 41 42*
www.plsavez.hr

BICYCLETTE

www.istria.com
www.croatia.hr

RAFTING

www.activeholidays-croatia.com
www.raft.hr
www.rafting.com.hr

TENNIS

Smrikve Tennis Club
Stinjanska cesta 91, Pula
Tél. *(052) 517 011*

Tenis Klub Pećine
Setaliste X111 Divizije 33, Rijeka
Tél. *(051) 421 782*

GOLF

Terrain de golf de Brijuni
Tél. *(052) 525 888*

Terrain de golf de Dolina Kardinala
Tél. *(047) 731 100*

RENSEIGNEMENTS PRATIQUES

LA CROATIE MODE D'EMPLOI

Le tourisme est la plus importante source de revenus de la Croatie et son développement, un temps entravé par le conflit des années 1991-1995, compte désormais parmi les priorités des autorités croates. Les mesures prises depuis le rétablissement de la paix incluent la simplification des formalités d'entrée et la mise en place, à l'intérieur du pays comme à l'étranger, d'un réseau d'offices du tourisme efficaces. L'infrastructure matérielle s'est également modernisée. Elle comprend de nombreux camps de naturisme, une vieille tradition en Croatie. Le français est peu parlé par les Croates. Ceux-ci maîtrisent plutôt l'italien sur la côte et l'allemand à l'intérieur des terres. Beaucoup de jeunes parlent l'anglais. La Croatie négocie son adhésion à l'Union européenne depuis 2005 et s'est fixé pour objectif d'avoir achevé en 2007 les réformes nécessaires pour l'obtenir.

Logo de l'Office national croate du tourisme

Embarcadère pour les îles Brijuni à Fažana

QUAND PARTIR

Les mois de juillet et août correspondent à la saison haute, celle où les prix sont les plus élevés et où il peut se révéler difficile de trouver un hébergement. Sur la côte, la mer est chaude et splendide et les températures oscillent entre 25 °C et 30 °C dans la journée avec des minimales nocturnes autour de 20 °C. À l'intérieur des terres, des orages éclatent souvent le soir.

Le printemps et l'automne offrent des conditions de voyage plus paisibles et moins onéreuses. Le temps reste très doux, en particulier sur le littoral où les plus courageux se baignent encore en octobre. Ce sont les meilleures saisons pour visiter les parcs naturels : il fait moins chaud pour marcher et fleurs et feuillages prennent leurs plus belles couleurs. Ce sont aussi les meilleures saisons pour la chasse dans les régions riches en gibier et pour la pêche dans les lacs et les rivières. Dans le Nord, les établissements thermaux permettent de se baigner dans des piscines alimentées par des sources chaudes *(p. 212-213)*.

En hiver, les températures restent clémentes au bord de l'Adriatique, mais beaucoup d'hôtels et de restaurants sont fermés. En février, Rijeka, la riviera d'Opatija et l'île de Lastovo s'animent pour le carnaval. La neige couvre les montagnes, ainsi que le centre et le nord du pays. Elle donne beaucoup de charme aux villes et aux paysages, en particulier pendant les célébrations de Noël. Il n'existe toutefois pas de réelles infrastructures de sports d'hiver.

IMMIGRATION

Pour un séjour de moins de trois mois, les citoyens de l'Union européenne et de la Suisse ont besoin d'un passeport ou d'une carte d'identité en cours de validité. Les résidents canadiens doivent présenter leur passeport. Aucun visa n'est nécessaire pour emprunter les 9 km de route passant par la Bosnie entre Split et Dubrovnik. Les personnes qui proposent un hébergement doivent enregistrer leurs hôtes auprès du commissariat local dans les 24 h suivant l'arrivée. Hôtels, campings et loueurs s'en chargent. Si vous logez chez des amis, vous pouvez effectuer la démarche, gratuite, à leur place.

Les agents de la Police des frontières ont le droit de vérifier qu'un étranger dispose des moyens de subvenir à ses besoins. Les contrôles sont rares. Un carnet de vaccination et un certificat de bonne santé sont requis pour un animal de compagnie. S'il est carnivore, il doit être identifié par un tatouage ou une puce électronique.

Bouteille de vin croate

Les sites Internet de l'ambassade de Croatie en France (www.amb-croatie.fr) et du ministère des Affaires étrangères croate (www.mvp.hr) constituent des sources fiables d'information.

◁ La sinueuse Magistrale longe la côte d'un bout à l'autre de la Dalmatie

DOUANES

Il n'existe pas de limitation sur les effets personnels importés par les visiteurs étrangers. Ceux-ci peuvent également entrer dans le pays avec 200 cigarettes ou 50 cigares, 1 l de spiritueux, 2 l de vin, 500 g de café et 50 ml de parfum.

Les objets de valeur comme le matériel de camping, les équipements de radio et de télévision, les ordinateurs, les appareils photo et les caméscopes doivent être déclarés au passage de la frontière.

Si vous pénétrez dans les eaux territoriales avec votre propre bateau, vous devez vous présenter à la capitainerie dès votre première escale pour y déclarer le nombre de personnes à bord et l'équipement. Il vous faudra régler un droit d'entrée dans les eaux croates dépendant de la taille du bâtiment.

La Croatie limite à 15 000 kuna par personne l'importation et l'exportation de sa monnaie, mais n'impose aucune restriction sur les monnaies étrangères.

INFORMATIONS TOURISTIQUES

Toutes les localités d'une certaine importance possèdent un office du tourisme municipal ou privé baptisé Turisticki Ured, Turisticki Zajednica, Tourist Information Centar ou – surtout dans les petits villages – Turist Biro. En plus d'offrir une information pointue sur les attractions locales, il permet souvent d'effectuer une réservation ou de trouver une chambre dans un hôtel ou chez l'habitant *(p. 218-219)*.

Le ministère du Tourisme a également mis en place des offices du tourisme provinciaux qui regroupent des informations portant sur l'ensemble du territoire administratif appelé comté.

Les offices nationaux croates du tourisme implantés à Paris, Bruxelles, Zurich et New York offrent également des mines de renseignements de tous

En quête de la bonne direction

ordres. Sur beaucoup de points, le site Internet général (www.croatia.hr) anglais est plus riche que ses déclinaisons francophones comme www.fr.croatia.hr et www.be.croatia.hr. Pour tout ce qui a trait à la culture, du patrimoine à l'art contemporain, culturenet.hr constitue sans doute pour les anglophones la base de données la plus riche et la plus intéressante.

HEURES D'OUVERTURE

Les Croates font la journée continue et les administrations sont ouvertes de 8 h à 16 h les jours de semaine. Beaucoup d'autres bureaux suivent ces horaires. Certains services, publics ou privés, par exemple les postes *(p. 270)* et les banques *(p. 272-273)*, ouvrent aussi le samedi jusqu'à 13 h. Les commerces ouvrent en général tôt le matin *(p. 250)*. Il en va de même des cafés. Certains servent à partir de 6 h.

VOYAGEURS HANDICAPÉS

L'histoire récente du pays a considérablement accru la sensibilité aux problèmes des handicapés, les combats livrés en 1991-1995 ayant causé de nombreuses mutilations. Les gares ferroviaires, les aéroports, les grands hôtels, les restaurants d'un certain standing et les principales administrations des grandes villes ont été rendus accessibles aux personnes en fauteuil roulant.

La situation reste moins brillante dans les ports où les handicapés doivent parfois compter sur la bonne volonté générale pour embarquer .

Vous pouvez vous renseigner sur place auprès de **Savez Organizacija Invalida Hrvatske,** la fédération des associations d'handicapés dont le siège se trouve à Zagreb. En France, contactez l'**APAJH.**

AVEC DES ENFANTS

Les complexes hôteliers et les villages de vacances du littoral s'adressent à une clientèle familiale. Ils possèdent des piscines et des aires de jeux et proposent de nombreuses activités pour les enfants.

Dans les plus petites structures, les services disponibles varient beaucoup d'un endroit à un autre.

Terrain de jeu d'un grand complexe hôtelier

Terrasse de café à Varazdin

LANGUE

Dans leur langue natale, le *hrvatski,* les Croates appellent leur pays Hrvatska. Des déclinaisons (sept cas) s'appliquant aussi bien aux noms propres qu'aux noms communs, trois genres, le masculin, le féminin et le neutre, et des différences de prononciation selon les dialectes locaux font du croate une langue difficile à apprendre. Le français est assez peu parlé. Vous vous ferez plus facilement comprendre si vous parlez l'allemand à l'intérieur des terres et l'italien sur le littoral. Si vous parlez l'anglais, vous pourrez dialoguer avec le personnel des établissements touristiques et avec les jeunes.

POLITESSES ET SALUTATIONS

Les Croates ont tendance à se montrer réservés avec les étrangers, en particulier dans les régions peu fréquentées par les touristes. S'efforcer de prononcer quelques mots, même maladroits, dans la langue du pays hôte relève des règles universelles de la politesse et facilite toujours les rapports. « Monsieur » se dit « *gospodin* », « madame » « *gospodja* » et « mademoiselle » « *gospodjica* ». On se salue le matin d'un « *dobro jutro* » et l'après-midi d'un « *dobar dan* » qui signifie aussi « bonjour ». En général. « *Dobra večer* » veut dire « bonsoir » et « *aku noć* » « bonne nuit ». Seules les personnes proches peuvent utiliser *bog* (salut) et *ciao.*

Les autres formules de politesse courantes comprennent *zbogom* et *dovidenja* (au revoir), *zdravo* (bonjour/salut), *molim* (s'il vous plaît) et *hvala* (merci). Le lexique fournit en pages 295-296 une sélection plus complète de mots et de phrases usuels.

ÉTIQUETTE VESTIMENTAIRE

Peu d'endroits exigent une tenue de ville, mais vous serez toujours mieux accueilli si vos vêtements s'accordent au contexte. Par exemple, mieux vaut éviter de porter un survêtement si vous vous rendez dans un restaurant haut de gamme.

SAVOIR-VIVRE

Les femmes, y compris quand elles voyagent seules, ne courent pas de dangers particuliers en Croatie, même si les célibataires risquent d'attirer l'attention, notamment dans les bars des régions peu touristiques, principalement fréquentés par des hommes. Sauf rares exceptions, cette attention reste courtoise et galante, et il suffit d'indiquer clairement qu'elle n'est pas désirée pour y mettre un terme.

La plus grande liberté règne quant à l'habillement, mais par respect pour les croyances religieuses, il est recommandé d'éviter d'être trop dénudé si vous entrez dans une église, en particulier dans les zones balnéaires au sortir de la plage. La Croatie n'a cependant rien d'un pays « coincé ». Le naturisme y est très répandu et les femmes peuvent sans problème porter bikinis ou bronzer seins nus.

La loi ne réprime pas l'homosexualité, mais il n'existe pas de communauté gay revendiquant clairement son identité comme dans beaucoup d'autres pays d'Europe.

POURBOIRES ET MARCHANDAGE

Même dans les restaurants où les prix comprennent le service, il est d'usage de laisser un pourboire si l'on est satisfait du personnel. Il s'élève en général à 10 % de la note. Un serveur de bar ou un chauffeur de taxi s'attendra au moins à ce que l'on arrondisse la somme. Les guides touristiques et de musée comptent également sur les pourboires pour arrondir leurs fins de mois.

Les prix sont fixes dans les magasins, mais vous pouvez essayer de marchander

Déambuler dans les rues est une activité agréable dans l'ensemble de la Croatie

ailleurs, et en particulier sur les marchés en plein air et aux stands de bord de route.

TABAC

Les Croates fument sans complexe. La réglementation contre le tabagisme dans les lieux publics est appliquée avec une certaine souplesse. Seuls les hôtels et restaurants les plus haut de gamme proposent des zones séparées pour les fumeurs et les non-fumeurs.

NATURISME

Défini comme un « mode de vie en harmonie avec la nature, exprimé par une nudité communautaire », le naturisme né en Allemagne au début du xxe siècle a très vite trouvé une terre d'élection en Croatie. L'ouverture du premier village de vacances naturiste a eu lieu en 1934 à la Rajska plaza (plage du Paradis) de l'île de Rab. En 1936, le roi Henri VIII d'Angleterre s'y baignait nu avec sa femme. Le mouvement prit pleinement de l'ampleur à partir de la création de camps commerciaux, et non plus réservés à des membres, dans le courant des années 1950. Celui de Koversada *(p. 56)* fondé en 1961 est aujourd'hui le plus important d'Europe. Il peut accueillir quelque 7 000 personnes sur 120 ha.

Le pays compte une trentaine de centres naturistes, ainsi que de nombreuses plages signalées par ces panneaux portant les lettres FKK. On estime qu'environ un million de nudistes viennent chaque année en vacances en Croatie. **Itour** est une agence de voyages française spécialisée dans le naturisme.

Le site Internet de la **Fédération croate de naturisme** offre quelques informations en anglais.

ÉLECTRICITÉ

Un courant de 220 V et 50 Hz alimente des prises électriques aux normes européennes.

HEURE

Été comme en hiver, il n'y a de décalage horaire entre la Croatie, la France, la Suisse et la Belgique ni en été ni en hiver.

Une plage retirée de la côte dalmate

ADRESSES

OFFICE NATIONAL CROATE DE TOURISME

En Croatie
Iblerov trg 10/IV, Zagreb.
Tél. *(01) 469 93 33.*
Fax *(01) 455 78 27.*
www.croatia.hr

AMBASSADES ET CONSULATS

Ambassade de Belgique
Pantovčak 125 B I, 10000 Zagreb. ***Tél.*** *(00 385) 1 457 8901.* ***Fax*** *(00 385) 1 457 8902.* **www**.diplomatie.be/zagrebfr

Ambassade du Canada
Prilaz Gjure Dezelica 4, Zagreb.
Tél. *(00 385) 1 488 1200.*
Fax *(00 385) 1 488 1230.*

Ambassade de France
Hebrangova 2, 10000 Zagreb, ***Tél.*** *(00 385) 1 4893 680.* ***Fax*** *(00 385) 1 4893 668.* **www**.ambafrance.hr

Ambassade de Suisse
Bogovićeva 3, 10000 Zagreb. ***Tél.*** (00 385) 1 487 8800. ***Fax*** (00 385) 1 481 0890. **www**.eda.admin.ch

Ambassade de Croatie en France
39, avenue Georges-Mandel, 75116 Paris.
Tél. 01 53 70 02 80.
Fax 01 53 70 02 90.
www.amb-croatie.fr

Ambassade de Croatie en Belgique
Av. Louise 425, B-1050 Bruxelles.
Tél. *02 644 65 10.*
Fax *02 512 03 38.*

VOYAGEURS HANDICAPÉS

Savez Organizacija Invalida Hrvatske
Savska ceska 3, Zagreb.
Tél. *(01) 482 93 94.*

APAJH
185, bureaux de la Colline
92213 Saint-Cloud Cedex
Tél. *01 55 39 56 00*
www.apajh.org

NATURISME

Dune Leisure
Tél. *(0115) 931 4110.*
www.dune.uk.com

Itour
Tél. *01 53 05 99 10.*
www.vacances-naturistes.com

Fédération croate de naturisme
www.dnh.hr

CROATIE SUR L'INTERNET

Banques **www**.zaba.hr
www.hnb.hr
www.amex.hr
www.diners.hr

Informations générales
www.croatia.hr
www.culturenet.hr
www.hr

Ministère du Tourisme
www.mint.hr

Renseignements sur Zagreb
www.zagreb-convention.hr

Santé et sécurité

Les standards des services de soins ne diffèrent pas de ceux du reste de l'Europe, et un séjour en Croatie ne pose pas de problème de santé particulier. Le pays ne connaît pas de maladies endémiques, l'eau est partout potable et les précautions à prendre concernent surtout les coups de soleil et les piqûres d'insectes. Pour les Européens, une convention prévoit le remboursement des soins. Dans l'intérieur du pays, mieux vaut ne pas oublier que le déminage le long des anciennes lignes de front n'a pas été achevé. En forêt, en été, les risques d'incendie sont très élevés. Malgré un taux de criminalité peu élevé, il est recommandé de prendre les précautions d'usage pour préserver ses objets de valeur.

VACCINATIONS ET ASSISTANCE MÉDICALE

Aucun vaccin particulier n'est nécessaire pour pénétrer en Croatie. Les grandes villes renferment des hôpitaux et des cliniques *(bolnica* ou *klinički centar)* et vous trouverez dans les villages au moins un centre de santé et une pharmacie *(ljekarna)*. Préparez-vous à devoir attendre.

Les étrangers bénéficient gratuitement de l'aide médicale d'urgence, mais doivent régler les autres soins (les tarifs sont raisonnables). La Croatie a signé des conventions de remboursement avec la majeure partie des pays de l'Union européenne, dont la France et la Belgique. Pour obtenir ce remboursement, prenez soin de conserver vos justificatifs de dépenses afin de pouvoir les remettre à votre caisse d'assurance-maladie à votre retour.

La prudence recommande de bénéficier d'une assurance complémentaire couvrant les risques liés aux voyages et prenant directement en charge d'éventuels frais médicaux, d'hospitalisation et de rapatriement. Ces prestations sont comprises dans le coût d'un séjour organisé. Elles peuvent aussi faire partie des avantages liés à une carte bancaire ou à une assurance-automobile. Avant de vous en contenter, prenez soin de bien lire les restrictions d'application pour éviter une mauvaise surprise. Ces restrictions peuvent être très variées et concerner par exemple la durée de la couverture ou certaines activités considérées à risque comme la plongée sous-marine et l'escalade, ou même la randonnée et la moto. Il faut parfois avoir payé le déplacement avec la carte.

Enseigne d'une clinique privée de la ville d'Osijek

PHARMACIES ET MÉDICAMENTS

Si vous suivez un traitement, emportez avec vous une quantité suffisante de remèdes pour la durée du séjour. Par précaution, munissez-vous également d'une ordonnance où figurent les produits en vente libre dans votre pays d'origine. Ils ne le sont pas obligatoirement en Croatie. Demandez à votre médecin d'indiquer le principe actif du médicament pour éviter tout problème de nom de marque.

Les pharmacies ouvrent normalement de 8 h à 13 h et 15 h à 19 h. À Zagreb, celle de la galerie marchande Importanne *(p. 253)* reste ouverte 24 h/24.

PRÉCAUTIONS DE BASE

Les dangers qui guettent les visiteurs en Croatie sont identiques à ceux qui menacent les touristes ailleurs dans le monde. En premier lieu, méfiez-vous en été du soleil et de la chaleur. Prévoyez chapeaux, lunettes noires et crème solaire à haut indice de protection. Résistez à la tentation de profiter tout de suite au maximum de la plage. Exposez-vous progressivement, un coup de soleil attrapé le premier jour peut gâcher un séjour à la mer. Évitez les efforts physiques soutenus aux heures les plus chaudes et gardez toujours avec vous une bouteille d'eau. C'est particulièrement important si vous êtes en voiture avec de jeunes enfants. Des cas sévères de déshydratation se produisent tous les ans dans les zones balnéaires.

Tout changement de régime alimentaire a souvent pour conséquence de légers troubles digestifs auxquels il est aisé de parer. Aucune maladie telle que la dysenterie ne sévit en Croatie.

Mieux vaut se munir d'une crème antihistaminique et d'un insectifuge pour se protéger des moustiques. Une paire de sandales en plastique facilitera les déplacements sur les galets et les rochers et vous protégera des oursins

Bain de soleil sur une plage de Dalmatie

Trajet en ferry-boat sur le littoral

qui abondent à proximité du rivage.

Les randonneurs doivent garder à l'esprit qu'en zone méditerranéenne, la sécheresse rend en été les forêts extrêmement inflammables. Un mégot peut suffire. Les plus prudents emporteront un sérum contre les morsures de vipères.

Le bateau fait partie des modes de transport usuels sur le littoral, ne serait-ce que pour rejoindre les îles. Si vous souffrez du mal de mer, placez-vous au centre de l'embarcation où le roulis est moins sensible. Rester dehors à l'air frais et en vue d'un horizon stable apporte également un soulagement.

TOILETTES PUBLIQUES

Les conditions d'hygiène sont bonnes en Croatie. Les toilettes publiques y sont nombreuses et généralement propres. Une somme de 2 kuna est réclamée pour leur entretien dans les gares ferroviaires et routières. Dans les cafés et les restaurants, leur accès est gratuit pour les clients.

SÉCURITÉ PERSONNELLE

Le taux de criminalité est relativement faible en Croatie. Comme partout, les voleurs à la tire et les pickpockets sévissent principalement dans les lieux très touristiques ou dans les transports en commun aux heures de pointe. Les précautions d'usage consistent à ne pas perdre des yeux ses bagages et à ne pas garder son portefeuille dans une poche arrière de pantalon ou dans un sac « banane ».

Les hôtels ayant pour habitude de conserver le passeport de leurs clients pendant la durée du séjour, prévoir une photocopie permettra d'avoir sur soi un document prouvant son identité.

En cas de problème avec la police *(policija)*, pour un accident de la route par exemple, sachez qu'un accord international prévoit qu'un touriste interrogé ou détenu pour quelque raison que ce soit a le droit de contacter un représentant diplomatique de son pays et de recevoir l'assistance d'un avocat. Votre ambassade *(p. 267)* vous indiquera à qui vous adresser mais malheureusement les honoraires seront à votre charge.

ADRESSES

SERVICES D'URGENCE

Police
Tél. 92.

Pompiers
Tél. 93.

Urgence médicale
Tél. 94.

Sauvetage
Tél. 112.

Dépannage automobile
Tél. 987.

Informations générales
Tél. 981.

Automobile Club
www.hak.hr

PERTE ET VOL

Les précautions à prendre pour se prémunir de la petite délinquance qui sévit dans toute région touristique relèvent du simple bon sens : garder en lieu sûr son argent, sa carte bancaire et ses papiers d'identité, surveiller ses bagages, éviter d'arborer des bijoux ou des objets de grande valeur hors d'un contexte où ils ont leur place et, dans une voiture en stationnement, ne rien laisser d'apparent qui pourrait éveiller des tentations.

En cas de vol ou de perte, faites au plus tôt une déclaration dans un commissariat de police. Une copie du procès-verbal vous sera sans doute nécessaire pour obtenir un remboursement de votre assurance.

Officier et voiture de police croates

Communications

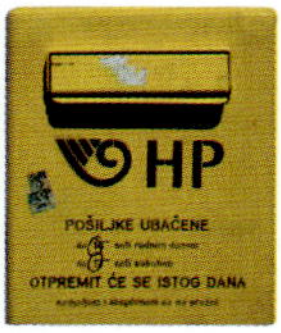

Boîte aux lettres croate

La poste assure en Croatie un service public de qualité : elle dispose de bureaux jusque dans les petits villages avec des amplitudes horaires vastes. Les nombreuses cabines téléphoniques fonctionnent avec des télécartes et la plupart permettent de se faire appeler. Dans les cybercafés, vous pouvez recevoir et envoyer des courriels. La télévision retransmet presque tous les programmes étrangers en version originale sous-titrée. Une des radios nationales fournit en été des bulletins d'information en anglais, en italien et en allemand.

Le téléphone portable s'est beaucoup répandu en Croatie

Entrée d'un bureau de poste (HP) de Dubrovnik

SERVICES POSTAUX

L'entreprise nationale de poste et télécommunications HPT Hvratska a cessé d'exister en janvier 1999 pour donner naissance, d'un côté à HP (services postaux), et de l'autre à HT (télécommunications). HP continue néanmoins d'assurer un service public de qualité avec des bureaux de poste dans tout le pays.

Ils sont ouverts de 7 h à 19 h du lundi au vendredi et de 7 h à 13 h le samedi. Dans les grandes villes, et dans les zones touristiques en été, leur amplitude horaire est encore plus large ; ils ouvrent même le dimanche matin.

Ils permettent d'acheter des timbres *(marke)* et des cartes téléphoniques, d'envoyer des télégrammes et des paquets et de recevoir et d'émettre des télécopies. On peut aussi s'y faire transférer de l'argent par l'intermédiaire de Western Union (www.westernunion.fr) et obtenir du liquide avec une carte bancaire (dans tous les bureaux avec une carte MasterCard ou Diners Club, dans certains seulement avec Visa ou Maestro).

Une lettre pour l'Europe au tarif normal (environ 50 cents d'euro) met entre 4 et 5 jours pour atteindre sa destination. Il faut compter à peu près le double pour une carte postale. Il est aussi possible d'envoyer des plis par avion ou en messagerie express.

La poste restante offre en voyage le moyen souvent le plus pratique de recevoir du courrier. À Zagreb, demandez qu'on vous l'envoie en indiquant « Poste Restante, 1000 Zagreb, Croatie », et à Split, « Poste Restante, Main Post Office, 21000 Split ». Les détenteurs d'une carte ou de chèques American Express bénéficient d'un service similaire dans les agences de voyages de la chaîne Atlas.

TÉLÉPHONES PUBLICS

Il existe 10 000 téléphones publics en Croatie, et vous en trouverez partout. Ils fonctionnent avec des cartes *(telekarta)* de 50, 100, 200 et 500 impulsions vendues dans les postes, dans les bureaux de tabac et chez les marchands de journaux. La plupart des cabines permettent également de se faire appeler. Le numéro figure au-dessus du clavier. Les communications coûtent 25 % moins cher entre 16 h et 19 h. Une réduction encore plus importante, 70 %, entre en vigueur la nuit et les dimanches et jours fériés.

Télécarte de 100 impulsions

Il revient moins cher de téléphoner depuis une poste que depuis une cabine. On paye au guichet à la fin, mais il est inutile d'y passer avant de décrocher un combiné. Les hôtels appliquent une surcharge sur les appels depuis les chambres.

TÉLÉPHONES MOBILES

Il existe plusieurs opérateurs de téléphonie mobile (norme GSM) : HTmobitel dont tous les numéros commencent par le code 099, Tele 2 (095), T-Mobile (098) et Vipnet (091). Le réseau de HTmobitel couvre 98 % du territoire.

Vous ne devriez pas avoir de problèmes pour utiliser votre propre téléphone en Croatie. Renseignez-vous sur les conditions et les tarifs auprès de votre opérateur avant le départ.
Comme dans les autres pays d'Europe, il est interdit de téléphoner tout en conduisant.

COMMUNICATIONS INTERNATIONALES

Pour appeler en Croatie depuis l'étranger, composez le 00, puis l'indicatif international du pays (385) suivi de l'indicatif local sans le zéro initial (la Croatie est divisée en 21 régions administratives appelées comtés et possédant chacune un indicatif), et enfin le numéro de votre correspondant. Pour appeler à l'étranger depuis la Croatie, composez également le 00, puis l'indicatif international du pays (33 pour la France, 32 pour la Belgique, 41 pour la Suisse et 1 pour le Canada) suivi de l'indicatif local sans le zéro initial (pour la France, le 0 au début du numéro à 10 chiffres), et enfin le numéro que vous cherchez à joindre.

Les numéros commençant en Croatie par 060 correspondent à des services de renseignements qui peuvent être appelés de tout lieu du pays sans composer d'indicatif local.

Joueurs en réseau dans un cybercafé de Dubrovnik

INTERNET

L'Internet s'est beaucoup développé en Croatie et des cybercafés dotés de connexions à haut débit ont ouvert à peu près partout, même sur les îles. L'adaptation de claviers à l'origine anglais (QWERTY) réserve parfois des surprises. Si vous emportez votre ordinateur portable, beaucoup d'hôtels de milieu de gamme et de standing louent des chambres dotées d'une connexion directe, parfois même sans fil. Il est fortement recommandé d'avoir une protection résidente (antivirus et pare-feu) efficace.

TÉLÉVISION ET RADIO

La Radio et Télévision Croate, ou HRT (Hrvatski Radio i Televizija), présente des productions nationales sur sa première chaîne et étrangères sur la deuxième. Il existe également deux chaînes de télévision privée, RTL et TV-Nova. Pratiquement tous les programmes étrangers, notamment les films, sont en version originale sous-titrée. La deuxième station nationale de radio (RDS-HRT2) diffuse régulièrement, de la mi-juin à la mi-septembre, les bulletins d'information en anglais, en allemand et en italien. Ils fournissent des prévisions météorologiques et des renseignements sur les conditions de circulation.

Dans de nombreux hôtels, la télévision par satellite donne accès à des chaînes internationales, dont TV5 aux programmes en français.

JOURNAUX

Il existe deux grands quotidiens du matin, *Vjesnik* et *Jutarnji List,* et un journal du soir, le *Večernji List.* L'hebdomadaire satirique *Feral Tribune,* publié à Split, est également beaucoup lu. Il est possible de se procurer des quotidiens français, le lendemain de leur parution, dans les grandes villes toute l'année et les régions touristiques en saison.

Marchand de journaux de Valpovo

ADRESSES

INDICATIFS RÉGIONAUX

Bjelovarsko-Bilogorska : 043
Brodsko-Posavska : 035
Dubrovačko-Neretvanska : 020
Istarska : 052
Krapinsko-Zagorska : 049
Ličko-Senjska : 053
Karlovačka : 047
Koprivnicko-Križevačka : 048
Medjimurska : 040
Osječko-Baranjska : 031
Požeško Slavonska : 034
Primorsko-Goranska : 051
Šibensko-Kninska : 022
Sisačko-Moslavačka : 044
Splitsko-Dalmatinska : 021
Varaždinska : 042
Virovitičko-Podravska : 033
Vukovarsko-Srijemska : 032
Zadarska : 023
Zagreb : 01
Zagrebačka : 01

NUMÉROS UTILES

Renseignements sur les appels internationaux
Tél. *902.*

Opérateur international
Tél. *901.*

Renseignements nationaux
Tél. *988.*

Horloge parlante
Tél. *95.*

Télégrammes
Tél. *96.*

Renseignements internationaux
Tél. *989.*

Service de réveil
Tél. *9100.*

Prévisions météorologiques et conditions de circulation
Tél. *060 520 520.*

BUREAUX DE POSTE

Dubrovnik
Dr A Starcevica 2.
Tél. *(01) 411 265.*
Fax *(01) 411 265.*

Zagreb
Jurisiceva 13.
Tél. *(01) 48 11 090.*

Banques et monnaies

La kuna est devenue la monnaie officielle croate en mai 1994. Peu d'organismes de change permettent de s'en procurer, ou de l'échanger contre une autre monnaie, en dehors du pays. Les banques offrent les conditions les plus intéressantes pour acheter des kuna, les postes et les bureaux de change prélevant des commissions plus importantes. Le taux de change avec la monnaie européenne – un euro s'échange contre 7 à 7,5 kuna – reste relativement stable depuis plusieurs années. Les distributeurs automatiques de billets offrent un moyen pratique de se procurer du liquide sur place.

BANQUES ET BUREAUX DE CHANGE

Les banques offrent les meilleures conditions de change. Elles sont pour la plupart ouvertes de 8 h à 19 h du lundi au vendredi et de 8 h à 13 h le samedi. Dans les petites localités, il arrive qu'elles ferment pour le déjeuner entre 12 h et 15 h, et à midi le samedi. Les bureaux de change se sont multipliés. Ils ont des heures d'ouverture beaucoup plus flexibles. Ils sont notamment ouverts le soir dans les zones touristiques, mais prélèvent des commissions qui les rendent moins avantageux. En général, ils n'acceptent pas les cartes bancaires et les chèques de voyage. Beaucoup de bureaux de poste permettent également de changer de l'argent. Mieux vaut éviter de le faire dans les campings et les hôtels où les conditions sont toujours peu favorables.

L'un des nombreux distributeurs automatiques de billets disponibles

Soyez vigilant : ne vous laissez pas séduire par les personnes qui vous abordent dans la rue ou dans les ports en vous faisant miroiter des taux mirobolants. Les modes d'escroquerie varient, mais vous serez toujours perdant.

S'il vous reste des kuna à la fin de votre séjour, changez-les avant le départ. Seules, les banques assurent ce service. Vous devrez présenter le reçu fourni au moment de leur acquisition.

Il n'existe pas de limitation aux montants que l'on peut importer ou exporter en monnaie étrangère, mais les sommes en liquide d'une valeur supérieure à 40 000 kuna doivent être déclarées à la douane.

La Zagrebačka Banka sur la grand-place de Zagreb

DISTRIBUTEURS AUTOMATIQUES DE BILLETS

Placé à l'entrée d'une banque, un *bankomat* permet d'obtenir des billets en kuna avec une des cartes bancaires internationales dont il porte les logos. La commission ne dépend pas de la somme, évitez de multiplier les petits retraits. Les distributeurs de la Zagrebačka banka acceptent l'Eurocard/MasterCard, ceux d'Euronet les cartes Visa, Diners Club et American Express.

CHÈQUES DE VOYAGE

Ils offrent le moyen le plus sûr d'emporter de l'argent (à condition de garder le reçu séparément), mais ne peuvent être changés que dans les banques et à des taux moins avantageux que le liquide.

CARTES BANCAIRES

Les cartes les plus couramment acceptées dans les hôtels et restaurants les plus haut de gamme et dans les complexes hôteliers de la côte sont la Visa, la MasterCard, l'American Express, la Diners Club et la Sport Card International. En cas de perte ou de vol, la première chose à faire, avant même de se rendre dans un commissariat, consiste à appeler le numéro d'urgence pour faire opposition. Les

ADRESSES

PERTE OU VOL DE CARTE BANCAIRE

American Express
Tél. *(01) 612 44 22.*
www.amex.hr

Diners Club
Tél. *(01) 480 22 22.*
www.diners.hr

Eurocard–MasterCard
Tél. *(01) 378 96 20.*
(Zagrebačka Banka, intermédiaire pour l'opposition).

Visa
Tél. *(021) 347 200.*
(Splitska Banka)

services fonctionnent 24 h/24, 7 jours sur 7.

MONNAIE

Divisée en 100 lipa (tilleuls), la monnaie officielle est la kuna (martre) dont l'abréviation locale est Kn et le sigle international HRK. Elle a succédé en 1994 au dinar croate qui s'était lui-même substitué au dinar yougoslave en vigueur jusqu'à l'indépendance en 1991.

Elle a toutefois des origines plus anciennes puisqu'en Slavonie à l'époque romaine, on utilisait des peaux de martre pour payer les impôts. Des écus d'argent à l'effigie de cet animal circulèrent au Moyen Âge. Adoptée par le gouvernement pro-nazi des oustachis pendant la Seconde Guerre mondiale, la kuna servit aux partisans croates à libeller des bons pour les échanges dans les maquis. Les billets arborent au recto les effigies de héros nationaux comme Petar Zrinski et Franjo Krsto Frankopan *(p. 177)*, et au verso les représentations de monuments historiques comme le palais de Dioclétien.

Billets
La banque centrale émet des coupures de 500, 200, 100, 50, 20, 10 et 5 kuna. Les personnalités représentées comprennent des hommes politiques et de lettres.

5 kuna

20 kuna

50 kuna

100 kuna

200 kuna

Pièces
Il existe des pièces de 1, 2 et 5 kuna, et 1, 2, 5, 10, 20 et 50 lipa, un lipa valant le centième de la kuna. Toutes sont argentées, en dehors des pièces de 5 et 10 lipa qui sont de couleur bronze.

1 kuna

2 kuna

5 kuna

1 lipa

2 lipa

5 lipa

10 lipa

20 lipa

50 lipa

ALLER EN CROATIE ET Y CIRCULER

En dehors de Zagreb, et sauf en été où des lignes saisonnières et des charters affrétés par des organismes de voyages permettent l'afflux de touristes sur le littoral, la Croatie reste encore relativement peu desservie par voie aérienne depuis l'étranger. Des bus assurent des navettes entre les aéroports et les centres-villes. Partir avec son propre véhicule offre une grande liberté sur place. En passant par l'Allemagne, il faut compter 1 500 km, dont 1 400 d'autoroute, pour rejoindre Zagreb depuis Paris. Si l'on traverse l'Italie en venant du sud, des ferry-boats offrent la possibilité de raccourcir le trajet. Le voyage en train demande près de 24 heures depuis les capitales française et belge. L'autocar n'est pas plus rapide, mais il se révèle très bon marché. Il est aussi moins polluant que l'avion au kilomètre parcouru par passager.

Panneau routier annonçant la douane

ARRIVER EN AVION

La compagnie aérienne nationale croate, **Croatia Airlines,** assure des liaisons régulières entre les aéroports du pays et toutes les principales destinations européennes comme Amsterdam, Berlin, Bruxelles, Düsseldorf, Francfort, Istanbul, Londres, Mostar, Munich, Paris, Prague, Rome, Sarajevo, Skopje, Vienne et Zurich. Elles sont quotidiennes entre Paris et Zagreb. En été, il existe des vols directs entre Paris et Split, Dubrovnik et Zadar, et entre Lyon et Zadar. Les autres grandes compagnies européennes desservant la Croatie comprennent British Airways, Lufthansa, Austrian Airlines, Air France, Lauda Air, SAS et KLM. Air France propose une navette régulière entre Paris et Zagreb. Le trajet dure deux heures. Brussels Airlines assure des vols entre Bruxelles et Zagreb et Split. Ryanair dessert Zadar et Pula, Easyjet, Rijeka et Split, Airberlin, Split et Dubrovnik et Wizzair, Zagreb et Split. Si vous partez depuis une ville de province, adresssez-vous à une agence de voyages ou consultez un service Internet de réservation en ligne comme www.opodo.fr ou www.nouvelles-frontieres.fr.

Voyages-sncf-com propose ses meilleurs prix sur les billets d'avion, hôtels, locations de voitures, séjours clés en main ou Alacarte®. Vous avez aussi accès à des services exclusifs – l'envoi gratuit de billets à domicile, Alerte Résa qui signale l'ouverure des réservations, le calendrier des meilleurs prix, les offres de dernière minute et les promotions : www.voyages-sncf.com. Il n'existe pas de liaison aérienne directe entre l'Amérique du Nord et la Croatie. Les voyageurs en provenance du Canada devront donc changer d'appareil dans une plaque tournante comme Paris, Londres, Francfort ou Rome.

Appareil de la compagnie aérienne Croatia Airlines

REJOINDRE LES CENTRES-VILLES

La Croatie renferme trois aéroports principaux. Celui de Zagreb se trouve à 17 km au sud-est du centre. Des bus à destination de la gare routière de Držićeva partent toutes les demi-heures de 7 h 30 à 20 h. Dans l'autre sens, le service est assuré de 5 h à 21 h (20 h le week-end). Le trajet dure environ 25 minutes. Les horaires des bus reliant Split à son aéroport, situé à 27 km du centre, s'accordent aux heures de départ ou d'arrivée des avions. Il en va de même à Dubrovnik dont l'aéroport se trouve à 18 km du centre. Le trajet dure environ 20 minutes.

BILLETS D'AVION

Les tarifs des vols réguliers varient selon la compagnie, la période de l'année et la date de la réservation. Plus celle-ci est prise tôt et plus les prix baissent. Ils augmentent généralement en été. Cette période est aussi celle où de nombreux vols charter sont mis en place. Les compagnies à bas coût ne proposent pas de trajet avec correspondance.

ORGANISMES DE VOYAGE

De nombreux voyagistes, dont **Nouvelles Frontières, Marsans/Transtours, Austro Pauli/Euro Pauli, Croatie Tours, Bemextours** et **Connections,** proposent des séjours en Croatie. Les prix comprennent en général

En voiture sur la Magistrala, la route du littoral

le trajet en avion, le transfert jusqu'à l'hôtel et l'hébergement, souvent avec demi-pension ou même pension complète. Les circuits organisés permettent de se déplacer dans le pays sans se soucier des détails pratiques.

ARRIVER EN TRAIN

Les lignes ferroviaires croates appartiennent à un réseau dessiné au XIXe siècle quand le pays faisait partie de l'Empire austro-hongrois. Comme elles permettent peu de liaisons internationales directes hors de l'Europe centrale, le train n'offre pas un moyen réellement pratique de rejoindre la Croatie depuis la France et la Belgique. La **SNCF** propose néanmoins un départ quotidien, de nuit, pour Zagreb. Un changement a lieu à Munich. Le trajet dure plus de 20 heures. Depuis Bruxelles, l'offre la plus simple – 20 heures de voyage au total, dont 14 depuis Zurich – comprend une correspondance en Suisse. . Le train garde néanmoins tout son intérêt pour un voyage comprenant des étapes dans plusieurs pays. Pour les Européens, et en particulier les jeunes, les forfaits **InterRail** se révèlent particulièrement intéressants pour ce genre de déplacement. Les villes les plus facilement accessibles depuis Zagreb sont Munich, Vienne, Venise, Zurich, Belgrade, Budapest, Sarajevo et Lubjana. Les chemins de fer croates, **Hrvatske Željeznice,** ont leur siège à Zagreb.

ARRIVER EN AUTOCAR

L'autocar est un moyen particulièrement bon marché, mais peu reposant, de se rendre en Croatie. Il faut compter 23 heures de trajet entre Paris et Zagreb. **Eurolines** (www.eurolines.fr, www.eurolines.be, etc.) propose plusieurs départs hebdomadaires depuis de nombreuses villes de France, ainsi que depuis Bruxelles, Gand et Liège. Un autocar part tous les soirs de Zurich à 19 h,

Panneau routier à l'approche de la frontière slovène

passe par Lucerne à 20 h et arrive à Zagreb à 8 h le lendemain. Les sites Internet et les services téléphoniques offrent aussi la possibilité de prendre des billets avec correspondance pour de nombreuses autres destinations croates. Particulièrement intéressant pour les voyages comptant des étapes dans plusieurs pays, le pass Eurolines (www.eurolines-pass.com) permet de circuler librement pendant 15 ou 30 jours entre une quarantaine des principales villes européennes. Aucune ne se trouve en Croatie, mais la liste en comprend plusieurs, dont Vienne, Venise et Budapest, depuis lesquelles des compagnies locales assurent des liaisons avec au moins Zagreb. Les liaisons entre la Croatie et la Bosnie-Herzégovine sont particulièrement fréquentes : 3 par jour entre Dubrovnik et Mostar, 2 par jour entre Dubrovnik et Sarajevo, 7, 11 et 6 par jour entre Split et Medjugorje, Mostar et Sarajevo, et 4 et 6 par jour entre Zagreb et Mostar et Sarajevo. La gare routière la plus importante du pays, **Autobusni Kolodvor Zagreb,** n'est qu'à 20 minutes à pied du centre de la capitale.

ARRIVER EN VOITURE OU À MOTOCYCLETTE

Pour rejoindre Zagreb depuis Paris ou Bruxelles, la voie la plus courte et la plus économique en péage passe par l'Allemagne, l'Autriche et la Slovénie (via Munich, Salzbourg et Ljubljana). Depuis le sud de la France, le plus simple consiste à traverser l'Italie et, de nouveau, la Slovénie (via Milan, Venise et Ljubljana). Les postes-frontières entre ce pays et la Croatie restent ouverts 24h/24. Vous pouvez aussi prendre un ferry-boat à Ancône pour rejoindre les côtes d'Istrie et de Dalmatie. Avant le départ, vérifiez que la Croatie (HR) figure bien sur la liste des pays où vous êtes couverts par votre assurance. Elle se trouve au dos la carte verte. Les conducteurs d'un véhicule endommagé doivent signaler les dégâts non réparés à leur entrée dans le pays. La Croatie possède 6 principaux postes-frontière avec la Hongrie, 23 avec la Bosnie-Herzégovine, 10 avec la Yougoslavie et 29 avec la Slovénie.

ARRIVER PAR LA MER

Les principales lignes internationales de ferry-boat pour la Croatie partent des ports italiens de Trieste, Ancône, Pescara et Bari. La plus grande compagnie maritime croate, **Jadrolinija,** assure des liaisons régulières entre Ancône et Split (tous les jours en été, et 4 fois par semaine le reste de l'année).

La traversée dure 9 heures. Elle est de 8 heures entre Ancône et Zadar, et entre Bari et Dubrovnik, des liaisons assurées deux fois par semaine. En été, Jadrolinija dessert aussi deux fois par semaine les îles de Korčula et Hvar au départ de Split.

Une autre compagnie croate, **SEM Marina,** propose des navettes quotidiennes entre Ancône et Split et Ancône et Zadar.

Adriatica Navigazione est une compagnie italienne qui assure des liaisons entre Ancône et Split, presque quotidiennement en juillet et en août, trois fois par semaine en juin et septembre et deux fois par semaine le reste de l'année. Sa « Linea della Costa Istriana » ne fonctionne qu'en été. Les ports desservis comptent Grado et Trieste en Italie et Rovinj et Brijuni en Croatie.

La compagnie croate **Lošinjska Plovidba** gère un ferry-boat circulant deux fois par semaine de juillet à septembre entre Zadar et Koper, en Slovénie. La traversée dure 14 heures 30.

Ferry-boat de la Jadrolinija, la plus importante compagnie maritime croate

JADROLINIJA

Logo de la compagnie maritime, Jadrolinija

Entre la mi-juin et la mi-septembre, les hydroptères de l'**Agenzia Marittima Sanmar** assurent tous les matins au départ de Pescara un aller-retour passant par Hvar et Split. La traversée entre l'Italie et Hvar dure moins de 4 heures, celle entre l'île et Split 1 heure 30. Une autre compagnie italienne, la **SNAV,** propose de la mi-juin à la fin septembre des liaisons quotidiennes en catamaran entre Ancône et Split et Zadar, et entre Pescara et Split.

Depuis Venise, **Venezialines** dessert Poreč, Rovinj, Pula, Rabac et Mali Lošinj en catamaran.

La version en anglais du site Internet de l'Office national croate du tourisme propose, dans sa rubrique « Arrival by boat », un moteur de recherche de liaisons maritimes efficace. L'agence en ligne www.aferry.fr permet d'effectuer des réservations pour de très nombreuses destinations.

ADRESSES

Office national croate du tourisme
48 av. Victor-Hugo,
75016 PARIS.
Tél. 01 45 00 99 55.
Fax 01 45 00 99 56.
www.fr.croatia.hr

COMPAGNIES AÉRIENNES

Croatia Airlines
Tél. *01 42 65 30 01* (Fr),
(01) 481 96 33 (Cro).

Air France
Tél. 36 54
www.airfrance.fr

ORGANISMES DE VOYAGE

Austro Pauli/Euro Pauli
Tél. *0826 803 303* (Fr).
www.austropauli.com

Bemextours
Tél. *01 46 08 40 40 (Fr).*
www.bemextours.com

Connections
Tél. *070 233 313* (Be)
www.connections.be

Croatie Tours
Tél. *01 46 67 39 10* (Fr).
www.croatie.com

Marsans/Transtours
Tél. *0825 031 031* (Fr).
www.marsans.fr

Nouvelles Frontières
Tél. *0825 000 825* (Fr),
02 547 44 22 (Be).
www. nouvelles-frontieres. fr

AUTOCARS

Autobusni Kolodvor Zagreb
Renseignements
Tél. *(060) 313 333* et
(060) 340 340 (Cro).
www.akz.hr

TRAINS

Hrvatske Željeznice
(Chemins de fers croates)
Tél. *(060) 333 444* (Cro).
www.hznet.hr

SNCF
Tél. *36 35.*
www.voyages-sncf.com

InterRail
Tél. *36 35* (Fr)
www.interrail.net
www.interrailnet.com

BATEAUX

Adriatica Navigazione
Ancône, Italie.
Tél. *071 204 915-6-7-8.*

HOLIDAYS Agenzia Marittima Sanmar
Pescara, Italie.
Tél. *085 652 47,*
451 08 73.
Fax *085 451 08 82.*

Jadroagent
Borisa Papandopoula, Split.
Tél. *(021) 460 556.*
Fax *(021) 460 848.*

Jadrolinija
Riva 16, Rijeka.
Tél. *(051) 666 100.*
Fax *(051) 211 485.*

Lošinjska Plovidba
Splitska 214, Rijeka.
Tél. *(051) 319 000.*
Fax *(051) 319 003.*

SEM Marina
Gat Sv. Duje, Split.
Tél. *(021) 338 292.*
Fax *(021) 333 291.*

SNAV
Ancône, Italie.
Fax *(071) 207 61 16.*

Venezialines
Venise, Italie
Tél. *041 24 24 000* (It)
Tél. *060 351 351* (Cro)
www.venezialines.com

Circuler en Croatie

Les liaisons aériennes intérieures desservent principalement les villes de Zagreb, Split et Dubrovnik. Un réseau autoroutier en plein développement et des routes bien entretenues font de la voiture un moyen agréable pour se déplacer en Croatie. Mieux vaut toutefois se méfier de la route du littoral en été. Les ferry-boats circulant entre Rijeka et Dubrovnik permettent de l'éviter et de faire étape à Zadar et Split et sur les îles de Hvar, Korčula et Mljet. Les bus et les trains assurent des dessertes nombreuses et fréquentes. Meilleur marché, le train est aussi plus lent. De nombreuses liaisons maritimes permettent de rejoindre les îles depuis la côte.

VOLS INTÉRIEURS

La compagnie nationale, Croatia Airlines, assure des liaisons intérieures régulières et relativement économiques entre les trois principaux aéroports, Zagreb, Split et Dubrovnik, et entre ces aéroports et les aéroports secondaires. Aisé à rejoindre en bus, celui-ci d'Osijek se trouve à 3 km du centre. Il faut environ 15 minutes, en bus également, pour atteindre le petit aéroport de Zadar situé à 15 km de la ville. 27 km séparent Rijeka de l'aéroport qui porte son nom bien qu'il ait été construit à Omišalj sur l'île de Krk. Le trajet prend entre 35 et 40 minutes.

L'aéroport de Pula ne se trouve qu'à 7 km du centre-ville, soit 10 minutes de route dans l'un des bus assurant la desserte. Enfin, les îles de Brač et de Lošinj possèdent des aéroports où seuls de petits appareils peuvent se poser.

LA CROATIE EN VOITURE

Un permis national suffit pour conduire en Croatie. Le conducteur doit conserver avec lui la carte grise du véhicule et une attestation d'assurance valide dans le pays. Le code de la route impose de rouler phares allumés de jour comme de nuit sous peine d'une amende relativement élevée. Tous les passagers, y compris ceux à l'arrière, doivent boucler leur ceinture. Les enfants de moins de 12 ans n'ont pas le droit de prendre place à l'avant. En matière d'alcoolémie, les autorités appliquent une politique de tolérance zéro. Il est interdit de prendre le volant avec la moindre trace d'alcool dans le sang et la répression des infractions est sévère.

Téléphoner en conduisant est également prohibé.

Logo d'une compagnie de location de voitures

Les limitations de vitesse sont de 50 km/h en zone urbaine, de 90 km/h sur route, de 110 km/h sur voie rapide, de 130 km/h sur autoroute et de 80 km/h pour les véhicules tractant une caravane. Les panneaux de signalisation correspondent pour l'essentiel aux normes européennes.

En voiture dans la charmante ville d'Osijek

Le réseau routier est dans l'ensemble bien entretenu, mais le revêtement a tendance à devenir extrêmement glissant en cas de pluie. En hiver, mieux vaut disposer de chaînes ou de pneus-neige en montagne. La Magistrala (E65) qui court le long du littoral est une route étroite et sinueuse empruntée par de nombreux camions et autobus. Elle offre des panoramas splendides, mais exige du conducteur une grande attention et beaucoup de prudence.

Certains tronçons d'autoroute sont payants : Zagreb-Bosiljevo-Zadar-Šibenik-Dugopolje (Split), Zaprešić-Krapina, Zagreb-Bregana, Zagreb-Slavonski Brod-Županja et Rijeka-Rupa. Il faut également acquitter un péage pour emprunter le pont de l'île de Krk et le tunnel d'Učka à Rijeka.

Les stations-service sont ouvertes de 7 h à 19 h ou 20 h, et même souvent 22 h en été. Sur les axes principaux, et dans les grandes villes, certaines restent ouvertes 24h/24. Elles proposent de l'essence normale, super, sans plomb *(bezolovni)* 95 et 98 et du gazole. Le GPL est plus rare.

DÉPANNAGE ET INFORMATION SUR LES CONDITIONS DE CIRCULATION

L'**Automobile-club de Croatie, HAK,** a mis sur pied un réseau de dépannage d'urgence qu'il est possible de contacter 24h/24 tous les jours de l'année en composant le 897 (précédé de l'indicatif 01 pour les appels depuis un téléphone mobile). Assuré sur le terrain par des automobile-clubs locaux ou des entreprises privées, le service comprend la réparation sur place ou dans un garage et, si nécessaire, le transport du véhicule jusqu'à une distance de 100 km.

L'HAK permet aussi de se renseigner par téléphone sur les conditions de circulation, les liaisons en ferry-boat et leurs horaires, les péages d'autoroutes, les déviations temporaires, le prix des carburants et d'éventuels itinéraires de dégagement. La permanence est assurée 24 h/24 365 jours par an au (01) 464 08 00. Pour les anglophones, le site Internet www.hak.hr abonde également en informations et liens utiles.

LOCATION DE VOITURE

Il faut avoir 21 ans et posséder un permis de conduire datant de plus d'un an pour pouvoir louer une voiture. Toutes les principales localités et stations balnéaires, ainsi que les aéroports, abritent des agences. À côté des grandes compagnies internationales comme Avis et Hertz, beaucoup de sociétés locales indépendantes proposent des prix compétitifs pour des véhicules et des conditions d'assurance équivalents.

Mais les petites structures n'offrent pas l'avantage de rendre la voiture louée dans une autre ville que celle où on l'a prise. Ce service donne toujours lieu à un supplément.

LA CROATIE EN AUTOBUS

Très utilisés par la population locale – il peut être difficile de trouver une place sans avoir réservé –, les bus assurent dans de bonnes conditions de confort des dessertes nombreuses, rapides et fréquentes. Les trajets reviennent cependant plus cher qu'en train. Maîtriser quelques mots et formules de base en croate facilite beaucoup les rapports avec les chauffeurs.

Il existe deux réseaux distincts. Les liaisons « intercity » offrent un service rapide entre grandes villes. Les distances plus longues peuvent être parcourues de nuit. Les bus régionaux circulent entre ces villes et les localités de moindre importance qui les entourent, dont les hameaux et lieux-dits. Les arrêts fréquents rendent les parcours plus longs en temps.

Desserte en autocar de la ville de Dubrovnik

Entrée de la gare principale de Zagreb

Le moyen le plus simple et le plus efficace de se renseigner consiste à se rendre à la gare routière – **Autobusni Kolodvor** – pour y consulter les horaires. Les termes « *vozi svaki dan* » signalent les bus circulant au jour indiqué, « *ne vozi nedjeljom ni praznikom* » indiquent les dessertes qui ne sont pas assurées les dimanches et jours fériés. Vous pouvez aussi vous informer auprès des offices de tourisme.

LA CROATIE EN TRAIN

Les trains ont beau être confortables, bon marché et fréquents, ils sont peu utilisés pour circuler à l'intérieur du pays en dehors des environs immédiats de Zagreb. Ce paradoxe s'explique par la lenteur imposée par un réseau ferré vieillissant. Il relie toutes les principales localités du pays, à l'exception de Dubrovnik qui ne possède pas de gare. La gare centrale de Zagreb (Zagreb Glavni Kolodvor) tient le rôle de plaque tournante. Les grandes lignes relient la capitale à Varaždin au nord, à Osijek à l'est, à Rijeka, où se prennent les correspondances pour l'Istrie, et à Split, d'où une ligne dessert Šibenik, Zadar et la côte dalmate.

Il faut compter un minimum de 4 heures pour un trajet Zagreb-Rijeka et respectivement 2 heures et 4 heures pour aller de Zagreb à Varaždin et Osijek. Grâce à un train pendulaire, la longueur d'un voyage Zagreb-Split a été réduite en 2004 de 7 heures 30 à 5 heures.

Les Chemins de fers croates, **Hrvatske Željeznice,** ont leur siège à Zagreb.

LE LITTORAL EN BATEAU

Les ferry-boats de la compagnie **Jadrolinija** offrent sans doute le moyen le plus reposant, à défaut d'être le moins cher, d'aller d'un bout à l'autre du littoral croate au sud de l'Istrie.

Les passagers ont le choix entre des places en cabine ou sur le pont. Voitures, motocyclettes, caravanes et camping-cars peuvent embarquer dans la cale. Les prix baissent en basse saison, de début septembre à fin juin. Entre les deux terminus, Rijeka et Dubrovnik, les bateaux font escale à Split, Stari Grad sur l'île de Hvar, Korčula, et Sobra sur l'île de Mljet. Le trajet total dure une vingtaine d'heures. Dans les deux sens, sa partie nocturne se fait au nord, soit après le départ de, et avant l'arrivée à, Rijeka. Les horaires et les prix varient fréquemment. En été, il est préférable de réserver à l'avance si vous souhaitez une place avec un véhicule.

LES ÎLES EN BATEAU

La Jadrolinija assure également de très

nombreuses liaisons en ferry-boats permettant de rejoindre les îles depuis le continent avec, ou sans, un véhicule. Ce service est organisé en cinq districts géographiques.

Dans le district de Rijeka, les îles de Cres et Lošinj sont reliées au continent par une ligne Brestova (Istrie)-Porozina (Cres), une ligne Valbiska (Krk)-Merag (Cres) et une ligne Rijeka-Mali Lošinj. Celle-ci dessert aussi Cres et les petites îles d'Unije, Susak et Ilovik. Les liaisons avec Rab comprennent les lignes Jablanac (continent)-Mišnjak, Lopar (Krk)-Baška et Rijeka-Rab-Novalja. Ce dernier port se trouve sur Pag, une île également desservie par la ligne Prizna (continent)-Zigljen.

Dans le district de Zadar, les ferry-boats circulent entre cette ville et les port de Preko, sur Ugljan, et Brinj, Sali et Zaglav, sur Dugi Otok. Une ligne Zadar-Rava dessert les petites îles qui les séparent. La ligne Biograd-Tkon relie Pašman au continent.

Dans le district de Šibenik, les îles de Prvić et Zlarin sont accessibles depuis Vodice et Šibenik. La ligne Šibenik - Žirje passe par Kaprije.

Dans le district de Split, il existe des liaisons entre la ville et les îles de Brač (Supetar), Korčula (Vela Luka), Hvar (Starigrad), Šolta (Rogac), Vis (Vis) et Lastovo (Ubli), ainsi qu'entre Makarska et Brač (Sumartin), entre Drvenik et Hvar (Sućuraj), entre Ploce et Trpanj sur la péninsule de Peljesac, et entre Orebić, sur cette même péninsule, et Korčula.

Dans le district de Dubrovnik, deux lignes desservent Sobra, sur Mljet, au départ de Dubrovnik et de Prapratno sur la péninsule de Peljesac. La ligne Dubrovnik-Luka Šipanska, sur Sipan, passe aussi par les îles de Koločep et Lopud.

Pour toutes ces lignes, le nombre des liaisons est considérablement augmenté pendant les mois d'été. Certaines ne fonctionnent d'ailleurs pas en basse saison. Sur les trajets les plus courts, comme Jablanac-Misniak et Drvenik-Sućuraj, les navires font des allers-retours constants pour parer aux longues queues qui se forment en milieu de journée. Pour aller d'une île à une autre, il est souvent plus facile de repasser par le continent.

Des catamarans ne pouvant accueillir que des passagers sans véhicule desservent aussi de juin à septembre les îles voisines de Split au départ de la ville, et les îles de Brač, Hvar, Vis, Kočula et Lastovo. Ils offrent des temps de traversée plus rapide, de 45 minutes pour Hvar à 2 heures 30 pour Lastovo. Toutefois, les liaisons ne sont pas quotidiennes, en particulier pour les îles les plus éloignés du continent.

Enfin, la compagnie **Sem Marina** propose tous les jours en été des navettes en hydroptère entre Split et le port de Vis sur l'île du même nom.

Bateau au départ pour les îles

ADRESSES

AÉROPORTS

Brač ***Tél.*** *(021) 648 615.*
Osijek ***Tél.*** *(031) 215 650.*
Pula ***Tél.*** *(052) 530 105.*
Rijeka ***Tél.*** *(051) 842 132.*
Zadar ***Tél.*** *(023) 313 311.*

EN VOITURE

Automobile Club, HAK
Tél. *987* (précédé de 01 depuis un portable).
Tél. *(01) 464 08 00* (conditions de circulation).

LOCATION DE VOITURE

Avis (en assocaition avec Autotehna)
Tél. *(01) 483 60 06.*
www.avis.hr

Budget
Tél. *(01) 455 49 36.*
www.budget.hr

Hertz
Tél. *(01) 484 72 22.*
www.hertz.hr

AUTOBUS

Autobusni Kolodvor Zagreb
Renseignements
Tél. *060 313 333, 060 340 340.*

TRAINS

Hrvatske Zeljeznice
Mihanovićeva 12, HR-10000 Zagreb.
Tél. *060 333 444.*

LIAISONS MARITIMES

Jadrolinija
Riva 16, Rijeka.
Tél. *(051) 666 100.*
Fax *(051) 211 485.*

Jadrolinija
Zrinjevac 20, Zagreb.
Tél. *(01) 487 33 07.*
Fax *(01) 487 31 41.*
www.jadrolinija.hr

SEM Marina
Gat sv. Duje, Split.
Tél. *(021) 338 292.*
Fax *(021) 333 291.*
www.sem-marina.hr

Circuler à Zagreb

La capitale croate ne possède pas de métro, mais ses tramways et ses bus permettent d'y circuler aisément, y compris la nuit, et de rejoindre les sites de visite situés en périphérie comme le cimetière Mirogoj. Un funiculaire offre la possibilité d'accéder à la ville haute sans devoir gravir la colline. La marche constitue sinon le moyen le plus agréable de découvrir le centre. La place centrale, bana Jelačića, et la majeure partie des quartiers anciens sont piétonniers. La facilité de déplacement offerte par les taxis a un prix.

ZAGREB À PIED

La capitale croate est une ville très étendue et rares sont les visiteurs ne disposant pas d'une voiture qui ne se voient pas obligés à un moment ou un autre d'utiliser une forme de transport public. Rien ne vaut cependant la marche pour découvrir le centre historique, c'est-à-dire les anciens bourgs fortifiés de Kaptol et Gradec qui constituent ensemble la ville haute : Gornji Grad. Le funiculaire permet même d'éviter la montée.

Ce guide contient des plans en page 150-151 et 154-155, mais vous pouvez aussi vous en procurer dans tous les offices du tourisme. Les Zagrebois se montrent en général serviables avec les touristes, mais peu parlent le français ou même l'anglais.

TRAMWAYS

Malgré son nom, la Zagrebački Električni Tramvaj, ou **ZET,** ne gère pas uniquement les tramways électriques de Zagreb, mais également les autres transports urbains. Aisément reconnaissables à leur couleur bleue, les trams desservent toute la ville et offrent le moyen le plus pratique et le plus agréable de s'y déplacer.

15 lignes fonctionnent de jour. Le service commence, selon les lignes, entre 4 et 5 h et s'achève entre 23 h 20 et minuit. Selon les heures et les jours (semaine et week-end), la fréquence des passages varie de 6 à 20 minutes. Les voitures des lignes 3 et 8 ne circulent pas le samedi, le dimanche et les jours fériés. Les lignes de jour sont :

1 Zapadni kolodvor-Borongaj
2 Crnomerec-Savisce
3 Ljubljanica-Zitnjak
4 Savski most-Dubec
5 Jarun-Kvaternikov trg
6 Crnomerec-Sopot
7 Savski most-Dubrava
8 Mihaljevac-Zaprude
9 Ljubljanica-Borongaj
11 Crnomerec-Dubec
12 Ljubljanica-Dubrava
13 Zitnjak-Kvaternikov trg
14 Mihaljevac-Zaprude
15 Mihaljevac-Dolje
17 Precko-Borongaj.

Il existe aussi 4 lignes de nuit (31 Crnomerec-Savski most, 32 Precko-Borongaj, 33 Dolje-Savisce et 34 Ljubljanica-Dubec). Elles fonctionnent de minuit à 5 h. Les voitures passent toutes les 20 à 40 mn Des panneaux précisent les horaires aux arrêts. Vous pouvez aussi les consulter sur le site Internet de la Zet : www.zet.hr.

AUTOBUS

Un réseau étendu et serré de bus relie le centre de la capitale croate avec ses banlieues. Les principaux terminus sont : Britanskl trg, Jandriceva, Jankomir, Savski most, Ljubljanica, trg Mazuranica, Crnomerec, Mandalicina, Zapresic, Kaptol, Petrova, Svetice, Dubrava, Kvaternikov trg, Glavni kolodvor, Zitnjak, Sesvete, Borongaj, Mihalievac et Velica Gorica.

La couleur bleue des tramways les rend aisément identifiables

TICKETS

Valables dans les bus et les trams, les tickets vendus par les marchands de journaux et les kiosques autorisent un trajet de 90 minutes, dans un sens, à partir du moment où ils ont été compostés à la montée dans le véhicule. Ils peuvent aussi être achetés au chauffeur, mais ils coûtent alors 8 kn au lieu de 6,50 kn. Voyager sans ticket est passible d'une amende de 150 kn si elle est payée immédiatement ou dans les 8 jours, et de 900 kn sinon. Il existe une carte journalière *(dnevna karta)* au prix de 18 kn. Elle permet d'emprunter à volonté les transports publics jusqu'à 4 h le lendemain matin. Pour un long séjour, renseignez-vous sur les forfaits mensuels. La Zagreb Card (www.zagreb-touristinfo.hr) offre aussi la circulation libre, en plus de réductions diverses – 60 kn pour la journée et 90 kn pour trois jours.

Funiculaire reliant les villes basse et haute de Zagreb

FUNICULAIRE

L'*uspinjača* relie depuis 1890 la ville basse et Gradec. En moins d'une minute, il franchit un dénivelé d'une soixantaine de mètres entre la rue Tomićeva, proche de la place bana Jelačića, et la tour Lotrščak, l'un des derniers vestiges des fortifications médiévales bâties sur la colline. Il y a un départ toutes les 10 minutes entre 6 h 30 et 21 h. Le ticket coûte 3 kn le trajet. Aujourd'hui électrique, le funiculaire de Zagreb a fonctionné à la vapeur jusque dans les années 1930.

Voitures en stationnement devant la gare

TÉLÉPHÉRIQUE

Les cabines de quatre personnes de la **Žičara,** mise en service en 1963, rejoignent en 20 minutes le sommet du Sljeme, le point culminant du massif de la Medvednica. La gare se trouve près du terminus de la ligne 15 du tramway. Les départs ont lieu toutes les 20 minutes après l'heure entre 8 h et 20 h 30 (8 h 20, 9 h 20, etc.). L'aller-retour coûte 17 kn.

TAXIS

Les taxis zagrébois assurent un service efficace, mais relativement onéreux. Un taximètre équipe toutes les voitures. La course coûte 25 kn de prise en charge, plus 5 kn pour les bagages et 7 kn du kilomètre parcouru. Les tarifs augmentent de 20 % le dimanche, les jours fériés et toutes les nuits entre 22 h et 5 h. L'heure d'attente est facturée 40 kn.

Lanterne de taxi

Un panneau bleu caractéristique signale les nombreuses stations de taxis. Il est également possible de venir se faire prendre en téléphonant au 970. Dans ce cas, mieux vaut toutefois savoir se débrouiller en croate.

LOCATION DE VOITURE

Avec ses nombreux sens uniques et ses zones piétonnières, Zagreb se prête mal à une découverte en voiture. Toutes les grandes compagnies de location, dont **Budget, Adria Plus, Kompas Hertz** et **Avis,** ont des bureaux à l'aéroport ou dans le centre. L'automobile-club assure les dépannages (*p. 277* et *279*).

ADRESSES

NUMÉROS UTILES

ZET
Tél. *(01) 365 15 55.*

Téléphérique Žičara
Tél. *(01) 458 03 94.*

Taxis
Tél. *970.*

LOCATION DE VOITURE

Adria Plus
Aéroport de Zagreb.
Tél. *(01) 626 52 15.*
Fax *(01) 625 60 75.*

Avis
c/o Hotel Opera,
Kršnjavoga, Zagreb.
Tél. *(01) 483 60 06.*
Fax *(01) 483 62 96.*

Budget
c/o Hotel Sheraton,
Kneza Borne 2, Zagreb.
Tél. *(01) 455 49 36.*
Fax *(01) 455 49 43.*

Kompas Hertz
Vukotinovićeva 4, Zagreb.
Tél. *(01) 484 67 77.*
Fax *(01) 488 30 77.*

Index

A

B

D

E

F

G

H

N

O

Remerciements

FABIO RATTI EDITORIA exprime sa reconnaissance aux collaborateurs de Dorling Kindersley :

Coordination de la cartographie
Dave Pugh.

Informatique éditoriale
Jason Little.

Direction éditoriale
Anna Streiffert.

Direction artistique
Marisa Renzullo.

Publication
Douglas Amrine.

L'éditeur remercie les particuliers, les organismes et les institutions dont la contribution a permis la préparation de cet ouvrage.

Auteur
Né à Venise, et diplômé en Sciences politiques de l'université de Padoue, Leandro Zoppè vit à Milan. Historien et journaliste indépendant, il rédige des guides de visite et historiques, ainsi que des livres artistiques et naturalistes.

Collaborateurs
Božidarka Boza Gligorijević, responsable des relations publiques de l'Office national croate du tourisme de Milan.

Révision
Sanja Rojić (professeur d'université),
Iva Grgic (professeur d'université).

Contrôle des renseignements pratiques
Lucia Čutura, Viktor Jovanović Marušić, Jane Foster.

Révision, édition du Royaume-Uni
Jacky Jackson.

Correction des épreuves
Alessandra Lombardi, Stewart J. Wild.

Index
Helen Peters.

Vérification
Katarina Bulic.

Avec le concours spécial de :
Office national croate du tourisme, Zagreb, en particulier le directeur Niko Bulić ; Office national croate du tourisme, Milan, en particulier le directeur Klaudio Stojnic et la responsable des relations publiques Božidarka Boza Gligorijević ; les offices du tourisme provinciaux et locaux de Croatie ; Vinko Bakija (directeur de l'Office du tourisme, Supetar, île de Brač) ; Zdravko Banović (Office du tourisme, Split) ; Daniela Barac (guide touristique à Crikvenica) ; Nikša Bender (directeur commercial de l'Office du tourisme de Dubrovnik) ; Maja Boban (guide touristique des environs de Zagreb) ; Ankita Boksic Franchini (Office du tourisme, Split) ; Tanja Bunjevac (Office du tourisme, Varadin) ; Rujana Bušić (guide touristique à Vinkovci) ; Vanja Dadić (guide touristique à Šibenik) ; Mirjana Darrer (responsable des relations publiques de l'Office du tourisme de Dubrovnik) ; Marchese Doimo Frangipane di Aiello del Friuli ; Danijela Duić (guide touristique à Karlovac) ; Jurica Duževič (directeur de l'Office du tourisme de Stari Grad, île de Hvar) ; Daniela Fanikutić (Office du tourisme, Poreč) ; Ennio Forlani (directeur de l'Office du tourisme de Vodnjan) ; Vesna Gamulin (guide touristique à Dubrovnik) ; Miljenko Gašparac (garde du Parc national de Risnjak) ; Boris Gržina (responsable de la réception de l'hôtel Esplanade de Zagreb) ; Vesna Habazin et Snježana Hrupelj (guides touristiques de la région des établissements thermaux) ; Mladenka Jarac-Rončević (consul de Croatie en Italie) ; Zoran Jelaska (guide touristique à Split) ; Vesna Jovičić (guide touristique à Pula) ; Darko Kovačić (guide touristique au Parc naturel du Lonjsko Polje) ; Darko Kovačić (directeur de l'Office du tourisme d'Omiš) ; Stanka Kraljević (directeur de l'Office du tourisme de la ville de Korčula) ; Vlasta Krklec (musée de Krapina) ; Tonći Lalić (guide touristique à Makarska) ; Damir Macanić (directeur de l'Office du tourisme d'Osijek) ; Damir Macanić (Office du tourisme, Varaždinske Toplice) ; Josip Mikolčić (Office du tourisme, Virovitica) ; Danijela Miletić (Office du tourisme, Zagreb) ; Smiljan Mitrović (guide touristique à Zadar) ; Franjo Mrzljak (directeur du musée croate d'Art naïf de Zagreb) ; Andro Krstulović Opara (ancien consul de Croatie en Italie) ; Ottone Novosel (guide touristique à Križevci) ; Ankica Pandzic (directeur du musée d'Histoire croate de Zagreb) ; Danika Plazibat (galerie Meštrović, Zagreb) ; Gordana Perić (Office du tourisme, Zadar) ; Ante Rendić-Miočević (directeur du Musée archéologique, Zagreb) ; Mladen Radić (directeur du musée de la Slavonie, Osijek) ; Ljubica Ramušćak (musée du Međimurje, Cakovec) ; Ljiljana Sever (guide touristique à Varaždin) ; Josipa Šipek (directeur de l'hôtel Coning de Trakošćan) ; Doris Staničić (guide touristique à Osijek) ; Alka Starac (Musée archéologique d'Istrie, Pula) ; Branka Tropp (directeur de l'Office du tourisme de Varaždin) ; Đuro Vanđura (directeur de la galerie des Maîtres anciens, Zagreb) ; Klara Vedriš (galerie d'Art moderne, Zagreb) ; Vjenceslav Vlahov (guide touristique à Zagreb) ; Igor Zidić (directeur de la galerie d'Art moderne, Zagreb) ; Marko Zoričić (directeur de l'Office du tourisme d'Opatija). Dorling Kindersley remercie pour son temps et ses précieuses suggestions Lady Beresford-Peirse de l'International Trust for Croatian Monuments.

Autorisation de photographier
L'éditeur remercie tous les musées, entreprises locales, associations, hôtels, restaurants, commerces et sites d'intérêt pour leur coopération et l'autorisation de photographier le rétablissement.

Photographie additionnelle
Adriano Bacchella, Aldo Pavan, Lucio Rossi, Leandro Zoppé.

Crédits photographiques
h = en haut ; hc = en haut au centre ; hd = en haut à droite ; hg = en haut à gauche ; cgh = au centre à gauche en haut ; ch = au centre en haut ; cdh = au centre à droite en haut ; cg = au centre à gauche ; c = au centre ; cd = au centre à droite ; cgb = au centre à gauche en bas ; cb = au centre en bas ; cdb = au centre à droite en bas ; bg = en bas à gauche ; b = en bas ; bc = en bas au centre ; bcg = en bas au centre à gauche ; bd = en bas à droite

Malgré tout le soin que nous avons apporté à dresser la liste des auteurs des photographies publiées dans ce guide, nous demandons à ceux qui auraient été involontairement oubliés ou omis de bien vouloir nous en excuser. Cette erreur sera corrigée à la prochaine édition de l'ouvrage.

L'éditeur exprime sa reconnaissance aux particuliers, sociétés et bibliothèques qui ont autorisé la reproduction de leurs photographies :

ARCHIVES DORLING KINDERSLEY : 12bg, 238cd.

ARCHIVES DE L'OFFICE NATIONAL CROATE DU TOURISME DE MILAN : 1c, 2-3, 19bg, 20bc, 21hc, 19cg, 23cg, 24hc, 24bd, 25hg, 26-27 (toutes), 28, 32h, 33bc, 34bc, 38hc, 43hc, 46hd, 67h, 98cdb, 99hg, 106cgh, 107cd, 112bd, 113hg, 115cg, 124 (toutes), 130h, 131hd, 131bd, 133 (toutes), 134cd, 134bg, 135hg, 135c, 136hd, 136bg, 137hg, 137cdh, 137bd, 138-139, 140c, 143ch, 146c, 146bd, 147 (toutes), 152bg, 158hg, 175bg, 180, 186hg, 194bd, 200cg, 201bd, 202cg, 212c, 213hd, 219bd, 221hg, 234hc, 252hg, 253hc, 255bd, 257hd, 258hc, 259cg, 2591bd, 261bc, 264hc, 273 (toutes), 274bg, 276cg, 277cg, 278bg.

ARCHIVES MONDADORI : 9 (encadré), 18bcg, 21cd, 30hg, 31hd, 31bc, 37 (toutes), 38cd, 38bc, 39 (toutes), 40hg, 40bg, 40bd, 41bc, 42hg, 45 (encadré), 121hg, 157hc, 157cg, 177ch, 192hg, 194hd, 195cdh, 195cdb, 195bg, 206bd, 217 (encadré), 239hgc, 259hc, 263 (encadré).

ALAMY IMAGES : Comstock Images : 15c ; Jason Wallengren Photography 237hg ; Jon Arnold Images/Alan Copson 11cg ; Peter Adams Photography/Peter Adams 10bg ; toto 237c.

ALDO PAVAN, AGENCE AURA, MILAN : 15hc, 24cg, 46cb, 68bd, 97cdb, 112cgh, 132cg, 132cd, 134hg, 135b, 136cg, 136cd, 137cgb, 239cg, 250cg, 254hc, 254cg, 255hg, 256hg.

ANDREA PISTOLESI : 111hd.

ARCHAEOLOGICAL MUSEUM, ZAGREB : 31hc, 31bd, 164c, 165c, 169c, 190c.

THE ART ARCHIVE : 35bd.

CORBIS : Ruggero Vanni : 144b ; Reuters/Matko Bijlak 238cg.

DOIMO FRANGIPANE : 177cgh, 177cd.

GALERIE D'ART MODERNE, ZAGREB : 8-9, 162b.

GALERIE DES MAÎTRES ANCIENS ZAGREB : 164-165 (toutes).

BANQUE D'IMAGES, MILAN : 56bd, 67bd, 86cg, 87hd, 91hg, 145bd, 151cdb, 160hg.

LONELY PLANET IMAGES : Wayne Walton 13hd.

GALERIE MEV√TROVI„, ZAGREB : 20hd, 154hg, 157cd, 157bg, 157bd.

MARCO LISSONI : 20bd, 70cd, 106hg, 114cg, 132hg, 253bd, 254bd.

MUSÉE D'HISTOIRE CROATE ZAGREB AKLENICA : 18cg, 101c, 101b, 260 (toutes).

Couverture
PREMIÈRE DE COUVERTURE : Corbis/Rudy Sulgan ; Hemis/Bertrand Gardel.
DOS : Corbis/Rudy Sulgan ;
AUTRES IMAGES : DK Images.

Pour de plus amples informations : www.dkimages.com

Lexique

Prononciation

c – « ts »
č – « tch »
ć – « ts »
đ – « dj »
g – « g » dur comme dans « goût »
j – « y » comme dans « yaourt »
š – ch
u – « ou »
ž – « j »
« aj » – « ail »

En cas d'urgence

Au secours !	**Pomoć !**
Arrêtez !	**Stani !**
Appelez un docteur !	**Zovite doktora !**
Appelez une ambulance !	**Zovite hitnu pomoć !**
Appelez la police !	**Zovite policiju !**
Appelez les pompiers !	**Zovite vatrogasce !**
Où est le plus proche téléphone ?	**Gdje je najbliži telefon ?**
Où est le plus proche hôpital ?	**Gdje je najbliža bolnica ?**

L'essentiel

oui	**da**
non	**ne**
s'il vous plaît	**molim vas**
merci	**hvala**
excusez-moi	**oprostite**
bonjour	**dobar dan**
au revoir	**doviđenja**
bonne nuit	**laku noc**
matin	**jutro**
après-midi	**popodne**
soir	**večer**
hier	**jučer**
aujourd'hui	**danas**
demain	**sutra**
ici	**tu**
là	**tamo**
quoi ?	**što ?**
quand ?	**kada ?**
pourquoi ?	**zašto ?**
où ?	**gdje ?**

Quelques phrases utiles

Comment allez-vous ?	**Kako ste ?**
Très bien, merci	**Dobro, hvala**
Ravi de faire votre connaissance	**Drago mi je !**
À bientôt	**Vidimo se**
C'est parfait	**U redu**
Où est/sont… ?	**Gdje je/ su ?**
À quelle distance se trouve… ?	**Koliko je daleko do… ?**
Comment aller à… ?	**Kako mogu doći do… ?**
Parlez-vous français ?	**Govorite li francuski ?**
Parlez-vous anglais ?	**Govorite li engleski ?**
Je ne comprends pas	**Ne razumijem**
S'il vous plaît, pourriez-vous parler plus lentement ?	**Molim vas, možete li govoriti sporije ?**
Excusez-moi !	**Žao mi je**

Quelques mots utiles

grand	**veliko**
petit	**malo**
chaud	**vruć**
froid	**hladan**
bon	**dobar**
mauvais	**loš**
assez	**dosta**
bien	**dobro**
ouvert	**otvoreno**
fermé	**zatvoreno**
gauche	**lijevo**
droite	**desno**
tout droit	**ravno**
près	**blizu**
loin	**daleko**
en haut	**gore**
en bas	**dolje**
tôt	**rano**
tard	**kasno**
entrée	**ulaz**
sortie	**izlaz**
toilettes	**WC**
plus	**više**
moins	**manje**

Les achats

Combien cela coûte-t-il ?	**Koliko ovo košta ?**
Je voudrais…	**Volio bih…**
Avez-vous… ?	**Imate li… ?**
Je ne fais que regarder	**Samo gledam**
Acceptez-vous les cartes bancaires ?	**Primate li kreditne kartice ?**
À quelle heure ouvrez-vous ?	**Kad otvarate ?**
À quelle heure fermez-vous ?	**Kad zatvarate ?**
ceci	**Ovaj**
cela	**Onaj**
cher	**skupo**
bon marché	**jeftino**
taille (vêtements)	**veličina**
pointure	**broj**
blanc	**bijelo**
noir	**crno**
rouge	**crveno**
jaune	**žuto**
vert	**zeleno**
bleu	**plavo**
boulangerie	**pekara**
banque	**banka**
librairie	**knjižara**
boucherie	**mesnica**
pâtisserie	**slastičarna**
pharmacie	**apoteka**
poissonnerie	**ribarnica**
marché	**tržnica**
salon de coiffure	**frizer**
marchand de journaux/ bureau de tabac	**trafika**
poste	**pošta**
marchand de chaussures	**prodavaonica cipela**
supermarché	**supermarket**
agent de voyages	**putnička agencija**

Le tourisme

galerie d'art	**galerija umjetnina**
cathédrale	**katedrala**
église	**crkva**
jardin	**vrt**
bibliothèque	**knjižnica**
musée	**muzej**
information touristique	**turistički ured**
hôtel de ville	**gradska vijećnica**
fermé les jours fériés	**zatvoreno zbog praznika**
arrêt de bus	**autobusni kolodvor**
gare	**željeznički kolodvor**

À l'hôtel

Avez-vous une chambre libre ?	**Imate li sobu ?**
chambre double	**dvokrevetna soba**
chambre simple	**jednokrevetna soba**
chambre avec bain	**soba sa kupatilom**
douche	**tuš**
portier	**portir**
clé	**ključ**
J'ai une réservation	**Imam rezervaciju**

Au restaurant

Avez-vous une table pour… ?	**Imate li stol za… ?**
Je voudrais réserver une table	**Želim rezervirati stol**

L'addition, s'il vous plaît	**Molim vas, račun**
Je suis végétarien	**Ja sam vegeterijanac**
serveur/serveuse	**konobar/konobarica**
carte	**jelovnik**
carte des vins	**vinska karta**
verre	**čaša**
bouteille	**boca**
couteau	**nož**
fourchette	**viljuška**
cuillère	**žlica**
petit déjeuner	**doručak**
déjeuner	**ručak**
dîner	**večera**
plat principal	**glavno jelo**
entrée	**predjela**

Lire le menu

bijela riba	poisson « blanc »
blitva	blette
brudet	ragoût de poisson
čevapčići	boulettes de viande
crni rižot	risotto noir (à l'encre de seiche)
desert	dessert
glavno jelo	plat principal
grah	haricots
gulaš	goulasch
jastog	langouste
juha	soupe
kuhano	cuit
maslinovo ulje	huile d'olive
meso na žaru	viande grillée au barbecue
miješano meso	assortiment de grillades
na žaru	au barbecue
ocat	vinaigre
palačinke	crêpes
papar	poivre
paški sir	fromage de brebis de Pag
pečeno	rôti
piletina	poulet
plava riba	poisson « bleu »
predjelo	entrées
prilog	accompagnement
pršut	jambon fumé
pržene lignje	encornet frit
prženo	frit
ramsteak	rumsteak
ražnjići	brochettes de porc
riba na žaru	poisson au barbecue
rižot frutti di mare	risotto aux fruits de mer
rižot sa škampima	risotto aux langoustines
salata	salade
salata od hobotnice	salade de poulpe
sarma	feuilles de chou
sir	fromage
sladoled	crème glacée
slana srdela	sardines en saumure
škampi na buzaru	langoustines à la tomate et à l'oignon
školjke na buzaru	fruits de mer à la tomate et à l'oignon
špageti frutti di mare	spaghettis aux fruits de mer
sol	sel
tjestenina	pâtes farcies à la viande et au riz
varivo	bouilli

Boissons

bijelo vino	vin blanc
čaj	thé
crno vino	vin rouge
gazirana mineralna voda	eau minérale gazeuse
kava	café
negazirana mineralna voda	eau minérale plate
pivo	bière
rakija	spiritueux
tamno pivo	bière brune
travarica	liqueur aux herbes aromatiques
voda	eau

Les nombres

0	**nula**
1	**jedan**
2	**dva**
3	**tri**
4	**četiri**
5	**pet**
6	**šest**
7	**sedam**
8	**osam**
9	**devet**
10	**deset**
11	**jedanaest**
12	**dvanaest**
13	**trinaest**
14	**četrnaest**
15	**petnaest**
16	**šestnaest**
17	**sedamnaest**
18	**osamnaest**
19	**devetnaest**
20	**dvadeset**
21	**dvadeset i jedan**
22	**dvadeset i dva**
30	**trideset**
31	**trideset i jedan**
40	**četrdeset**
50	**pedeset**
60	**šezdeset**
70	**sedamdeset**
80	**osamdeset**
90	**devedeset**
100	**sto**
101	**sto i jedan**
102	**sto i dva**
200	**dvjesto**
500	**petsto**
700	**sedamsto**
900	**devetsto**
1 000	**tisuću**
1 001	**tisuću i jedan**

Le jour et l'heure

une minute	**jedan minuta**
une heure	**jedan sat**
une demi-heure	**pola sata**
lundi	**ponedjeljak**
mardi	**utorak**
mercredi	**srijeda**
jeudi	**četvrtak**
vendredi	**petak**
samedi	**subota**
dimanche	**nedjelja**